# 法学教育研究

Legal Education Research

2018 第二十二卷 王瀚 主编

法律出版社
LAW PRESS·CHINA

本书各篇文章中的观点均属作者个人观点，不代表主办单位或其他机构、个人的观点。

# 法学教育研究（第22卷）


**改革开放40年专题**

改革开放40年我国高等教育法治化的基本经验　于立深 / 3

改革开放40年来法学翻译与分析法学在中国的发展

邱昭继 / 31

改革开放40年来的中国法理学:回顾与展望

——基于对国内法理学教材的分析　于　浩　黄　颖 / 48

**理论探讨**

法学教育的理性化模式与经验化模式之比较

季金华　李海峰 / 69

人工智能对法律职业的影响与法学教育面临的挑战

贾引狮 / 91

大学生自主学习能力现状分析与提升策略

胡春鲜　张艳萍 / 113

**教学研究**

藏汉双语法治人才培养机制及其改革研究

贺　玲　田钒平 / 127

论法学案例教学方式的二元化及其互补发展　班小辉 / 142

国际法教学中法教义学的范式倡导与方法论之维

刘学文 / 155

法科学生职业规划的检视与重构　赵　哲 / 176

**比较研究**

美国知识产权法学教育的发展状况研究　张惠彬　沈浩蓝 / 191

加拿大诊所式法律教育与法律援助的衔接体制研究　张　鹏 / 211

韩国法学专门大学院制度研究　张月霞 / 229

德国法学教育改革发展的经验与借鉴　李婧嵘 / 246

**管理经纬**

鱼或熊掌:民国时期上海法科教员的兼职与教学　沈　伟 / 263

高校学科团队建设的组织创新分析　闫亚林 / 281

加拿大高等教育质量保障体系研究　郭　涛　谢　琨 / 294

新加坡南洋理工大学的人力资源管理及其借鉴　孙　静 / 307

**教育法制**

高校学术权力的法理依据、法制体系与法治程序　张师伟 / 321

美国校园欺凌治理与预防的法律透视　祁占勇　闵怡博 / 339

日本教育基本法修改中的法理论　包·乌力吉仓 / 359

**法务反哺**

论立法工作者的职业伦理　汪全军 / 373

**学问人生**

一路走来　乐观前行

——葛洪义教授对话录　葛洪义　林立成 / 393

**《法学教育研究》稿约** / 411

# Contents

**· Special Topic of 40 years of the Reform and Opening-Up ·**

Legalization of Higher Education in China-the Basic Experience of the 40 Years of Reform and Opening ······················ *Yu Lishen* 3

Jurisprudential Translation and the Development of Analytical Jurisprudence in China ································· *Qiu Zhaoji* 31

Chinese Jurisprudence since Reform and Opening: Review and Prospect —Based on the Analysis of Domestic Jurisprudence Textbooks ·············································· *Yu Hao* *Huang Ying* 48

**· Exploration of Theories ·**

A Comparative Analysis of Legal Education Model ················································ *Ji Jinhua* *Li Haifeng* 69

The Influence of Artificial Intelligence on Legal Profession and the Challenges in Legal Education ······························ *Jia Yinshi* 91

The Situation Analysis and Improving Strategy of the Self-directed Learning of College Students ······ *Hu Chunxian* *Zhang Yanping* 113

**· Teaching Research ·**

A Study on the Mechanism and Reform of Tibetan and Chinese Bilingual Rule of Law Talent Training ······ *He Ling* *Tian Fanping* 127

Research on the Dual system of Case Method Teaching and Its Complementary Development ···························· *Ban Xiaohui* 142

On the Paradigm and Methodology of Legal Dogmatics in the Teaching of International Law ···························· *Liu Xuewen* 155

Inspection and Reconstruction of Career Planning for Law Students ······ *Zhao Zhe* 176

## · Comparative Study ·

The New Development of American Intellectual Property Law Education and its Enlightenment ······ *Zhang Huibin* *Shen Haolan* 191

The Connective Mechanism among Clinical Legal Education and Legal Aid
—Comparative study based on Canadian Experience ······ *Zhang Peng* 211

Law School System of the Republic of Korea and Its Enlightenment on Cultivating High-quality Legal Talent in China ······ *Zhang Yuexia* 229

The Experience of the Reform of Legal Education in Germany ······ *Li Jingrong* 246

## · Management Framing ·

The Part-time Jobs and Teaching of Teachers at Law Schools in Shanghai in the period of the Republic of China ······ *Shen Wei* 263

Discipline Team Building in Universities: An Organizational Analysis ······ *Yan Yalin* 281

The Experiences and Enlightenments of Canadian Quality Assurance Systemin Higher Education ······ *Guo Tao* *Xie Kun* 294

Analysis and Enlightenment of Human Resource Management of Nanyang Technology University in Singapore ······ *Sun Jing* 307

## · Education and Law ·

The Legal Basis and Legal System of Academic Power and Its Procedure of the Rule of Law in Colleges and Universities ······ *Zhang Shiwei* 321

The Legal Perspective of Bullying and Prevention on America Campuses ······ *Qi Zhanyong* *Min Yibo* 339

Legal Theories in the Revision of the Basic Education Law in Japan ………………………………………… *Bao Wulijicang* 359

**· Legal Practice ·**

On Legislative Staff's Professional Ethics ………… *Wang Quanjun* 373

**· Education and Career ·**

Interview with Prof. Ge Hongyi ………… *Ge Hongyi Lin Licheng* 393

**· Notice to Contributors ·**

# 改革开放40年专题

# 改革开放40年我国高等教育法治化的基本经验*

于立深**

**摘　要**：1978～2018年，是中国教育法治现代化进程的40年。在教育法治理念和制度上，我国已经形成了党对高等教育实行绝对领导、依法治教、完备高等教育法制体系、健全内部工作规则和程序、施行充分的教育竞争和教育公平政策、保障公民和相关组织的合法权益、积极而有序地扩展大学自治权利、完善师生员工民主参与机制、努力实现教育机构跨部门及跨地区间合作、全面推进高等学校信息公开步伐等基本法治经验。进入新时代，总结和检讨法治对高等教育的指导、引领和约束作用，有益于中国教育事业的未来发展。

**关键词**：改革开放　高等教育　法治　经验

以大学和独立学院为依托的我国高等教育，承载着培育人才、传承文明、服务社会、造福人类的重

---

* 本文系国家社科基金项目"行政相对人违法行为研究"（14BFX147）、司法部项目"行政过程中的法定程序与正当程序研究"（16SFB2016）阶段性成果。

** 于立深，东南大学法学院教授、博士生导师，研究方向：行政法与行政诉讼法、立法。

任。法治,是高等教育现代化的重要内容和重要工具。总结和反思改革开放40年来我国高等教育法治化进程中的基本经验,有益于推进高等教育现代化,为实现中华民族百年复兴、提升国家自主创新能力和核心竞争力提供有力的制度支撑。

## 一、党对高等教育的领导是基本原则

一国的法治总是由一国的国情和社会制度决定并与其相适应。在中国的法治建设中,“政党是中国法治的基本要素”。① 中国共产党对高等教育的领导,也是我国高等教育法治化建设和道路不可动摇的基本原则。

首先,高等教育必须由党来领导。我国《宪法》第十九条规定“国家发展社会主义的教育事业”。随着1949年新中国的建立和20世纪50年代对高等院校、院系的调整,新中国高等教育确立了“教育必须由党来领导”的基本方针。1958年9月19日,中共中央、国务院颁布《关于教育工作的指示》,其第(三)项强调指出:一切教育行政机关和一切学校,都应该受党委的领导。没有党的领导,就不能保证教育的社会主义方向,教育工作也就不能更好地为社会主义革命和建设服务。② 1961年9月15日,经中央政治局常委会审议通过了教育部拟议的《教育部直属高等学校暂行工作条例(草案)》,其第一章第三条、第七条及第九章、第十章规定:高等学校中必须加强党的领导,高等学校的领导制度是党委领导下的以校长为首的校务委员会负责制;高等学校的党委员会是学校工作的领导核心。1978年以来,我国各级各类高等学校采试了多种学校领导管理体制,包括校长负责制、党委领导下的校长负责制、董事会领导下的校长负责

---

① 肖金明:《中国法治的曲折进程与完整内涵——阅读〈中国的法治建设〉白皮书》,载《当代法学》2008年第6期。

② 参见李国钧、王炳照:《中国教育制度通史》(第8卷),山东教育出版社2000年版,第33页。

制。“不论实行哪一种领导管理体制,都应该坚持党对教育工作的领导。”[③]1978年10月14日,教育部发出通知试行《全国重点高等学校暂行工作条例(试行草案)》,这个草案是根据当时的国家总任务和十几年新经验、新情况的累积,对1961年颁布试行的“高校六十条”进行修改而成的,将原规定的高等学校实行“党委领导下的以校长为首的校务委员会负责制”,改为“党委领导下的校长分工负责制”,取消原来的校务委员会,设立学术委员会。[④] 经过20世纪80年代初到90年代初对校长负责制的广泛试验和讨论,高等学校转而实行党委领导下的校长负责制更适合我国高等学校的实际情况的结论,得到了肯定和检验。1993年8月13日,中共中央组织部、宣传部、国家教委党组联合发布《关于新形势下加强和改进高等学校党的建设和思想政治工作的若干意见》;1995年11月13日,中共中央组织部、宣传部、中共国家教委党组联合发布《关于加强高等学校领导班子建设工作的意见》,肯定了高等学校的领导体制是党委领导下的校长负责制,党委是学校的领导核心,领导学校的全面工作。高等学校的重大问题和重要事项,必须经过党委会或常委会集体研究决定,然后根据职责分工,分别由党委或行政组织实施。1996年3月18日,中共中央印发的《中国共产党普通高等学校基层组织工作条例》对高等学校的领导体制作了明确规定,其中第三条指出“高等学校实行党委领导下的校长负责制”。第十一条规定了高等学校党委会的主要职责。1998年8月29日,全国人大常委会通过了《高等教育法》。其中第三十九条第一款规定:“国家举办的高等学校实行中国共产党高等学校基层委员会领导下的校长负责制。中国共产党高等学校基层委员会按照中国共产党章程和有关规定,统一领导学校工作,支持校长独立负责地行使职权,其领导职责主要是:执行中国共产党的路线、方针、政策,坚持社会主义办学方向,领导学校的思想政治工作和德育工作,讨论决定学校内部组织机构的设置和

③ 参见李国钧、王炳照:《中国教育制度通史》(第8卷),山东教育出版社2000年版,第230页。

④ 参见中央教育科学研究所编:《中华人民共和国教育大事记1949~1982》,教育科学出版社1984年版,第530页。

内部组织机构负责人的人选,讨论决定学校的改革、发展和基本管理制度等重大事项,保证以培养人才为中心的各项任务的完成。"可以说,《高等教育法》从法律制度上为我国高等学校内部领导体制的争议画上了句号。实行党委领导下的校长负责制更适合我国国情,也更有利于高等学校的发展和有利于支持正确的办学方向,这已经取得了共识。⑤ 21世纪以来,中共中央发布的《中国共产党普通高等学校基层组织工作条例》(中发〔2010〕15号)进一步规定了高等学校如何实行党委领导下的校长负责制、高校党委统一领导学校工作。2014年10月15日,中共中央办公厅印发《关于坚持和完善普通高等学校党委领导下的校长负责制的实施意见》,再度重申"党委领导下的校长负责制是中国共产党对国家举办的普通高等学校领导的根本制度,是高等学校坚持社会主义办学方向的重要保证,必须毫不动摇、长期坚持并不断完善"。

其次,党领导高等教育立法和法律实施工作。在我国,中国共产党对人民代表大会实行组织领导和立法决策领导。"凡是人大及其常务委员会准备决定的重大问题,人大党组都要事先报告同级党委。""重要法律,其要点由人大常务委员会党组报中央批准。"⑥按照国务院的"三定方案",教育部在职能上具有制定行政规章的权力和发布行政命令及规范性文件的权力,同时也有起草有关教育事项法律草案的权力。而在实践中,重要的国家高等教育立法、教育部制定的教育行政规章和规定,都是由相应级别的中国共产党党组领导、决定并且组织贯彻实施的。《高等教育法》就是典型的例子。

最后,走进新时代,人民日益增长的高品质的教育机会和资源需求以及社会发展和技术创新的飞速进步,需要探索党对高校新的领导模式。"党领导一切"是我国历经国内战争、抗日战争、社会改造、社会改革中形

---

⑤ 参见李鹏:《立法与监督——李鹏人大日记》,新华出版社、中国民主法制出版社2006年版,第71~97页。

⑥ 参见李鹏:《立法与监督——李鹏人大日记》,新华出版社、中国民主法制出版社2006年版,第338、892页。

成的宝贵思想和制度财富。⑦ 2017年中国共产党第十九次全国代表大会确立“党是领导一切的”原则，2018年《宪法修正案》增加了“中国共产党领导是中国特色社会主义最本质的特征”表述，这将深远指导和影响我国高等教育的治理结构、政府管制模式以及大学自身运行机制。党如何高效率高质量地领导高校，以及如何推进我国“一流大学”建设，需要高效的组织保障。针对党如何领导各行各业，如何领导高校，进行学术探讨有其积极意义，也符合我国现行宪法确立的科研创作权利制度。

## 二、依法治教是基本指导思想

其一，在1949～1978年，高等教育主要表现为以政策纲领治教、治学和治校。在相当长的时期内，我国高等教育是以政策作为依据来治理的，这些“政策”包括国家领导人的讲话、中国共产党中央委员会以及国务院的政策、教育行政主管机关的方针政策，例如周恩来《关于知识分子问题的报告》、毛泽东《关于正确处理人民内部矛盾的问题》、邓小平《尊重知识，尊重人才》和《关于科学和教育工作的几点意见》及《教育战线的拨乱反正问题》《在全国科学大会开幕式上的讲话》（1978年7月18日）；胡耀邦《为什么对知识分子不再提团结、教育、改造的方针》等国家领导人的讲话，都曾经是我国高等教育运行的重要依据。1949年通过的政治协商会议《共同纲领》第五章“文化教育政策”确立了新民主主义教育纲领，但是后期以阶级斗争为纲的教育方针，对教育工作造成极大的损害。1949～1978年的30年间，成为高等教育管理依据的重要政策较多，这个时期也制定了一些教育法，例如《高等学校教师进修暂行办法》（1953年）、《高等教育高等学校科学研究奖励暂行办法》（草案，1956年）、《教育部直属高等学校暂行工作条例》（草案，1961年）等。上述高等教育法只是看似一种法律形式，但是，就其制定过程、内容结构、执行效果来看，实际上是一

⑦ 参见赵刚印：《“党领导一切”是怎么来的》，载《解放日报》2017年11月14日，第13版。

种国家政策或教育政策。

其二,1978～1998年是依法治教、治学和治校的开端。1978年12月22日,中国共产党十一届三中全会公报中提出“有法可依,有法必依,执法必严,违法必究”之后,我国开始结束了依“政策”或者“试行办法”“暂行办法”“草案”治理高等教育的做法,正式以明确的稳定的法律、法规、规章作为教育活动的依据。1978～1998年,我国颁布的重要教育立法有:《学位条例》(1980年)、《高等学校教职工代表大会暂行条例》(1985年)、《全日制普通高等学校学生学籍管理办法》(1983年)、《高等学校接受委托培养学生的试行办法》(1984年)、《普通高等学校招生暂行规定》(1987年)、《普通高等学校招收保送生的暂行规定》(1988年)、《普通高等学校教育评估暂行规定》(1990年)、《教育行政处罚暂行实施办法》(1998年)、《研究生院设置暂行规定》(1995年)、《教师法》(1993年)、《教育法》(1995年)、《高等教育法》(1998年)等。当然,这个时期也有一些国家政策、教育政策起到了重要的制度功能,例如《关于国家教委直属高等学校内部管理体制改革的若干意见》(1992年)、《关于国家教委直属高校深化改革,扩大办学自主权的若干意见》(1992年)、《关于加快解决高等学校教职工住房问题的若干意见》(1993年),等等。

其三,1999年正式确立了依法治教的方针政策。1999年《宪法修正案》通过,依法治国和建设法治国家已经成为我国基本的指导思想,国务院也提出了依法行政和法治政府建设的目标。1999年12月2日教育部印发《关于加强法制建设的意见》,提出了依法治教是21世纪我国教育事业深化改革、加快发展的必然要求。2003年7月17日,教育部印发《关于加强依法治校工作的若干意见》,认为依法治校是依法治教的重要组成部分。至此,经过改革开放30年的反复认识,高等教育法治化进程已经达到了高潮。依法治教,要求政府机关依照教育法律的规定,在职权范围内进行教育治理活动,各级各类学校及其他教育机构、社会组织和公民依照教育法律的规定,从事办学、教学科研等教育活动。依法治教活动在教育立法、教育法律的实施和监督等环节上展开。依法治教不同于以法治教,“依法治教的含义是依据法律来管理教育,而‘以法治教’则是指运用法律手段来管理教育”。[8]

其四，进入21世纪之后，教育法治观念予以强化。2015年12月，中共中央、国务院印发《法治政府建设实施纲要（2015～2020年）》，进一步推动了教育法治的发展。一方面，我国教育立法和政策中更多地体现了权利观念，尤其是出现了“正当程序”理念，学校对师生员工的权利和利益的保障越来越规范。典型的教育立法有《高等学校知识产权保护管理规定》（1999年）、《民办教育促进法》（2002年通过，2013年、2016年两次修改）、《学生伤害事故处理办法》（2002年）、《学校食堂与学生集体用餐卫生管理规定》（2002年）、《普通高等学校学生管理规定》（2005年制定，2016年修订）、《实施教育行政许可若干规定》（2005年）、《民办高等学校办学管理若干规定》（2007年）、《高等学校档案管理办法》（2008年）、《高等学校消防安全管理规定》（2009年）、《校车安全管理条例》（国务院2012年发布的行政法规），等等。

另一方面，来自教育部的一系列教育规章体现了对大学自治、内部组织结构、学术秩序的新型管制和疏导。这些重要的教育立法包括：《高等学校预防与处理学术不端行为办法》（2016年）、《普通高等学校理事会规程（试行）》（2014年）、《高等学校学术委员会规程》（2014年）、《普通高等学校招生违规行为处理暂行办法》（2014年）、《学位论文作假行为处理办法》（2012年）、《国家教育考试违规处理办法》（2011年修订）、《学校教职工代表大会规定》（2011年）、《高等学校章程制定暂行办法》（2011年），等等。

## 三、循序渐进地推进高等教育法制体系的完备

高等教育法制体系，是支撑我国教育管理体制的重要问题。高等教育法是调整因实施高等学历学位教育及教学科研管理活动而形成的特定

---

⑧ 李连宁：《依法治教的探索》，法律出版社2003年版，第3页。

教育关系的部门法,高等教育法制由具有立法权限的国家机构或部门,依照法定程序制定,由国家强制力保障实施。在狭义上,高等教育法专指国家立法机关制定的规范和调整高等教育法律关系的单行法,即《高等教育法》。

其一,我国初步建立了三级教育法律规范体系。按照《立法法》的分类模式,我国中央立法有三个层级的法律形式,即法律、行政法规和规章。经过40年的发展,我国高等教育法制体系趋于完备,建立了法律、法规和规章三级立法体系。主要教育法律有《教育法》《教师法》《高等教育法》《民办教育促进法》《职业教育法》《学位条例》。主要教育行政法规有《普通高等学校设置暂行条例》《学校卫生工作条例》《学位条例暂行实施办法》《教师资格条例》《教学成果奖励条例》《中外合作办学条例》《民办教育促进法实施条例》。在未来,我国将进一步推进教育基础立法,计划制定的法律包括《学位法》《考试法》《学校法》《终身学习法》《教育投入法》等。

教育部制定的部门行政规章主要有《学校招收和培养国际学生管理办法》《普通高等学校辅导员队伍建设规定》《普通高等学校学生管理规定》《高等学校预防与处理学术不端行为办法》《普通高等学校理事会规程(试行)》《普通高等学校招生违规行为处理暂行办法》《高等学校学术委员会规程》《国家教育考试违规处理办法》《学校教职工代表大会规定》《高等学校章程制定暂行办法》《高等学校信息公开办法》《高等学校消防安全管理规定》《普通高等学校图书馆规程》《高等学校档案管理办法》《独立学院设置与管理办法》《实施教育行政许可若干规定》《汉语作为外语教学能力认定办法》《中外合作办学条例实施办法》《国家教育考试违规处理办法》《高等学校境外办学暂行管理办法》《学校食堂与学生集体用餐卫生管理规定》《学校艺术教育工作规程》《学生伤害事故处理办法》《〈教师资格条例〉实施办法》《高等职业学校设置标准(暂行)》《高等学校本科专业设置规定》《自费出国留学中介服务管理规定》《自费出国留学中介服务管理规定实施细则(试行)》《国家助学贷款管理操作规程(试行)》《高等学校知识产权保护管理规定》《关于普通高等学校招收和培养

香港特别行政区、澳门地区及台湾省学生的暂行规定》《高等学校医疗保健机构工作规程》《教育行政处罚暂行实施办法》《高等学校接受外国留学生管理规定》《教师和教育工作者奖励规定》《高等学校收费管理暂行办法》《高等学校教师培训工作规程》《普通高等教育学历证书管理暂行规定》《普通高等医学教育临床教学基地管理暂行规定》《中国汉语水平考试(HSK)办法》《高等学校实验室工作规程》《高等学校聘请外国文教专家和外籍教师的规定》《普通高等学校教育评估暂行规定》《高等学校培养第二学士学位生的试行办法》,等等。

其二,初步建立了服务地方经济与社会协调发展的地方教育法律体系。各级地方人大和地方人民政府发布的教育地方法规和地方政府规章,其数量虽然偏少,但对中央教育立法形成了有益和有力的补充。比较有代表性的地方教育法规有《北京市实施〈中华人民共和国教师法〉办法》(1994 年通过,2010 年修订)、《北京市实施〈中华人民共和国民办教育促进法〉办法》(2006 年)、《上海市教育督导条例》(2015 年)、《上海市终身教育促进条例》(2011 年)、《广东省实施〈中华人民共和国民办教育促进法〉办法》(2009 年)等。代表性地方政府教育规章有《北京市自然科学基金管理办法》(2012 年)、《上海市普通高等学校本科专业设置管理实施细则》(2005 年、2017 年修订)、《上海市科学技术奖励规定》(2013 年修订)、《广东省教育督导规定》(2017 年),等等。

其三,教育规范性文件和政策是教育法律实施的补充。从中央到地方的教育规范性文件和法政策,在数量上偏多,它们的制定也须遵守法律程序、须符合《立法法》要求,其内容构成了我国高等教育活动的重要法律渊源。近年来,具有全局性的代表性教育规范性文件和法政策主要有中共中央《关于全面深化改革若干重大问题的决定》(2013 年)、《关于进一步引导和鼓励高校毕业生到基层工作的意见》(中办发〔2016〕79 号)、《关于分类推进人才评价机制改革的指导意见》(中办发〔2018〕6 号)、《关于加强教师队伍建设的意见》(国发〔2012〕41 号)、《统筹推进世界一流大学和一流学科建设总体方案的通知》(国发〔2015〕64 号)、《关于深化考试招生制度改革的实施意见》(国发〔2014〕35 号)、《关于深化高等学校创新创业教育改革的实施意见》(国办发〔2015〕36号)、《国家教育事业发展“十三五”规划的通知》(国发〔2017〕4号)、中央办公厅国务院办公厅转发《教育部〈关于深入推进高等学校哲学社会科学繁荣发展的意见〉的通知》(中办发〔2011〕31号)、国务院办公厅转发教育部等部门《关于教育部直属师范大学师范生免费教育实施办法(试行)的通知》(国办发〔2007〕34号),以及国务院部门制定实施的《高等学校人工智能创新行动计划》(教育部2018年)、《统筹推进世界一流大学和一流学科建设实施办法(暂行)》(2017年教育部、财政部、国家发展改革委)、《中央高校建设世界一流大学(学科)和特色发展引导专项资金管理办法》(财科教〔2017〕126号)、《中央高校基本科研业务费管理办法》(财教〔2016〕277号),等等。

地方政府及其行政部门制定的教育规范性文件和法政策,有效落实了中央教育政策,推动了地方教育的发展以及促进了地方经济社会的科学发展。代表性的地方教育规范性文件有《北京高等学校高水平人才交叉培养“实培计划”项目管理办法(试行)》(京教高〔2015〕11号)、《上海市高等学校经费监督管理暂行规定》(沪教委法〔2002〕1号)、广东省教育厅《关于普通高等学校实施学分制管理的意见》(粤教高〔2014〕5号)、《关于广东省深化高等教育领域简政放权放管结合优化服务改革的实施意见》(粤教人〔2017〕5号)、《高等学校副教授评审权审批的管理办法(试行)》(粤教师〔2014〕5号),等等,它们对地方教育和中央直属高校教育的支持不言而喻。

其四,教育法律法规得到及时清理。我国法律规范的修订、废止模式是通过有自己特色的法律清理制度进行的。“法律清理”是指有关国家机关依照一定的程序,对一定时期和内容的规范性法律文件加以集中审查,并重新确认其法律效力的活动,它是一种法律监督形式。法律清理的基本动力在于国家社会政策和立法政策的变化,而不是法治变迁中法制的主动自我更新,它并不涉及规范性法律文件的合法性问题,更与法律施行中的利害关系人无关,它是国家的一种宏观需要,是一种政治性的执法活动安排,一般由执政党、全国人大和国务院发动。法规清理制度主要有两种操作模式:对全部法律规范的全面清理和对部分法律规范的专项清理。无论是哪种清理,清理的工作方式一般有两种:一是及时的个别性清理,即在制定新法之前对相关内容的旧法予以清理。二是间隔一段时间的集中清理,即间隔一段时间由法律规范的制定机关对现行的法律规范进行集中式的清理。1983 年以来,全国人大常委会、国务院及其部门、地方各级政府对法规、规章、解释和规范性文件多次进行集中全面清理或者专门清理,使之符合《宪法》及其修正案、《立法法》《行政许可法》《劳动法》《行政处罚法》《行政强制法》等基础性法律的要求,符合"放管服"和"一流大学"建设的政策要求。受此影响,教育部制定了《实施教育行政许可若干规定》(2005 年),确立了教育许可事项清单,优化了教育行政审批服务。教育部等五部门发布《关于深化高等教育领域简政放权放管结合优化服务改革的若干意见》(教政法〔2017〕7 号),全面贯彻党的教育方针,完善中国特色现代大学制度,破除束缚高等教育改革发展的体制机制障碍,进一步向地方和高校放权,给高校松绑减负、简除烦苛。

## 四、健全高等学校内部工作规则和程序

以国家法律法规、规章和规范性文件为依据,以大学或独立学院的章程为基础,我国高等教育的内部工作规则和程序也逐渐建立和完善起来。这些内部工作规则和程序作为"内部法",通过教育行政组织的架构、内部法律规则和教育行政伦理,促使教育主体进行自我约束、自我克制并积极行动,有助于提升教育行政管理的效率、实现教育公平正义、保障教育行为的自我约束和自我革新。

从国务院 1988 年 4 月 19 日发布第一个《国务院工作规则》开始,经过 2013 年 3 月 23 日和 2018 年 6 月 25 日两次修订后,国务院的办事规则和程序不断完善。教育部党组于 2004 年印发了《教育部工作规则》,并于 2008 年、2013 年予以修订,推进了教育依法行政、科学民主决策、政务公开。受此影响,我国各大学和独立学院已经制定了大量的内部工作规则

和程序,例如校务公开规则、校长会议规则、招生录取规则、财务管理规则、学位评定规则、职务职称评聘规则、奖罚规则、福利待遇分配规则、人才引入规则、学术道德规范、教职员工的岗位责任、物品采购规则、实验室管理规则、校园安全规则,等等。这些内部规则和程序,建立起了教育领域内部的权力行使的自我控制机制,发挥了法律规则所具有的秩序、分配、制裁、激励、自制的五项功能,使教育决策民主化、科学化,并且塑造和培养了教职员工的行为规范、义务意识和责任伦理,有效地抑制了教育领域里的"人治"导致的集权、专断和腐败等违法现象的滋生。

## 五、高等教育以公平为基点,服务于人与社会的全面发展

促进教育公平,是一项具有全局性、战略性的国家任务,是我国教育改革和发展坚定不移追求的目标。在以人民为中心的全面社会发展建设中,教育公平是一个重要的尺度,也是一个重要的社会问题。教育公平主要包括六个方面:一是教育机会平等,二是男女教育平等,三是允许考试择优竞争,四是惠顾特殊群体,五是兼顾效益,六是实现多元化的大学入学制度改革。

其一,教育机会平等。教育机会平等一般包括教育起点平等、教育过程平等和教育结果平等三个环节,即入学平等、就学过程平等和学业成就平等。西方国家的教育法制标榜教育机会均等,并且以此作为缓和社会矛盾的一个重要手段。人民民主专政的社会主义中国的高等教育,坚持社会主义办学方向和中国共产党的领导,"毫不动摇地坚持教育机会平等原则。即使在一定时期内还需要采取一些过渡性措施,也应当为从根本上逐步缩小受教育机会的差距创造条件,而不应人为地扩大这种差距"。[⑨] 我国《教育法》第九条规定:"中华人民共和国公民有受教育的权利和义务。公民不分民族、种族、性别、职业、财产状况、宗教信仰等,依法

⑨ 李连宁:《依法治教的探索》,法律出版社2003年版,第7页。

享有平等的受教育机会。"《高等教育法》第九条第一款规定:"公民依法享有接受高等教育的权利。"这些立法规定确立了公民受教育机会平等的基本原则,也与我国《宪法》上的"法律面前一律平等原则"一致。

其二,男女教育平等。为保障平等学习权,学校的招生、就学,不得有性别或性倾向的差别待遇,要促进性别地位的实质平等,消除性别歧视,维护人格尊严,因此要为男女师生员工提供安全平等的环境、平等的学习机会、平等的待遇。我国在《宪法》《教育法》《高等教育法》《妇女权益保障法》《民族区域自治法》等基础法律的保障之下,教育平等无论在形式上还是在实质上都取得了重大成绩。

其三,允许考试择优竞争。按照《高等教育法》第十九条规定:高级中等教育毕业或者具有同等学历的,经考试合格,由实施相应学历教育的高等学校录取,取得专科生或者本科生入学资格。考试仍是我国入学制度的基本手段,这也是我国高等教育半个世纪以来发展的基本经验和宝贵财富。考试制度是中华民族的一笔宝贵财富,也是中国人民和历代政府经过实践都认可的一项重要的制度文明。孙中山曾就"五权宪法"的有关演讲中说:"没有考试,虽有奇才之士,具有飞天的本领,我们亦无法可以晓得,正不知天下埋没了多少的人材呢!""考试真是一件最要紧的事情,没有考试,我们差不多就无所适从。"⑩竞争是高等教育发展的基本动力。只有承认教育竞争,才能可能在有效教育资源下将入学制度设置得更合理,更科学。

其四,惠顾特殊群体。《高等教育法》第九条规定:"公民依法享有接受高等教育的权利。国家采取措施,帮助少数民族学生和经济困难的学生接受高等教育。高等学校必须招收符合国家规定的录取标准的残疾学生入学,不得因其残疾拒绝招收。"其主要的制度有:学费减免和奖励、激励制度;少数民族优惠政策。2004 年国务院要求政府和高校惠顾贫困家庭学生。2007 年实行的"免费师范生"招生制度,从 2018 年起改称为"公费师范生"行动计划。在国家全面建成小康社会中,"精准扶贫"计划要

---

⑩ 转引自夏新华等:《近代中国宪政历程:史料荟萃》,中国政法大学出版社 2004 年版,第 588 页。

求加大对边远、贫困、边疆民族等地区县的定向招生,惠顾该地区高中勤奋好学、成绩优良的农村学生。[11] 此项措施比美国落实平等权的"矫正计划"更具实际效果。

其五,兼顾效益。在公平的基础上,高等教育也要兼顾效益。1998年《高等教育法》第二十四条规定"设立高等学校,应当符合国家高等教育发展规划,符合国家利益和社会公共利益。"但是,这不等于说高等教育不应该重视包括经济效益在内的市场问题。这里有两方面的内容值得关注:一是高等教育的经费来源和构成问题,《高等教育法》第七章"高等教育投入和条件保障"规定:国家建立以财政拨款为主、其他多种渠道筹措高等教育经费为辅的体制,使高等教育事业的发展同经济、社会发展的水平相适应。国家鼓励企业事业组织、社会团体及其他社会组织和个人向高等教育投入。二是高等学校的合理创收行为得到了允许和保障。《高等教育法》规定:高等学校所办产业或者转让知识产权以及其他科学技术成果获得的收益,用于高等学校办学。高等学校收取的学费应当按照国家有关规定管理和使用,其他任何组织和个人不得挪用。可以说,我国高等学校的培育人才、研究学术、传承文明的同时,也因为它们的社会服务而获得了经济效益,这已经得到了法律的肯定。2015年修订的《高等教育法》顺应高等教育发展规律和需求,在新的第二十四条中取消了"不得以营利为目的"的表述,在新的第六十一条中取消了"不得抽回其投入的办学资金"的表述,修改为"高等教育实行以举办投入为主,受教育者合理分担培养成本、高等学校多渠道筹措经费的机制。"

其六,实行多元化的大学入学制度改革。我国现行的全国统一高校招生考试制度(以下简称高考)是在新中国成立初期由学校单独招生改为联合招生的基础上逐步形成的。1949年实行学校单独招生,1950年实行全国多数高校联合招生,1952年走上了全国统一高考之路。1966年7月

---

⑪ 参见国务院办公厅《关于切实解决高校贫困家庭学生困难问题的通知》(国办发〔2004〕68号)、国务院办公厅转发教育部等部门《关于教育部直属师范大学师范生免费教育实施办法(试行)的通知》(国办发〔2007〕34号)、教育部等五部门《教师教育振兴行动计划(2018—2022年)》(教师〔2018〕2号)、教育部《关于做好2018年重点高校招收农村和贫困地区学生工作的通知》教学〔2018〕1号。

24日,中共中央《关于改革高等学校招生考试办法的通知》指出"现行高校招生考试办法基本上没有跳出资产阶级考试制度的框框,必须彻底改革。高校招收的新生主要从有实践经验的工农中选拔"。"高等学校招生,取消考试,采取推荐与选拔相结合的办法。"此后高考制度中断。1977年10月12日,国务院发布《关于一九七七年高等学校招生工作的意见》,正式恢复高考制度。在依法治国和法治国家所要求的宪法权利保障之下,我国多元化的大学入学制度改革考虑了如下四个因素:(1)智力因素;(2)非智力因素为主的惠顾性;(3)大学自主裁量;(4)入学制度中的限制性因素的合理性。近20年来,我国对以考试制度为中心的入学制度进行了改革,高考本身发生了全方位变化,考试制度多元化,高考自身从单一的学科成绩评价向多方面综合评价方向发展。智力因素是影响我国大学入学制度的根本性因素,但是,非智力因素也成为决定我国大学入学制度多元化的一个重标准。1987年教育部发布《普通高等学校招生暂行条例》,部分高等院校授权招收保送生。1999年施行的《高等教育法》赋予了高校七项办学自主权,其中第一项就是有关招生方面的自主权。在入学制度中的限制性因素上,逐渐取消或改变了过去的一些规定,例如高考报名的限制性条件、高考"统考"的限制性前置程序、决定高考录取的残疾状况等非智力因素、户籍限制等。特别是《国家中长期教育改革和发展规划纲要(2010-2020)》申明:为建设现代大学制度,政府及其部门在保障高校七项办学自主权方面,应提升和改进"放管服"意识和机制。

## 六、注重权利(力)义务和责任均衡,保护教育诉权

高等学校内部不是静止的,其利益也不是完全一致的,不是完全和谐没有矛盾的。由不同的利益主体构成的高等学校必然存在权利与义务的关系、权力与责任的关系、权利与义务的关系,也必须澄清和妥当安排它们之间的关系。

首先,教职员工的权利义务平衡。现行《宪法》第四十七条规定:"中

华人民共和国公民有进行科学研究、文学艺术创作和其他文化活动的自由。国家对于从事教育、科学、技术、文学、艺术和其他文化事业的公民的有益于人民的创造性工作,给以鼓励和帮助。”其中,教师既是高等学校办学的主体,也是科学研究、文化创造的主体,他们的权利保障极其重要。按照《教师法》的基本精神,教师的权利和义务要均衡,教师享有国家法律、法规及规章规定的权利,同时要履行国家法律、法规及规章规定的义务,珍惜和维护学校名誉,维护学校利益;勤奋工作,尽职尽责;尊重和爱护学生;学校规则或者聘约规定的其他义务。

其次,学生的权利义务平衡。取得入学资格,具有学校学籍的学生,享有国家法律法规及规章规定的权利,与此同时,学生履行国家法律法规及规章规定的义务。尤其值得总结的是“正当程序”观念对教育立法、教育执法和教育权利救济,设立了具有里程碑意义的制度标杆。教育部2005年制定实施的《普通高等学校学生管理规定》第五十五条至第五十七条和第五十九条规定:学校对学生的处分,应当做到程序正当、证据充分、依据明确、定性准确、处分适当。学校在对学生作出处分决定之前,应当听取学生或其代理人的陈述和申辩。学校对学生作出开除学籍处分决定,应当由校长会议研究决定。学校对学生作出的处分决定书应当包括处分和处分事实、理由及依据,并告知学生可以提出申诉及申诉的期限。2017年9月1日实施新修订的《普通高等学校学生管理规定》加入了学生诚信和投诉制度,拓展了学生权益救济制度。原规章只允许开除学籍处分由校长会议研究决定,新规章扩大了校长办公会或专门会议合法性审查的范围,申诉范围包括了对学生作出取消入学资格、取消学籍、退学、开除学籍或者其他涉及学生重大利益的处理或者处分决定。新规章还明确了除开除学籍处分以外的学生处分的解除处分期限。但是,与此对比,2004年修订的《学位条例》中的程序规定仍然十分简单,没有写入“听取申辩、送达程序”,需要完善。

再次,教育管理权力和义务平衡。学校对教师资格确认、教师聘任和考核管理权限,《教师资格条例》和《高等教育法》都作了明确的规定。按照《高等教育法》和《普通高等学校学生管理规定》(2005年、2016年修订）,违法的教师、违反大学章程和制度的教师,必须接受惩戒措施。2016年教育部制定的《高等学校预防与处理学术不端行为办法》行政规章,规定对高等学校及其教学科研人员、管理人员和学生,在科学研究及相关活动中发生的违反公认的学术准则、违背学术诚信的行为,进行规制和惩戒。

教育管理部门和高等学校对教师和学生也有相应的义务,如按照《教师法》第九条规定,为保障教师完成教育教学任务,各级人民政府、教育行政部门、有关部门、学校和其他教育机构应当履行、提供符合国家安全标准的教育教学设施、设备和制度。高等学校引导学生养成珍爱生命、尊重人权、爱护自然、热心公益的良好品性,建立学生权利保护机制,维护学生合法权益。学校关怀在学习生活中遇到特殊困难的学生,为其健康成长提供必要的帮助。教育行政部门和高等学校依法建立权利保护机制,维护教职员工合法权益。

最后,师生员工的诉讼权利保障。除了民事权利保护之外,《行政诉讼法》及其司法解释将教育行政纠纷纳入受案范围。学生教育行政诉讼的受案范围覆盖了学校实施处分学生的行为;高校对学生毕业成绩的评定以及毕业证、学位证的颁发行为;学校对学生的评价行为;学校招生行为;教育行政合同;学校制定自治规则的行为。实务中,教育部和人民法院还分别受理过大学教师不满职称评定行政复议、行政诉讼案件。某大学就省学位委员会不予增列博士学位建设单位还曾请求省政府进行行政复议。司法权介入教育行政争议,对保护当事人合法权益,监督教育行政机关依法行使职权,具有重要的法治意义。

## 七、积极和有序地扩大高等学校的自治权利

首先,教育管理放权。1961年9月15日,中央政治局常委会经审议通过了教育部拟议的《教育部直属高等学校暂行工作条例（草案）》,第一章第七条第二项规定:“高等学校的规模不宜过大。教育部直属高等学校

规模的确定与改变,学制的改变与改革,都必须经过教育部批准。"1978年6月23日,中央军委副主席邓小平听取清华大学工作汇报时指出"教育就是要抓重点"。他说:"在学校工作的干部,本身要懂行。""学校要办成学校,学校要按学校的要求办。"⑫《高等教育法》虽然赋予了高等学校七项办学自主权,对高等学校的权力下移仍然是必要的。

其次,高等教育管理权力的法治化。高等学校具有独立的法人资格,但它们只有有限的自治权,不像企业拥有较完全的自主权并且国家立法保护企业的经营自主权。学校的外部权力、内部权力是多样的,亟须教育基本法加以明确,否则教育管理权力的随意性很大。

再次,允许大学章程进行自我管理。我国高等学校基本建立了自己的大学章程体系,但是这些大学章程的内容受到国家法律的极大限制。一般而言,大学章程要处理的问题有:对校务、院务管理组织的理顺;对组织、对人员的权利义务和责任的理顺;对学校现在和未来关系的理顺;锁定基本价值(包括什么样的人才标准和大学使命)。中国最早的大学章程是《京师大学堂章程》,它是1902年教育大臣张百熙撰写的、向光绪皇帝呈递的一组学堂章程中的一个。那一组学堂章程统称"钦定学堂章程"。1904年元月张之洞又撰写了一组学堂章程,统称"奏定学堂章程"。自民国起,我国就非常重视大学章程。1948年国民政府公布了《大学法》。在新中国成立初期,有些大学试图制定大学章程,但是都无下文。1995年《教育法》把学校章程作为学校设立的一项程序,之后原国家教委要求实行"一校一章程"。1998年《高等教育法》要求申请设立高等学校时提交章程。1999年,教育部要求已经设立学校的,补交大学章程。迄今,教育部直属大学基本完成了本校大学章程的制定。大学章程就是一所学校的根本大法,规范了学校行政管理权力、人事权力、财务管理权力、教学行为的管理权力、学术行为的管理权力和教育管理权力的配置和监督。

复次,允许学校自主设立和调整学校内部的组织机构。我国高等学校内部机构的设立,经历不同时代的变迁。在蔡元培职掌教育管理机构

⑫ 中央教育科学研究所编:《中华人民共和国教育大事记1949~1982》,教育科学出版社1984年版,第520页。

时期,按照《大学令》(1913年,北洋军阀政府颁布,蔡元培主笔),大学的内部机构只有评议会、教授会、教务会。在蒋梦麟职掌教育管理机构时期,按照《大学组织法》(1929年,民国政府),大学的内部机构包括校务会议、院务会议、教务会议和行政会议。而现在,高等学校内部的机构极其烦琐而复杂,包括(1)党委及其常委会(党委—党支部—党员);(2)校长及校长办公会;(3)各教学单位;(4)工会及其分支机构;(5)团委、妇联、统战部、信访办公室;(6)学位评定委员会及分委员会;(7)学术委员会;(8)教授会;(9)学校党政所属部门;(10)学校派出机构(如驻京办事处)和学校附属单位;等等。我国现存的高等学校内部机构的设立,基本上都有教育法律、法规、规章和规范性文件的依据,但是,客观地评价,这些所谓有法律依据而设立的教育机构及其管理,并不完全符合现代大学精神的要求,有些已经对教育发展造成了桎梏,因此应当允许高等学校对其内部的组织机构,进行自主设立和自我修正,使之既符合效益原则,也符合教育教学规律的要求。

最后,建立与教育行政管理权力分离的学术权力运行和保障制度体系。1978年教育部发布《全国重点高等学校暂行工作条例(试行草案)》,取消了原来的校务委员会,要求设立学术委员会。1980年教育部发布《关于中等专业学校确定和提升教师职务名称的暂行规定》,明确副教授职称的评定可以由学校学术委员会进行。1988年国家教育委员会发布《高等学校社会科学研究管理暂行办法》,规定学校的学术委员会应对全校科研工作发挥参谋、咨询的作用,参与学校重大科研项目的论证、审议。1996年国家教育委员会发布《人文社会科学研究项目管理办法》,赋予学术委员会实质性权力。1998年制定的《高等教育法》规定学术委员会审议学科、专业的设置,教学、科学研究计划方案,评定教学、科学研究成果等有关学术事项。2015年修订的新法增加了对学术纠纷的调查与处理、学术不端行为的调查与处理职责,以及对高校学术事项之规范、规则的审议、决定职责。《国家中长期教育改革和发展规划纲要(2010~2020年)》要求充分发挥学术委员会在学科建设、学术评价、学术发展中的重要作用。2014年教育部制定《高等学校学术委员会规程》,将学术委员会作为校内最高学术机构,统筹行使学术事务的决策、审议、评定和咨询等职权,目的是健全以学术委员会为核心的学术管理体系与组织架构,使其在学科建设、学术评价、学术发展和学风建设等事项上起到重要作用,作为探索教授治学的有效途径之一,保障教师、科研人员和学生在教学、科研和学术事务管理中充分发挥主体作用,促进学校科学发展。

## 八、逐步完善师生员工的民主参与机制

其一,民主参与机制方面的政策和法律依据。1961年9月15日,经中央政治局常委会审议通过了教育部拟议的《教育部直属高等学校暂行工作条例(草案)》,第五十一条规定:"高等学校校务委员会由校长、副校长、党委书记、教务长、总务长、系主任、若干教授和其他必要人员组成。校务委员会的人数不宜过多,党外人士一般应该不少于三分之一。人选由校长商同学校党委会提出名单,报请教育部批准任命。正副校长担任校务委员会的正副主任。"《高等教育法》第四十三条规定:"高等学校通过以教师为主体的教职工代表大会等组织形式,依法保障教职工参与民主管理和监督,维护教职工合法权益。"第六十五条第二款规定:"高等学校的财务活动应当依法接受监督。"

我国社会各个领域在扩大公民有序参与,最广泛地动员和组织人民依法管理国家事务和社会事务、管理经济和文化事业。发展基层民主,保障人民享有更多、更切实的民主权利。中央政府关于民主参与的诸多纲领性文献,也为高等教育法治化、民主化,提出了学校民主、校园民主的指导思想。扩大师生员工对学校事务的参与权利、监督权利,具有健全的教育民主和监督制度,是高等教育法制的关键。高等教育法制应该建立健全保证师生员工参与教育决策和学校管理的各项制度、建立健全对教育工作监督的各项制度和有效的监督机制,这是坚持教育工作中的社会主义民主原则的必然要求。

其二,教职员工的民主参与制度。1978年5月1日,被迫停止活动长

达12年之久的中国教育工会全国委员会正式恢复活动,教育工会地方各级委员会和学校的基层委员会先后恢复活动或重建组织机构。⑬ 此后,以党的方针、政策为指引,我国教育领域的民主权利不断扩大,教职员工参与民主决策的事项,主要有(1)校务管理和院务管理问题意见和建议表达;(2)学校副职和学院领导职务的竞选;(3)学校、学院之学术事务的参与;(4)学校、学院的福利待遇事务的参与。其民主参与方式可以是通过组织形式,例如我国《高等教育法》第四十三条规定:高等学校通过以教师为主体的教职工代表大会等组织形式,依法保障教职工参与民主管理和监督,维护教职工合法权益。也可以通过逐渐扩大的新的民主方式,例如一定程度的有序竞选等。2011年教育部制定《学校教职工代表大会规定》政府规章,赋予教职工代表大会八项职权,依法保障教职工参与学校民主管理和监督,完善现代学校制度,促进学校依法治校。

其三,学生的民主参与制度。我国高等学校的学生民主参与事项,主要包括(1)对教师教学效果的评价;(2)对学生活动设施的管理;(3)针对学生的处理决定的异议;(4)高等学校内部规章制度的意见听取和利益表达。民主参与的方式有(1)直接参与的方式;(2)座谈会、恳谈会和协议会的形式;(3)咨询交涉式等。学生不宜对学校和教师的基本学术自由以及专业学术和技术事项进行民主参与。⑭

## 九、促进教育机构与政府部门及区域管辖间的积极沟通与合作

我国高等教育法治化进程面临三个重大问题和难题,一是办学管理体制上究竟是地方主管还是中央主管,二是学校内部领导体制上究竟是实行党委领导下的校长负责制还是校长负责制,三是高等学校的自主权

---

⑬ 参见中央教育科学研究所编:《中华人民共和国教育大事记1949~1982》,教育科学出版社1984年版,第519页。

⑭ 参见王敬波:《高等教育领域里的行政法问题研究》,中国法制出版社2007年版,第216~227页。

问题。[15] 经过1998年的全国高等学校整合之后,基本确立了中央直属、地方直属两种相对确定的办学管理体制,同时强调中央与地方的合作关系。但是,由于教育自身的复杂性,教育问题和教育法治问题需要部门间、跨地区间的积极沟通与协作,我国中央各个机关、地方各级人民政府以及高等学校,必须认识到这个问题的重要性。[16]

其一,从高等教育立法和决策角度看,教育部与国务院其他部门必然存在职权交叉问题,亟须在立法和决策过程中进行沟通和权限及责任明细化。例如,大学生"就业难"与我国正在实行的人力资源市场准入制度存在一定的关系,人力资源和社会保障部、科学技术部、住房和城乡建设部、自然资源部、国家卫生健康委员会、交通运输部、文化和旅游部、司法部、财政部、中国人民银行、审计署等,都实行过职业资格考试或基层工作履历制度,规定未取得职业资格证书或基层工作履历的大学生无法从事相应职业。而职业资格证书制度基本上都是由国务院各部门会同人力资源和社会保障部制定的,考试报名条件、执业证书颁发条件直接限制了学生进入人力市场。随着行政审批制度的改革和《行政许可法》的颁布,我国在2007年开始清理规范各类职业资格相关活动,力求科学地评价人才、遏制职业资格设置以及考试发证等活动中的混乱现象。[17] 截至2017年年末,国务院分多个批次取消了大量的职业资格许可和认定事项,力求推进简政放权、放管结合、优化服务改革,深化人才发展体制机制改革和推动"大众创业,万众创新"的重要举措。[18] 同时我们也会看到,类似于会

---

⑮ 参见李鹏:《立法与监督——李鹏人大日记》,新华出版社、中国民主法制出版社2006年版,第71页。

⑯ 近期重要的教育协同文件有:国务院《关于全面加强基础科学研究的若干意见》(国发〔2018〕4号);国务院办公厅《对省级人民政府履行教育职责的评价办法》(国办发〔2017〕49号);国务院办公厅《关于深化医教协同进一步推进医学教育改革与发展的意见》(国办发〔2017〕63号);国务院办公厅《关于同意建立民办教育工作部际联席会议制度的函》(国办函〔2017〕78号);教育部《关于推动高校形成就业与招生计划人才培养联动机制的指导意见》(教高〔2017〕8号);教育部、财政部、国家发展改革委员会《统筹推进世界一流大学和一流学科建设实施办法(暂行)》(2017年1月24日)等。

⑰ 国务院办公厅《关于清理规范各类职业资格相关活动的通知》(国办发〔2007〕73号)。

⑱ 国务院《关于取消一批职业资格许可和认定事项的决定》(国发〔2016〕68号)。

计资格证的取消、法律资格考试的准入改革,对我国高校就业产生了新的权益冲击。

其二,国家教育部和高等学校必须转变观念,适应市场经济和新的社会关系转型的需要,积极与社会各界进行协调,特别是与企事业单位进行协调。例如,在原来的人事计划体制下,高等学校学生实习或见习制度得到了社会各界的支持,在校学生在实习或见习中获得了工作经验,但是市场经济使既有的实习或见习制度趋于解体,企事业单位不愿意接纳实习生,接纳实习生不再是企事业单位的社会义务。尽管国家教育部和高等学校很重视实习或见习制度,但是效果甚微,关键是教育机构没有学会与社会各界进行积极有效的沟通。高等学校有可能被孤立在社会系统运行之外,国家教育部制定的行政规章和行政规定缺乏企事业组织的协助执行的力度。另外,高等学校在同企业事业组织、社会团体及其他社会组织就科学研究、技术开发和推广等进行合作时,必须树立平等、权利义务一致和经济利益分享的观念,否则在合作或协作中,不但不能实现优势互补,而且还会浪费、丢失教育资源。教育部应该按照《立法法》,牵头制定《大学生实习工作条例》等部门联合行政规章。

其三,国家教育部和高等学校必须与各级人民政府积极协调、协作。任何一所高等学校都只能在一定地域存续,必然受到地方人民政府的管辖。例如,地方对中央直属高校的经费支持、招生比例、校园及其周边环境安全、师生员工福利待遇的属地分配、教学科研的地方资助和奖励等,都需要获得地方人民政府的理解和支持。在目前发生的学校法律纠纷中,有些地方行政机关、地方人民法院对直属高等学校做出了不利的决定。教育立法和执法都有赖于地方国家机关的协作、合作和保护,因此中央各部委直属高等学校要与地方人民政府积极沟通和协调,使高等学校的教育教学科研处于一个有利的外部地域环境之下。

## 十、全面推进高等学校信息公开

美国联邦最高法院大法官布兰代斯(Brandeis)在1914年12月17日

的一篇文章里写道:"公开是对社会和工业疾病的补救。阳光是最好的消毒剂,电光是最有效的警察。"[19]行政决策公开是政府民主的一部分,可以有效地防止可能的"暗箱操作"、抑制可能的腐败发生、避免行政决策的随意性。2008年实施的《政府信息公开条例》为政府履行信息公开义务起到了极好的指导和约束作用,也为行政决策民主化提供了有效的法制途径。《政府信息公开条例》第三十七条规定:教育、医疗卫生、计划生育、供水、供电、供气、供热、环保、公共交通等与人民群众利益密切相关的公共企事业单位在提供社会公共服务过程中制作、获取的信息的公开,参照本条例执行,具体办法由国务院有关主管部门或者机构制定。

教育信息是人民关注的对象,教育部一直在加快完善高等学校信息公开制度。从2000年开始,教育部开始定期出版《教育部政报》,并依据《政府信息公开条例》及时编制了教育部机关政府信息公开工作年度报告。2008年教育部开始实施《教育部机关政府信息公开实施办法》。2010年教育部制定《高等学校信息公开办法》,要求按照"以公开为原则,以不公开为例外"的原则,[20]高等学校在开展办学活动和提供社会公共服务过程中产生、制作、获取的以一定形式记录、保存的信息,应当按照有关法律法规和《高等学校信息公开办法》的规定公开。教育部发布了10大类共50项的高校信息公开清单,旨在扩大社会监督、提高教育工作透明度。[21] 高等学校主动公开和依申请公开制度得以常规化,增进了教育行政管理的民主化进程。

上文从十个方面总结和肯定了我国高等教育法治化进程的正面经验。实事求是地讲,以《高等教育法》为核心的我国高等教育法制体系,虽然相对比较完备,但是在结构上仍然存在诸多需要完善的薄弱环节。我国高等教育法治化进程中存在的不足问题主要有以下几个。

---

⑲ Lotte E. Feinberg, "Mr. Justice Brandeis and the Creation of the Federal Register", *Public Administration Review*, No. 3, May-Jun., 2001, pp. 362 – 368.

⑳ 教育部办公厅《关于施行〈高等学校信息公开办法〉的通知》(教办厅函〔2010〕44号)。

㉑ 教育部办公厅《关于公布〈高等学校信息公开事项清单〉的通知》(教办函〔2014〕23号)。

第一,高等教育立法活动比较被动,全局性考虑仍需加强。在实际教育活动中,起作用的多是教育规章、教育政策,原因在于对教育活动缺乏整体认识,经常受政治、经济、社会改革的被动需求,才制定教育法律。这样,一方面,教育基础法律很少,而教育规章、政策、规范性文件较多;另一方面,导致教育活动多变,缺乏稳定性、连贯性、普遍性。当然,通过教育部已经制定的行政规章类别可以看出,其正在分阶段、分批次地解决教育立法不足的问题。

第二,高等教育立法对政府不当干预的有效抑制仍显不足。现行高等教育立法多为“行业管理型”立法,我国教育部在权力上对中央各部门的约束性与合作性尤待加强,其对地方人民政府也缺乏约束性,致使教育活动和教育管理在部门之间和地域之间纵横向上,均有撕裂之虞。现行的高等教育立法,对高校与政府之间权利义务的规定极少,只规定了高等学校的权利义务,对政府义务很少涉及,使得两者之间的关系存在诸多不确定性,导致高等学校作为法律主体的地位在事实上具有不确定性,因而高校办学自主权也不可能有明确的界定,高等学校难以从根本上摆脱政府附属的性质。因此,在《高等教育法》框架下,制定具有公务法人性质的《学校法》显得十分必要,由此保障高等学校独立自主办学的法人权利能力和行为能力。

第三,民办高校的合理政府规制和必要的放松规制需要保障。民办教育也是我国教育事业的组成部分,应依法保护民办高校的独立主体资格以及教学、科研、行政及财务自主权。如何平衡社会资本及大学新型治理结构与政府干预的关系,是高等教育法治面临的新问题。2010年国务院发布文件,鼓励和引导民间投资进入社会各领域,教育部也确立了民间资金发展教育和社会培训事业的规划事项和政策原则。2016年国务院再次深化了对社会力量兴办教育的改革力度,要求分类管理、创新体制机制和完善政府扶持政策、加强规范管理。[22] 在2016年《民办教育促进法》修订后,《民办教育促进法实施条例》也将在2018年修订完成。如何平衡资本逐利与公益目的、国家管理和教育自主、体制内外的人事和机会的差别歧视与平等对待、多头政府管理机构的分工与协调之间的关系等,是我国面临的新的教育法治问题,既有民办教育的政府规制经验和机制显得不充分。

第四,高等教育立法在如何有效处理好学校内部的管理关系方面、权利义务关系方面,还需加强。明确高校与学生、高校与教师间的契约关系,并逐步明确政治权力、行政权力与学术权力在高校内部权力中的定位,是高校内部法律关系构建的重要内容。在高等学校内部,教育主体间法律关系的规范能提高学校办学质量与教育资源的使用效率。长期以来,高校与教师间不但有着较为稳定的工作关系,还形成了非常紧密的人身依附关系,这加重了高校的社会责任,也制约了高校教师的专业发展空间与服务社会的机会。尤其是新时代出现了地区间不充分不平衡性发展,导致人才和资源在不同地区间的竞争和流动,亟须尊重人力资源的充分发展规律和需求,约束高校滥用管理权力。

第五,高等学校内部工作规则和程序不健全。法律有外部法和内部法,教育管理权和教育行为不仅受外部法律制约,而且受内部法的制约。例如,国家的法律法规、规章、规范性文件的功能是不言而喻的,但是大学内部的工作规则和程序也扮演着极其重要的角色。古人说"徒法不能自行",这里的"法"是指外部法,外部法必须借助人治,而人治的弱点又必须受到约束,因此内部法的作用就不容忽视。教育部已经发布了《教育部工作规则》,与此同时,各个大学和独立学院应该加强内部的办事规则、程

---

[22] 国务院《关于鼓励和引导民间投资健康发展的若干意见》(国发〔2010〕13号)、《国家中长期教育改革和发展规划纲要(2010~2020年)》、教育部《关于鼓励和引导民间资金进入教育领域促进民办教育健康发展的实施意见》(教发〔2012〕10号)、国务院《关于鼓励社会力量兴办教育促进民办教育健康发展的若干意见》(国发〔2016〕81号)、教育部等十四部门《关于印发〈中央有关部门贯彻实施〈国务院关于鼓励社会力量兴办教育促进民办教育健康发展的若干意见〉任务分工方案〉的通知》(教发函〔2017〕88号)、国务院办公厅《关于同意建立民办教育工作部际联席会议制度的函》(国办函〔2017〕78号)。

序的立法。目前出现的很多教育纠纷，如职称评聘、福利待遇配置、纪律处分、校院两级领导决策等，都涉及内部工作规则、办事规则、办事程序的合法性、合理性和公开性等问题。

第六，高等教育纠纷的救济制度不健全。有权力必有制约，有权利必有救济。但是，现行的教育人事救济制度，对教师诉讼制度缺乏充分保护，尤其是对高等教育从业者的教育科研活动缺乏更合适的保障机制。现行宪法赋予公民言论自由和科学创作自由，㉓而人文社会科学的讨论“禁区”、科研活动经费㉔使用中的“冤狱”现象，都影响着我国的教育科技事业，不利于中华民族伟大复兴的步伐。

我国高等教育法治化进程在未来发展中，应以现代大学制度建立和全球视野的人才培养为基点，重点解决以下几个问题：其一，在如何建立现代大学制度问题上，应在党对高等学校的绝对领导之下，积极妥善地对大学实行有序的管理放权，允许大学通过自己的大学章程管理学校。其二，按照政事分开的原则，建立高效便捷的学校管理体制，通过修订《高等教育法》，允许学校内部机构改革、减员增效，减轻学校的社会负担。其三，始终以教学、科研和服务社会为中心，树立正确的以人的全面发展为中心的教育目标；始终以教师和学生为学校的主体，增进他们的权利和利益。其四，以教学科研全球化为契机，增进大学的国际视野，保障学校及其师生员工的对外交流、合作、协作的权力（利）。其五，建立统一的学校法制体系，减少低级别的教育规章、教育规范性文件对学校的不合理干预。其六，完善高等教育内部的工作规则、科学民主决策和信息公开机

---

㉓ 现行《宪法》第三十五条规定：“中华人民共和国公民有言论、出版、集会、结社、游行、示威的自由。”第四十七条规定：“中华人民共和国公民有进行科学研究、文学艺术创作和其他文化活动的自由。国家对于从事教育、科学、技术、文学、艺术和其他文化事业的公民的有益于人民的创造性工作，给以鼓励和帮助。”

㉔ 新近的科研经费使用制度改革文件，包括中共中央 国务院《关于深化体制机制改革加快实施创新驱动发展战略的若干意见》（2015年）、国务院《关于改进加强中央财政科研项目和资金管理的若干意见》（国发〔2014〕11号）、国务院《关于深化中央财政科技计划（专项、基金等）管理改革方案的通知》（国发〔2014〕64号）、财政部 教育部《关于改革完善中央高校预算拨款制度的通知》（财教〔2015〕467号），根据这些文件精神，教育部印发了《中央高校基本科研业务费管理办法》（财教〔2016〕277号）。

制,教育管理的民主化进程。

# Legalization of Higher Education in China-the Basic Experience of the 40 Years of Reform and Opening

*Yu Lishen*

**Abstract**: From 1978 to 2018, it was the forty years of the modernization of the rule of law in China's education. Both in the concepts and in the system of rule of law in education, China has formed a systematic operations in domestic higher education, such as the Party's absolute leadership in higher education, administering education in accordance with the law, perfecting the legal system of higher education, improving internal working rules and procedures, implementing adequate educational competition and fair chances, and protecting citizens and legal entities or other organizations' legal rights and interests, actively and orderly expanding university autonomy rights, perfecting democratic participation mechanisms for teachers and students, striving to achieve cross-departmental and cross-regional cooperation, and accelerating the pace of information disclosure in colleges and universities, etc. In the new era, it is beneficial for the future development of education in China to summarize and review the role of the rule of law in guiding and regulating domestic higher education.

**Key Words**: Reform and Opening higher education rule of law experience

# 改革开放40年来法学翻译与分析法学在中国的发展

邱昭继*

**摘　要**：法学翻译与法学研究的关系是一个非常重要却又未引起中国法学界足够重视的研究领域。分析法学著作的翻译为中国分析法学的发展提供了知识基础。中国分析法学的研究始于法学翻译。改革开放以来中国法学界翻译分析法学著作的历史分为两个阶段：第一个阶段是1980年到1995年，第二个阶段是1996年至今。分析法学的译著呈现出译著与原著出版的时间差逐步缩小、译者年轻化以及选题的随意性的趋势和特点。法学翻译的偶然性给中国的法学研究带来了重要的影响。中国法学界经由法学翻译在国内塑造了一幅与西方法学不同的地图。通过名著名译建立汉语的分析法学传统仍是一项未竟的事业。

**关键词**：法学翻译　法学研究　分析法学

* 邱昭继，西北政法大学教授，法学博士，研究方向：法理学。

## 导言

法学翻译与法学研究的关系是一个非常重要却又未引起中国法学界足够重视的研究领域。[①] 学界在反思检讨中国现代化的过程中,逐渐将思考的视点切入翻译本身。正如孙歌所言:"近代以来翻译在中国的定位问题,其实是一个尚未得到充分讨论的问题,近现代史中丰富的翻译理论资源,还未得到正面的检讨和梳理。而且工作一旦展开,或许会提供一个重新认识我们的近现代历史的新视角。"[②]黄克武在《自由的所以然——严复对约翰弥尔自由思想的认识与批判》一书中指出,严复在翻译弥尔的《群己权界论》时将一些源于传统的儒、墨、老、庄、杨朱等思想投射到所译介的对象之上,因此他的翻译与引介不仅是客观地介绍西方现代性的诸多面貌,也掺杂了主观的理解、诠释与评估。[③] 世纪之交,一位来自大陆的美国学者刘禾挑起"翻译中生成的现代性"(translated modernity)这样一个极富启发性的话题。[④] 刘禾在《跨语际实践》一书中明言:"跨语际实践的研究重心并不是技术意义上的翻译,而是翻译的历史条件,以及由不同语言间最初的接触而引发的话语实践。总体而言,我所要考察的是新词

---

① 国内仅有少数几位学者对法学翻译问题做过理论探讨,参见王健:《沟通两个世界的法律意义:晚清西方法的输入与法律新词初探》,中国政法大学出版社2001年版;苏力:《当代中国的法学著作翻译——从制度或经济学的角度考察》,载许章润主编:《清华法学》(第1期),清华大学出版社2004年版,第130~149页;《美国法律文库》会务组编:《法学翻译与中国法的现代化——"美国法律文库暨法学翻译与法律变迁"研讨会纪实》,中国政法大学出版社2005年版;贺卫方:《1949年以来中国的法律翻译》,载《中国政法大学学报》2007年第1期;刘毅:《法学翻译与法律现代化》,载《北京理工大学学报》(社会科学版)2012年第5期;刘毅:《他山的石头——中国近现代法学译著研究》,中国法制出版社2012年版。

② 孙歌:《前言》,载许宝强、袁伟选编:《语言与翻译的政治》,中央编译出版社2001年版,第22页。

③ 参见黄克武:《自由的所以然——严复对约翰弥尔自由思想的认识与批判》,上海书店出版社2000年版,第1页。

④ 参见刘禾:《跨语际实践——文学、民族文化与被译介的现代性(中国1900~1937)》,宋伟杰等译,生活·读书·新知三联书店2002年版,第6页。

语、新意思和新话语兴起、代谢,并在本国语言中获得合法性的过程。"⑤刘禾提出的这个问题不仅是文学所面临的,也是所有人文社会科学共同面对的普适性问题。就法学而言,自清末变法修律译介西方法学著作以来,延续数千年之久的律学传统开始断裂并终结,一个全新的学科门类——法学诞生了。法学一开始根本就没有自己的传统,法学中的概念术语、理论模式都是在法学翻译的过程中慢慢建构出来的。⑥ 从知识社会学的角度讲,"中国社会科学的学科制度化过程实际上是与国人引进西方社会科学的知识运动同时展开的甚或是这一知识引进运动的一部分;它不仅表现为中国社会科学学科门类是按照西方社会科学学科结构加以确定的,而且这也在更深的层面上有可能意味着西方社会科学有关学科分类的一系列理论预设在中国学术场域的正当性。"⑦那么,法学又是如何在国人引进西方社会科学的知识运动中建构起来的?法学翻译又是如何引用西方的理论资源建构我国的法学传统?在这里,笔者无意全面讨论这一宏大的问题,仅探讨分析法学著作的翻译史以及在这个过程中所呈现的主要特征,并在此基础上反思法学翻译与法理学研究的关系。

## 一、改革开放以来分析法学著作的翻译状况

改革开放以来中国法学界翻译分析法学著作的历史分为两个阶段。第一个阶段是1980年到1995年,这个阶段中国法学界开始翻译分析法学的著作,这一时期国内学者开始翻译哈特、德沃金和拉兹等分析法学家的著作。第二个阶段是1996年至今,这一阶段国内学者开始大规模翻译分析法学著作。改革开放以前仅有一些学者写了介绍分析法学的论文。

---

⑤ 刘禾:《跨语际实践——文学、民族文化与被译介的现代性(中国1900~1937)》,宋伟杰等译,生活·读书·新知三联书店2002年版。

⑥ 参见李贵连:《中国近现代法学的百年历程》,载苏力、贺卫方主编:《20世纪的中国——学术与社会》(法学卷),山东人民出版社2001年版,第216~217页。

⑦ 邓正来:《自由与秩序——哈耶克社会理论研究》,江西教育出版社1998年版,第8页。

在1906年,梁启超翻译了日本法学博士奥田义人所著的《法学通论》中"论法律之性质"一章。在这篇文章中,他介绍了奥斯丁的主权命令说,这是国内最早介绍分析法学的文章。梁启超还发表了"功利主义者泰斗边沁学说""近世文明初祖二大家之学说"等与分析法学相关的文章。20世纪二三十年代,当时知名的法学研究者(如王凤瀛、方孝岳、丘汉平、梅汝璈、吴经熊、燕树棠等)都或多或少地涉及分析法学思想,并且对分析法学派做了初步的探讨。[⑧] 他们的介绍涉及边沁、奥斯丁、霍兰、萨尔蒙德、格雷、霍菲尔德、考克雷克等分析法学家的思想。虽然这段时间国内的学者非常关注分析法学的最新发展,但仅有刘燕谷从日文将凯尔森的《纯粹法学》转译成中文,而其他的分析法学著作未见有人翻译。[⑨] 1949年以后,随着国民党《六法全书》的废除,西方资产阶级的法律思想被视为洪水猛兽,这30年间分析法学自然成为无人问津的雷区。这30年恰恰是现代分析法学发展最为迅速的黄金时代,哈特的《法律的概念》、富勒的《法律的道德性》、德沃金的《认真对待权利》、拉兹的《法律的权威》等分析法学的经典著作都是1949~1979年问世的。

**(一)第一个阶段(1980~1995年)**

分析法学的著作翻译成中文是1980年以后的事了。中国社会科学院法学研究所主办的《环球法律评论》[⑩]在翻译分析法学著作方面居功至伟。早在1980年,时任该刊编辑的潘汉典先生翻译了萨默斯教授的"富勒教授的法理学和在美国占统治地位的法哲学"[⑪]一文和罗纳德·德沃

---

⑧ 参见陈锐:《隔阂与落寞:分析法学在近代中国的传播及其命运》,载《政法论坛》2009年第1期。

⑨ 参见凯尔森:《纯粹法学》,刘燕谷译,中国文化服务社1934年版。凯尔森的《共产主义的法律理论》也于1962年由王名扬先生译出,但该书系凯尔森批评共产主义法律理论的著作,没有体现他的纯粹法学主张,并不能视为分析法学的著作。

⑩ 《环球法律评论》诞生于1962年,乳名《法学研究资料》。1979年复刊,易名《法学译丛》,1993年再度更名为《外国法译评》,2000年最后定名为《环球法律评论》。本文在引用时皆采用文章发表时该刊物的名称。

⑪ [美]罗伯特·S.萨默斯:《富勒教授的法理学和在美国占统治地位的法哲学》,潘汉典译,载《法学译丛》1980年第1期。

金教授的"认真地对待权利问题",⑫两年后他又将德沃金教授批评哈特法律观的两篇长文翻译成中文。⑬ 潘汉典先生是第一位翻译德沃金法律著作的学者,也是第一位向国人介绍富勒法理学的学者。此后,该刊陆续刊载了德沃金的其他作品的译文。H. L. A. 哈特和约瑟夫·拉兹作品的中译文最早也是发表在《环球法律评论》。⑭ 在这个阶段,国内学者还翻译了一些国外评论分析法学家著作的文章。周新铭先生先后翻译了博登海默《法理学》一书中的"新分析法学和语言法律学"以及约翰·麦克伊评论德沃金法理学思想的"第三种法律理论"。⑮ 在这一时期,国内仅出版了三本分析法学的译著,分别是:凯尔森的《国际法原理》(1989年)、哈特的《惩罚与责任》(1989年)和边沁的《立法理论:刑法典原理》(1993年)。

**(二)第二个阶段(1996年至今)**

1996年在分析法学著作翻译史上具有里程碑意义。江平先生主编的"外国法律文库"一年间推出三本分析法学的译著,分别是:凯尔森的《法与国家的一般理论》(1996年)、哈特的《法律的概念》(1996年)和德沃金的《法律帝国》(1996年)。这三本译著的问世拉开了国内全面引进分析法学的序幕。"外国法律文库"此后还出版了《科宾论合同》(1997年、1998年)的中译本和德沃金《认真对待权利》(1998年)的中译本。江平先生在序言中指出:"自1949年直到今天,西方法律学术著作在大陆译为中文出版者只有寥寥10余种。"⑯而这10余种著作中没有一部是分析法学作品。凯尔森、哈特和德沃金都是分析法学阵营中最重要的学者,"外

---

⑫ [美]罗纳德·德沃金:《认真地看待权利问题——论美国公民的反对政府的权利》,潘汉典译,载《环球法律评论》1980年第2期。

⑬ 参见[美]罗纳德·德沃金:《论规则的模式——略论法律规则与原则、政策的法律效力,批判实证主义》,潘汉典译,载《环球法律评论》1982年第1期和第2期。

⑭ 参见[英]赫伯特·L. A. 哈特:《英国人眼中的美国法理学》,刘同苏译,载《环球法律评论》1989年第4期;约瑟夫·拉兹:《论法治原则》,李林译,载《环球法律评论》1990年第5期。

⑮ 参见[美]埃德加·博登海默:《新分析法学和语言法律学》,周新铭译,载《国外法学》1984年第3期;约翰·麦克伊:《第三种法律理论》,载《环球法律评论》1985年第3期。

⑯ 江平:《外国法律文库序》,载[美]哈罗德·J. 伯尔曼:《法律与革命:西方法律传统的形成》,贺卫方等译,中国大百科全书出版社1993年版,第I页。

国法律文库”出版他们的著作的中译本的确是独具慧眼的。

许章润和舒国滢主编的“西方法哲学文库”组织翻译了许多分析法学的名作。这套译丛先后出版了奥斯丁的《法理学范围》(2002 年)、拉兹的《法律体系的概念》(2003 年)和《实践理性与规范》(2011 年)、凯尔森的《纯粹法理论》(2008 年)以及霍菲尔德的《基本法律概念》(2009 年)。法律出版社策划的“博观译丛”将分析法学的翻译和引进事业推向了高潮。这套译丛已经出版了 8 部分析法学的译著,分别是哈特的《法理学与哲学论文集》(2005 年)、《法律的概念》(第二版,2006 年)和《法律、自由与道德》(2006 年)、麦考密克的《法律推理与法律理论》(2005 年)、拉兹的《法律的权威》(2005 年)、马默主编的《法律与解释》(2006 年)、科尔曼的《原则的实践》(2006 年)和比克斯的《法理学:理论与语境》(2008 年)。“博观译丛”出版的这些译著都是现代分析法学家的著作。他们之间的师承关系非常清晰,哈特是现代分析法学的创始人,拉兹和麦考密克是哈特的学生,而马默和比克斯又是拉兹的学生。科尔曼深受哈特的影响,他与哈特都坚持柔性法律实证主义。

其他译丛、文库或丛书也零星翻译出版了分析法学的著作。由美国新闻署策划主办、中国政法大学出版社翻译出版的“美国法律文库”推出了 3 部分析法学的译著,分别是菲尼斯的《自然法与自然权利》(2005 年)、哈特和奥诺尔的《法律中的因果关系》(2005 年)和格雷的《法律的性质与渊源》(2012 年)。法律出版社推出的“边沁法学文库”近年推出了 3 部研究边沁的分析法学著作,分别是英国法学家哈特的《论边沁:法理学与政治理论》(2015 年)、美国法学家杰拉德·波斯特玛的《边沁与普通法传统》(2014 年)和英国法学家菲利普·斯科菲尔德的《邪恶利益与民主:边沁的功用主义政治宪法思想》(2010 年)。商务印书馆的“汉译世界名著丛书”翻译了 2 部分析法学著作,一本是边沁的《道德与立法原理导论》(2000 年),另一本是富勒的《法律的道德性》(2005 年)。商务印书馆的“政治哲学名著译丛”出版了约瑟夫·拉兹的《价值、尊重和依系》(2016 年)和大卫·莱昂斯的《伦理学与法治》(2016 年)。“当代法学名著译丛”出版了英国分析法学家麦考密克与魏因贝格尔合著的《制度法论》(2004年)。“大师学述”丛书组织翻译了麦考密克的《哈特传》(2010年)。“上海三联法学文库”推出了边沁最重要的分析法学著作《论一般法律》(2008年)。“人文译丛”翻译出版了拉兹的《自由的道德》(2006年)。“法律今典译丛”翻译出版了恩迪科特的《法律中的模糊性》(2010年)和麦考密克的《修辞与法治:一种法律推理理论》(2014年)。“法律语言学译丛”推出了比克斯的《法律、语言与法律的确定性》(2007年)。“法意”丛书出版了陈锐编译的《法律实证主义:思想与文本》(2008年)和《法律实证主义:从奥斯丁到哈特》(2010年)这两本分析法学论文集。“西方学术经典译丛”出版了奥斯丁的《法学讲演录》(2008年)。中国政法大学出版社推出了马默的《解释与法律理论》(2012年)、《社会惯习:从语言到法律》(2013年)、莱斯利·格林的《国家的权威》(2013年)和肖尔的《依规则游戏:对法律与生活中规则裁判的哲学思考》(2015年)和德沃金的《刺猬的正义》(2016年)。北京大学出版社推出了德沃金的《身披法袍的正义》(2010年)和马默的《法哲学》(2014年)。“法学译丛·法治诚信系列”推出了汤姆·坎贝尔的《法律与伦理实证主义》(2014年)。“世界法学译丛”翻译出版了格瑞尔德·波斯特马的《哲学与侵权行为法》(2005年)。中国法制出版社推出了斯科特·夏皮罗的《合法性》(2016年)。凤凰文库出版了约瑟夫·拉兹的《公共领域中的伦理学》(2013年)。此外,1996年以来国内学者翻译了大量的分析法学的论文。

## 二、分析法学译著之面面观

### (一)译著与原著出版的时间差逐步缩小

在自然法学、法社会学和分析法学这三大法学流派中,分析法学著作的汉译史起步最晚。著名翻译家严复先生早在1913年就翻译出版了自然法学派代表人物孟德斯鸠的《法意》(《论法的精神》)。[17] 美国法社会

[17] [法]孟德斯鸠:《法意》,严复译,上海商务印书馆1913年版。

学家罗斯科·庞德的《社会法理学论略》中译本于1935年出版。[18] 相比而言，分析法学著作的翻译出版要晚得多。边沁的《道德与立法原理导论》完成于1780年，出版于1789年，而中译本出版于2000年，译著比原著晚了200多年。[19] 分析法学奠基之作是约翰·奥斯丁于1832年出版的《法理学的范围》。[20] 该书中译本直到2002年才出版，译著的问世比原著晚了170年。霍菲尔德的"司法推理中应用的若干基本概念"[21]和"司法推理中应用的基本法律概念"[22]两篇长文分别发表于1913年和1917年，而中译本是2009年出版的，译著比原著晚了将近100年。格雷的《法律的性质与渊源》出版于1909年，而中译本是在103年后出版的。[23] 凯尔森的代表作《法与国家的一般理论》1945年出版，中译本出版于1996年，出版的时间差是51年。

现代分析法学的发展起步于20世纪50年代。但国内翻译现代分析法学的著作也是20世纪80年代以后的事了。现代分析法学的创始人H. L. A. 哈特的《法律的概念》出版于1961年，中译本翻译出版于1996年，译著比原著晚了35年。富勒的《法律的道德性》出版于1969年，中译本直到2005年才出版，译著比原著晚了36年。现代分析法学第二代传人德沃金、拉兹和麦考密克等人的原著和译著的出版时间缩短了很多年。德沃金的《认真对待权利》[24]出版于1977年，中译本出版于1998年，译著与原著出版的时间差是21年，他的另一本著作《法律帝国》[25]出版于1986

---

[18] ［美］罗斯科·庞德：《社会法理学论略》，陆鼎揆译，上海商务印书馆1935年版。

[19] Jeremy Bentham, *Introduction to Principles of Morals and Legislation*, printed for publication 1780, first published 1789, Oxford: Clarendon Press, 1907.

[20] John Austin, *The Province of Jurisprudence Determined* (London: John Murray, 1832).

[21] Wesley Hohfeld, "Some Fundamental Conceptions as Applied in Judicial Reasoning", 23 *Yale Law Journal* 16 (1913).

[22] Wesley Hohfeld, "Fundamental Legal Conceptions as Applied in Judicial Reasoning", 26 *Yale Law Journal* 710 (1917).

[23] John Chipman Gray, *The Nature and Sources of the Law*, Columbia University Press, New York, 1909.

[24] Ronald Dworkin, *Taking Rights Seriously*, Cambridge, Massachusetts, Harvard University Press, 1977.

[25] Ronald Dworkin, *Law's Empire*, Harvard University Press, Cambridge, Mass., 1986.

年，译著在10年后就翻译出版了。拉兹的《法律的权威》[26]出版于1979年，中译本出版于2005年，译著的出版时间比原著晚26年。麦考密克的《法律推理与法律理论》[27]出版于1978年，中译本出版于2005年，译著的出版时间比原著晚27年。现代分析法学第三代传人比克斯、马默、恩迪科特等人的著作被翻译为中文的时间就更快了。比克斯的《法律、语言与法律的确定性》出版于1993年，中译本出版于2007年，译著的出版时间比原著晚14年，他的另一本著作《法理学：理论与语境》（第四版）出版于2006年，而中译本仅在两年后就出版了。马默的主编的《法律与解释》[28]出版于1995年，中译本出版于2006年，译著的出版时间比原著晚11年。恩迪科特的《法律中的模糊性》[29]出版于2000年，中译本出版于2010年，译著仅在原著出版10年之后问世。

**（二）译者的年轻化趋势**

分析法学的翻译事业是由中国的老中青三代学人共同推动的。在国内最早翻译分析法学论著的译者多为1949年前上大学的老先生。潘汉典先生1982年翻译德沃金的"论规则的模式"时已是62岁高龄，王铁崖先生1989年翻译出版《国际法原理》时已是76岁高龄，沈宗灵先生1996翻译出版凯尔森的《法与国家的一般理论》时已是73岁高龄，周叶谦先生翻译《制度法论》时也是70多岁高龄，2004年出版该书时周先生已经作古。"文化大革命"后上大学的中年学者为分析法学著作的翻译工作做出了开创性的贡献。他们出版分析法学译著时多为40岁左右。张文显1996年翻译出版哈特的《法律的概念》时是45岁，信春鹰、吴玉章1998年翻译出版德沃金的《认真对待权利》时分别是42岁和43岁，刘星2002年翻译出版奥斯丁的《法理学的范围》时是46岁。

现如今，1980年前后出生的青年学者已经成为分析法学著作翻译的主力军。青年学者普遍英语较好，而分析法学又是主要活跃在英语世界

---

㉖ Joseph Raz, *The Authority of Law*, Clarendon Press, Oxford, 1979.

㉗ Neil MacCormick, *Legal Reasoning and Legal Theory*, Clarendon Press, Oxford, 1978.

㉘ Andrei Marmor, *Law and Interpretation*, Clarendon Press, Oxford, 1995.

㉙ Timothy Endicott, *Vagueness in Law*, Oxford: Oxford University Press, 2000.

的法学流派,因此青年学者选择翻译分析法学的著作也是一件自然而然的事情。国内有一批法理学青年热衷于分析法学的研究,他们希望通过翻译来促进自身的研究,研究始于翻译是他们当中许多人学术成长的道路。诚如苏力所言,“许多年轻人都是通过翻译外国的重要法学著作提升了自己,补充了自己”。[30] 他们在翻译分析法学著作时多为30岁左右的博士生或刚出道的博士。

**(三)翻译的选题具有随意性**

“译什么?”是一个颇费思量的问题。通常我们会说要翻译经典著作。英美法学界对哪些著作属于分析法学的经典著作能达成基本共识,但对国内法学界而言,这是一件很不容易的事情。国内分析法学的研究起步晚而且起点低。未必每位研究者和译者都了解分析法学的概况。在挑选分析法学翻译书目的时候难免“东一榔头,西一棒子”。

分析法学著作的翻译在选书问题上多数采取众多学者民主推荐的方式和译者推荐的方式。“外国法文库”、“美国法律文库”和“博观译丛”组织翻译的分析法学著作多数是由众多学者推荐的选题。以笔者自己的翻译经历来说,笔者翻译比克斯的《法理学:理论与语境》缘于法律出版社“博观译丛”策划编辑的推荐,而翻译比克斯的《法律、语言与法律的确定性》是我自己向“法律语言学译丛”主编推荐的。学者和译者都有各自的理论偏好,而且他们对分析法学的认识水平也高下有别,这导致翻译书目选择上的随意性。目前,分析法学著作的翻译选题至少存在下面两方面的问题。

第一,侧重于翻译哈特—德沃金—拉兹传统的分析法学著作,忽视了其他分析法学传统著作的翻译。在上面列举的30多本翻译过来的分析法学著作中,属于哈特—德沃金—拉兹传统的著作有23本。哈特—德沃金—拉兹传统实际上就是牛津大学法哲学传统。哈特一脉以牛津大学法哲学研究中心为大本营,在法哲学界培养了一大批的弟子。自哈特1952年担任牛津大学法理学讲座教授以来,牛津法哲学就成为世界法哲学的

---

[30] 苏力:《当代中国的法学著作翻译——从制度或经济学的角度考察》,载许章润主编:《清华法学》(第1期),清华大学出版社2004年版,第143页。

中心。60年来,牛津法哲学长盛不衰,薪火相传、生生不息。从牛津法哲学研究中心走出了一批杰出的法哲学家。这一批法哲学家之间有着千丝万缕的联系。德沃金、拉兹、菲尼斯和麦考密克是哈特的学生,而沃尔德伦、佩里和斯塔夫罗普洛斯是德沃金的学生,加德纳、格林、马默、恩迪科特和比克斯又是拉兹的学生。在现有的分析法学译著中,哈特、德沃金、拉兹、麦考密克、比克斯、马默的著作是最多的。

相比而言,早期分析法学、纯粹法学和其他分析法学传统在国内的受关注度就要低许多。托马斯·厄斯金·霍兰的《法理学要素》、威廉·马克本的《法律的要素》和谢尔登·阿莫斯的《法律科学》、约翰·萨尔蒙德的《法理学或法律理论》和乔治·W. 佩顿的《法理学教科书》都是分析法学的名作,但国内学者很少关注这些著作,也没有人将它们译为中文。虽然凯尔森的代表作《纯粹法理论》和《法与国家的一般理论》已经翻译为中文,而同样代表他的纯粹法学思想的《公法理论的主要问题》、《规范的一般理论》和《法律与道德哲学论文集》却无人问津。《规范性与规范——关于凯尔森主题的批判性视角》[31]和《论凯尔森》[32]是英语世界研究凯尔森纯粹法思想最重要的两本论文集,但未引起汉语法学界的广泛关注。

第二,侧重于翻译法律本体论的著作,忽视了其他主题的著作的翻译。《法理学的范围》《论一般法律》《法律的性质与渊源》《纯粹法理论》《法与国家的一般理论》《法律的概念》《法律的道德性》《法律帝国》《法律体系的概念》《法律的权威》《制度法论》等已经翻译过来的分析法学著作都对法律本体论做出了巨大的贡献。分析法学除了探讨法律的本体问题外,还关注法律基本概念的分析以及部门法的哲学基础问题。[33] 在分析

---

[31] Stanley L. Paulson and Bonnie Litschewski Paulson eds. , *Normativity and Norms: Critical Perspectives on Kelsenian Themes*, Clarendon Press, Oxford, 1998.(作者包括 H. L. A. Hart, Alf Ross, Carlos S. Nino, Joseph Raz. , Neil MacCormick, and Georg Henrik von Wright)

[32] Richard Tur and William Twining eds, *Essays on Kelsen*, Clarendon Press, Oxford, 1986.(作者包括 Joseph Raz, Ota Weinberger, J. W. Harris and Stanley L. Paulson)

[33] 参见[美]布赖恩·比克斯:《论美国法中的哲学:分析法哲学》,祝梦君译,载郑永流主编:《法哲学与法社会学论丛》(2009年第1期),北京大学出版社2009年版。

法学的译著中，关于法律基本概念和部门法哲学的译著只有寥寥几本。[34]分析法学家探讨基本法律概念和部门法哲学的著作中，约瑟夫·拉兹的《权威与解释之间》（2009年）、杰里米·沃尔德伦的《私有财产权》（1988年）、马修·克雷默的《客观性与法治》（2007年）和约翰·加德纳的《冒犯与防卫》（2007年）都是值得翻译的优秀著作。普通法的哲学基础向来是国内法学界忽视的领域。这与中国法学研究的专业壁垒不无关系。法理学研究者不太关注部门法的问题，部门法学者不太关注理论问题，导致中国的法学研究出现了法理学与部门法学相互分离的格局。分析法学的影响不限于法理学，它广泛运用于各个具体的普通法领域。刑法哲学、侵权法哲学、合同法哲学、财产法哲学、宪法哲学、证据法哲学、国际法哲学等领域都有一批的分析法学著作，但国内法学界鲜有人关注这些著作。

## 三、法学翻译与中国的分析法学

分析法学著作的翻译为中国分析法学的发展提供了知识基础。换句话说，中国分析法学的研究始于法学翻译。

### （一）分析法学翻译与当代中国的西方法哲学研究

笔者仅以哈特、德沃金和拉兹三位分析法学大家在中国的研究进展为例阐述这个问题。英语世界首屈一指的法学家哈特在中国经历了从备受冷落到红得发紫的大起大落，新中国成立后的30年间，无人问津哈特的学说，改革开放后的头10年只有关于他思想的零星介绍，1989年他的《惩罚与责任》被翻译成中文，但未引起广泛关注，20世纪90年代初评介哈特法律思想的著作或论文仍是凤毛麟角。哈特《法律的概念》中译本的问世成为哈特在中国命运发生转折的分水岭。1996年以后，国内研究哈特的文献越来越多。20多位学者曾专门撰文探讨过哈特的法哲学思想。

---

[34] 这两个领域的译著仅有：《基本法律概念》《认真对待权利》《自然法与自然权利》《法律中的因果关系》《责任与惩罚》《科宾论合同》《哲学与侵权行为法》《宪政的哲学基础》。

但“哈特热”的形成是2005年以后的事了。哈特的《法理学与哲学论文集》中译本恰恰是这一年出版的。2005年以后，国内出版了5本以哈特为主要研究对象的专著，分别是：徐爱国的《分析法学》、[35]陈景辉的《法律的界限》、[36]支振锋的《驯化法律》，[37]谌洪果的《哈特的法律实证主义》[38]和沈映涵的《新分析法学中的方法论问题研究》。[39] 根据笔者在中国期刊网硕士论文库的检索，2005年以来专门探讨哈特法律思想的博士论文有5篇，研究哈特法律思想的硕士论文有39篇之多。

哈特的弟子和继任者罗纳德·德沃金在中国的命运比他的老师要幸运得多。德沃金的《认真对待权利》和《法律帝国》的中译本出版后，国内关于德沃金法律思想的研究也逐步多起来。2002年德沃金访问中国，国内一时间兴起了一股研究德沃金的热潮。笔者在中国知网期刊库以“德沃金”为题搜索，检索到180多篇研究德沃金政治法律思想的论文，其中发表在1996年以前的仅3篇。在中国知网博硕论文库以“德沃金”为题名检索，检索到10篇研究德沃金政治法律思想的博士论文，检索到32篇研究德沃金政治法律思想的硕士论文。拉兹的两本著作《法律体系的概念》和《法律的权威》被翻译成中文之后，国内法学界兴起了“拉兹热”。在拉兹的著作的中译本出版以前，国内仅有几本西方法理学的教材和两篇论文讨论了拉兹的法律思想。拉兹著作中译本的出版极大地推动了国内的拉兹研究。2003年以来，十几位学者先后发表了20余篇论文专门探讨拉兹政治法律思想，专门研究拉兹法哲学思想的博硕士学位论文共有7篇。

反过来，如果分析法学家的著作没有被翻译过来，那么他们的思想也就不会引起国内法学家的关注和重视。比如，托马斯·厄斯金·霍兰、威

---

[35] 徐爱国：《分析法学》，法律出版社2005年版。

[36] 陈景辉：《法律的界限——实证主义命题群之展开》，中国政法大学出版社2007年版。

[37] 支振锋：《驯化法律——哈特的法律规则理论》，清华大学出版社2009年版。

[38] 谌洪果：《哈特的法律实证主义——一种思想关系的视角》，北京大学出版社2008年版。

[39] 沈映涵：《新分析法学中的方法论问题研究——由哈特的描述性法理学引发的争论》，法律出版社2010年版。

廉·马克本、谢尔登·阿莫斯、约翰·萨尔蒙德爵士和乔治·W.佩顿也是重要的分析法学家,但由于他们的著作没有被翻译过来,国内法学界也就无人研究他们的法理学思想。实际上,这批学者在分析法学历史上是承上启下的法学家,他们的著作在国外都有重要的影响,而国内法学界忽视了他们的贡献,直接从边沁、奥斯丁跳到哈特,这无疑是一种遗憾。

**(二)分析法学翻译与当代中国的法理学教材改革**

目前国内法理学教科书的绪论、本体论和价值论的许多观点源于分析法学。沈宗灵先生率先将分析法学的观点引入我国的法理学教科书。现行法理学教科书在绪论部分都会介绍法学研究中的语义分析方法,这一研究方法专属于分析法学。国内最早提出这一方法的学者是沈宗灵先生。他在1986年发表的《研究法的概念的方法论问题》一文中提出,研究法的概念应该注意语义分析方法。[40] 他后来将这一研究成果写进了法理学教科书。当然,沈宗灵先生对语义分析的理解是初步的,他仅仅抓住了语义分析方法的一个方面,即澄清语词的意义。此后,张文显教授在他的著作《法学基本范畴研究》中进一步强调了语义分析方法对于法学研究的重要性。他指出:"语义分析,亦称语言分析,是通过分析语言的要素、结构、语源、语境,而澄清语义混乱,求得真知的一种实证研究方法。"[41]他首次用分析法学的语义分析方法对法、权利、义务、法律行为、法律关系、法律责任这些基本的法学范畴进行了系统的研究。他关于法学基本范畴的研究成果也写进了法理学教科书。经过张文显教授对于法理学教科书的更新,法理学的本体论部分具有了浓厚的分析法学色彩。

法律作用是法理学价值论部分的一个重要问题。将法律的作用分为规范作用和社会作用是沈宗灵先生的首创。他"在1984年《法学基础理论》(新编本)教材中引进了英国法学家拉兹关于法律作用的学说"。[42] 约瑟夫·拉兹认为,每一法律规范必然有规范作用,通常又都有社会作用。

---

[40] 参见沈宗灵:《研究法的概念的方法论问题》,载《法学研究》1986年第4期。

[41] 张文显:《法学基本范畴研究》,中国政法大学出版社1993年版,第20页。

[42] 沈宗灵:《再论法理学的创新》,载沈宗灵、罗玉中、张琪编:《法理学与比较法学论集——沈宗灵学术思想暨当代中国法理学的改革与发展》(下册),北京大学出版社2000年版,第843页。

法律因有规范性而具有规范作用，因有或想有社会影响而有社会作用。[43] 国内法理学教材通常在介绍法律效力的概念时都会谈到它与法律实效的联系与区别。法律效力是指法律的约束力，属于应然范畴；法律实效表明法律在实际生活中的状况，属于实然范畴。同时，法律的实效是效力的一个条件。[44] 沈宗灵先生在1988年就区分了法律的效力和实效，他的这一观点引自凯尔森的学说。[45]

关于法律要素问题，我国法理学界长期采用法律规范说，将法律归结为法律规范这一单一要素，这一理论来自苏联法学界，其理论源头是奥斯丁的主权命令说。目前我们关于法律要素的通说是三要素说，即法律要素包括法律概念、法律规则和法律原则。[46] 三要素说综合了哈特的规则模式论和德沃金的原则理论。法理学教科书关于构成性规则和调整性规则的观点与哈特关于第一性规则与第二性规则的观点如出一辙。在法律规则与法律原则的区分这个问题上，法理学教科书要么采用了哈特的观点，要么采用了德沃金的观点。由中国政法大学法理学研究所老师集体编写的《法理学原理》是国内所有法理学教科书中分析法学特色最鲜明的一本教材。[47] 这本教材由四编内容组成，分别为法概念论、法规范论、法学方法论以及法价值论。法概念论和法规范论分别由分析法学研究者陈景辉和范立波撰写。法概念论的设问方式和论证方式与现代分析法学教科书的写法如出一辙。法规范论探讨了规范的一般理论、法律体系和规范与实践推理的关系等问题，作者的研究方法、论证资源和基本立场完全是分析法学的。

---

[43] See Joseph Raz, "On the Functions of Law", in *Oxford Essays in Jurisprudence*, A. W. B. Simpson ed., Oxford: Clarendon Press, 1973, p. 280.

[44] 参见沈宗灵主编:《法理学》，北京大学出版社2002年版，第366~367页。

[45] 参见沈宗灵:《再论法理学的创新》，载沈宗灵、罗玉中、张琪编:《法理学与比较法学论集——沈宗灵学术思想暨当代中国法理学的改革与发展》(下册)，北京大学出版社2000年版，第845页。

[46] 参见张文显主编:《法理学》(第4版)，高等教育出版社2011年版，第66页。

[47] 参见徐显明主编:《法理学原理》，中国政法大学出版社2009年版。

## 结语

西方法学家在国内的地位与他的著作是否被翻译有着密切的联系。国内法学界的"博登海默热""哈耶克热""波斯纳热""哈特热""德沃金热""拉兹热""凯尔森热""韦伯热""哈贝马斯热""霍姆斯热""卡多佐热""拉伦茨热""阿列克西热"都始于他们著作中译本的出版。这是国内法学界的先翻译后研究的学术发展路数导致的。但哪些著作被翻译成中文带有很强的偶然性和随意性。可能一个学者碰巧看到一本自己感兴趣的著作,就把它翻译过来了。于是这本书的作者就为国内学术界所熟知。法学翻译的偶然性给中国的法学研究带来了重要的影响。按刘禾的话说就是:"我们或许更应该关注的是,在历史偶然性的关键时刻,西方和中国过去的思想资源究竟是怎样被引用、翻译、挪用和占有的,从而使被称之为变化的事物得以产生。"[48]国内法学界经由法学翻译在国内塑造了一幅与西方法学不同的地图。一个形象的说法是,中国的法学界是一台油墨不足的复印机,我们将西方法学的有些流派复印过来了,而有些法学流派没有复印过来,或者有些法学流派复印得油墨过深,而有些法学流派却复印得油墨过浅。

现如今,国内学者的外语水平普遍提高,多数学者都能自如地阅读外文原著,有学者提出翻译已无必要。实则不然,即使我们能够阅读外文原著,也需要翻译,因为我们是用汉语表达法律思想,只要我们引用国外学者的著作,我们就要进行翻译。要么你引用已有的翻译作品,要么你自己将原著的观点翻译为中文,区别仅仅在此。在这个意义上,每一位研究分析法学的学者都在从事翻译工作。只是有些学者将翻译的作品公开出版了,有些学者仅仅是在自己写论文的时候翻译了相关的观点。关键问题不在于是不是需要翻译,而在于出版一批高质量的译著,通过名著名译建

---

㊽ 刘禾:《跨文化研究的语言问题》,宋伟杰译,载许宝强、袁伟编:《语言与翻译的政治》,中央编译出版社2001年版,第251页。

立汉语的分析法学传统,从而形成中国的分析法学派。紧密追踪世界法哲学的发展动态,积极参与他们的前沿研讨,这是中国法哲学走向世界的重要途径。法学翻译在这个过程中大有可为。

# Jurisprudential Translation and the Development of Analytical Jurisprudence in China

*Qiu Zhaoji*

**Abstract**: The relationship of jurisprudential translation and legal study is a very important academic field but has not been paid enough attention by domestic jurists. The translation of the works of analytical jurisprudence has provided knowledge bases for the development of analytical jurisprudence in China. The research of analytical jurisprudence in China began with jurisprudential translation. The translation of the works of analytical jurisprudence can be divided into three stages: the first stage was from 1980 to 1995, and the second stage was from 1996 to present. The translations of analytical jurisprudence show three features: gradual shorter time delays between the orginal works and the translations, younger ages of the translators, diversifications of the choices of books. The diversifications of jurisprudential translation brings a significant impact to Chinese legal research. Chinese jurisprudential map which was different with Western jurisprudential map was shaped through jurisprudential translation. It is still an unfinished cause to establish Chinese tradition of analytical jurisprudence through eminent translations, of eminent jurisprudential works .

**Kew Words**: jurisprudential translation legal study analytical jurisprudence

# 改革开放40年来的中国法理学：回顾与展望*

## ——基于对国内法理学教材的分析

于　浩　黄　颖**

**摘　要**：中国法理学的发展与中国的法治建设密切相关。现有的法理学综述性文献并未整体性地反映改革开放以来中国法理学的发展共识。以20世纪80年代至今有代表性的国内法理学教材为分析样本，通过对比名称、内容和体例上的演变，分析改革开放以来不同时期的法理学发展情况，总结出中国法理学在改革开放以来取得的三项成就，即确立并提升自身的独立地位、实现研究范式转换、理论探索多元化趋势加强。展望未来中国法理学，明确为突出"中国"命题，必须加快话语表达方式的转换、注重历史与现实的统一、实现中西方和马克思主义三元理论融合。

**关键词**：中国法理学　法理学教材　法理学学科　法治

---

* 本文系司法部2016年度国家法治与法学理论研究项目"我国法治建设基本概念研究"(16SFB3003)的研究成果。

** 于浩，华东师范大学法学院研究员，法学博士，研究方向：法理学、法治与公共政策；黄颖，华东师范大学法学院2017级硕士研究生，研究方向：法理学。

党的“十九大”报告将全面依法治国视为推进国家治理体系和治理能力现代化的重要保证,全面依法治国因而成为了促进和实现国家治理体系和治理能力现代化的必要条件,实质上等置为国家治理体系和治理能力现代化首先是法治化的命题。这体现出法治建设在社会主义现代化建设进程中的重要地位。自改革开放以来,中国法治建设稳步向前推进,“依法治国”的观念日渐深入人心,“法治中国”愈加清晰地成为了执政党带领人民治国理政的典范。① 在法治建设欣欣向荣的背后,一代代法学研究者孜孜不倦地为依法治国寻求着中国的理论和本土资源,为中国法治秩序的形成注入了源源不断的精神动力,使法治建设道路铲除了深层次的理论障碍。在这一过程中,被誉为整个法学大厦的理论基石、法律科学金字塔顶端的法理学,是法学研究领域中最具抽象性、普遍性和概括性的科学范式,发挥了极其重要的作用。一方面,法理学的大力发展极大地解决了法治建设过程中面临的诸多理论困境;另一方面,法治建设的成就又为法理学的发展营造了良好的社会氛围,两者相互促进,共荣共生。同时,中国法理学也经历着一系列迅速而深刻的变革,在自身定位、研究对象、研究内容、研究方法等方面有着不小的突破和创新,并已经形成一批宏观讲述改革开放以来中国法理学的本地资源、域外经验和法学内部范式的重要文献。然而,随着改革进入深水区,澄清“中国”和“法理学”之间的意义关联,成为中国法理学甚至是法治建设不可回避的问题。无论是理论法学界热议的中国法理学的“生死”之争,还是法理学与部门法学、法理学与社科法学、法理学与法社会学之间的争议激化现象,都在说明既有的文献都只能给出中国法理学的某些只言片语,而无法获得“见一斑而窥全豹”的作用。如果我们把目光转向法理学教材,其变革历程也许是研究中国法理学发展的富矿。一方面,法理学教材既是法科生迈向法学领域的必经之路,展现了国家对未来法学人才的培养方式;另一方面,它能反映中国法理学者对法理学科的整体认识,又是当下法理学研究最新成果的载体,凝聚了法理学研究者的

① 参见于浩:《转型中国的法治化治理》,载《华东政法大学学报》2017年第2期。

智慧和心血。特别是近年各高校陆续采用全国统编的“马工程”版本的法理学教材后,法理学教材日益成为国家意志和学界共识的产物。职是之故,系统梳理改革开放以来中国法理学教材的变迁,并从历史逻辑的角度对其作一个条理清晰的梳理和归纳,不仅可以澄清目前学界对中国法理学和法治建设中的混沌之处,还可能给出较为清晰的中国法理学发展前瞻,显得必要且有价值。

## 一、法理学教材中的中国法理学变迁

法理学教材的编写内容反映了学界对法理学研究问题的整体认识,这与中国法理学的学术演变密切相关。从 1978 年改革开放至今 40 年的时间里,中国法理学教材在教材名称、编写内容、编排体例等方面经历了一个较为曲折的发展过程,整体呈现为从形式单一、内容单薄到百花齐放的特征。法理学界在教材编写领域一直尝试着追求改革和创新,取得了一些可观的成就。

### (一)法理学教材名称的变化

改革开放之初,中国法理学摆脱“文化大革命”带来的学术断层,进入恢复与重建阶段。这一阶段,我国的法学教育大体沿用苏联的教学模式和教学理念,法理学教材也继续沿用“马克思主义关于国家与法的理论”或者“国家与法的理论”的名称。随着改革开放的进行,法理学科的理性化程度逐步提升,全国的法理学教材开始尝试讨论法学体系自身问题,摆脱不必要的政治因素。这一阶段,绝大多数法理学教材都命名为“法学基础理论”。[②] 对于这次教材名称的变革,学术界给予了很高的评价。沈宗灵教授认为“这一改变实质上体现了学科内容、体系的重大改变以及对法学本身应有真正独立地位这种观念的确认”。[③] 这次变革不仅在一定程

---

② 代表性教材如 1981 年陈守一、张宏生主编的《法学基础理论》和 1982 年由孙国华担任正主编、沈宗灵担任副主编的司法部统编教材《法学基础理论》。

③ 沈宗灵主编:《法理学研究》,上海人民出版社 1990 年版,第 3 ~ 4 页。

度上打破了陈旧的理论进路和思维方式，并且明确了法理学研究的对象并非“国家理论”而是“法学基础理论”。这意味着法理学不再坚持法律和国家之间必然存在联系的观点。从此法理学开始独立研究法学本身的基础性问题，开始作为一门独立的学科存在。当然，20世纪80年代的法理学教材除了以“法学基础理论”命名外，仍有个别教材坚持了“国家与法的理论”的用法。④ 除此以外，也有教材采用了“法的基本理论”⑤“法学基础”⑥“法学基本理论”⑦等其他名称。但无论如何，这一阶段的法理学教材特色是逐渐摆脱苏联的政法教育观念，开始尝试从本体论层面理性分析和界定法理学自身的问题，但尚未形成法理学科内容和范围的整体性共识。

至20世纪90年代，“法理学”这一称谓开始得到广泛使用。自1992年在武汉大学召开的法理学年会后，“法理学”成为今后学界编写法理学科教材的普遍名称，具有代表性的有1994年徐显明主编的司法部通用教材《法理学教程》、1995年张文显主编的司法部现代教材系列《法理学》以及1999年葛洪义主编的司法部主干课程教材系列《法理学》等。从某种意义上说，这是法学界在学术问题上自治的产物，官方并未过多介入。然而其副作用是在某些国家部门发布的文件中，“法理学”“法学基础理论”“法学理论”等词汇仍然经常被混用，部分抵销了学界的努力。而进入21世纪以后，以“法理学”为名称的教材成为主流，例如沈宗灵主编的《法理学》（北京大学出版社2001年版）、张文显主编的《法理学》（高等教育出版社2012年版）以及朱景文主编的《法理学》（中国人民大学出版社2015年版）等。当然也有部分教材采用别的名称，例如吴汉东主编的《法学通论》（北京大学出版社2012年版）、吴祖谋、李双元主编的《法学概论》（法律出版社2016年版）等。但这些都与改革开放之初“国家与法的理论”的表述有着本质区别。一个学科在短短的二三十年间发生如此巨大的变

④ 参见陈绍兴、张志勤主编：《国家与法的理论》，法律出版社1992年版。

⑤ 参见孙国华主编：《法的基本理论》，中央第二政法干部学校教务处1981年版；赵长生等：《法的基本理论》，陕西人民出版社1987年版。

⑥ 李用兵等：《法学基础》，中共中央党校出版社1984年版。

⑦ 唐静权等：《法学基础理论》，南开大学出版社1984年版。

化,在世界各国法学教育史上都是极为罕见的。从“国家与法的理论”到“法学基础理论”再到“法理学”的曲折历程不仅说明中国法理学学者在教材建设领域上贯彻始终的求真务实,更反映出改革开放以来法理学科建设乃至法学研究的创新和进步。

**(二)法理学教材内容的变化**

法理学教材的内容与改革开放以来社会的变化和学界对法学学科建设的认识深化过程密切相关,基本呈现“十年一中变”的规律。

1.20世纪80年代的法理学教材

处于法学教育恢复和重建阶段的80年代法理学教材,尽管教材名称逐步从“国家和法的理论”转变为“法学基础理论”,但其编写内容仍明显地烙有苏联法学教育和理念的印记。以1984年北京大学出版社出版的《法学基础理论》为例。该书内容分为三大部分:第一部分是“法律概说”,阐述了法律的本质与一般规律、法律发展史;第二部分是“中国社会主义法律的性质和发展历程”;第三部分是“中国社会主义法律的制定与实施”,阐释了静态与动态的法律构造。其教材知识来源有三:一是党史文献;二是马克思主义原理;三是对当时法律规范的分析。[⑧] 由此可见,这一时期的法理学教材体现出四个特点:一是以介绍社会主义法和苏联法学理论为主,鲜有关注作为人类文明发展成果的法律普遍性与共同性内涵,内容较为单一;二是停留在基本的概念陈述层面,主要以简介国家基本理论、法理学基本概念和范畴为主,少有对法学理论的深入探讨和反思;三是意识形态色彩较浓而中立色彩不足,阶级分析方法占据主导地位;四是具有某种意义上的实用主义色彩,内容与党和国家的工作重心、社会主义现代化建设密切相关,开始初步讨论“人权保障”“权利与权力之辩证关系”等问题。除此之外,法理学教材的基本内容也表明,法理学界开始从对基本概念和范畴的粗浅探讨进入反思法理学本身性质和定位的层面,内容也开始涵盖法的本质、民主与法制联系、人权保障等研究内

⑧ 参见徐爱国:《中国法理学的“死亡”》,载《中国法律评论》2016年第2期。

容。[9] 与此同时，意识形态色彩逐步让位于较为客观中立的分析，讨论法的本质的内容不再占据主要地位。另外，关于法的制定、实施等方面的内容却在不断扩增，甚至初步涉及更为深层次的法哲学问题。这充分说明，这一时期法理学教材的内容与国家经济和政治改革的现实密切相关。它渐渐摆脱过去纯粹介绍苏联法学理论的特征，转而重视中国的现实情况，同时关注西方法学理论的重要成果，有针对性地探讨社会转型和法理学之间的关系问题，体现了法理学明显的现实意识和实践意义。同时伴随学科的逐渐成熟，法理学的政治色彩逐渐退居幕后，法理学教材的规范意蕴开始呈现，研究内容不断丰富，研究视域也在逐步拓展。

2.20世纪90年代的法理学教材

20世纪90年代法理学教材在内容上的主要特色，是规范讨论成为主线，同时大幅度增加对西方前沿法学理论的介绍。其大致呈现以下趋势：首先，政治色彩进一步减弱，意识形态色彩浓厚的表述比例减少。过去法理学教材以区分敌我、批判资本主义法律为写作惯例，凡法学理论前必冠以“社会主义”字眼，以突出资本主义法律的剥削本质。但自20世纪90年代起，这种现象逐渐减弱甚或消失。有学者曾经提及，1992年中国政法大学出版社出版的法理学教材中，冠有“社会主义”定语的章节标题只占全书总章节的23%；另有一本1997年出版的使用广泛的司法部规划教材则显得更为“激进”，“社会主义”的定语仅出现在介绍社会主义法律体系和社会主义法律理念等个别节标题中，在章节标题中已不见相关概念。[10] 其次，许多法理学教材的内容自觉规避过度政治化的弊端，不再以“法的本质”问题作为贯穿法理学教材的立场和全书的重点研究内容，也不再单纯以阶级分析方法审视理论问题。与之相适应，法律的阶级性不再作为法律的唯一本质，法律的社会属性讨论开始纳入法理学教材的内容。当然，这些改变并不意味着我国的法理学教材抛弃了马克思主义理论的基

⑨ 参见石茂生、张伟：《改革开放三十年与中国法理学的发展》，载《河南省政法管理干部学院学报》2008年第6期。

⑩ 参见郭忠：《中国法理学教材发展的阶段和趋势——基于1950年到2010年教材出版情况和内容的分析》，载《甘肃政法学院学报》2012年第4期。

本观点;相反,这恰是中国法理学教材依然坚守马克思主义实事求是和求真务实的科学立场的体现。再次,内容上开始呈现多元化趋势。以往的法理学教材多是政治理论的延续,重要的章节往往讨论的是法的阶级性、人民性、物质生活条件的决定性等问题,但对法律解释、法律方法、法律行为、法制与民主的关系等更具法学规范意义的问题,则较少提及。随着改革开放的进行,特别是1992年之后,法理学教材开始迅速吸收国内外先进的法理学理论和研究成果。⑪ 在这些新增的内容中,不仅有市场经济与法治、人权、自由、法治国家等热点问题,甚至连相对价值中立的法律解释、法律文化、法律移植、正义理论等领域也获得了前所未有的重视和讨论。这些变化都体现了规范的法律分析路径成为法理学教材的主要内容。同时以法学方法应对我国市场经济建设和法制建设的意识也开始显现,这进一步巩固了法理学的基础学科地位。

3.21世纪的法理学教材

进入21世纪,法理学教材再度迎来了新的改革热潮,尤以2003年以后的变革最为突出。整体来看,这一时期法理学教材的内容主要呈现以下三个方面的特征:一是提纲挈领地讨论西方法理学的思想谱系,试图为学生基本了解西方法理学思想提供参考依据。二是开始关注法学方法论,许多教材中辟出专章进行讨论。三是采取分段式教学方式,将法理学课程内容一分为二,在基础部分中首先讨论法的概念、法的要素、法的内容等法理学一般原理,在学生接受一定的部门法规范训练后另外讲授法学方法、法律和政策、法律运行、法律文化、法律和正义等理论色彩较浓的内容,旨在强化学生已有的法学专业知识和法学专业思维。除此之外,法理学教材在教学技术层面增色不少。和过去灌输式的教材编写体例相比,新教材有着诸多不同之处:第一,增加案例说理的内容。有的教材为了帮助学生理解晦涩难懂的法律概念和法学理论,增加了一些法治案例或者法治小故事,试图通过具体案例与法理学原理的双向互释,理论与实践的相互结合,达到帮助学生更好地掌握知识的目的。这些教材有的将

⑪ 参见武建敏:《中国法理学发展的理论诠释——三十年的回顾与展望》,载《河北法学》2008年第9期。

案例放在开头以引起学生的阅读兴趣,有的将案例置于章末达到总结归纳的效果,还有的将案例穿插在文中有助于学生理解相关知识点。⑫ 第二,突出学生自学要求。有的教材为了扩展学生的视野,增设了一些延伸阅读的栏目,普遍表现是在每一章节的末尾安排与本章主题相关的文献阅读材料,加强学生对相应章节知识点的深度理解,培养学生开放的法理学思维方式。⑬ 第三,强调应用技能。这主要出现在一些应用型法理学教材中,通过在章末设置习题或者思考题的方式帮助学生巩固知识点、检测学生对知识点的掌握程度以及培养学生的问题意识。习题的类型也随着时间的推移变得越来越多样化,主要有选择题、判断题、名词解释、简答题、论述题和案例分析等。随着2002年国家首次司法考试的举办,学生对实用型教材的需求也越来越高,这类教材也变得越来越受欢迎。⑭

**(三)法理学教材体系的变化**

法理学教材的体系演变与教材的名称有着密切联系。在20世纪80年代,法理学教材名称从"国家与法的理论"变成"法学基础理论"时,教材取消了与国家有关的理论内容,但仍然保留了传统的三大结构,即(1)"法的性质与概念"(包括法的定义、法的特征与作用、法与其他社会现象的关系等内容),(2)"法的历史"(包括法的产生、法的历史类型等内容)以及(3)"法的制定与实施"(包括法律关系、法的制定、法的执行等内容)。⑮ 以这一时期颇富影响力的、1984年出版的由沈宗灵和刘升平负责编写的《法学基础理论》为例。该书在体系上的突出变化主要有两点:一是将法的历史、法的渊源等内容归入第一板块法律概说之中,二是适应时

---

⑫ 代表性教材如刘星:《法理学导论》,法律出版社2005年版;舒国滢主编:《法理学阶梯》,清华大学出版社2006年版等。

⑬ 代表性教材如孙笑侠、夏立安主编:《法理学导论》,高等教育出版社2004年版;刘金国、蒋立山主编:《新编法理学》,中国政法大学出版社2006年版等。

⑭ 代表性教材如陈金钊主编:《法理学》,北京大学出版社2002年版;郑成良主编:《法理学》,清华大学出版社2008年版;马长山主编:《法理学导论》,北京大学出版社2014年版等。

⑮ 参见葛洪义:《论法理学教学与教材的改革——从"一分为二"谈起》,载《法商研究》(中南政法学院学报)1999年第6期。

代发展突出介绍了中国社会主义法制建设过程中的问题,例如经济体制改革、生产力的关系、社会主义法与社会主义精神文明等。这不仅体现了法理学的规范色彩,也将新的研究成果纳入教材之中。随后的20世纪90年代,法理学教材最终命名为"法理学",教材体系也发生了与之相适应的转变。如1994年出版的由沈宗灵、张文显主编的《法理学》,其内容从上述的三个板块调整为"法的原理""法的制定""法的适用""法与其他社会现象的关系"四部分。1999年出版的由孙国华、朱景文主编的《法理学》教材则在前者的基础上增加了"法律文化和法律意识"板块。总体来看,体系的重新编排确实使教材内容显得更加合理、条理化。

通过对法理学教材的名称、内容和体系变化上的梳理,可以发现,法理学教材在一定程度上折射出中国法理学发展的现实脉络:从强调政治转变为突出学科规范,从单一的意识形态指点转变为马克思主义立场下的多元理论并举,同时积极吸收改革开放以来的新成果和新认识,实践面向突出。这充分说明,以法理学教材的演变探索改革开放以来中国法理学的变迁,具有重要的现实意义,亟待进一步的深入讨论。

## 二、法理学教材折射中国法理学发展过程

改革开放以来法理学教材的变化说明,中国法理学努力实事求是地演绎马克思主义理论,同时深入挖掘和学习西方法律思想理论的积极成果,使自身在学科地位、研究视域、理论探索等方面取得积极的进展。借助法理学教材上的具体内容,可以将其归纳为如下几个特征。

### (一)法理学学科独立地位的确立和提升

改革开放以来中国法理学最为显著的一个特征,就是其取得了作为法学基础学科的独立地位。改革开放以前,我国采取照搬苏联的学科建设模式,将"国家与法的理论"作为理论法学。这种学科建设模式固然存在一定的积极作用,但其弊端在于,以国家理论为主调,将法学理论和国家学、政治学等混淆,并以单纯的阶级和工具范式来探究法学的基本含义

和价值。这取消了法学自身的规范特征，也不易回应社会发展过程中的诸多理论和现实难题。以改革开放为时间节点，传统的"国家与法的理论"体系开始逐渐解体。而真正实现将法理学从政法学说中独立出来的代表，当数1981年北京大学法律系编写出版的《法学基础理论》。这为随后中国法理学转换研究模式和风格、确立学术理念奠定了基础，并最终为法理学科的独立地位创造了条件。到了20世纪90年代，法社会学、法经济学、法政治学、比较法学等学科的研究成果为法理学科所充分吸收，并且体现在一系列的法理学教材中的部分章节中。从法理学教材的内容来看，中国法理学在坚持马克思主义法学理论的同时直面中国所面临的问题和挑战，破除了原本僵化的教条和不适应时代发展的条条框框，同时大力吸收和借鉴国外优秀的法学研究成果，为确立和提升法理学学科的独立地位提供了坚实基础。

**（二）法理学研究内容的变革与更新**

法理学的研究内容十分庞杂，但其研究内容并非无迹可寻。20世纪80年代末90年代初以来有学者提出从研究范式的整体视角剖析法理学的研究内容。在其理论观点的延长线上，大致可以认为，法理学研究内容的变革与更新可以划分"阶级斗争—权利本位—以人为本"三种范式，并具体体现为以下两个阶段。

1. 从阶级斗争范式到权利本位范式

"国家与法的理论"以阶级斗争为基础研究范式。其核心观点认为法是阶级矛盾不可调和的产物，法律是国家作为暴力机器的工具，以此展开对法律本质、概念、功能的论述。该研究范式虽然在形式上遵循了马克思主义国家学说的研究进路，但其弊端在于以简单立场去认识复杂多变的法律世界，忽视了理念类型与生活事实之间存在的张力，容易产生以静态理论剪裁丰富动态生活。⑯ 更令人担忧的是，它放大了法律的工具因素和政治功能，消解了法学固有的理性、客观精神，导致法治、人权等内容也被排除在法学的研究范畴之外。这在改革开放之前的理论和实践中诱发了

---

⑯ 参见武建敏：《中国法理学发展的理论诠释——三十年的回顾与展望》，载《河北法学》2008年第9期。

许多波折。这意味着,改革开放之初,法理学领域最重要的一个历史命题就是重新客观中立地评价法律的阶级特征及其范式在法理学中的应有地位。[⑰] 其结果是逐步使“权利本位说”取代过去的“义务本位说”,成为新的法理学研究范式。所谓“权利本位说”,就是以权利和义务之间的关系作为法理学上的行为基石,并以权利本位为基调,建构起一个新的理论体系。[⑱] 从理论谱系上说,权利本位话语最早发源于西方国家,它十分强调权利的重要性和优先性,甚至将其作为整个法学理论的基石。同时,它承认权利与义务之间存在密切联系,前者是后者存在的基础,后者存在的目的是为了保障前者的实现;同时后者也是前者的运行范围,其保证前者的行使处于合理的范围之内。进言之,“法无禁止即可为”,权利是指引公民行为的法律规范的基础,在法律未明文禁止的情况下可以做出权利推定,推定在某一领域公民有作为或不作为的自由;但同时,法律以义务的方式合理限制权利,其目的在于保障每个主体的权利都能得到等比例的实现。[⑲] 从改革开放的过程来看,权利本位范式受益于以权利设置为出发点的商品经济和市场经济体制。在从计划经济向市场经济的转型过程中,权利本位理论的兴起几乎与社会主义市场经济同步发展,是市场经济条件下公民行为的新规范。两者相互促进、相互支撑,权利本位范式为社会主义市场经济体制的发展壮大保驾护航,社会主义市场经济体制也为权利本位范式的深入发展提供了有力支撑。

2. 从权利本位范式到以人为本范式

尽管权利本位范式为中国法理学的壮大提供了强大的话语力量,具有极高的时代意义和价值,但它本身也存在不小的缺陷,首先,没有为官

---

⑰ 参见周凤举:《法单纯是阶级斗争工具吗?——兼论法的社会性》,载《法学研究》1980年第1期。

⑱ 参见张文显、于宁:《当代中国法哲学研究范式的转换——从阶级斗争范式到权利本位范式》,载《中国法学》2001年第1期。

⑲ 参见郑成良:《权利本位说》,载《政治与法律》1989年第4期;张文显:《“权利本位”之语义和意义分析——兼论社会主义法是新型的权利本位法》,载《中国法学》1990年第4期。

民之间的互动关系提供行为模范，在表述“责任—职责”时含混不清。[20]其次，尽管权利本位理论使人们的权利意识得到了空前的提高，但这是一个不完美的权利理论。由于过度强调权利意识而忽略了权利义务的辩证统一性，导致人们在行为时忽视了权利行使的边界，容易侵犯他人的权利边界，消解应当承担的社会义务。对此，学界也存在诸多争议，一些法理学教材和教材的主要编写人员甚至明确指明其理论缺陷，但一直未能提出更加完美的理论范式。[21] 进入21世纪后，在法制现代化与法律全球化的大背景下，中国法理学的研究内容开始注重提升自身的理论解说能力和参与实践能力，重视以抽象个体的“人”为基础的话语。伴随“人权入宪”的历史潮流，法理学开始关注“以人为本”的研究范式。[22] 这一范式的核心观点就是“人权与国家义务并举”，不仅注重公民权利的保障，也强调义务的履行；既重视权利与权力的二元对抗，也关注两者之间的协作统一，它们都服务于社会主义法治国家的构建。以人为本范式从人的全面发展出发，在“人权—国家义务”两个基本点中以人为本位。与权利本位范式相比较而言，以人为本范式既极大程度地保护和尊重人权，又深刻地揭示出权利与义务、权利与权力之间共荣共生与和谐发展的关系。总而言之，以人为本范式是在新的历史时期对权利、义务、权力三个概念重新定位之后做出的思考和探索，并在此基础上做出的理论提升。

**（三）法理学理论探索的深化和多元化**

从法理学教材内容的变化中，我们大致可以看出中国法理学在理论探索方面深化了对法律本体问题的认识，并致力于博采众长，吸收多元理论成果。

中国法理学积极重新解释对马克思主义理论特别是国家和法律学说的精髓。在改革开放之前很长一段时间内，受种种因素所限，法理学研究者在演绎和论证法理学问题时，常常自觉或不自觉地将马克思主义理论

---

[20] 参见文正邦：《职责本位论初探——行政法理论基础试析》，载《法商研究》2001年第3期。

[21] 参见童之伟：《论法理学的更新》，载《法学研究》1998年第6期。

[22] 参见汪习根：《论人本法律观的科学含义——发展权层面的反思》，载《政治与法律》2007年第3期。

作为某种高高在上的“教义”,教条式地理解马克思主义,难以为法律本体问题给出更有说服力和更符合时代潮流的解释。随着解放思想大门的打开,人们逐渐尝试为解释马克思主义的法律学说提供新的素材,致力于激活其丰富的内在生命力。例如,在讨论权利和义务、民主和法治、平等和自由、权利和权力等法律问题时,依旧坚持以唯物辩证法作为基本的分析进路;在观察法律运行和法律发展、法制现代化等现象时,阶级分析方法依旧占据着重要的地位;强调批判性吸收西方法理学的积极成果,同时注意中国的国情取向。这说明,中国法理学正走出过去近乎政治宣传的路数,进入问题导向、理论先行、服务现实的规范理论研究领域。

在马克思主义理论不断被重新解读的同时,学者们还强调吸收和借鉴国外的优秀理论成果,从中汲取合理的适合中国国情的思想营养,并以这些思想理论为指导对中国法理学进行有益的探索。目前法理学教材的体系和内容的改进,在很大程度上得益于孜孜不倦地批判吸收西方的法学理论成果。通过系统地引进和介绍法律社会学、程序主义、法律经济学、法律解释方法、法律文化和人类学研究、自由主义法律观念研究、比较法研究等内容,中国法理学能够更好地理解马克思主义的理论精髓,以此分析中国的特殊问题。这些研究促使中国法理学获得充足的理论和思想资源,为思想实验提供了必要条件,又为中国法理学“回到坚硬的地面”,直面中国现实和中国社会提供了准确的参照系。与此同时,中国法理学时刻强调自身的中国特征,强调马克思主义的实践理论,坚持以实践作为检验真理的标准,在借鉴西方理论处理中国问题时,也时常以中国素材修正、完善既有的西方理论学说,进一步激发中国法理学研究的多元趋势。这体现在如雨后春笋般涌现的诸多法理学教材和法理学通识课本上。这种理论分析和方法研究上多元化的过程,实际上也在丰富着中国法理学发展的研究内容。

## 三、从法理学教材看中国法理学的发展

通过分析法理学教材在名称、内容和体系上的变化,不难发现,改革

开放以来的中国法理学，其独立的学科地位从无到有，并成为公认的法学基础学科；研究内容从单纯的法的本质到研究内容百花齐放，不断地发生着变革和更新，并促成多元化理论探索的新趋势。无论是"以人为本"的理论范式，强调和谐因素的"第四代人权"，还是近些年"国情主义法治观"的提倡，都是中国法理学的典型理论成果。这些都表明中国法理学已经逐渐从"照着讲"转向"接着讲"：一方面力求在传统的法理学领域精耕细作，另一方面致力于在中国土地上推陈出新，寻找更有力的理论支撑点，使中国法理学既体现法理学的共性，又彰显中国本土的情怀。这正是目前中国法理学界孜孜以求的自主法律理论和法律图景。唯有此般"中国自主性法律理论图景"建构起来，中国法理学才能更加准确地回答中国问题，才能发挥自身的主体作用，才能拥有真正的学术自信。归纳起来，中国法理学的发展趋势，大致有以下几点。

**（一）加快话语表达方式的转换**

中国法理学的话语表达方式从照搬政治宣言到真正运用规范理念，发生了深刻转变。早期的"国家和法的理论"，更多的是苏式政法教育体系的模式，对法理学真正的研究有限；随着改革开放的深入进行，学界得以突破过去的思想束缚，开始尝试以规范的学术话语来表达法理学的概念和理论，不仅给法理学这门学科注入了思想灵魂，也使法理学能够成为独立存在的法学基础学科。但我们应该清楚，学会用规范的学术话语表达中国问题，只是万里长征走出的第一步，并不意味着中国法理学拥有了自主的理论立场。具言之，这只是学术上获得了自主，而非思想上拥有了自主能力。学术和思想不能混为一谈。学术往往侧重于研究知识本身，而思想理论则是产生知识的根源和支撑知识的后台，它更多地关照我们所生活的现实世界。[23] 如果将法理学比喻成一棵参天大树的话，学术活动就是大树上的累累硕果，但思想理论则是支撑整个法理学的根、树干和树叶。正如果农不会只关注果实的生长情况，而更多关心大树的根叶一样，中国法理学也并不会只满足于对知识本身的掌握，而更尝试以探索学术

---

[23] 参见支振锋：《知识之学与思想之学——近世中国法理学研究省思》，载《政法论坛》2009年第1期。

背后的思想和理论、关怀实存的生活世界,并试图从生活世界中抽象出典型的理念类型。综观新时期中国法理学在权利基础理论、新程序主义、人权模式、社会正义观念、法治国家学说和法治理念等因素上的新尝试,应当明确,中国法理学在话语表达方式上的转换正在继续,并可以期待更多更具有说服力的理论立场出现。

**(二)注重历史与现实的统一**

中国法理学积极转变话语表达方式,其背后体现历史与现实相统一的辩证思路。正因为思想理论是所属时代的精神表达,学术理论的理论价值往往与其指导现实的实践紧密相关。这意味着必须要关怀自身所存在的现实世界。有学者指出,"法理学的学科使命在于把握一个时代的文明脉动,凝炼一个时代的生命力要素,拓展一个时代法学研究的场域,引领一个时代法律发展的精神走向"。[24] 在这个文明和历史的流动过程中,不同的时代如同被串联起来的岛链,置身于历史河流中。我们必须关注过去、立足现在,才能更好地把握未来。这种历史逻辑观念说明,我们不仅要关心自身所处地带的境况,也要关注我们的历史源头。不仅因为现实是历史演进的一种存在状态,更是因为对我们有启发和借鉴意义的是"大范围经验"意义上的历史。[25] 进言之,我们所要关注的法理学,不应当只是由处于不同时空阶段的学者所撰写的文字意义上的静态理论,而是流传至今、烙印在一代又一代中国人思考方式和行为方式上的有生命力的法律经验。为此,就需要在批判吸收西方理论的基础上,批判继承中国的法律传统,并致力将二者交融;同时以当下中国现实为依托,统一于中国当代的法律实践之中,从中提炼出时代的思想命题,形成中国法理学真正意义上的现实关怀,建构"面对中国的法理学"。[26]

**(三)中西方和马克思主义三元理论的融合**

中国法理学发展的另一大着眼点,是致力于形成以马克思主义法律

---

㉔ 徐显明、齐延平:《法理学的中国性、问题性与实践性》,载《中国法学》2007年第1期。

㉕ 参见张志铭、于浩:《共和国法治认识的逻辑展开》,载《法学研究》2013年第3期。

㉖ 参见苏力:《道路通向城市:转型中国的法治》,法律出版社2004年版,第303~308页。

学说为指导，结合中西方法学理论精华，形成三元理论的融合局面。在中国法理学几十年的发展历程中，除了坚持马克思主义的法律学说，充分发掘马克思主义经典著作的法律内涵之外，也关注西方法律思想的引进和介绍工作。甚至可以说，西方法律思想的引介为中国法理学的重建和发展提供了重要的理论指引。而除此之外，在20世纪八九十年代，呼吁重视和寻求中国传统法律文化和法律经验的思潮兴起，有学者对中国法律思想史做了十分细致深入的研究，积极整理和吸收中国法理学史的积极因素，努力重现中国传统历史文化原状，尝试为中国法理学提供更丰富的学术资源，隐含着从中国传统法学文化中寻求中国法理学规范秩序的诉求。㉗ 但他们的学术努力更多地将中国问题作为学术素材，往往以西方学术工具分析中国问题，导致可能的中国特征被掩盖在西方的学术话语之下，难得窥见其貌。如此可见，若要形成中国自主性法律理论，不仅要继续坚持马克思主义理论的指导作用，也要做到中西方法律思想素材并举。换言之，要将中国法律思想史、马克思主义理论和西方法律思想融合吸收，形成三元理论融合的局面。这是新时期形成中国法理学思想理论的不二法门。这意味着，中国法理学的研究不只是简单地为研究成果"穿衣戴帽"，罗列其中一些关涉法律的词汇和概念；也不仅仅是汇合理论先进的只言片语，而是要努力综合化用其理论精华，整体上领会其学说谱系，从中挖掘出一整套具有历史参照和现实适用价值的规范性秩序，以此作为中国法理学的理论前提。㉘

## 四、结语

改革开放40年来，中国法理学从无到有、从浅显到深入、从为独立地

---

㉗ 参见武树臣：《儒家法律传统》，法律出版社2003年版；张国华：《中国法律思想史新编》，北京大学出版社1998年版；马小红：《中国法思想史新编》，南京大学出版社2015年版。

㉘ 参见程燎原：《"中国法理学"的"发现"——"中国法理学史"在近代的创建》，载《法制与社会发展》2009年第3期。

位奋斗到取得指导法学发展的基础地位,其取得的瞩目成就令世人瞩目。通过分析历年来的法理学教材,可以明确,法理学从学科地位的独立和提升,到研究内容的不断革新,再到理论研究的日益深入和多元化,它已然迎来了自己的“春天”。但是,中国法理学更加强调自身的中国意识和中国话语,强调以马克思主义的实践理论和法律学说作为指导和检验理论成效的标准。这意味着,中国法理学必须讲新故事、建构新体系,必须开创一个“自主性”法理学的新脉络。从必然性来说,这是植根于中国本土的必然要求。中国话语只能体现在中国诉求、中国资源、中国理论当中。中国法理学必须在马克思主义中国化理论的指引下,批判吸收中西方的法理思想理论,在“中国之话语、范畴、方法、当下经验和问题”上理直气壮。[29] 就现实而言,目前中国法理学的各种尝试也切合这一尝试:第一,从学术话语到生活现实的转化,促进法学家对中国问题的重视;第二,历史与现实的统一,要求法学家在现实依托下挖掘对各类中西方法律理论的意义命题;第三,中西方法律理论和马克思主义理论的三元融合,促使中国法理学者在扎根中国本土固有理论和思想资源的前提下,融通国外优秀法律理论的智识,贡献自己的独特智慧,最终达到以“优美而精确”的汉语来表达中国自身法律思想体系的目的,进而寻求自身独特的规范性秩序和“汉语法学的思想系谱”,使中国人的“族性意识”在法理学领域中得到觉醒。[30]

---

㉙ 参见舒国滢:《在历史丛林里穿行的中国法学》,载《政法论坛》2005年第1期。

㉚ 参见许章润:《汉语法学论纲——关于中国文明法律智慧的知识学、价值论和风格美学》,载《清华大学学报》(哲学社会科学版)2014年第5期。

# Chinese Jurisprudence since Reform and Opening: Review and Prospect
## —Based on the Analysis of Domestic Jurisprudence Textbooks

*Yu Hao　Huang Ying*

**Abstract**: The development of Chinese jurisprudence is closely related to the construction of the rule of law in China. The existing jurisprudential literature has not comprehensively reflected the development consensus of Chinese jurisprudence since the Reform and Opening. Based on the representative domestic jurisprudence textbooks of the eighties of last century so far, this paper analyzes the development of jurisprudence in different periods since Reform and Opening by comparing the evolution of name, content and system. In addition to that, this paper sums up three achievements which Chinese jurisprudence has obtained since Reform and Opening, namely, to establish and enhance its own independent status, to achieve research paradigm shift, and to strengthen the diversified tendency of theoretical exploration. Looking forward to the future of Chinese jurisprudence, we must speed up the transformation of discourse expression, pay attention to the unity of history and reality, and realize the integration of Chinese, Western and Marxist ternary theories, in order to highlight the Chinese characteristics.

**Key Words**: Chinese jurisprudence　jurisprudence textbook　jurisprudence subject　rule of law

# 理论探讨

# 法学教育的理性化模式与经验化模式之比较

季金华　李海峰*

**摘　要**:无论是理性化还是经验化法学教育模式,都有其自身的历史渊源和形成逻辑,两种法学教育模式在法律精神、法律思维方式和所依赖的法治发展模式方面存在差异,并具体通过法学教育活动的参与主体、目标、方法、内容和成果予以表现。理性化法学教育模式过于重视抽象理论的学习和理论上的逻辑推导和证成,容易忽视法律经验和实践的作用;经验化法学教育模式过于重视职业化教育,相对忽略法学理论的教育,容易导致学生在理论思辨和逻辑推演方面的能力弱化以及抽象性理论证成的能力不足。整合化法学教育模式坚持理性主义和经验主义相结合的法律精神,依靠立法中心主义和司法中心主义有机结合的法治发展路径,应该是我国法学教育模式的最佳选择。

**关键词**:法学　教育模式　理性化　经验化　整合化

* 季金华,南京师范大学法学院教授、中国法治现代化研究院研究员、博士生导师,研究方向:宪法学、现代司法理论;李海峰,南京师范大学法学院博士研究生,研究方向:宪法学、司法权运行基本理论。

法学教育模式的选择与完善是各国法学教育界不得不深入思考的课题,传统上认为,法学教育的基本类型大致分为两种:一是以德国法学教育为代表的大陆法系的理性化法学教育模式;二是以英国和美国法学教育为代表的普通法系的经验化法学教育模式。本文拟在比较两大法系法学教育模式的基础上,对其产生机理、历史渊源、内在特征和形式特征以及优缺点做出客观分析,并提出整合化法学教育模式才是我国应当采用和继续发展的法学教育模式,以期有襄于我国法学教育模式的选择与改进。

## 一、法学教育模式的意义阐释

### (一)法学教育模式的规定性

教育活动形式上须包含下列要素:教育活动的参与主体、教育的目标、教育的内容和方法以及教育的成果。法学教育是一种与法律有关的教育活动,因此法学教育必然也包含上述必备要素。所谓模式,在现代语言学上通常的理解就是事物的标准样式,那么法学教育模式就是指法学教育有哪些代表性的标准样式,质言之,法学教育模式是指世界各国的法学教育可以分为哪些具有代表性的类型,这些类型划分的依据就是构成法学教育的必备要素之间的异同。

在这个语境下来讲,法学教育模式是一个比较宏观的概念范畴,单独的某一法学教育的内在要素不足以称为“模式”。一种模式区别于另一种模式,是多重要素共同作用的结果,但无疑存在一些较为重要的要素,使得不同模式得以泾渭分明。在法学教育模式中,便有如下之呈现:包括法律精神、法律思维方式和法治发展模式在内的法学教育环境是区分不同法学教育模式内在的本体要素;法学教育的目标是界别法学教育模式的价值要素;法学教育的内容、方法和成果是界别不同法学教育模式的评价要素。因此,也可以说,法学教育模式是内涵法学教育环境、法学教育方法、法学教育目标和法学教育结果的综合体。

## (二)法学教育模式的形成机理

学界普遍认为传统法学教育的基本类型大致分为两类,即“法律职业教育模式”和“法律素质教育模式”。显而易见,这种划分方式是从法学教育模式内涵要素中的单一要素——法学教育目标出发的。我们认为,法学教育是一个过程性的活动,以目标要素囊括过程要素恐有些牵强,况且“素质教育”在语义范围上也是能够涵盖“职业教育”,“职业教育”也必然包含对受教者的素质培养。想要准确地对法学教育模式做类型的划分,需要深刻理解法学教育模式产生的内在机理。

1.法学教育模式发轫并受制于法律文化传统

法学教育模式发轫于一国的法律文化传统。任何国家都有选择自身教育模式的政治、经济、文化和历史等自身条件基础,其中法律文化传统对法学教育模式选择的影响至关重要,一定的法律文化传统衍生出一定的法学教育模式,法律文化传统和社会政治经济的发展一道,构成了法学教育模式选择的社会存在本体因素。这里的法律文化传统集中表现为人们所秉持的认识法律现象的文化心理、文化观念和文化意识。什么样的法律文化传统造就什么形态的法学教育模式,以中国古代社会为例,法律文化传统至少在三个层面上深刻影响甚至决定着中国古代的法学教育模式。

其一,重公权轻私权、重义务而轻权利的法律文化传统,导致中国古代法学教育的目标偏离应有方向,进而导致了法学教育的内容和方法单一,法学教育的内容充斥着维护中央统治的刑事法律和政策,不具有学科的独立性,只能沦为统治者维护其统治的政治工具;其二,礼法不分导致法学教育的内容和方法严重畸形。中国传统文化中礼与法高度混同,造成了法学教育的内容不是对法条的解读和案例的研判、法学教育的方法不是逻辑的推理和经验的归纳,而是一种对教条性质的人伦纲常的恪守和对包含极大确定性的人情世故的琢磨;其三,严格的等级制排斥法学教育,严重制约法学教育在政治国家和市民社会中的深入和普及。“好争非君子之道……且讼者之辞,多鲜实情,最足坏人心术。费财破家,何宜之有?"①法学教育为家族所排斥,这就决定了法学教育相比儒学教育而言只能是一种"末流"之学,极大地阻碍了法学教育的深入和普及。

2. 法学教育模式根植并服务于社会发展实践

法学教育模式是社会共同的,由一定的法律发展实践所决定和选择的,不是个人意志所能决定的。无论怎样的法学教育模式,都根植于产生它的社会交往模式和经济关系所决定的法治发展形态。法学教育模式根植于一国的社会发展实践,同时亦服务于一国的社会发展实践,具体在两个维度上予以体现。

其一,法学教育模式根植于社会发展实践,同时反作用于社会发展实践。以古罗马和古代中国为例,古罗马的社会发展实践建立在自由和私权保障的基础之上,"自由是每个人,除了受到物质力量或法律阻碍外,可以任意作为的自然能力"。② 古罗马法学教育的内容、方法和目标都以自由和权利的保障为价值皈依,所培养的人才具备充分的自由意识和权利保障意识,他们进一步推动着社会法治的发展。而在我国古代社会,没有重视权利保障的传统,只有巩固权力的欲望,故而在法学教育活动中,更多的是统治之术的灌输,对施教者和受教者而言,不需要思考和推理。培养出来的"人才"反过来又作用于社会发展的实践,进一步维护专制统治和极权主义,如此往复恶性循环。

其二,法学教育模式的选择与国家政治实践的发展紧密相关。沈家本亦在《寄移文存》卷三《法学盛衰说》中指出:"法学之盛衰,与政之治忽,实息息相通。"夏、商、周三代的学校之所以不设刑法之教,是受其政治思想所左右,"刑不可知,威不可测",③不公布成文法符合奴隶制国家的政治需要。春秋战国以后,"学在官府"的局面被打破,各诸侯国出于变法图强的政治目的纷纷颁布成文法,出现了专门研究法学的学术流派——法家。西汉罢黜百家独尊儒术的政治指导思想,导致了从中央到地方对

---

① 《上虞雁埠章氏宗谱》卷一四。

② [古罗马]查士丁尼:《法学总论》,张企泰译,商务印书馆1989年版,第12页。

③ 《左传·昭公六年》疏。

法学教育的忽视。此后,尽管中央统治者间或重视法学教育的开展,但总体而言,出于政治统治的需要,在法学教育的场所中,所教授的内容无一例外以儒家经典为主,教学内容和方法非常单一。

3. 法学教育模式的理性化和经验化透视

法学教育模式发轫并受制于法律文化传统、根植于并服务于社会发展实践,考察各国法法律文化传统和法律发展实践,理性化和经验化作为一对共生的概念,始终贯穿在法学教育模式的发展之中。我们认为以“理性化法学教育模式”和“经验化法学教育模式”二分法取代原有的“法律职业教育模式”和“法律素质教育模式”更为贴切。④ 值得一提的是,理性化和经验化的二分法并不是实际存在的两种模式,而是我们建构的理论模型,此处借鉴了社会学大师马克斯·韦伯首创的理想类型研究分析方法。⑤

任何国家的法学教育都具备理性化和经验化的历史基因,只不过在整体意义上来讲,理性化占主导地位还是经验化占主导地位,构成了理性化和经验化法学教育模式的理论分野。以我国为例,秦时社会上出现的诸如《云梦秦简·法律答问》等书籍,确证着我国古代法学教育存在案例分析的样本;东汉时期,郭弘、郭躬父子,世习小杜律,家世掌法,“躬少传父业,讲授徒众常数百人”。⑥ 父子相传本质上是师徒制、手工式的言传身教,包含着丰富的经验化法学教育的历史基因。另外,我国古代法学教育亦有理性化的成分,“凡明法,试律七条、令三条,全通为甲第,通八为乙第”,唐朝时期的官吏选拔需要考察明习法律条文含义的水平。唐时国家力量已经开始支持对法律条文的研读与解释活动,所谓“明经习律以代《尔雅》”。⑦ 唐朝时期国家力量已经开始组织和支持对法律条文的研读

---

④ 法学教育的理论性和经验性二分早已有学者提出,但其是在法学教育方法层面所做的考察,与本文法学教育模式层面的理性化和经验化二分并不相同。参见房文翠:《法学教育的理论性与经验性辨析》,载《政法学刊》2002 年第 4 期。

⑤ 马克斯·韦伯在《社会科学认识和社会政策认识的“客观性”》一文中对“理想类型”(ideal type)的概念和方法进行了详细的论述。

⑥ 《后汉书》卷四六。

⑦ 《新唐书》志第三十四《选举志上》。

与解释活动。整体观之,我国古代的法学教育兼具理性和经验,但既非理性主义,亦非经验主义,而是一种模糊的学校教育模式和师徒教育模式相结合的形态,且由于我国古代的法学教育并不发达,故下文在对理性化和经验化两种法学教育模式的比较中,没有将我国古代的法学教育模式归入其中。

**(三)西方两大法学教育模式理论模型的历史渊源**

西方两大法系的法学教育可以归纳抽象为理性化和经验化两种模式,理性化和经验化的区分能够很好地反映两种法学教育模式内在特性和外在特征之间的区别,并且之所以如此划分,也有其深厚的历史渊源。

1. 理性化法学教育模式的内涵及其历史渊源

所谓理性化法学教育模式,是指以理性主义为精神内核,以演绎推理为主要法律思维方式,依托于立法中心主义的法治发展模式,以大学教授和法学研究者为施教主体,采取体系化和理论化的教学方法,以培养法学通才为目标的法学教育活动类型。

大陆法系理性化法学教育模式的历史渊源可以追溯至罗马法。罗马法曾被看作是一种超乎于散乱的各国实在法之上的真正的、永恒的、理想的法律理性的具体化。⑧ 法学教育以这种理性化的法律为核心,对其进行注释,阐释其中的规则和原理,逐渐成为一种通行的法学教育模式。11世纪末,随着罗马法文本在意大利被发现和流传,法学研究和法学教育在欧洲大陆逐步兴起,其中博洛尼亚大学作为欧洲近代第一所大学开始了法学教育的复兴,也正是博洛尼亚大学的理性化教学为后世的理性化法学教育模式奠定了坚实的基础。

伯尔曼曾就博洛尼亚大学的理性化教学作了如下的概括:“法律被作为一门大学学科讲授这一事实不可避免地引出这样的结果,即各种法律学说应当根据一般真理而予以批评和估价,而不仅仅作为一种工艺或技术来加以学习”。⑨ 博洛尼亚大学的教学方法、教学内容和教学组织形式

---

⑧ 参见房文翠:《法学教育的理论性与经验性辨析》,载《政法学刊》2002年第4期。

⑨ [美]伯尔曼:《法律与革命——西方法律传统的形成》,贺卫方、高鸿钧、张志铭、夏勇译,中国大百科全书出版社1993年版,第197~198页。

等都对后世法律教育产生深刻影响，其影响范围波及欧洲大陆诸如意大利、法国、德国和西班牙等主要国家，由博洛尼亚大学肇始的罗马法复兴也几乎遍及整个西欧。梅特兰曾称12世纪是“一个法律的世纪”，越来越多的知识分子致力于法律的研究和学习。可以说，以博洛尼亚大学为代表的理性化法学教育模式对欧陆法律制度的形成和法律职业阶层的产生都发挥了根本性的作用。

2. 经验化法学教育模式的内涵及其历史渊源

经验化法学教育模式是指以经验主义为精神内核，采用归纳推理为主要法律思维方式，依托于司法中心主义法治发展模式，以大学教授、律师和法官为施教主体，采取案例和实践教学方法，以培养法律职业人才为目标的法学教育活动类型。

经验化法学教育模式孕育和成熟于英国。早在1066年“诺曼征服”之前，英国的法律发展状况与西欧大陆基本相似，但在“诺曼征服”之后，西欧大陆经历了罗马法复兴的浪潮，而英国却没有受到太多的影响，其自发形成了一种独具特色的普通法传统和司法制度。[⑩] 这种普通法传统伴随着英国殖民地的全球扩张而移植世界各地，形成了与继受罗马法传统的大陆法系分庭抗礼的普通法系。普通法系国家的法学教育深受判例法传统的影响，形成了一种崇尚经验主义的以实践案例进行教学的经验化法学教育模式。正如韦伯所言：“由实践家进行的法律经验的教育，即仅仅或者主要在实践中进行，在‘经验’的意义上是‘手工式’的。”[⑪]经验化法学教育模式孕育和成熟于英国，并在美国获得了巨大的发展。

## 二、两大法学教育模式的特征比较

理性化和经验化两种理想类型法学教育模式并不是绝对意义上的概念，两种法学教育模式中均存在对法律规则的分析和探求以及对案例的

⑩ 参见李红海：《普通法的历史解读》，清华大学出版社2003年版，第69页。

⑪ 房文翠：《法学教育的理论性与经验性辨析》，载《政法学刊》2002年第4期。

研判和把握,只是双方各有侧重。需要对两种法学教育模式的内在特征和形式特征进行系统的比较,才能够清晰地看出二者之间的具体差异。

**(一)法学教育模式的内在特性比较**

欧洲大陆各国的法学教育模式尽管在细节上存在不同,但总体而言没有本质的区别,欧洲大陆的法学教育缘起于罗马法,在某种意义上来说都是罗马法的继承和延续。与欧陆国家不同,英国的法律教育是在其特有的法律制度和法律职业发展过程中内生的。英国走的是一条独特的法律发展道路,它创造的传统直接造就了后世英美法系与大陆法系的分野,也直接决定了理性化和经验化法学教育模式的不同。具体来讲,在内在特性方面,理性化和经验化法学教育模式存在以下三个方面的差异。

1. 理性主义和经验主义:法律精神上的差异

理性化法学教育模式在精神层面上推崇理性至上的理性主义。古希腊理性哲学理念对近代西欧大陆法律传统的形成影响巨大,中世纪后期,欧洲商品经济高度发展,政治国家与市民社会日益分离,从古希腊和古罗马传承下来的理性思想和理性法在新的条件下再度融合,转化成完整的古典自然法学说。⑫ 受此影响,大陆法系国家普遍热衷于在一定学说体系的指导下通过立法机关表达一般的抽象原则,确信通过理性的力量可以发现理想的法律体系,因此法学家在法律活动中起绝对的指导作用。⑬ 故而大陆法系的法律教育注重对法律原理的阐释和发展,忽视法律职业技能的培养。

在法律精神方面,英美法系的法学教育模式崇尚经验主义,认为经验主义是唯一可靠的认识方法,托付给法学家或教授去执行的法本身不是一个逻辑明确或条理清晰的整体,而基本上是一种实用的艺术,任由实际操作的律师和法官去运用,⑭法官在判例的形成和法律的发展方面起着关键作用。基于这样的精神指导和司法现实,经验主义法学教育模式不认

---

⑫ 参见郭成伟:《外国法精神》,中国政法大学出版社2001年版,第233页。

⑬ 参见房文翠:《法学教育的自律性与他律性研究》,载《政法论丛》2003年第3期。

⑭ 参见[英]丹尼斯·罗伊德:《法律的理念》,张茂柏译,联经出版事业公司1984年版,第211页。

为对系统性、框架性的法律规范的学习是法律职业的必需,而认为对于已决案件的研究和把握才是最重要的,因为在这些案件中能够探寻法官裁判的思路,能够掌握法官在个案中对法律原则的阐述,以推导类似案件法官可能运用的方法和可能做出的裁判结果。

2. 演绎推理和归纳推理:法律思维方式上的差别

大陆法系和英美法系法律思维方式上的差异集中表现在处理案件过程中的裁判推理方面,大陆法系注重采用演绎推理而英美法系注重归纳推理。在司法过程中,大陆法系遵从依据大前提和小前提推导结论的规律,司法的过程就是寻找大前提(法律规范),确定小前提(案件事实)最后得出结论(司法裁判)的过程,这也是规则中心主义的必然要求。但演绎推理结论为真的基础是所有的前提都为真,也就意味着需要法官能够保证所使用的法律规范和查明的案件事实的正确性和真实性,否则便无法证成裁判结果的妥适性。如此一来,司法裁判的过程就是调查、甄别和确认案件事实以及寻找、解释和适用法律规范的过程,无论是法官、检察官还是律师,都必须围绕着法律规范的适用和案件事实的调查展开工作。案件事实具有多样性和不可知性,但法律规范具有确定性和可知性,因此法学教育的任务便是培养学生对法律规范的认知和把握,这就决定了理性化法学教育模式注重培养学生的形式逻辑推演的能力,注重培养学生的体系化思维。

判例法一贯的传统就是依赖判例衍生具体的裁判规则,大量的判例构成了判例法的规则库,只有熟悉掌握了大量的判例,才能够在司法实践中熟练地加以运用。因此,在法律思维方式上,经验化法学教育模式推崇归纳推理,即从许多个别的具体案例中找出它们的共同规律。当越来越多的已经判决的案例与待决案件情况相同或者相似时,采取遵从惯例的判决方式得出正确判决的概率就越高。当然,归纳推理也存在局限性,只要所有列举前提中有假,得出的结论就必然为假。学生需要掌握的是大量的实践案例,需要掌握法官的裁判风格和裁判思路,这也符合司法中心主义的要求,同时这也决定了学生最需要掌握的是案件的区别技术,而不是任何理论。

3. 立法中心主义和司法中心主义:法治发展模式上的区别

大陆法系自古罗马查士丁尼法典编纂始,直至十八九世纪拿破仑法典和德国民法典的制定,都秉持着一种立法中心主义的倾向,重视法律规范的制定,追求编纂全面统一的制定法法典,不允许司法机关发挥立法的功能。罗马法严密的逻辑话语体系和精细的法条构造技术深刻诠释着大陆法系奉法典为圭臬的法律传统。他们认为,通过法典的精细化设计和巧妙编排,能够网罗社会生活的所有方面并给出恰当的纠纷解决方案,使得法官在审理案件的过程中凭借严谨的法律适用就能够解决法律纠纷。大陆法系传统上并不相信法官的司法技术和司法经验,忽视司法过程的法律发展功能。因此,理性化法学教育模式非常重视教授学生解释和运用制定法规范的能力,在教学过程中始终以制定法为中心展开教学。

不同的是,英美法系国家由于判例法所形成的传统,赋予了法官造法的空间。已决的判例对其后的案例具有严格的约束作用,法官只有利用区别技术,才能衍生新的裁判规则,事实上法官承担的角色除了判决案件、定分止争以外,还有立法者的功能和作用。判例法的基本思想在于笃定法律本身是不可能完备的,立法者无法将所有的情况以法律的形式加以规范,立法者能够做到的只是确认和完善法律的原则性条款,在具体的司法判决过程中,应当由法官根据具体情况和法律条款的实质,作出具体的解释和判决。司法中心主义对全面而细致的法典编纂和制定保持一定的怀疑态度,保留法官造法的权力,因此,经验化法学教育模式并不注重法律规范的解释和运用,而是重视司法判决的学习和掌握,毕竟法律的制定、运行和发展都是以法院为中心的。

**(二)法学教育模式的外在特征比较**

法学教育模式是内涵法学教育环境、法学教育方法、内容、目标和成果的综合体。可以看到,无论是理性化还是经验化法学教育模式,都有其自身的深厚历史渊源和形成逻辑,两种法学教育模式在所秉持的法律精神、所采用的法律思维方式和所依赖的法治发展模式方面存在差异,而这些差异通过法学教育活动的参与主体、目标、方法、内容和成果直接予以表现。

1. 法学教育活动的参与主体

法学教育是一个过程性的活动,在整个过程中,参与法学教育的主体应当分为两类,一类是法学教育的施教主体,另一类是受教主体。在施教主体上,两大法学教育模式存在一定的差异。理性化法学教育模式的施教主体一般为掌握高深法学理论的专业教授,而经验化法学教育模式下的施教主体一般是拥有长期司法实践经验的人。具体而言,德国、法国等国家,法学院的教师一般都是拥有高深学问的专职教授,而在英国和美国,施教主体往往是经验丰富的法官或者律师,学员与授课教师的关系类似于师徒关系,当然法学院中也存在掌握精深理论的法学家教学,但这些法学家首先表现为拥有丰富司法经验的法律工作者,其次才是法学理论专家。在受教主体上,两类法学教育模式也存在一些较为细微的差异。理性化法学教育模式下,一般只要是经受过完整中等教育的人都可以成为受教主体。处在经验化法学教育模式下的美国,其法学院要求学生在进入法学院学习之前必须拥有一个非法律专业的本科以上的学位,事实上,不少学生在进入法学院之前已经拿到其他专业的硕士学位甚至是博士学位。⑮

2. 法学教育的目标

无论是理性化还是经验化法学教育模式,都存在一个总体目标,对于理性化法学教育模式而言,这个总体目标就是要为学生提供一种关于法律的学术性训练,培养学生良好的法律修养和素质,培养通才型的法律专业人才。处于理性化法学教育模式下的日本,其学生入学后有一年半至两年的时间在学习人文社科和自然科学知识,在此基础上再进行法学知识的学习;而经验化法学教育模式的总体目标是培养具有实用性质和技能的法律职业者。美国法学院的教学目标很明确,就是一般的职业训练,⑯美国法学院的课程设置都是围绕法律实训展开的,不仅传授学生从事法律职业所需要的法律专业知识,更加强调学生应当培养法律职业方

---

⑮ 参见霍宪丹:《中国法学教育反思》,中国人民大学出版社2007年版,第81页。

⑯ 参见贾国发、尹奎杰:《论我国法学教育模式改革的目标》,载《东北师大学报》(哲学社会科学版)2008年第1期。

面的技能、伦理,进行相应的法律职业训练。在总体目标不变的情况下,法学教育也存在阶段性的目标,并且这些阶段性目标呈现整合化特征,呈现出理性化和经验化相互取长补短的趋势。晚近的德国和英国都注重法学教育的分阶段进行,将整个教育过程分为基础教育阶段和职业教育阶段,不同的阶段采用不同的教学方法,教授不同的内容。⑰

3. 法学教育的内容和方法

理性化和经验化法学教育模式在教育内容和方法上存在明显的差异。理性化法学教育模式下教学的内容和方法离不开对制定法的解释和运用。经验化法学教育模式则不同,学院式法律教育在英美法系国家并没有得到发展,英国以其独特的法律历史和传统形成经验化的法律教育模式,英国的法学教育几乎等同于职业技术。⑱ 普通法所秉持的经验主义理念决定了不可能依赖大规模的立法,经验化法学教育模式也就不可能教授制定法的解释和运用技术,只会传授研究判例的方法以及法律区别技术。

理性化法学教育模式教学的内容和方法有如下特征:其一,教学内容高度理论化和抽象化。大陆法系的理想主义、法典化传统渗透到法学教育的全过程之中,侧重对法律基本概念和原理的教导,注重向学生传授系统的法律知识。其二,教学内容体系化和框架化。理性化法学教育模式以成文法典为重心展开教学,法律文本的编纂必须具有体系性和框架性,否则很难被适用,由于成文法表现出来的体系性和框架性,理性化法学教育的内容便呈现为一种体系化和框架化的形态。其三,教学方法单一乏味。主要采用讲授法,教师只需要通过讲授的方式,比较、分析和解释法律条文的含义和背景等。"法学教育所要求的内容并不是对实际情况的分析,而是对法律组成部分的分析,"⑲在整个教学活动中,很难保证学生的参与性和主动性。

---

⑰ 参见邢钢:《法学教育模式评析及发展思路》,载《中国高教研究》2009年第3期。

⑱ 参见[德]茨威格特:《比较法总论》,潘汉典、米健、高鸿钧、贺卫方译,贵州人民出版社1992年版,第349页。

⑲ [美]格伦顿:《比较法律传统》,米健、贺卫方、高鸿钧译,中国政法大学出版社1993年版,第46页。

经验化法学教育模式教学的内容和方法有如下特征:其一,教学内容具体化和个案化。英美法系的判例法也被称为“法官造法”,先例判决对其后的审判具有很强的约束力和说服力。因此,在教学内容上,经验主义法学教育模式教授学生研习判例的基本方法,呈现出具体化和个案化的特点。其二,教学内容零散化和细节化。[20] 法学教育的内容主要是研究那些并没有系统性和体系性的众多已决案件。其三,教学方法较为灵活和务实。经验化法学教育模式以“判例教学方法”为主,旨在引导学生对法律程序和证据问题进行辩论,发现程序和证据中的问题,加深学生对法律和诉讼程序的认识。

4.法学教育的成果

法学教育的成果集中反映在怎样向社会输送人才以及输送什么样的人才上。关于这一点,两大法学教育模式同样表现出了一些差异。理性化法学教育模式下,培养的法学人才倾向于为立法机关和司法机关服务。在日本,法学教育分为大学学习阶段和司法研修所实习阶段。大学四年的系统法学理论知识的学习是参加国家司法考试的前提,国家司法考试通过者仅能获得接受法律职业教育的资格,而不能直接从事法律职业,必须还要在日本最高裁判所下属的司法研修所进行为期两年的实践性学习。[21] 这种安排不难看出一种为司法机关或者立法机关挑选人才做准备的倾向。经验化法学教育模式下,培养的法学人才则更多的是输送到社会以提供法律服务。美国的法学教育目标非常明确,就是培养合格的法律职业者,美国的法官大都从拥有丰富职业经历的律师中挑选。

**(三)两大法学教育模式的优点与不足的认识**

理性化法学教育模式重视抽象理论的学习和理论上的逻辑推导和证成,所培养的学生具有一定的理论分析水平和逻辑推理能力,擅长规范分析和文本写作。其最大的不足在于,相对忽视法律经验和实践的作用,容

---

[20] 参见[德]茨威格特:《比较法总论》,潘汉典、米健、高鸿钧、贺卫方译,贵州人民出版社1992年版,第352页。

[21] 参见付媛媛:《社会学视野下中国法学教育模式之反思》,载《唯实》2009年第11期。

易导致理论与实践的脱节。正如霍姆斯所言"法律的生命不在于逻辑,而在于经验",法律之学毕竟是一门具有较强实践性的学问,忽视实践和经验的作用往往会造成理论的无用。学生所掌握的法律职业技能和技巧极其有限,在毕业之后,进入司法实务界前还要进行全面的职业训练。

经验化法学教育模式重视职业化教育,所培养的学生具有分析案例和解决具体问题的能力,具有直接参与司法实践的必备技能,但也存在自身的不足。经验化法学教育模式是以判例法为依据的,法律的概念与规则大都体现在案例当中,教师只能通过分析案例的形式向学生传授法律专业知识,缺乏系统性和思辨性。经验化法学教育模式过于重视职业化教育,容易导致学生在理论思辩和逻辑推演方面的能力较弱,同时缺乏抽象性理论证成的能力。

无论是理性化还是经验化法学教育模式,都是基于传统的法学教育模式的考察,当下世界各国的法学教育模式已经呈现出一种模糊而多元的状态,理性化与经验化法学教育模式的区别也在日渐削减。事实上,传统的判例法国家也开始重视成文法的制定,而传统的成文法国家也开始重视判例的先例约束作用。这在根本上动摇了传统法学教育模式之间的区别,导致理性化和经验化法学教育模式日趋融合之势渐显。

## 三、我国法学教育模式的选择与完善

### (一)我国法学教育模式的选择

新中国成立后,起初我国法学教育经历了一段曲折发展的过程,直到改革开放后,法学教育才迅速发展,但也存在很多问题,譬如法学理论学习与法律职业训练相脱离、学生主体地位未确立、法学教育不能与社会经济发展相适应等。近年来,我国针对传统法学教育模式存在的问题,作出了一些调整和改变,总体来看,整合化的法学教育模式已初现端倪,这种模式不同于理性化和经验化法学教育模式,它是在二者基础上生成的,并且在混合型法制现代化国家尤其适用。一般来说,混合法制现代化的国家和社会,引起法治变革的诱因来自于外部法律文化的冲击,但主要动力仍然是通过该社会内部复杂的经济、政治和文化变革而发生作用。[22] 具体到法学教育模式上来看,混合型法制现代化国家根据自身的法学发展脉络、民族历史文化和经济政治发展现状选择整合化法学教育模式是最为合理的。整合化法学教育模式的最大特点就是法学理论教育和实践教育并重,通才教育和职业教育并举,既注重培养学生的理论分析水平和逻辑推理能力,也重视所培养的学生具有分析案例和解决具体问题的能力。

整合化法学教育模式是我国法学教育模式的必然选择。首先,严格意义上来说我国并没有理性主义和经验主义的法律精神传统。清末变法图强以来,我国大量地移植了大陆法系国家的法律,造成了我们貌似奉行理性主义法律精神的现状。大陆法系的理性主义法律精神根植于理性哲学的精神传统,并不能在短期内嫁接或生成。其次,我国早期移植德日的法律较多,在法律思维方式上倾向于演绎推理,所秉持的是以立法为中心的法治发展模式,同时也承认司法具有能动的作用。我国在大量编纂成文法典的同时,作为最高司法机关的最高人民法院,其司法解释以及司法解释性质的文件对案件的审理和裁判影响巨大。司法在发挥权利救济和纠纷解决功能的同时,发挥着推动法律发展的重要功能。整合化法学教育模式所依托的法治发展模式应当是立法中心主义和司法中心主义的融合,以立法为中心注重司法的能动作用和民主功能,在这一点上整合化法学教育模式是适合我国法学教育的。最后,我国司法现状不允许以单纯培养理论型或者职业型法学人才为目标。原因很简单,我国司法系统面临的诉讼纠纷体量巨大。[23] 其中绝大部分案件不是疑难复杂案件,不需要拥有多精深的理论背景就能够解决,需要的是实实在在的司法实践人才。但同时应该注意,尽管在大体量的案件里,疑难复杂案件的比例很小,但绝对数字却很大,这部分案件的审理,就不单纯是实践操作的问题,而是

---

[22] 参见公丕祥主编:《法理学》(第2版),复旦大学出版社2013年版,第405页。

[23] 2016年全国地方各级法院受理案件数量已经达到2303万件。详见周强:《最高人民法院工作报告——2017年3月12日在第十二届全国人民代表大会第五次会议上》,载 http://cpc.people.com.cn/n1/2017/0320/c64094-29155615.html,最后访问日期:2018年3月18日。

极有可能存在理论上的争议,需要法官进行价值判断,甚至进行重大的理论创新,此时理性化法学教育的价值便凸显。因此,我们不宜采用理性化或者经验化教学模式,宜采用整合化教学模式。

**(二)整合化法学教育模式的意涵**

法学教育模式的划分并不是也不可能是绝对的,由于各种因素的作用,各个模式在实际操作过程中也会产生融合、发展甚至异化。当下法学教育的多元化特征正在不断深化,单一的法学教育模式已经满足不了法学教育的要求,完成不了法学教育的目标。法律发展到今天,两大法系法学教育模式的内在特性和外在特征已经发生改变,英美法系判例法的绝对地位已经发生了动摇,而大陆法系也开始逐渐重视和承认判例的约束性作用。两大法系法学教育模式之间的相互借鉴不可避免,整合化法学教育模式的形成是必然的,这也符合历史发展规律和现实社会需求。

所谓整合化法学教育模式,就是指以理性主义和经验主义为精神内核,采用演绎推理和归纳推理并重的法律思维方式,主要依托于以立法为中心同时强调司法能动性的混合中心主义法治发展模式,以大学教授、法学研究者、法官、律师等法律人为施教主体,采取综合化教学方法,以培养法学综合性人才为目标的法学教育活动类型。整合化法学教育模式是对大陆法系理性化法学教育模式和英美法系经验化法学教育模式的有效整合,所形成的一种相互借鉴、更加多元的法学教育模式。整合化法学教育模式是理性化和经验化法学教育模式的有机整合而不是简单混合,整合化法学教育模式看似是一个无所不包的"框",什么样的法学教育方法、内容和目标都能往里装。实则不然,整合化法学教育模式本身确实是由观念要素和制度要素所构成的概念架构,但绝不是无所不包的"框",这样的"框"要能发挥作用,必须既着眼于本国的特定政治、经济和文化条件,又着眼于本国的法治发展历史传统,必须与一定区域的法治发展资源相结合,必须是一种既符合本国的法学传统又适应本国法学发展的模式进路。

整合化法学教育模式的施教主体以法学院系教授为主,以法官、检察官和律师为辅。在受教主体上以接受过中等教育的学生为主,但也不排斥高等院校毕业学生继续进行法律学习;教育目标定位既不是法律职业教育,也不是法律素质教育,而是通识教育、职业教育与精英教育的结合,注重培养具有法律人格、法律知识和法律职业技能的综合法律人才;[24]教学内容坚持理论和实践相结合,注重使用多元化的教育方法,理论教学、课堂讲授和课外实践共同发展;整合化法学教育模式培养的学生应当具有理论和实践的综合能力,教育成果的输出更加多元,既能够向司法机关输送人才,也能够满足政府、公共服务机构、律师事务所以及企业的人才需求。

**(三)我国法学教育模式的完善**

两大法系现行的法学教育模式并不是一蹴而就的,是经过无数次修改和完善才得以形成的。整合化法学教育模式最为关键的就是将理性化法学教育模式与经验化法学教育模式进行有机融合。就目前情况而言,我国的法学教育模式应从如下几个方面采取措施加以改进。

1. 合理调整法学教育活动的主体结构

目前我国法学教育施教主体可以归纳为以法学院系专职教师为主,以司法系统和研究院所兼职教师为辅,再以律师为补充的三级体系结构,当然各法学院系的具体做法不一而足。我们认为这个施教主体结构是合理的,但在具体的运行上存在一些问题。法学院系的专职教师具有深厚的理论功底无疑,但未必具有丰富的司法实践经验,以法学院系教师为主还是容易造成重理论轻实践的问题。解决的途径通常有两种:一是畅通法学院系专职教师与司法实践部门之间的人才交流渠道,使法学院系的专职教师具有参与司法实践的机会,积累充足的实践经验;二是采用双导师制,校内导师负责学生的理论素质培养,司法实践部门导师负责学生的实践能力培养。

我们认为第一种途径切实可行,可以进一步推进和完善相应的机制。如采取第二种途径,则存在另一个问题,那就是会造成司法实践部门的骨干力量负担较重,特别是在司法员额制改革后,能够承担法学院系学生培养任务的必定只能是员额法官或检察官,一般的法官助理是不具备这样

---

[24] 参见冀祥德:《论法学教育中国模式的初步形成》,载《法学论坛》2011 年第 5 期。

的理论和实践基础的。而员额法官、检察官的数量非常有限,且是司法实践的主力,承担大量的案件办理任务,并不具有教授法学院系学生的时间和精力。比较可行的途径是返聘退休法官或者检察官为高校实践导师,采用师徒制方式教学,并将实践导师的评价作为学生实习课程成绩的主要参考依据。从事法律工作的人员需经长期的理论培养和实践锻炼才能成才,而成长起来的法学人才,如果职业生涯较短,则是一种人才浪费。退休法官和检察官是具有丰富司法实践经验的宝贵资源,让他们继续从事若干年法学实践教育工作当不成问题,当然返聘的前提是自愿,并且给予一定待遇。

另外,我国法学受教主体的资格和条件略低。在受教主体方面,还是应当保持一定的门槛,鉴于法学学科的知识基础、能力要求和目标定位,法学教育至少应当是本科教育,高等职业技术学院和高等专科学校不宜开展法学教育活动。[25] 法学教育不仅是一门技术,更是一种科学,甚至是一种艺术。“法律是一门艺术,一个人只有经过长期的学习和实践才能获得对它的认知。”[26]培养教条主义的法律工作者并不困难,难的是培养具有人文底蕴和能够明察人性的法律使用者。这就应当具备基本的人文学科和社会科学素质,哲学、社会学、经济学、政治学等都需要涉猎,不是仅有法律技术即可胜任的。[27] 本科教育是一种综合教育,其中较为突出自身的专业,但同时兼顾相应知识的学习,所以我们认为,法学教育的起点至少当为本科教育。

2. 分阶段分层次分区域实现法学教育目标

法学教育不能也不可能是一步到位的教育,正如上文所言,随着法学教育的发展,各国逐渐认识到,在追求法学教育总体目标的道路上,必须分阶段、分层次实现。我国法学教育的目标至少应分为三个阶段,分别为

---

[25] 参见胡平仁:《我国法学教育的目标定位与人才培养模式改革》,载《法学教育研究》2010 年第 2 期。

[26] [美]考文:《美国宪法的“高级法”背景》,生活·读书·新知三联书店 1996 年版,第 35 页。

[27] 参见王安异:《法学教育模式及其选择——世界名校本科法学教育比较研究》,载《法学教育研究》2010 年第 2 期。

法学理论知识的积累阶段;法律实务操作能力的形成阶段;法学和法律问题的研究和探索阶段。理论上而言,三阶段都应作为法学本科教育的目标予以完成。但目前我国的法学本科只有四年时间,并且法律职业资格考试是从事法律事务操作的门槛,没有获得法律职业资格,很难真正掌握法律实务操作。[28] 因而前两个阶段应作为法学本科教育的必备技能,第三个阶段作为后本科教育的目标较为恰当。

在分阶段之外,还应当分层次和分区域地达成法学教育目标。理性化、经验化和整合化法学教育模式都是一种宏观的整体意义上的理想模型,在经验化法学教育模式下,并不排斥理性化法学教育活动的存在。我国幅员辽阔人口众多,目前有600余家高校开设法学专业,每年的毕业生在8万人左右,仅就法学教育的规模而言,几无任何国家可同我国相比。[29] 如此庞大的法学教育规模,完全按照一种思路和方法进行教学,未必是合理的。整合化法学教育模式要求在充分发掘利用区域法治文化的基础上对理性化和经验化法学教育模式的优点进行有机整合,我国开设法学专业的众多高校分布在不同的地理区域和法治文化环境之中,故而应当分层次和分区域地达成一定的法学教育目标。优秀的、有条件的法学院系可以侧重普通法案例教学,形成有特色的法学教育品牌,为社会输送法学精英;地方重点大学法学院系,可以结合本区域法治发展的水平和区域法治资源选择符合自身要求的课程设置和教学方法,为区域的法治发展输送人才;普通地方院校则宜在保持原有教学质量的情况下,尝试对教学方法和内容进行改进和创新,培养合格的法律人才。

3. 整合和创新法学教育的内容与方法

法学教育的内容和方法具有不可分割性,不同的法学教育方法自然会教授不同的内容,故须将二者联系起来讨论。在法学教育的内容和方法方面,就我国目前的情况而言,应当从如下两个方面着手:一是重视并

---

[28] 尽管目前还存在基层法律工作者、企业法务等与法学密切相关的工作并不需要获得法律从业资格就能从事,但这不可能长期存在,社会的发展已然明示着这些岗位都需要获得法律从业资格的人员才能胜任。

[29] 资料来源:http://www.sohu.com/a/166646169_518506,最后访问日期:2018年6月8日。

增加法学教育活动中实践性教学的内容和比重,适当减少法律思想史、法制史等纯粹法学理论的课时量,改为专题式选修课;二是切实改进实践教学的方法,增强实践教学的实际效果。实践性教学本身在内容设计等方面存在一些问题,譬如模拟法庭的开展确实能给学生提供积累实践经验的机会,但这样的机会是选择性的,只有部分学生能够获机会,大部分学生是作为庭审听众参加,并且模拟法庭的开展频率亦不高。应当改进实践教学的方法,重视多重手段的综合运用,在课堂讲授中充分重视案例教学法的使用,在课堂讲授之外,将模拟法庭、法庭辩论赛、毕业实习等活动纳入学生学业考核课程,增加学生与法官、检察官和律师交流和互动的频次,才能起到实际的效果。

4. 增强法学专业人才的就业竞争力

目前我国法学专业人才的对口就业情况不容乐观,据麦可思研究院撰写的2014年度和2015年度《中国大学生就业报告》显示,法学已经连续两年成为本科就业红牌专业,法律事务已经连续三年成为高职高专红牌专业。只有提高法学专业人才的就业竞争力,才能够扭转红牌专业劣势,提高法学专业人才的就业率、薪资和就业满意度。如何提高就业竞争力,除了上述整合和创新法学教育的内容和方法,使学生掌握法学理论和司法实践知识以提升自身实力之外,还应当关注改变法学专业人才的就业环境。

目前法学专业毕业生输出的渠道主要包括法官、检察官、公证人员、政府公务员、律师和企业法务等。在这些就业渠道中,公务员和律师并不必然需要法律专业背景,但其数量却非常庞大,法学专业的学生面临着和非法学专业学生竞争的压力。随着2017年《中华人民共和国公务员法》《中华人民共和国律师法》等法律的修改,完善了法律职业准入制度,上述职业要求法学专业的背景已经凸显,法学专业人才的就业竞争力会有较好的提升空间。但更重要的是,法学教育应当和法律从业资格的取得相契合,法学教育应当是从事法律工作的必备经历。目前我国法学教育和法律从业资格考试之间的关系还较为松散,2018年2月5日新出台的国家司法考试征求意见稿,并没有将非法学类人员排除在国家法律从业资格考试之外,应当明确法学专业教育背景(最低为本科教育)是参加国家法律职业资格考试的准入条件。

## 四、结语

整合化法学教育模式是理性化法学教育模式和经验化法学教育模式的有机融合，以理性主义为主，同时兼顾经验主义，其所依托的法治模式主体仍然是立法中心主义，但重视司法的能动性功能发挥，在思维方式上坚持演绎推理和归纳推理相结合，注重体系化教学方式和案例教学的综合应用。尽管整合化法学教育模式是适应我国法治发展的最佳选择，但是我国整体上尚未形成成熟的整合化法学教育模式，我们应该在法学教育活动主体结构的调整、法学教育目标的分阶段分层次分区域的实现、法学教育的内容与方法的整合和创新、法学专业人才就业竞争力的强化等方面进行长期的探索和不懈的努力。

# A Comparative Analysis of Legal Education Model

*Ji Jinhua　Li Haifeng*

**Abstract**: Both rationalism legal education model and empiricism legal education model have their own historical origins and logic. There are differences in the two legal education models in terms of legal spirit, legal thinking, and the development model of the rule of law on which they depend. They have different characteristics in the subjects, objectives, methods, contents and achievements of legal education activities. The rationalism legal education model pays much attention to the study of abstract theories and the logical derivation and evidence of the theories, and it is easy to neglect the role of legal experience and practice. The empiricism legal education model pays much attention to professional education, and relatively neglects the education of legal theories, which tends to lead to the weakening of students' ability in theoretical speculation and logical deduction and the lack of ability of abstract theories. The authors believe that the best choice for China's legal education model is that the integrated legal education model that adheres to the legal spirit of combining rationalism and empiricism, and relies on the legal development path of combining legislative centralism and judicial centralism.

**Key Words**: law  educational model  rationalization  empiricism  integration

# 人工智能对法律职业的影响与法学教育面临的挑战*

贾引狮**

**摘　要**：当前，人工智能已广泛应用于法律行业。借助智能辅助量刑系统和智慧检务系统，法官和检察官提高了办案质量和效率；借助大数据技术，律师可更好地管理客户的法律风险。但是，人工智能将替代部分法律人的工作，为未来法科学生从事法律职业投下了阴影。人工智能趋势下，当前"学校＋实务部门"培养模式和复合型人才培养目标需要适当调整，法科学生要重视对科技的应用；当前偏重法学知识传授的教育理念需要反思，应更重视法科学生的法律技能训练；当前灌输式的教学方法也要让位于个性化学习方式。为适应人工智能时代，法学院校必须重视法科学生的法律思维培养，采取与人工智能相符的法学教学模式，开设相关课程及研究，教师要学会与人工智能合作并重视法科学生法律人格的塑造。

---

* 基金项目：本文为2016年新世纪广西高等教育教学改革工程项目"高校大学生创新创业教育中的知识产权素质培养研究"（项目编号：2016JGB220）的阶段性成果。

** 贾引狮，厦门大学知识产权研究院博士研究生，桂林电子科技大学法学院副教授，研究方向：知识产权法。

**关键词**:人工智能　法律职业　法学教育　影响与挑战

## 引言

人工智能(AI)被誉为连接过去与未来的跨时代技术,正以“润物细无声”的方式悄悄地改变着我们的生活。当人们雀跃于可以告别流水线作业,无须再做工厂的“螺丝钉”,终于从日常琐碎的劳动绑架中得以解脱时,才猛然发现脑力劳动这一人类的最后防线正逐渐被人工智能攻破。未来的人工智能不仅仅是人类的工具,还将胜任与人交流的脑力劳动,人类目前从事的众多岗位将被其替代,大批劳动者将成为“无用阶级”。霍金在《卫报》专栏中写道:“人工智能的兴起很有可能会让失业潮波及中产阶级,最后只给人类留下护理、创造和监督之类的工作。”

当前,人工智能已在智能辅助量刑、法律检索与咨询、合同起草与审查、案件预测等方面得到了迅猛的应用,其对法律职业的影响日渐增强。培养符合人工智能时代需要的法律人才,应是我们高校法学教育未来的重要目标。但是,与现今人工智能在法律实践中的应用如火如荼的景象相比,法学教育理论界对其研究则稍显不足,人工智能还未引起法学教育工作者的重视。本文则试图从人工智能对法律行业的影响出发,分析人工智能对法学教育的挑战,并对人工智能时代下法学教育的应对等诸多问题进行研究,期望能抛砖引玉,引起法学教育界对此问题的重视。

## 一、人工智能对法律职业的影响

法律职业是指受过专门的法律专业训练,具有娴熟的法律技能与法律伦理,从事法律事务的专门人员所构成的共同体。狭义的法律职业是指以专业法律知识为基础的法律工作者,主要包括法官、检察官、律师等;广义的法律职业等同于所有从事与法律相关的职业岗位,除了上述狭义的法律职业外，还包括企事业中从事法律事务的职业岗位，如公证员、法务专员、行政机关中的法律从业人员等。本文为了论述方便，仅从狭义法律职业出发，分析人工智能对法律职业的影响。

从“互联网+法律”到“人工智能+法律”，将对未来的法律职业产生革命性的变革。我们应该理性看待人工智能对未来法律职业的影响，既要乐见其产生的积极影响，也要对其消极影响保持足够的警惕。

**（一）人工智能对法律职业的积极影响**

随着人工智能和大数据等技术热潮，大量的创新型科技公司正潮水般涌入法律服务市场。人工智能试图为法官、检察官、律师等提供系统的智能服务，让机器取代一部分简单和重复的劳动，满足法律从业人员的刚性需求。随着技术的发展，人工智能为人类提供“创造性”“智力性”的法律服务将不再遥远。

1. 人工智能对法官和检察官职业的积极影响

近年来，受社会经济发展等多方面的影响，案件数量增长很快，我国已经进入了“诉讼爆炸”的时代。随着法官员额制的改革，法官数量进一步减少，但是庭审、合议及制作裁判文书等核心审判工作却必须由法官亲力亲为，难以由其他人员替代，“案多人少”的矛盾短期无法缓解。面对现实中不断增长的案件数量和结案压力，通过引入人工智能和大数据技术，推广“智慧法院”，提高办案效率，可以很好地解决法院系统的初级痛点——烦琐的、重复性的工作占据了法官过多精力。目前，卷宗的电子化归档、数据自动引用回填、审判文书自动编辑、案件智能查询等均在我国法院系统广泛应用。此外，随着人工智能的技术升级，法院智能量刑系统已经起到了辅助断案的功能，有助于提高法院的办案质量。2017 年，最高人民法院部署了推进智能辅助量刑系统的建设工作，计划在 2~3 年构建一个完善的全国法院智能辅助量刑系统，运用大数据、人工智能辅助法官办案，从而实现量刑现代化。① 广州市中级法院对历史上 300 多万件同类案件进行大数据分析，形成了“智能辅助量刑系统”，该系统对影响盗窃案

① 参见陈学勇：《最高人民法院立项开发建设量刑智能辅助系统》，载《人民法院报》2017 年 9 月 27 日，第 1 版。

件判决的 20 多种情形按照一定的权重进行分析,自动推送相似案例并与以往数据进行比对与运算,并对量刑幅度给予数据参照和图形分析,如果量刑幅度与参考值偏差较大,法官就需要思考问题的原因。② 据统计,目前我国半数以上的法院都在引入人工智能,虽然"机器人法官"尚未直接进行判案,但未来实现从"司法助理"到"司法决策者"角色的转变也许真的不是"愿景"。此外,人工智能语音速录技术催生了"智能速记员",它可以将控辩双方的庭审对话自动实时识别成文字,包括合议庭法官的评议过程也可实时记录,有助于改变当前的庭审笔录记录模式,提升审判效率,减轻书记员的工作量。

检察机关可以应用人工智能形成电子卷宗,协助勘验、电子证据固化等侦查辅助工作,提高检察系统的工作效率。就基层检察官而言,对案件证据进行摘录、归纳、分析、形成审查报告需要占用大量的工作时间,很多行政性、简单性、重复性的工作均可由人工智能"代劳"。2017 年,最高人民检察院出台了《检察大数据行动指南(2017—2020 年)》,将全面打造"智慧检务"体系,让大数据和人工智能更好地服务于检察工作。浙江省检察系统通过试用"智慧公诉"办案辅助系统,部分实现了对证据合法、合规性校验、证据标准指引以及证据链完整性的审查判断,改善了以往费时费力的工作强度,让检察官有更多的时间和精力聚焦检察主业,具有很强的实用性。深圳市检察院开发的量刑建议辅助软件,将所有可能存在的量刑情节在计算机系统里予以确定并计算,将原来半小时的工作量缩短为几分钟之内,该单位提出的上万份量刑建议中,采纳率达 80%。③ 泰安市检察技术研究所开发的检察智能辅助系统,预设了各种报警规则,将采集的视频导入系统后,运用大数据处理能力可以自动分析并自动抽取出违法、违规情形并报警,有效辅助了检察机关的法律监督。另外,还可以利用该系统,一键生成案件舆情报告,1 分钟之内将 200 份卷宗转化为电

② 参见程姝雯:《"机器人法官"驾到"铁面"参与办案流程》,载《南方都市报》2017 年 9 月 13 日,第 1 版。

③ 参见毛姗姗、郑鋆:《专访赵志刚:检察机关人工智能的新纪元来了!》,载智合法律新媒体:https://mp. weixin. qq. com/s/n8tlgeclKGDgVdXvPqlWmg,最后访问日期:2017 年 11 月 29 日。

子卷宗，并自动生成起诉书和审查报告，配置量刑计算器生成量刑建议书等。④

2. 人工智能对律师职业的积极影响

法律工作者可以借助人工智能，对法律文件进行自动化阅读，可以在调查分析、合同合规检查等方面对文件进行系统准确的分析，极大地提高了法律工作者的办事效率。比如像公司上市需要尽职调查，传统的做法是需要律师将各种信息进行复制粘贴、汇总文件和装订文件，这些工作很多是单调乏味且没有技术含量的，却要占据律师的大量时间。2012 年，Nguyen 等人在美国开发出了可以尽职调查和合同审查的机器人 eBrevia，它可以将客户上传到服务器的文件中的数据进行检索、提取、分类、下载。依据人工智能的自我学习模型，eBrevia 可以识别和提取诸如控制权变更、分配、续约等法律概念，系统也会为客户提供一些与法律概念相关的信息。2016 年 10 月，eBrevia 与 RR Donnelley 合作开发出了合同分析软件，自动进行尽职调查和合同审查，并将该软件适用于并购和房地产交易等市场中。⑤

对于渴望挑战性的律师而言，人工智能技术在法律实践中的应用，可以使他们拥有分析巨量数据、深入挖掘信息的能力，可以使他们摆脱很多重复性、程式化的、简单的烦琐工作，将更多的精力放在更有价值的法律事务上。善于应用人工智能的律师将可以依靠大数据为客户管理法律风险，预测案件判决结果，为客户提供更智能、更广泛、更专业的服务。

此外，与人工智能领域相关的新型公司、新型商业模式、新型案件类别也催生了大量的、具有挑战性的法律服务需求，也给法律职业者带来了更多的挑战和机会。2018 年 1 月，中国政法大学法学院大数据和人工智能法律研究中心与京都律师事务所联合发布了《2017 年度互联网法律服务行业调研报告》指出，2016 ~ 2017 年中国共有 131 家新上线的互联网法

④ 参见王治国等：《检察机关人工智能有多酷——山东泰安：两大智慧检务系统让检察官解放双手专注办案》，载《检察日报》2018 年 1 月 27 日，第 1 版。

⑤ See Julie Sobowale, "How artificial intelligence is transforming the legal profession", http://www.abajournal.com/magazine/article/. March 18, 2018.

律服务机构,占到业内互联网法律机构总量的50%以上,已进入了不同细分领域。[⑥] 对于法科学生而言,熟练应用人工智能、善用人工智能的毕业生将是法律就业市场的“香饽饽”。

**(二)人工智能对法律职业的消极影响**

随着人工智能的广泛应用,法律文件的人工审阅将逐步变为自动化阅读,人工智能将在合同分析、合规检查、调查取证、法律文书的撰写等方面部分替代传统法律从业人员的工作,而且准确性高,能够7×24小时不间断地工作且毫无怨言,而且提供的法律服务价格低廉。随着机器人律师的出现,只需要打开微信公众号或特定的法律辅助软件,就可以得到高质量的法律咨询服务,以前遇到法律纠纷求助律师的习惯将会在未来逐步改变。人工智能在法律争议解决领域的开发与应用,有助于降低当事人解决法律争议的成本,且给当事人提供了更多解决纠纷的渠道,“有纠纷去法院”的现象有望改变,如目前在E-Bay上就有很多用户选择用Square Trade的ODR来解决买卖纠纷。

2018年2月,法律AI平台LawGeex与斯坦福等高校的法学教授们合作进行了一项新的研究,让训练好的法律AI程序与20名有经验的律师相互比赛,4小时审查5项保密协议,并确定30个法律问题,包括保密协议、仲裁和赔偿。AI在26秒内完全了全部任务,且准确率达到了95%;而人类律师平均需要92分钟,且平均准确率为85%。这一测试结果惊动了整个法律界,意味着在合同分析、合规审查等方面,人工智能有取代人类律师的可能。而美国开发的Ross Intelligence系统,以IBM的认知计算机Watson作为技术支撑,可以理解自然语言,并提供分析性的、特定的回答,被认为是世界上第一个人工智能律师,截至目前,Ross已经被10余家主流律所“雇佣”。在未来的人工智能时代,类似Ross的法律类“数字助理”(digital associate)将会越来越多,其身份将类似于准雇员。人工智能的推动,也会部分解决法律援助的问题,可以协助法官准确判案等,部分替代律师、法官助理等工作。

---

⑥ 参见刘甦、张瑶:《AI变革法律行业尚处前夜:大数据、人文关怀和科技水平都是痛点》,载《财经杂志》2018年3月1日,第2版。

早在30多年前,英国著名法学学者Susskind在其著作《明天的律师,遇见你的未来》中,认为法律行业200年之内的最大挑战就是人工智能。Jomati则在《文明2030:不久将来的律所》研究报告中提出,经过长期的孵化和实验,技术突然可以以惊人的速度向前行进了;在15年之内,人工智能和机器人将会主导法律实践,也许将给律所带来"结构性坍塌"(structural collapse),法律服务市场的面貌将大为改观。人工智能的"入侵"已经让很多法律人,尤其是年轻律师感受到了阵阵寒意。

随着网上法院、机器人检察官、在线律师等人工智能的广泛应用,人工智能的法律职业化和法律服务商业化已初现端倪,并且会成为法律从业人员是否合格的评价参照物,不合格的法律从业人员将被市场所淘汰,低素质的法律从业人员将会失业,尤其结合当前我国本就较低的法学本科毕业生就业率,⑦无疑为未来的法科学生从事法律职业的前景增添了一丝阴影。

## 二、人工智能对法学教育的挑战

人工智能技术的发展导致法律就业市场的变化,也将倒逼法学教育改革。甚至有学者悲观地预计,三年之内,现有的法学院如果不顺应形势进行深度课程改革,加入大数据、云计算以及智能科技课程内容,将导致大量的法科毕业生缺乏必要的谋生技能,毕业之日就是失业之日。⑧

### (一)对传统的法学培养模式和目标提出了挑战

为了实施"卓越法律人才教育培养计划",我国法学院校多以复合型、应用型法律职业人才作为自身培养目标。在具体培养过程中,结合了自身基础和特色,提出了"法律+医学""法律+会计""法律+英语"

⑦ 根据麦可思研究院发布的《中国大学生就业报告》,法学自2010年起连续6年被列入红牌专业,2016年本科毕业生就业率最低的是法学,为84.9%。

⑧ 参见高云:《律师们都说大势将至,却不知未来已来》,载360doc个人图书馆:http://www.360doc.com/content/17/0912/21/32260249_686605597.shtml,最后访问日期:2017年9月12日。

“法律+新闻”等复合型法律人才的培养目标,建立了不同类型的卓越法律人才培养基地,启动“学校+实务部门”共同培养模式以提高法科学生的实践应用能力。

当前推行的“学校+实务部门”共同培养模式的主要目的是训练学生的法律职业技能,提高学生的实践动手能力。法律职业技能主要包括以下能力:①解决问题;②法律分析和论证;③法律检索;④事实调查;⑤口头和书面沟通;⑥咨询和建议;⑦谈判;⑧诉讼程序和替代性纠纷解决;⑨组织和管理法律事务;⑩认识和解决困境。[9] 而上述职业技能所需的许多能力,未来的人工智能完全可以胜任。如最高人民法院开发的“法信”平台借助自然语义分析技术,根据用户输入的案情描述,便可检索到与案情描述相匹配的既往案件;人工智能律师 Ross 可以根据用户提出的问题,从答案库中检索出最接近的答案给出解答,然后根据用户“赞成”或“反对”的回馈自我学习,变得越来越聪明;我国众多法院应用的法官机器人助理,可以与当事人交流,像人类一样处理诉求和回答问题;珠海孜孜科技有限公司开发的“Elawoffice”律所管理平台,实现了律师移动办公和项目协同工作。此外,法科学生借助人工智能的培训,不但可以学习法律基础知识,还可以获得诸如法律分析与论证、法律检索、律所管理等法律职业技能的培训,未来的法学人才模式也许将升级为“学校+实务部门+人工智能”的共同培养模式。

此外,人工智能技术的发展将对人类的职业产生深远的影响,会计与审计、翻译、新闻记者、房地产评估师等被认为是最容易被人工智能所取代的职业。如果是这样的话,我们很多法学院校所规划的“法律+会计”“法律+英语”等复合型法律人才培养目标就需要调整,对科技的理解和掌握程度将成为衡量未来法律人的重要因素之一。在人工智能时代,法科学生不仅需要掌握基本的法律知识和具备基本的法律职业技能,也要理解市场力量是如何影响法律和商业活动的,还能够熟练应用人工智能分析案情、提供咨询服务、预测案件结果、管理法律事务。顺应人工智能

---

⑨ 参见陈实:《困境与出路:论法律职业技能教育的实现》,载刘仁山主编:《法学教育反思录》,北京大学出版社2011年版,第36页。

的趋势,法学教育的人才培养目标应调整为:培养既掌握基本法律知识,具备法律职业技能,又要懂技术又善于思考技术伦理的未来法治人才。

**(二)对传统的法学教育理念提出了挑战**

长期以来,我国法学教育一直存在一个重大缺陷,就是以教师为中心,重知识的传授而轻能力的培养,而且这种现象还是目前我国法学教育的主导和主流。目前我国大多数法学院校仍以通识教育为主,甚至很多院校的法学教育过度重视司法考试,学生疲于记忆与理解基本的法律知识,只掌握了有限的法律方法和法律文书写作技术,形成的法律素养在解决社会真实问题时捉襟见肘。以传授知识为主导的人才培养理念不利于法科学生法律思维的塑造和形成,容易造成法科学生轻实践、动手能力差、重书本、创造能力差的特点,显然无法跟上人工智能时代的潮流。

人工智能在语音识别、图像识别和人机交互方面具有明显的优势,且通过与大数据的结合,将会取代知识性教学等简单重复的脑力劳动,可以弥补传统教学模式中的缺陷。法科学生依靠人工智能的辅助,很容易获取该学科的基本知识和信息。比如,依靠 Ross Intelligence 系统可以有效提高法律检索能力,学生使用通俗易懂的语言询问法律问题,Ross 则会检索出海量的判例法、成文法及其他资源供学生学习。

在人工智能时代,学生不再需要老师提供案例,不需要教师讲授更多的基本法律知识,教师的业务重心需要向提高学生的法律思维能力和实践能力等方面转变。相比较而言,美国的"小司法"法学教育理念是将律师作为法学教育的培养目标,由此决定了美国各大法学院均把教学重点放在了律师的技能训练上。美国法学院的学生通过阅读案例、阅读法官判决获知法律知识、法律规则、法律原理,通过案例教学法(教师主导提问和回答互动)训练学生的法律思维能力,使学生习惯用归纳方式获得法律知识。[⑩] 美国的"小司法"法学教育理念使法科毕业生可以娴熟地进行法律事务的实务操作,能够更好地适应人工智能时代的发展需要,值得我们借鉴。

---

⑩ 参见蒋志如:《试论法学教育中教师应当讲授的基本内容》,载《河北法学》2017 年第 2 期。

**(三)对传统的法学教学方法提出了挑战**

当下我国法学院的法学教育主要通过讲授法这一传统的教学方法而开展,其他的教学方法如案例教学法、研讨课等很少采用,或者是少量的任课教师根据兴趣偏好偶尔为之。以讲授为主的法学教学方法,注重对法律概念、法律原则、法律规则的讲授,教师是课堂教学的中心,教师要课前备课、课堂讲授、课后辅导。这种教学方法是以教师为出发点,以学生为终端的信息传导模式,其好处是便于教师掌控课堂教学的主动权,把控课堂节奏;缺点是整个教学活动中过分强调了教师的讲授角色,学生不会为课堂教学做更多的准备,学生参与感较差,课堂气氛沉闷。传统的教学活动使得课堂教学成了教师唱“独角戏”的舞台,教师传递信息更多地来自于自身对事物认识的角度,未必是学生所适应的,学生则沦为了听众,进入了“只要记录笔记就足够,对内容不求甚解”的学习误区。再加之实际教学中课后辅导处于废弛状态,法学教学的效果可想而知。

随着互联网技术的发展,“互联网+”时代为法学教育的各个环节提供了丰富的资源,学生可以通过“度娘”随时查询法律法规,学生通过网络不但可以看到自己任课老师上传的视频,还能分享国内著名高校的精品视频课程,电子数据库的建设使学生可以获得众多的理论资源,在线案例库可以使学生获得最新、最权威的裁判文书。人工智能可以根据使用法学教师的教学大纲,为某个学科领域或特定课堂定制教科书。随着人工智能技术的更深发展,机器人甚至可以取代传统教师与学生进行简单的交流和作业辅导。曾有媒体报道美国佐治亚州理工学院的人工智能助教可以与学生在线沟通交流,整个过程竟无学生发现,充分证明了人工智能在人工交互方面的应用潜力。今天的课堂授课方式侧重于标准化,忽视了学生之间的学习能力差异,而人工智能辅导系统可以根据不同法科学生的能力和需要量身定制课程,消除标准化的培养方式,打造个性化的学习方式。除此之外,人工智能还在学习即时反馈、个性化测试与辅导、网络远程教学等应用方面日臻成熟,以致有媒体提出“未来人们只需要一个机器人就可以完成所有的学习”的论断。

## 三、人工智能趋势下的法学教育应对

在中国传统的法学教育体系下,仅靠大学四年学习的法律知识是很难适应人工智能时代的需要的。我国法学高等教育繁荣发展背后潜藏的"就业危机",在人工智能时代只会愈加凸显。未雨绸缪,在人工智能趋势下,我们必须深化面向未来的法学教育改革。在国务院2017年7月20日出台的《新一代人工智能发展规划》(以下简称《新规划》)中,首次提出了"人工智能+X"复合专业培养的新模式,其中法学专业赫然在列,这表明人工智能趋势下的法学教育变革已箭在弦上。

### (一)重视法科学生的法律思维培养

顺应人工智能时代的需要,迫切需要我国法学院校加强培养全面发展、具备综合素质的法律人才,需要更加重视个性、创造性的法学教育,提高法科学生的法律思维能力。

1. 人工智能趋势下凸显法律思维培养的重要性

所谓法律思维,是一种按照法律逻辑(包括法律的规范、原则和精神)来观察、分析和解决社会问题的思维方式。[11] 严谨的法律思维是法律人认识、理解、应用、丰富和发展法律等多种能力的根基,无论在什么时代都是法律人必备的基本素质与能力,是法律人的职业特征。[12] 对法律人来说,思维方式甚至比他们的专业知识更为重要,因为专业知识是有据(法律规定)可查的,而思维方式是决定他们认识和判断的基本因素,况且非经长期专门训练则无以养成。[13] 且法律知识浩如烟海,任何学生都不可能通过在校学习掌握全部法律知识,学校要做的是着重培养学生的法律分析能

---

⑪ 参见郑成良:《论法治理念与法律思维》,载《吉林大学社会科学学报》2000年第4期。

⑫ 参见郝秀辉:《法科学生法律思维培养问题探究》,载《法学教育研究》2016年第1期。

⑬ 参见孙笑侠:《法律人的思维规律》,载葛洪义主编:《法律方法与法律思维》,中国政法大学出版社2002年版,第81页。

力,让学生掌握和理解法律制度的运转模式,而对具体法律条款的运用,更多的则要在实际工作中逐渐学习和掌握。法律思维的深度和广度是导航仪,在校法科学生日常的法律知识学习和司法实践只能是速度轮胎,法学院所做的一切永远只能让法律思维为速度导航。

社会学家马克斯·韦伯曾把法官比作"机器",提出了"自动售货机"理论。他认为:"现代的法官是自动售货机,投进去的是诉状和诉讼费,吐出来的是判决和从法典上抄下来的理由。"⑭机器人法官完全符合马克斯·韦伯的设想,但是,机器人法官永远不能代替人类法官。因为,人工智能在具体判案过程中缺乏人类特有的法律思维,当事人和家属不会信服被机器人判决的案件,人类也不会服从机器人的判决结果。且机器人法官没有"良心",无法判断证据的真假与是否有用,也无法形成"内心确认"。机器人法官"铁面无私"的前提是法律条文足够完善,如果法律条文有多重解读,由于缺乏解读法律的能力,就会导致机器"死机"。无论是当下还是未来的人工智能时代,法律思维都是法律人最重要的执业特征和职业能力。法学院校一定要重视法科学生法律思维的培养,使法科学生形成运用法律概念、法律推理等法律方法分析和阐释法及法律问题的习惯。因此,强调和推崇法律思维的目的和宗旨即是提高法律人的法律素质和职业能力。⑮

2. 人工智能趋势下我国法科学生法律思维培养的反思与改进

当前,我国法学教育对如何培养学生的法律思维能力关注不足,法学教育的主管部门对法律思维能力培养的重要性也重视不够,相关训练及培养法科学生法律思维的课程设置太少。比如,我国的司法考试就忽视了法律思维的考察,更多地测试学生对法律条文及知识点的掌握程度,这从司法考试试题内容、题型和答题设计等方面都可以反映出来,难怪会出现"博士考不过硕士,硕士考不过本科,法本考不过非法本"的奇怪现象,

---

⑭ [德]马克斯·韦伯:《论经济与社会中的法律》,张乃根译,中国大百科全书出版社1998年版,第62页。

⑮ 参见莫敏:《法律思维的塑造与法律人才的培养》,载《华中师范大学学报》(人文社会科学版)2011年第3期。

也出现许多司法考试通过者难以适应司法实践需要等问题。我国很多高校的法学教育比较重视与司法考试的衔接,甚至有些高校将司法考试作为日常法学教育的“指挥棒”,片面强调法律知识的传授和考查,忽略了法学作为“实践理性”的本质所要求的法律思维的培养。

当前,我国法科学生还习惯于简单学习状态,无法进入深度学习的场景,这种学习状态不利于法律思维的养成。所谓简单学习即主要通过机械记忆的方式进行学习,而深度学习则要求学生深度阅读、多维度思考、设计解决问题的方案。开展深度学习需要一系列的教学活动予以支持,从教育学的角度主要包括:设计标准和课程、预评估、营造积极的学习文化、预备与激活先期知识、获取新知识、深度加工知识、评价学生的学习等。⑯

人工智能时代,很多的法律知识可以通过机器的协助而获得,法科学生甚至可以随时随地学习法律知识,获得法律知识将变得轻而易举。人工智能可以对法科学生进行知识点的突破和分层教学,甚至可以对学生进行心理辅导和学习方法的指导,将部分扮演传统教师“传道授业解惑”的角色。教师的教学活动将不再是法科学生获取法律知识的唯一来源,且教师在法科学生获取法律知识过程中的重要性将进一步降低。但是,人工智能时代需要教师帮助法科学生从简单学习状态向深度学习状态转化,需要通过教学活动提高法科学生的法律思维能力;需要教师帮助学生理解当前的社会和未来人工智能、文明与困境,使学生拥有法律思维的独立思辨能力,通过未来反推现在,通过对人工智能时代法律职业的理解,更好地制订个人成长计划。

**(二)采取与人工智能相符的法学教学模式**

未来的法学教育必须与人工智能的技术发展相结合,而不能成为人工智能的“化外之地”。在教学活动中,法学教师如果依靠脑袋里储存的法律知识和曾经研究过的司法案例,在讲授相关法律问题时可能会出现代表性不足、思维偏颇等问题。而依靠人工智能,法学教师则可以将多年

---

⑯ 参见[美]Eric Jensen LeAnn Nickelsen:《深度学习的七种有力策略》,温暖译,华东师范大学出版社2010年版,第86页。

来全国类似案件案例、裁判文书等尽收囊中,分析法院判案的依据,传授给学生最准确的法律知识,讲授最权威的司法案例。

人工智能的发展不能完全取代法学教师,相反法学教师可以利用这项技术提高他们工作的效率,将精力置于更具价值的部分。借助人工智能技术在法学教学实践中的应用,可以使法学教师摆脱纯粹的法律知识传授,可以从烦琐的教学课堂纪律管理、学习效果检测、作业修改等低质量脑力劳动中解脱出来,转而将更多的精力放在学生法律思维能力的培养上,帮助学生获得法律职业的经验,真正成为学生法律职业的引导者。

在人工智能趋势下,单靠教师生动的语言表达和精美的教学课件,很难激发学生探究法律背后思维逻辑的兴趣,传统的课堂教学方法容易让学生养成惰性,缺乏思考的主动性,降低与他人合作的意愿,缺乏承担责任的勇气。因此,我们要转变传统的法学教育模式,树立互动式教育的全新理念,将课堂教学与参与式教学法、案例分析教学法结合起来。互动式教育的目标不是将互动作为一项任务去完成,而是通过释放师生全部的主动性,真正做到教学相长,进而培养学生真正的独立思考能力与创新能力。⑰ 无论技术如何发展,互动式的教学模式是人工智能所无法替代的,体验式和情感化教学是法学教师的基本技能,人工智能在此只能起辅助作用。在人工智能时代,要提升学生主动学习、深度学习的积极性,使学生和教师一样成为教学活动的中心。

参与式教学法不仅可以通过课堂活动的设计为学生提供丰富的课堂体验,影响学生的学习方式及学习动力,还可以通过教师的组织和引导,为学生创造参与各类课堂体验的条件和机会,为学生提供培养其专业综合能力的外在动力与外部环境。⑱ 学生通过小组讨论、课堂辩论等方式,积极参与教学活动,不仅能够亲身体会法学知识从教材到应用的转化,感受团队合作的力量,而且能够掌握运用法律推理以及分析问题、解决问题

---

⑰ 参见曹伟:《"互联网+"时代的互动式法学教育》,载《光明日报》2015年10月13日,第14版。

⑱ 参见刘一明:《参与式教学与大学生专业综合能力的培养》,载《高等农业教育》2014年第11期。

的能力。在此方面,德国的法学教育形成了讲授法、研讨课、练习课三足鼎立的教学方法,很值得我们借鉴。

案例分析教学法原指讨论问题的方式,即从意见对立中寻求矛盾,在矛盾中寻找新的意见,在归纳的基础上,形成对真理的表述。⑲ 具体的案例事实,差之毫厘,谬以千里,很少具有雷同之处,分析时必须慎思明辨。通过案例分析教学法,可以培养学生分析问题和解决问题的思考方法,锻炼学生的语言表达能力和法律思维能力,为将来从事法律实务工作做准备。关于案例分析与课堂讲授之间的关系,王泽鉴曾指出:法律上实例,犹如数学验算题,不可徒事记忆,非彻底了解其基本法则及推理过程,实不足应付层出不穷的案例。实例多偏重特别或个别问题,为避免"仅见树木,不见森林",实例研习应与传统法学教育方式密切配合,俾能彻底了然于法律的体系、精神及基本原则。易言之,就现代法学教育而言,实例研习、课堂讲义及研讨会应鼎足而立,不可偏废。⑳ 美国法学教育注重案例教学法和诊所式法律教学,整个教学活动中学生不再是课堂教学的听众,提升了学生在整个法学教学过程中的地位,调动了学生的积极性,教学效果较好,值得我们学习。

**(三)法学院要主动调整相关课程并开展相关研究**

根据高云在《律师们都说大势将至,却不知未来已来》的博文中的预测,到2020年,法学院将重新洗牌,重新排列座次,不主动适应人工智能科技的法学院将被逐步淘汰出局。如果各国法学院不能尽快为法科学生开设应人工智能挑战的创新性课程,那么本国的法学院和法科学生难免在未来的职业竞争中处于劣势。

1. 国外大学法学院开设人工智能课程及开展相关研究的情形

在开设人工智能课程方面,国外很多大学已经开设了与人工智能相关的法学课程,积极推动新的法学教育模式。其中美国是最早开展法

---

⑲ 参见韩大元、叶秋华:《走向世界的中国法学教育论文集》,中国人民大学出版社2001年版,第925页。

⑳ 参见王泽鉴:《民法思维:请求权基础理论体系》,北京大学出版社2009年版,第14页。

律+科技跨学科法学教育的国家,如哈佛大学法学院开设有“数据时代的法律咨询与战略”“网络法前沿:人工智能、自动化与信息安全”“合规与运算”“比较数据隐私”等课程。斯坦福大学法学院为LLM学生设计了一个“法律、科学与技术项目”,为学生提供广泛而系统的法律与科技课程,其中与人工智能相关的课程包括“人工智能的历史与哲学”“计算机与法律”“法科技术与信息科学”“法律信息科学”等课程。乔治城大学法学院设有“科技法律与政策研究所”,开设了“机器人法”“律师业务的计算机编程”“科技法律与政策研讨”“电子化法律调查”等课程。新西兰奥克兰大学法学院开设了“人工智能:法律与政策”、丹麦哥本哈根大学开设了“机器人法:人工智能、机器人技术与法律”、爱丁堡大学法学院开设了“机器人法”等。㉑

在开展人工智能相关研究方面,国外法学院研究成果颇丰。国外很多大学法学院较早就成立了相关的研究机构,发表了一系列高水平的科研成果,如美国东北大学创办了法律与计算机科学中心,发表了《以人工智能解决法律体系危机的可能性》等一系列论文,并出版了《人工智能与法律》杂志。乔治城法学院设有“科技法律与政策研究所”,每年组织“钢铁科技律师竞赛项目”,鼓励学生以新技术进行法律服务的创新。斯坦福大学则在网络空间的管辖及争议解决领域、人工智能与创新政策、人工智能与法律责任、人工智能与隐私、人工智能与监管等领域做出了跨学科的研究,旨在解决人工智能在全球经济和文化发展中的难题。

2. 国内大学法学院开设人工智能课程及开展相关研究的情形

在人工智能课程开设方面,近几年我国法学院开始后程发力,个别高校已经尝试开设人工智能与法学结合的前沿课程。早在几年前,中国人民大学法学院在科技法律教学领域进行了诸多改革,并开设了“大数据分析导论”等系列跨学科课程,在“互联网金融课程”中邀请校外新科技领域的专家授课,讲授区块链基本原理及在金融领域的应用、人工智能技术在大数据征信领域的应用等。清华大学法学院致力于法律和前沿科技交

㉑ 参见程骞:《法学院:拥抱人工智能时代》,载《法治周末》2017年8月1日,第1版。

叉融合的复合型人才培养，且已经启动了一系列课程改革，其中2018年4月拟设立的“计算法学全日制法律硕士”是其亮点，该项目拟开设网络、大数据与人工智能等技术类课程，并在此基础上开设与上述科技相关的法律专业课程，该项目旨在培养熟练掌握法学理论与信息技术的复合型、国际化高端法律人才，并参与完善国内的网络与人工智能立法。目前，“计算法学法律硕士项目”已举办夏令营选拔，2019年招生，首期招生40人左右。

在人工智能与法律的研究方面，国内法学院成立了众多研究机构，并取得了一定的成绩。2017年9月，中国人民大学法学院成立了未来法治研究院，其任务是深入系统地开展法律与前沿科技的交叉研究、人才培养、课程改革、跨领域交流和国际合作，其目标是将研究院打造成为新科技与法律紧密结合、交叉融通的研究平台。未来法治研究院已经组织开展了多项与人工智能等与前沿科技相关的研讨会及研究项目，并在人工智能时代的宪法解释、互联网刑法教义学、大数据辅助量刑、互联网规制与治理、人工智能与版权、标准必要专利保护与限制、科技驱动型金融监管、大数据权利等领域进行了深度研究。2017年12月，西南政法大学成立人工智能法学院，将对人工智能领域的法律和伦理问题进行研究。2018年1月北京大学成立了法律人工智能实验室和研究中心，致力于为法律与人工智能行业发展提供智力支持，完善大数据时代立法，培养高端复合型法治人才。2018年4月天津大学成立了中国智慧法治研究院，研究领域包括科技法律人才培养、人工智能与智慧司法基础科学问题、智慧法院与检察院核心业务运行关键技术与装备、智慧司法业务协同与知识支撑体系、公正司法与司法为民效能评价与综合应用示范等。

3. 国内法学院校开设人工智能相关课程与开展研究的建议

目前，我国法学教育最缺乏的就是专业特色，囿于评估压力或降低诸多风险的原因，绝大多数高校的法学教学内容大同小异。实际上，中国法学院校都应有自身的特色，在从事基础法学教育之上，都可以结合学校的学科优势，在“人工智能 + 法学”领域进行差异化课程设计并开展相关研究，有望取得突出成果。

相比国外,我国高校在人工智能与法学结合的相关课程建设方面相对滞后,鲜有创新性的课程开设。建议我国法学院校重点开设以下课程:人工智能与伦理(哲学)、人工智能与知识产权、人工智能监管与法律责任、科技法律与政策等。鉴于我国当前法学院校的教学大纲与培养计划所限,上述课程可以设置为选修课,在本科教学计划中最好安排在大三或大四学年,在研究生教学计划中则可以灵活安排,课程教学最好以讨论、研讨、学术报告等方式进行。

与此同时,我国法学院校开展人工智能与法律问题的科研机构还很少,关于人工智能与法律的学术研究在世界范围内仍属于"跟随"状态,期待后程发力。当前我们需要重点研究下列与人工智能相关的法律问题:人工智能对人类的伦理挑战、人工智能生成物的权利归属、人工智能的数据保护、人工智能机器人的姓名和商标、人工智能对法律主体的挑战、人工智能与自然人相结合的公司、大数据保护与垄断、智能算法歧视带来的伦理问题、自主武器的限定与监管、人工智能发展准则、人工智能的发展规划等。不同法学院可以根据本校的历史传统和特色,针对不同的问题进行重点研究。

**(四)法学教师要主动适应人工智能时代**

2014年,加拿大律师协会发布的《未来,加拿大法律服务行业要发生转变》中指出,有生命力和竞争力的法律行业的关键在于创新。同样,未来法学教育需要的真正有价值的教师,绝不是可被人工智能替代的素材库和技能练习机。未来优秀的法学老师需要主动去拥抱人工智能,要善于使用人工智能。

1.法学教师要学会与人工智能合作

知识并不会自动发挥作用,它必须依附于教师,而教师的知识一旦基本定型,由于专有资产和路径依赖的问题,就不大容易自我升级更新。[22]在人工智能时代,年龄和资历的界限会越来越模糊,拥有较高法律思维且能适应人工智能发展的教师才不会被时代淘汰。人工智能是当今时代最

---

[22] 参见苏力:《当代中国法学教育的挑战与机遇》,载《法学》2006年第2期。

伟大的发明,它将深刻影响未来的法律教育行业,但绝不会替代学校的法律教育。法科毕业生除了要具备基本的法律素质外,还应具有从事法律职业所应具备的职业伦理,如公平正义理念、崇尚法治、献身法治的职业精神和清正廉洁的职业道德,以及忠于法律、维护法律的责任感、使命感。㉓ 人工智能教育技术很难复制教师的行为模型,教师通过课程教学传递给学生的法律职业伦理与职业精神,是富有情感色彩的,是人工智能永远无法替代的。在法学教育中只会照本宣科、缺乏情感交流等将成为法学教师的致命短板,不改变必定会被人工智能时代所淘汰。因为从目前的技术发展来看,未来的人工智能在情感领域远不能达到人类的丰富程度。

面对人工智能,法学教育工作者应当持温和理性的人机"合作"观,而不是人机"替代"观。㉔ 人工智能时代的法学教师要学会放手,即将简单重复、不智能的工作交给机器去做;要学会协作,将机器与人类各自的优势结合,充分利用人工智能的及时反馈机制、个性化测试辅导等优势,因势利导,培养学生的问题意识和法律思维能力;要注重提高自我学习的能力,不仅要及时更新自己的专业知识,掌握相关领域的最新前沿动态,也要加强与人工智能相关的教育理论方面的学习和探索,并将其运用到法学教学活动中;要在课堂教学中向学生讲述人工智能对法律制度的挑战,培养学生的创新思维,鼓励学生发现问题,呵护学生的好奇心,激发学生的求知欲。可以想象,能够与人工智能深度合作的法学教育工作者将获得更高的回报,成为未来法学教育行业中的弄潮儿。

2. 未来的法学教师不能过度依赖人工智能

人工智能绝非万能,涉及成人育人的法学教育领域绝不能一味盲从技术的号令。法科学生的逻辑思维习惯和学习能力绝非天生具有,也绝非简单运用人工智能的教学活动而获得,往往需要低阶脑力劳动甚至体

---

㉓ 参见孙学亮:《当前法学教育的困境分析》,载齐恩平主编:《法学教育改革与探索》,中国政法大学出版社 2015 年版,第 10 页。

㉔ 参见饶高琦:《人工智能 + 法律: 加出来效率,减不掉人性》,载《科技日报》2018 年 1 月 5 日,第 7 版。

力劳动的重复训练和积累才能取得,在此,法学教师的课堂教学经验和高阶脑力活动将起到关键性的作用。法科学生过度依赖人工智能可能导致好高骛远、眼高手低、知其然不知其所以然,从而容易导致学生变相成为人工智能的附庸,失去独立思考的能力、与人合作的意愿、健全的心智性格。而法学教师如果在教学活动中过度依赖人工智能,则会变成人工智能的助手,将逐步失去应用的职业素养和教学能力。

法律教育职能仅是培养各种社会所需法律人才的观念是不全面的,因为法学教育还具有培养受教育者的人格,使之身心全面发展的职能。受教育者从生物个体成为社会个体,一方面需要个人化的过程,另一方面需要社会化的过程。[25] 法科学生的法律知识甚至部分法律思维能力可以通过人工智能获得,但是法科学生的人格、对法律的信仰、献身法治的精神则必须通过法学教师的言传身教而获得,教学活动中过度依赖人工智能,将使法学教师忽视对学生人格的培养,在法学教育中绝不能"捡了芝麻,丢了西瓜",偏离教育的最终目标。运用人工智能获取错误的法律知识只会影响学生一时,但如果过度依赖人工智能而忽视对学生法律人格的塑造则会影响学生的一生,法学教师应予必要的警惕。

总之,人工智能时代的法学教师一定要超越自我,顺应人工智能时代的发展,不能甘愿只作为法律知识的传授者,而是能够合理驾驭人工智能,为学生设计个性化的学习方案,成为学生从事法律职业的咨询顾问,成为学生学习法律知识的陪伴者、高素质法律人的动力激发者、法律信仰的呵护者,真正成为学生"灵魂的工程师"。

## 结论

即便人工智能在法律知识储备量、法律知识传播速度以及教学手段可以远胜人类,但是法学教师仍然具有不可替代的作用,法学教育仍将一

---

[25] 参见乔克裕、曹义孙:《法律教育论》,中国政法大学出版社2014年版,第103页。

直存在下去。但是面对人工智能的强势“围剿”,法学教师群体应该具有忧患意识和革新意识,认真反思法学教育当前的局限与未来的方向,努力打造数字化、专业化、终身化的法学教育体系,努力实现更加人本、更加开放、更加可持续的法学教育。

任凭科技怎么进步,人类终究离不开教育。而教育的任务不仅是“教书”,更是“育人”。法学教师除了传授法律知识之外,更需要通过思想的引导和情感的投入教会学生如何做一个合格的有正义感的法律人,塑造学生的法治品质。人工智能趋势下法学教师要借助大数据对学生有针对性地进行培养和教育,改革传统的“说教灌输式”教学方法,创新法学教育的内容,将更多的时间和精力投入到法科学生法律思维能力的培养上,促进法科学生的全面长远发展,专注于构建和谐稳固的师生关系。正如德国哲学家雅斯贝尔斯所言,教育应该是“用一棵树撼动另一棵树,一朵云推动另一朵云,一颗心灵唤醒另一颗心灵”,人工智能时代的法学教育亦是如此。

# The Influence of Artificial Intelligence on Legal Profession and the Challenges in Legal Education

*Jia Yinshi*

**Abstract**: At present, artificial intelligence(AI) has been widely used in legal field with intelligent aided sentencing systems and smart procedural systems, judges and prosecutors have improved the quality and efficiency of case handling; With big data technology, lawyers can better manage clients' legal risks. However, AI will replace some work of some legal professionals, which has casted a shadow to the future legal professions of law students. Under the trend of AI, the current training mode of "school education +

practice department" and the target of compound talent training need to be adjusted appropriately. The students of law majors should attach importance to the application of science and technology. The current educational philosophy of imparting legal knowledge requires reflection, and more emphasis should be placed on the legal skills training of law students. The current infusion teaching method also gives way to a personalized learning style. In order to adapt to the era of AI, law schools must pay attention to the legal thinking training of law students, adopt the law teaching mode consistent with AI, offer relevant courses and research, teachers should learn to cooperate with AI and pay attention to the shaping of law students' legal professionality.

**Key Words**: artificial intelligence (AI)　legal profession　legal education　influence and challenge

# 大学生自主学习能力现状分析与提升策略*

胡春鲜　张艳萍**

**摘　要**：本研究通过调查上海Y大学580名学生，考察大学生的自主学习能力现状以及“365青年成长计划”和人格特质对其影响。结果表明，(1)大学生自主学习能力总体处于中等水平，其中学习评价较深刻，学习目标次之，学习策略较薄弱；(2)大学生参与学校“365青年成长计划”的天数越多，其自主学习能力表现越强，尤其对学习目标的强化有显著成效；(3)大学生的人格特质对其自主学习能力的预测作用显著，外倾性、开放性和尽责性与自主学习能力呈显著正相关。最后，本研究从对自主学习三阶段(学习目标、学习策略和学习评价)的干预提出了大学生自主学习能力的提升对策。

**关键词**：自主学习　365青年成长计划　人格特质

---

* 本文是2015年全国教育科学“十二五”规划国家一般项目“我国应用技术大学人才培养特色发展机制研究”(BIA150110)的阶段性研究成果。

** 胡春鲜，上海应用技术大学讲师，研究方向：高等教育学；张艳萍，上海应用技术大学研究员、党委副书记、副校长，教育学博士，研究方向：高等教育管理。

## 一、引言

自主学习(self-directed learning)能力是个体学习由“他主”向“自主”转化过程中所形成的能力。究其内涵,就是一种由个体开始发掘自我学习需求、拟定学习目标、确认学习资源、选择并实施合适的学习策略,以及评估学习成果的过程。① 麦克库姆斯最早提出了自主学习模型,他认为自主学习包括三个阶段,即目标设计、策略选择和执行评价。② 要促进学生的自主学习,一方面要帮助学生建立积极的自我认知,另一方面要加强学生对学习过程的训练。目前,国内外对自主学习的研究,除了对自主学习的过程和目标进行研究外,还强调自主学习个性特征的研究。人们逐渐意识到,自主学习兼具个体性与社会性特征。一方面,研究表明自主学习与个体的人格特质紧密相关,吉布斯研究发现自律、坚韧、好奇心等特质与自主学习有高相关性,③加格利尔米诺认为自主学习倾向与责任感、好奇心、自我信赖度高等特质相关,④因此个体的内在认知心理机制在促进自主学习能力的发展中至关重要。另一方面,自主学习具有鲜明的社会性特征,学习并非是脱离情境的,学习环境的支持也至关重要,交流、协商和合作是发展学习者自主学习能力的重要因素。

自主学习,是培养创新型人才的必经之路,能够弘扬学生人格的主动精神。为了改变学生在学习过程中被动接受的局面,使其成为一个独立思考、主动探索和自主发展的人,有必要对大学生自主学习能力以及自主学习的内在机理和外部驱动进行深入研究。作为典型的理工类应用型高

---

① See Knowles M. S., *Self-directed Learning: A Guide for Learners and Teachers*, New York, Association Press, 1975, pp. 81 - 95.

② 参见庞维国:《自主学习:学与教的原理和策略》,华东师范大学出版社 2003 版,第 76 页。

③ See Gibbons M. et al., "Toward a Theory of Self-directed Learning: A Study of Experts without Formal Training", *Journal of Humanistic Psychology*, 20, 1980, pp. 41 - 56.

④ See Guglielmino L. M., "Development of the Self-directed Learning Readiness Scale," *University of Georgia*, *Dissertation Abstracts International*, 1978, p. 38.

校，上海Y大学一直致力于学生实践能力和创新精神的培养。经过多年的探索和实践，学校明确了以学生为中心、培养学生自主性和创新性的教育理念，初步建立了一套自主学习能力培养体系，其中“365青年成长计划”（以下简称“365计划”）成效显著，该项目已实行4年多，对大学生自主学习能力提升产生了深远的影响。该计划包括晨读、阅读、学英语、网课学习、运动和爱上图书馆六大项目，由大学生自愿报名，组队参加，实行一年365天每天互联网社交平台打卡分享，发挥朋辈教育作用，旨在培养大学生的意志品质、自主学习能力和人际交往能力。因此，本研究拟以上海Y大学为研究对象，探究以“365计划”为例的人才培养方式和人格特质对大学生自主学习能力的影响，并从学习目标、学习方法和学习评价角度来考察大学生的自主学习能力水平，最终探讨提升大学生自主学习能力的相关策略。

## 二、研究方法

### （一）研究对象

本研究以上海Y大学大一到大四年级的学生为研究对象，采取随机抽样方法进行。学生共完成问卷600份，剔除回答不完整或不认真的问卷后，有效问卷580份，有效率96.67%。其中男生244人，女生336人；文科194人，理工科365人，其他学科21人；参加“365计划”287人，未参加“365计划”293人。

### （二）研究工具和研究程序

本研究采用定性和定量的研究方法，通过问卷和访谈两种方式完成。其中定量研究采用SPSS20.0统计软件进行数据管理和分析。

1.问卷设计

（1）基本人口学变量：包括性别、学科、年级、父母教育程度、家庭收入、参与学校“365青年成长计划”情况。

(2)自主学习能力:自编“自主学习能力”调查问卷。根据Knowles(1975),[⑤]Omaggio(1978)[⑥]等学者对自主学习的特点阐述和庞维国(2003),[⑦]徐锦芬(2004)[⑧]等学者研究的自主学习能力测量方法编制而成,本量表包括学习目标、学习策略和学习评价三个维度,共23个项目。问卷采用Likert 7点计分,得分越高,表明学生相应的能力越强。在本研究中,总量表的Cronbach α系数为0.93,其中学习态度量表为0.88,学习策略量表为0.77,学习评价量表为0.92。

(3)人格类型:采用张建新修订的大五人格量表(Neuroticism Extraversion Openness Five-Factor Inventory,NEO-FFI)测量,包括五个维度:外倾性(extroversion)、宜人性(agreeableness)、尽责性(conscientiousness)、神经质(neuroticism)和开放性(openness),每个维度有12道题。本研究中总量表的Cronbach α系数为0.88,各维度α系数分别为:0.86,0.77,0.85,0.82,0.73。

2. 访谈

根据定量分析结果,本研究采取半结构式访谈提纲设计,对部分学生进行了访谈。

## 三、结果分析

### (一)大学生自主学习能力的描述性统计分析

通过描述性统计分析,得出大学生自主学习能力总体呈中等水平(M=4.24,SD=1.02),表明当前大学生自主学习能力一般,其学习自主

---

⑤ See Knowles M. S., *Self-directed Learning: A Guide for Learners and Teachers*, New York, Association Press, 1975, pp. 81-95.

⑥ See Omaggio A., "Successful language learners: What do we know about them?" *ERIC / CLLNews Bulletin*, 5, 1978, pp. 78-83.

⑦ 参见维国:《自主学习的评方法》,载《心理科学》2003年第5期。

⑧ 参见徐锦芬、彭仁忠、吴卫平:《非英语专业大学生自主性英语学习能力调查与分析》,载《外语教学与研究》2004年第1期。

性仍有很大的提升空间。就自主学习的发展状况而言,学生评价得分较高(M=4.55,SD=1.56),显示出学生对学习过程的监控和学习效果的总结反思比较深刻;而学习策略得分较低(M=3.98,SD=1.06),可见学生在应用各种学习资源和选择优化的学习方法的能力还有待强化。经独立样本T检验,一方面,不同性别的大学生群体在自主学习及各维度上的表现不存在显著差异,但女生自主学习的各维度水平均略高于男生;另一方面,经单因素方差检验,发现不同学科的大学生群体在学习态度上存在显著差异[$F(2,578)=4.08$, $P<0.05$],其中文科生学习目标感比理工科生更明确。

**(二)自主学习能力与“365计划”、人格特质的相关分析和方差分析**

学生参与“365计划”与其自主学习能力及各维度的相关系数见表1。相关分析结果表明,大学生自主学习能力总分与是否参与“365计划”呈显著正相关,说明学生参与“365计划”对其自主学习能力的培养有促进作用。其中学习目标和学习策略表现为显著正相关,而学习评价与是否参与“365计划”不存在显著相关性。表明学生参与“365计划”有助于其树立更明确的学习目标和运用恰当的学习策略,而学习目标体现了学生对学习的充分认知,学习策略则是优化的学习行为,这两者正是学生获得学习成效至关重要的两阶段。自主学习能力与人格类型的相关分析结果表明,大学生自主学习能力及各维度与其神经质人格特质呈现显著负相关,可见人格类型中的神经质特质不利于自主学习能力的培养;而外倾性、开放性和尽责性均与自主学习能力及各维度呈显著正相关关系,表明帮助大学生提高在外倾性、开放性和尽责性上的人格特质水平,有利于其自主学习能力的提高。

**表1 各变量的相关分析**

| 变量 | 1 | 2 | 3 | 4 | 5 | 6 | 7 | 8 | 9 | 10 |
|---|---|---|---|---|---|---|---|---|---|---|
| 1 自主学习总分 | 1 | | | | | | | | | |
| 2 学习目标 | .874** | 1 | | | | | | | | |

续表

| 变量 | 1 | 2 | 3 | 4 | 5 | 6 | 7 | 8 | 9 | 10 |
|---|---|---|---|---|---|---|---|---|---|---|
| 3 学习策略 | .836** | .563** | 1 | | | | | | | |
| 4 学习评价 | .890** | .662** | .661** | 1 | | | | | | |
| 5 参与“365计划” | .135** | .171** | .091* | .080 | 1 | | | | | |
| 6 神经质 | -.174** | -.118** | -.134** | -.206** | -.065 | 1 | | | | |
| 7 外倾性 | .333** | .198** | .372** | .316** | .066 | -.407** | 1 | | | |
| 8 开放性 | .367** | .284** | .298** | .377** | .017 | -.146** | .206** | 1 | | |
| 9 宜人性 | .044 | .028 | .034 | .054 | .023 | -.404** | .263** | .154** | 1 | |
| 10 尽责性 | .589** | .528** | .423** | .576** | .148** | -.428** | .441** | .341** | .283** | 1 |
| M | 4.24 | 4.18 | 3.99 | 4.55 | -- | 3.80 | 4.37 | 4.58 | 4.51 | 4.65 |
| SD | 1.03 | 1.32 | 1.06 | 1.16 | -- | .94 | .81 | .70 | .69 | .81 |

注:$*P<0.05$,$**P<0.01$。

将大学生参与“365计划”情况分为三类,包括未参与“365计划”,参与“365计划”且天数小于365天,参与且天数大于或等于365天,以该三类为自变量,大学生自主学习能力及各维度(学习目标、学习策略和学习评价)为因变量,进行单因素方差分析(ANOVA),结果见表2。大学生参与“365计划”的不同情况下,大学生自主学习能力总分存在显著差异,并且总体上表现为大学生参与“365计划”的天数越多,其自主学习能力及各维度得分越高。因此,可以说“365计划”对大学生自主学习能力的培养效果已初步显现。具体来看,在学习目标上呈显著差异,而在学习策略和学习评价上不存在显著差异。由表1可知,当前大学生的学习目标水平差强人意(M=4.18,SD=1.32),而其又是决定学习成效的首要环节,加之理工科学生学习目标明显比文科生薄弱,所以“365计划”对应用型高校学生学习目标的强化至关重要。当然,在学习策略和学习评价子维度上的不显著也说明高校自主学习能力的培养是个长期过程,不是一蹴而就的。

**表 2　参与“365 计划”各群体的自主学习能力及各维度分差分析**

| | 自主学习总分(M/SD) | 学习目标 | 学习策略 | 学习评价 |
|---|---|---|---|---|
| 未参与(n=293) | 4.10/1.07 | 3.96/1.36 | 3.89/1.14 | 4.46/1.21 |
| 0<参与天数<365 天(n=240) | 4.36/0.96 | 4.39/1.27 | 4.06/0.98 | 4.63/1.12 |
| 参与天数≥365 天(n=47) | 4.48/0.78 | 4.54/1.03 | 4.19/0.75 | 4.73/0.98 |
| F(2,578) | 5.688 * * | 9.026 * * * | 2.702 | 2.000 |

注：* P<0.05，* * P<0.01，* * * P<0.001。

### (三)“365 计划”和人格特质对自主学习能力的影响

在相关分析的基础上，以自主学习能力为因变量，人格类型和参与“365 计划”状况为自变量，采用线性回归分析来进一步考察人格特质和参与“365 计划”状况对自主学习能力的影响，结果见表 3，表明大学生是否参与“365 计划”对其自主学习能力的回归效应不显著，而人格特质对自主学习能力的回归效应显著(P<0.001)，总解释率为 38.3%，其中神经质、外倾性、开放性和尽责性对自主学习能力有显著的正向预测作用。

**表 3　人格类型对自主学习能力的回归分析**

<table>
<tr><th></th><th colspan="3">自主学习能力</th><th colspan="3">学习目标</th><th colspan="3">学习策略</th><th colspan="3">学习评价</th></tr>
<tr><th></th><th>β</th><th>$R^2$</th><th>$R^2$</th><th>β</th><th>$R^2$</th><th>$R^2$</th><th>B</th><th>$R^2$</th><th>$R^2$</th><th>B</th><th>$R^2$</th><th>$R^2$</th></tr>
<tr><td>神经质</td><td>.01***</td><td rowspan="4">.39***</td><td rowspan="4">.38***</td><td>.02**</td><td rowspan="4">.30***</td><td rowspan="4">.29***</td><td>.01**</td><td rowspan="4">.26***</td><td rowspan="4">.25***</td><td>.01</td><td rowspan="4">.37***</td><td rowspan="4">.36***</td></tr>
<tr><td>外倾性</td><td>.01**</td><td>-.00</td><td>.03***</td><td>.01*</td></tr>
<tr><td>开放性</td><td>.02***</td><td>.02**</td><td>.02***</td><td>.03***</td></tr>
<tr><td>尽责性</td><td>.06***</td><td>.07***</td><td>.03***</td><td>.06***</td></tr>
</table>

注：* P<0.05，* * P<0.01，* * * P<0.001。

通过与部分学生访谈，我们发现参与“365 计划”的学生确实本身就具有较高的学习目标感和自律性，这进一步验证了大学生内在的人格特质和学习倾向对其学习自主性有明显的驱动作用。但“365 计划”作为学校的人才培养方式之一，其对自主学习能力的回归效应暂不显著，说明“365 计划”对群体的影响奏效仍需一定的时间，而访谈结果表明“365 计划”对个体的影响已逐渐呈现。由于“365 计划”都是以小组形式进行，参与者在学习策略上逐渐形成了深厚的合作理念和分享精神,感受到朋辈互助作用。同时,对学习状况的反思和评价也会增强,一位坚持了近千天的同学说道:"虽然谈不上三省吾身,但会阶段性反思自己的学习成效,因为也想给身边的同学起到一个更好的示范效应。"因此,"365计划"作为一个初露头角的创新项目,对学生的学习行为和学习成效已经产生深远影响。此外还有部分学生反映,"365计划"对他们学习之外的方面也有不同程度的改善,如人际关系、情绪、自信心和意志力等。

## 四、对策与建议

本研究对大学生的自主学习能力进行了调查和分析,发现大学生自主学习能力总体上处于中等水平,其中学生评价最深刻,学习目标次之,学习策略最薄弱。根据研究结果,本研究将主要从以上三个阶段提出大学生自主学习能力的提升策略。

### (一)激发学生内在的动机性因素

要提高学生的自主学习能力,首先应激发学生自主学习的内在动机。这种动机的催发因素很多,如合适的学习目标,具有学习倾向的人格特质,自我效能感等。合适的学习目标,一般是指具体的、近期的、具有挑战性又可以实现的目标,⑨本研究发现大学生的学习目标处于中等水平,学生对学习任务的分析、自身能力的判断和学习结果的预期有待进一步强化。本研究表明,大学生参与"365计划"的天数越多,其自主学习能力越高,尤其对学习目标的明确具有显著的促进作用。因此,学校应该通过系列人才培养方式引导学生树立合适的学习目标。具有学习倾向的人格特质是推动学习的重要因素,本研究发现,大学生人格特质对自主学习能力的解释率高达38.3%,这说明大学生内在的人格特质对促进其学习自主

⑨ See Locke E. A. and Latham G. P., "Goal setting theory", in H. F. O' Neil and J. M. Drillings(Eds.), *Motivation: theory and research. Lawrence Erlbaum Associates*, Inc, 1994, pp. 13-30.

性具有举足轻重的作用。人格特质中的外倾性、开放性和尽责性与自主学习能力呈显著正相关，而与神经质呈显著负相关，因此要有意识地培养大学生自我的开放性、外倾性和尽责性，即在日常生活中积极参与社交，对事物保持好奇心，勇于接受新观念，做事情有目标有计划。“365 计划”要求大学生组队参加，就是引导大学生要主动交流，并强调个人的行动对小组负责，因此也取得了意想不到的效果。一位参加到第 1000 天的组长在微信中写道：“我学会坚持、学会担当、学会感恩……在‘365 计划’中学到的做人态度将会伴随我一生。”

### （二）教授学生丰富的学习策略

一般认为，学生要做到自主学习必须满足两个前提条件：一是要拥有主动学习的动机，即“想学”；二是要掌握如何学习的方法，即“会学”。因而拥有丰富的学习策略并且能够有效地运用这些策略是自主学习的重要保障。本研究发现，在学习三阶段中学习策略是当前大学生最薄弱的环节。想要让学习掌握学习策略，一方面教师要教授学生学习策略的知识，另一方面要加强学生对学习策略的练习，让学生在应对不同的学习任务时能筛选出与之相匹配的策略，如此学生才能从根本上习得学习策略，掌握未来的无穷新理。在信息时代，学习策略是多元化的，合作学习是其重要形式之一，成员间的协作有助于共享目标的达成。“365 计划”注重以小组形式完成学习计划，就是充分利用了合作学习理念，为学生提供丰富的练习机会。正如访谈中有学生说道：“有团队的学习，一是在信息搜集上会很快，二是大家会成为彼此的精神支柱。”因此，为了培养学生的自主学习能力，学校应该将学习策略作为一项重要的教育目标来对待，可以通过课堂的正式学习和课外的非正式学习双管齐下来达到。

### （三）强化学生的学习评价过程

学习评价，反映了学生对我自我学习进展的监控，对行为与目标间偏差的调节，以及对学习结果的总结和反思。本研究表明，相较于学习目标和学习策略，学习评价是学生在自主学习三阶段中表现最好的一个阶段，说明多数学生在一定程度上已经意识到对学习过程进行自我监控的重要性，并且能够基于学习结果进行自我强化。国外研究表明，及时、正确、经常地对学习进展情况进行书面记录,是自我监控的有效手段。[10] 将学习结果与最初设置的学习目标进行对比,确定完成的和未完成的部分,可以帮助学生判断出自己学习的优劣部分。例如“365计划”会进行阶段性的总结和分享会,倡导学生对近期学习过程和成效进行总结对比,就是自我评价的一种表现形式。因此,想要进一步夯实学生自主学习的评价过程,无论是学生个体还是学校都要将其视为一项重要的课题来对待。

**(四)营造有利学生自主学习的学习环境**

学生的学习环境包括学习者、教师、与学习相关的物理空间、网络空间等在内的所有资源。随着学习环境的信息化发展,“网络学习环境”是学校应该高度重视和利用的渠道,高校应当充分利用网络教育资源,开启互联网学习模式,营造自主学习环境。“365计划”借助微信朋友圈、QQ空间等社交平台进行网络打卡分享的形式,就是充分利用了自由灵活的网络学习环境,同时学校辅以实时的监督、评价和奖励机制,如对学生在“365计划”中的坚持时长和成效进行第二课程学分的认证和转化,切实地促进了学生的学习自主性。此外,对于晨读、学英语、阅读和网课学习计划,学校提供了大量的资料和信息,增加了学生自主学习的便利性。当然,有效的学习环境本质上意味着“学习共同体”的形成,学习共同体中合作学习能够有效地促进学生的认知与社交能力的发展,使学生通过“行”而获得“知”。“365计划”属于一种非正式学习共同体,本研究结果表明,“365计划”对提升大学生群体或个体的自主学习能力和人际关系能力至关重要,而能力的提升也会增强学生的自我效能感,自我效能感又是促发学生学习动机的原动力之一,因此形成一种良性的循环机制。当然,“365计划”作为单个学习共同体的驱动力仍然有限,学校需要构建更多的学习型社区和学习组织来全面推动学生的学习自主性。

---

[10] See Schunk D. H., *Learning theories. Lawrence Erlbaum Associates*, Publishers. 1996, pp. 338-383.

# The Situation Analysis and Improving Strategy of the Self-directed Learning of College Students

*Hu Chunxian  Zhang Yanping*

**Abstract**: This study investigated 580 college students of *Shanghai Y University* to explore the situation of the students' self-directed learning ability, the influence of "365 Youth Development Plan" and personality. The result showed that: (1) The overall self-directed learning ability of college students is on the average level. The first one is the learning evaluation, followed by the learning goals, and the last one is the learning strategy. (2) The students spending more days in the "365 Youth Development Plan" showed remarkably better self-directed ability, especially for the performance in reinforcing the learning goals. (3) The students' personality has significant prediction effect on self-directed learning ability, and the self-directed ability is positively related with extroversion, conscientiousness and openness. Finally, this study proposed the suggestions to improve the self-directed learning ability in terms of three phases of self-directed learning (learning goals, learning strategy and learning evaluation).

**Key Words**: self-directed learning  365 Youth Development Plan  personality

# 教学研究

# 藏汉双语法治人才培养机制及其改革研究*

贺　玲　田钒平**

**摘　要**:法治人才是实现民族区域自治法治化的法治保障,藏汉双语法治人才队伍建设具有重大的政治意义和司法意义。藏汉双语法官培训和高校藏汉双语法律人才培养,从在职培训和学校教育两个路径,协同回应民族地区双语法治人才短缺所带来的边疆及民族地区司法问题。高校法学教育乃是法治人才培养的主要路径,通过对某综合类民族高校法学院藏汉双语学生培养过程的调查研究发现,双语师资匮乏、授课主体与客体间的藏语错配等约束事实的客观存在,极大地影响了藏汉双语法学专业教育的绩效。藏汉双语法学教育需要在平衡民族地区对司法实践人才特殊性需求与法学教育一般性要求的理念下,通过严格准入,厘清培养目标,适当增加法学必修课程的学时,并重视发挥培养对象内

---

* 本文系2017年国家社科基金重点项目"推进民族区域自治法治化若干重大问题研究"(项目编号17AMZ003)的阶段性成果之一。

** 贺玲,西南民族大学法学院副教授,四川大学法学博士后科研流动站研究人员,研究方向:经济法、司法制度,研究方向:经济法、司法制度;田钒平,西南民族大学法学院教授,法学博士,研究方向:民族法。

部的"传帮带"功能等方式提升藏汉双语法治人才培养质量。

**关键词**:藏汉双语　法治人才　藏区社会治理　培养机制

## 一、问题的提出与研究方法

### (一)问题的提出

当前我国边疆民族地区法治队伍建设与推进国家治理体系和治理能力现代化存在诸多不适应之处。藏汉双语法治人才对于推进西藏和四省藏区(以下简称藏区)依法治理具有保障性作用。精通法律专业知识,熟谙地方性知识,且能熟练运用国家通用语言文字和当地少数民族语言文字的双语型法律人方能回应民族地区依法治理的迫切需求。双语法治人才培养具有重大政治意义和司法意义,2014年10月《中共中央关于全面推进依法治国若干重大问题的决定》提出"加强边疆地区、民族地区法治专门队伍建设"。基于教育和培训是人力资本最重要的投资,[①]所以,国家启用双语法官培训政策,民族院校法学院系通过双语法律人才培养机制,从在职培训和学校教育两个路径协同回应民族地区人民法院双语法官短缺所带来的边疆及民族地区司法问题。[②] 但是,当前我国藏汉双语法治人才培养机制存在一些亟待解决的重要问题。

第一,藏汉双语法官培训的统一性与地方性法治实践的特殊需要脱节。构建高效的双语法官培训机制是缓解双语审判人才匮乏与民族地区日益增长的司法需求之间突出矛盾的关键环节。国家从双语法官培训师资队伍建设、双语培训教材建设、双语培训基地建设以及培训经费保障几

---

① 参见加里·贝克尔:《人力资本理论——关于教育的理论和实证分析》,中信出版社2007年版,第2页。

② 有观点认为,"订单式培养将从根本上解决少数民族法官匮乏问题"。参见李寅等:《双语政法人才匮乏,订单式培养求缓解》,载《中国民族报》2010年6月25日,第4版。但也有论述对上述观点提出了质疑,认为对地方性语言简单的迎合其实是对具有宪制功能的普通话的轻视。参见孙少石:《这里没有普通话:藏区的双语司法实践》,载苏力主编:《法律和社会科学》(第13卷第2辑),法律出版社2014年版,第69~88页。

方面入手强化培训的实效性。但受训者藏语能力的差异性、培训人与受训者的藏语错配、法学专业双语师资匮乏所导致的"专业课(汉语)+藏文基础类课程(藏语)"的授课形式等因素叠加,极大地影响了培训绩效。

第二,藏汉双语法学教育机制针对性欠缺。高校是培养法治人才的主要阵地,民汉双语法学教育尚在起步阶段。藏汉双语法学教育除面临着法学教育与法律职业衔接的有效性欠缺这一普遍性问题之外,还面临着如何平衡民族地区对司法实践人才特殊性需求与法学教育一般性要求的本质性问题。但现实的情况是,承担藏汉双语法学教育的高等院校在藏汉双语法学专业的招生及培养各环节中并未充分适应民族地区对司法实践人才的特殊性需求。

因此,无论是从促进民族地区依法治理的角度,抑或是从少数民族使用本民族语言文字进行诉讼的基本权利及诉讼权利保障的视角都需要提升双语法治人才培养的质效。

**(二)研究方法**

本研究采取案例研究方法,选取 M 大学作为案例高校。M 大学是国家民委所属的一所综合性民族高等学校,于 2012 年 8 月获批为教育部首批卓越法律人才教育培养基地——西部基层法律人才教育培养基地,法学院确立了"面向西部基层立法、行政、司法和法律服务机关,培养少数民族和民族地区所需的政治业务素质高、适应西部跨越式发展与长治久安需要,了解西部传统文化、熟悉党的民族政策,有良好法律职业素养和法律职业技能,具有服务西部意识和奉献精神、实践能力较强,'下得去、用得上、留得住'的基层法律人才"的培养目标。M 大学法学院于 2014 年开始试点法学(藏汉双语)专业招生培养,当前共有法学(藏汉)专业在校生 153 人。另外,M 大学亦是最高人民法院与国家民族事务委员会联合举办的全国藏汉双语法官培训班的主要承办单位。本研究于 2017 年 9 月至 2018 年 4 月对 M 大学法学院法学(藏汉双语)2014 级和 2015 级全体培养对象进行了问卷调查,[3]在整理问卷过程中,研究者还通过电话或微信的方式与部分调查对象进行补充交流,并对问卷中未能涉及的有关问题进行了交流。

## 二、藏区双语法治人才培养的路径与实效

### (一)藏汉双语法官培训

2013年10月8日,最高人民法院通过的《关于新形势下进一步加强人民法院队伍建设的若干意见》第一次明确提出了双语法官培养"千人计划",最高人民法院《关于全面深化人民法院改革的意见》中也指出要"大力加强基层人民法院法官和少数民族双语法官的培训工作"。2015年4月最高人民法院、国家民族事务委员会联合印发《关于进一步加强和改进民族地区民汉双语法官培养及培训工作的意见》推进"千人计划"的落实,指出"到2020年前,基本解决民族地区人民法院双语法官短缺问题;各民族地区人民法院共培养出双语法官1500名;涉双语案件较多的民族地区人民法院,要力争培养4名左右既精通审判业务又能熟练运用国家通用语言文字和当地少数民族语言文字的专家型法官"。五大藏区高级人民法院为落实双语法官"千人计划",分别提出了双语法官培训的目标。如西藏自治区提出,到2020年前,基本解决藏汉双语法官短缺问题;能熟练运用藏汉双语审理案件、制作藏文裁判文书的双语法官,区高级人民法院达到40%、各中级人民法院达到50%、各基层人民法院达到60%;全区力争培养20名左右既精通审判业务又能熟练运用国家通用语言文字和

③ 需要说明的是,之所以选取2015级(大三)和2014级(大四)学生作为调查研究对象,是因为据M大学法学(藏汉双语)专业的培养方案,与藏文相关的课程修读完毕是在大三。另外,这两个年级的调查对象对于就业问题有了一定程度的理解和认知,因此,为了使调查研究更全面,本研究选择了2014级M大学法学院2014级和2015级法学(藏汉双语)专业的学生进行了此次问卷调查。

藏语言文字的复合型法官。[4] 2014 年甘肃省高级人民法院制定的《关于推进民族地区双语法官培养培训工作改革试行方案》中提出,到 2020 年前,将培养出双语法官 200 名,在涉双语案件较多的民族地区法院中,至少配备 10 名左右既精通审判业务又熟练运用国家通用语言文字和当地少数民族语言文字法官。同时,培养 120 名双语检察官、700 名双语公安干警、400 名双语司法行政机关人员。2016 年青海省高院与省民宗委联合制定的《关于加强青海法院汉藏双语审判人才培训培养工作的实施意见》中提出,到 2020 年前,对全省民族地区中基层法院的双语审判人才轮训一遍;重点培养 223 名既懂国家通用语言文字又熟练掌握藏语言文字审理案件的实务型法官;涉双语案件较多的每个基层法院,力争培养 4 名左右既精通审判业务,又能熟练运用国家通用语言文字和藏语言文字审判疑难复杂案件的专家型法官。

国家主要从双语法官培训师资队伍建设、双语培训教材建设、[5]双语培训基地建设[6]以及培训经费保障几个方面入手强化双语法官培训的实效性。培训以全国培训、地方联合培训,以及各地方自行培训三种方式展开,川滇两省法院、甘青两省法院均联合开展过双语法官培训。2010 年青海全省藏区法院中,既懂藏汉两种语言文字,又有一定法学理论基础和审判技能,能够熟练掌握藏汉双语翻译,并且具有制作藏文裁判文书能力的双语法官不超过 10 人,占青海省藏区法院法官总数的 1.9%。熟练通晓

---

④ 参见《西藏双语法官培训步入 2.0 时代》,载西藏自治区高级人民法院网:http://xzcourt.gov.cn/sinovel/station/xzfy/fyyw/40283f8b589a6dbe0159ab7027de001f/1.html,最后访问日期:2018 年 6 月 5 日。

⑤ 2015 年,最高人民法院设立了双语法官培训教材编写专项经费,每年拨出专款用于支持双语法官培训教材编写工作。2016 年 1 月,最高人民法院首个大型双语法律文化项目——"双语法律文化出版工程"正式实施,该工程涵盖主要少数民族语言法律教材、词典和普法文化宣传品,已纳入国家出版基金项目。西藏自治区高级人民法院组织编写了《藏汉裁判文书翻译范例》《藏文刑法一本通》等教材。青海省高级人民法院组织编译了汉藏对照法学词典《汉藏法学对照词典》《汉藏双语诉讼实务指南》。甘肃省高级人民法院牵头联合其他政法机关组织编撰汉藏法律系列教材,第一批共 10 部教材已于 2017 年正式出版。

⑥ 建成了内蒙古、青海(2014 年 8 月)、西藏(藏汉双语法官培训基地)、贵州、甘肃(舟曲民族法官培训基地)5 个双语法官或民族法官培训基地。

藏语三大方言的双语法官是空白。⑦ 在青海省高级人民法院连续9年(自2009年始)举办汉藏双语法官培训班后,迄今已有560余人(次)受训,2016年9月5日青海省玉树藏族自治州杂多县人民法院实现了青海省法院藏汉双语裁判文书"0"的突破。2013年前甘肃全省民族地区法院1300多名干警中能翻译法律文书的不足10人,甘南藏族自治州的8个县市中能写藏文判决书的法官只有7名,⑧平均每个县不到1名。经过3年多的强化培训和人才引入,甘肃全省法院已有61名法官能够运用藏汉两种语言开庭。⑨ 从上述藏区法官队伍双语司法能力数据的比对可以知,双语法官培训是卓有成效的。

**(二)藏汉双语法学教育**

承担藏汉双语法律人才培养的院校主要是民族院校,在国家民委所属六所高校法学院系中,中央民族大学法学院法学(藏语基地班)和西南民族大学法学(藏汉双语)专业均于2014年开始试点招生培养,地方院校中青海民族大学、⑩四川民族学院、⑪甘肃政法学院、⑫甘肃民族师范学院、⑬均在法学院(系)招收藏汉双语方向。可以说高校双语法学教育都还处于探索发展阶段。下文以M大学的法学(藏汉双语)专业为例,具体

---

⑦ 参见赵刚:《需求与供给:关于双语法官》,载《人民法院报》2010年3月16日,第5版。

⑧ 参见《甘肃省大力推进民族地区双语法官培养培训工作》,载中华人民共和国国家民族事务委员会网:http://www.seac.gov.cn/art/2014/12/2/art_36_220432.html,最后访问日期:2018年6月5日。

⑨ 参见《甘肃:61名法官能够运用藏汉双语开庭》,载新华网:http://news.xinhuanet.com/legal/2017-04/18/c_1120830236.htm,最后访问日期:2018年6月5日。

⑩ 青海民族大学法学院法学(藏汉双语诉讼方向)专业于2009年开始招生。法学(藏汉双语诉讼方向)专业为青海民族大学的省级特色专业,其培养目标是"既握法学基本理论、基本知识和基本技能,同时又能熟练运用藏语,具备藏语交际能力和翻译技巧等双语使用技能,熟悉藏区传统、习惯,风土人情,具有较强法律意识,具备从事法律工作及法律服务的基本技能,有浓厚科学素养和人文素质的法学专门人才"。

⑪ 四川民族学院政法系法学(藏汉双语)本科专业2010年开始招生。

⑫ 甘肃政法学院2016年开始与甘肃民族师范学院联合培养法学(藏汉双语),首批招收46名学生。

⑬ 甘肃民族师范学院于2017年3月经教育获特批藏汉双语法学专业,5年内每年计划招收50名民汉考生。

阐述其招生及培养情况。

M大学法学(藏汉)专业在校生共计153人(2014年招收38人,2015年招收33人,2016年招收40人,2017年招收42人)(见表1)。

就课程设置而言,由于无法突破教育部关于法学本科专业的培养方案,所以,M大学法学(藏汉双语)专业在教育部关于法学专业14门核心主干课程外,开设了体现藏汉双语法学教育特色的五门课程,分别是:《基础藏语》《藏文文法》《藏族历史文化与习俗》《藏文阅读与写作》《藏汉法律翻译理论与实践》。由于双语师资的匮乏,在校期间的双语法学教育形成了"专业课(汉语)+藏文基础类课程(藏语)"的授课形式,但是"讲语言的不完全熟悉法律、讲法律的很少懂民族语言文字",⑭所以,这种授课模式并不能实现理想的藏汉双语法学教育——理想的藏汉双语法学教育应当是以既具备相应的法律知识储备,又能将法学基础理论与藏文融通的双语教学师资为依托的。毫无疑问,"专业课(汉语)+藏文基础类课程(藏语)"的授课形式不过是在双语法学教育师资匮乏情势下的权宜之计。

**表1 M大学法学(藏汉双语)专业本科班招生情况**

单位:人

| 年级 | 人数 | 生源地 | | | | | 是否定向 |
|---|---|---|---|---|---|---|---|
| | | 四川省 | 青海省 | 甘肃省 | 云南省 | 西藏 | |
| 2014 | 38 | 18 | 5 | 4 | 6 | 5 | 9 |
| 2015 | 32 | 7 | 8 | 7 | 5 | 5 | — |
| 2016 | 40 | 9 | 9 | 9 | 5 | 8 | — |
| 2017 | 42 | 10 | 8 | 6 | 8 | 10 | — |

⑭ 王允武:《法治人才培养机制创新与法学教育协同推进——以改进民汉双语法治人才培养机制为视角》,载《西南民族大学学报》(人文社会科学版)2016年第1期。

虽然作为书写和记录民族语言的符号体系的藏文是统一的，但是藏语方言具有多样性。语言学家从语音表现形式的差异将藏语划分为卫藏、康和安多三大方言区。⑮ 从表1M大学法学（藏汉双语）专业本科生源分布情况可见，该校法学（藏汉双语）专业学生相对较为均衡地分散于五大藏区，因此，培养对象所使用的藏语也因生源地的不同而有区别。《基础藏语》《藏文文法》《藏族历史文化与习俗》《藏文阅读与写作》《藏汉法律翻译理论与实践》这五门课程授课也因任课老师所使用的藏语方言的不同而有所不同，可能是安多方言、康方言，或者卫藏方言中的一种。若藏文基础类课程的任课老师授课所使用的藏语与授课对象所使用的藏语不匹配，则会导致授课对象无法理解课程内容的后果，即藏文师资与授课对象间的语言错配困境。这种语言错配现象导致的理解困境在我们的调研中得到了证实。

## 三、藏汉双语法治人才培养中的语言错配困境实证

藏语言多样性问题是双语法治人才培养中不容忽视的问题。就藏语三大方言的具体地理分布而言，卫藏方言主要分布在西藏南部、雅鲁藏布江流域，包括西藏自治区的前后藏和阿里专区；康方言主要分布于四川省甘孜藏族自治州、云南省的迪庆藏族自治州、青海省玉树藏族自治州、西藏自治区东部昌都地区和西藏自治区北部那曲专区；安多方言主要分布在青海省的果洛、黄南、海南、海北、海西各自治州、海东地区、甘肃省甘南藏族自治州和天祝藏族自治县以及四川省甘孜和阿坝藏族羌族自治州的部分地区。三大方言之间不仅存在较大的语音差别，还存在词汇、语法的差别。卫藏和安多两大方言内部比较一致，康方言内部分歧较大，需细分小方言或次方言，⑯按照“语言—方言群—土话群”的结构，方言区内有些

---

⑮ 参见瞿霭堂、金效静：《藏语方言的研究方法》，载《西南民族学院学报》（哲学社会科学版）1981年第3期。

⑯ 参见胡书津、王诗文：《藏语标准语——普通话研究》，载《西南民族学院学报》2000年第3期。

土话之间也根本交流不了。[17] 任何交流都是由说话者所引起的信息构成的,它的终点是受话者。信息传播需要说话者和受话者之间的接触,信息必须涉及说话者和受话者都能理解的语境,因为语境使信息“具有意义”。[18]

对 M 大学 2015 级、2014 级学生(共计 70 名学生)方言使用情况的调查显示,使用卫藏方言的占 11.4%,使用康方言的占 38.6%,使用安多方言的占 40%。[19] 安多方言的生源对于使用康方言授课的《藏文阅读与写作》和《藏汉法律翻译理论与实践》两门课程的教学内容均有 46.2% 是仅“能听懂一部分”,详见表 2 和表 3;卫藏方言的生源对于这两门课程分别有 75% 和 62.5% 属于部分听懂了授课内容。如前所述,由于康方言内部分歧较大,所以即便是康方言的生源,其对于《藏文阅读与写作》和《藏汉法律翻译理论与实践》也分别仅有 29.6% 和 44.4% 的学生完全听懂了授课内容。

**表 2 《藏文阅读与写作》课程理解度**

单位:人

| 理解度<br>方言类型 | 不懂 | 部分懂 | 懂 | 总计 |
|---|---|---|---|---|
| 安多方言 | — | 13 | 15 | 28 |
| 康方言 | 1 | 18 | 8 | 27 |
| 卫藏方言 | — | 6 | 2 | 8 |
| 总计 | 1 | 37 | 25 | 63 |

[17] 需要说明的是,藏语的方言土语本身就是语言学研究的重要对象,如欲精确描述藏语方言土语的地理分布,还需借助于运用地理语言学的研究方法绘制语言地图描述方言群分布地域的研究成果,而目前这类研究尚在进行中。参见铃木博之:《藏语方言学研究与语言地图:如何看待“康方言”》,载《民族学刊》2016 年第 2 期。

[18] [英]特伦斯·霍克斯:《结构主义和符号学》,瞿铁鹏译,上海译文出版社 1997 年版,第 83 页。

[19] 在 70 名调查对象中,因有傈僳族 2 名,汉族 4 名,另有 1 名学生虽然是四川省甘孜州藏族生源,但其所说方言为木雅语,而木雅语是否可归类为藏语,存在争议,所以,使用三大藏语方言的调查对象共计 63 名。

表3 《藏汉法律翻译理论与实践》课程理解度

单位:人

| 理解度 / 方言类型 | 不懂 | 部分懂 | 懂 | 总计 |
|---|---|---|---|---|
| 安多方言 | — | 13 | 15 | 28 |
| 康方言 | — | 15 | 12 | 27 |
| 卫藏方言 | — | 5 | 3 | 8 |
| 总计 | — | 33 | 30 | 63 |

康方言生源中有11.1%对于使用安多方言授课的《基础藏语》的教学内容“完全听不懂”,另有51.9%属于“能听懂一部分”,详见表4;对于同样以安多方言授课的《藏文文法》的教学内容有18.5%“完全听不懂”,有66.7%属于仅“能听懂一部分”,详见表5;而卫藏方言的生源有75%属于部分听懂了《基础藏语》授课内容,而没有学生完全听懂了《藏文文法》。即便是安多方言生源对于《基础藏语》和《藏文文法》课程仍然有14.3%仅是部分听懂了授课内容。

表4 《基础藏语》课程理解度

单位:人

| 理解度 / 方言类型 | 不懂 | 部分懂 | 懂 | 总计 |
|---|---|---|---|---|
| 安多方言 | — | 4 | 24 | 28 |
| 康方言 | 3 | 14 | 10 | 27 |
| 卫藏方言 | — | 6 | 2 | 8 |
| 总计 | 3 | 24 | 36 | 63 |

表5 《藏文文法》课程理解度

单位:人

| 理解度 / 方言类型 | 不懂 | 部分懂 | 懂 | 总计 |
|---|---|---|---|---|
| 安多方言 | — | 4 | 24 | 28 |
| 康方言 | 5 | 18 | 4 | 27 |
| 卫藏方言 | — | 8 |  | 8 |
| 总计 | 5 | 30 | 28 | 63 |

由此可见，藏语多样性导致的藏汉双语教学中的语言错配现象是影响教学效果的一个重要因素，在70名研究对象中，仅有16名对于五门课程均完全能听懂（占22.9%）。

另外，来自五大藏区的藏汉双语生源藏语水平的差异性也是影响藏文基础类课程教学效果的另一重要因素。藏汉双语生源虽都来自藏区，但有的并未系统学习过藏语（如云南迪庆藏族自治州生源），这类生源在高等院校接受藏语专业课教育势必存在一定的障碍。按照三大藏语方言的地理分布，迪庆藏族自治州属于康方言区，如前所述，有11.1%的康方言学生对于基础藏语课完全听不懂，迪庆藏族自治州生源占66.7%，而"完全听不懂"《藏文文法》的33.3%康方言学生中，迪庆生源又占40%。同时，由于迪庆藏语很难与其他藏语方言交流，所以，即便教师授课使用的是康方言，迪庆生源也普遍存在仅"能听懂一部分"的情况。

经由上述论证可知，藏汉双语法官培训及双语法学教育中存在的双语师资匮乏、藏文师资与培训（授课）对象间的语言错配困境已极大地影响了民族地区法治人才培养机制的质效。如何通过何种改革措施提升法学藏汉双语法治人才培养绩效则是一个亟待解决的现实问题。

## 四、完善藏汉双语法治人才培养机制的对策建议

法学教育的目的是面向社会供给法律职业人产品。法律职业人供给的状况优劣很大程度上取决于作为产品输出的法学院和作为产品输入的法律职业市场之间的衔接水平。[20] 各藏区对于双语法治人才的需求并非整齐划一，其需要的是懂当地藏语，并具有深厚的法学基础知识和熟练的法律职业技能的法治人才，从这个意义上讲，双语法治人才的需求是具有一定的地方性的。当前藏汉双语法学教改需要平衡好民族地区对司法实践人才特殊性需求与法学教育一般性要求的本质性问题。

---

⑳ 参见刘坤轮：《法学教育与法律职业衔接问题》，中国人民大学出版社2009年版，第20页。

西藏自治区有三级法院82个,派出法庭84个。青海省有6个藏区中级法院、35个基层法院。四川省藏区共有2个中级法院,32个基层法院(包括甘孜藏族自治州中级人民法院及所辖18个基层法院,44个基层人民法庭和18个流动法庭;阿坝藏族羌族自治州中级人民法院及所辖13个基层法院,以及凉山彝族自治州木里藏族自治县人民法院)。甘南藏族自治州中级人民法院共辖7县1市8个基层人民法院,17个人民法庭(包括12个固定法庭和5个巡回法庭)。云南省迪庆藏族自治州中级人民法院辖3个基层法院。藏民族并未形成共同语言,藏语方言土语及其地理分布具有复杂性。以甘孜藏族自治州藏语互通情况为例,甘孜全州辖康定1个县级市,泸定、丹巴等17个县,325个乡(镇),2679个行政村。按三大方言区的划分,甘孜州属于康巴藏语区,但是,其州内语言并不完全互通。甘孜藏族自治州中级人民法院辖18个基层法院,44个基层人民法庭和18个流动法庭,各基层法院所在地所使用的藏语也呈现出差异性,其对双语法治人才的需求自然也是懂当地藏语的法律人才。上述藏区司法对象所使用的语言具有多样性,藏汉双语法官培训与双语法学教育中存在的培训(教学)主客体间的语言错配现象根本无法满足具有地方性特色的双语法官培养的实际需要,这是当前藏区双语法治人才培养机制中存在的最为根本的问题。

同样,以青海省近三年法检系统公开招录主任科员以下司法辅助人员为实证,2017年招录321名,其中有26个岗位对语言有特殊要求(占8.1%);2016年招录257名,其中有40个岗位对语言有特殊要求(占15.6%);2015年招录188人,有特殊语言要求的岗位有28个(占14.9%),三年共计94个岗位有特殊的语言要求,其中有90个是青海省6个藏区法检系统的工作岗位。进一步细分,除玉树藏族自治州中级人民法院及所辖玉树市人民法院、杂多县人民法院、称多县人民法院、囊谦县人民法院、曲麻莱县人民法院对法官助理(藏汉双语)、藏语言文字翻译人员、书记员(藏汉双语)、检察官助理(藏汉双语)职位的藏语要求为康巴语之外,果洛州藏族自治州、黄南藏族自治州、海北藏族自治州、海西蒙古族藏族自治州相关的藏语言文字翻译人员、执行员(藏汉双语)、法官助理

(藏汉双语)、民族语言文字翻译、书记员(藏汉双语)等职位的藏语要求均为安多语。

综上所述,本文认为应从以下几个方面对高校法学(藏汉双语)专业的招生培养模式进行改革,以提升藏区双语法治人才培养绩效。

第一,应调整法学(藏汉双语)专业的招生方式,确保录取对象具备一定的藏文基础和藏语水平。从M大学调查研究的情况显示,法学(藏汉双语)专业学生的藏文水平极具差异,这根源于法学(藏汉双语)专业招生时并未将藏文水平作为测试的一个指标,而这会导致在高考时出现突击藏文以应对高考的考生策略性行为,而这一策略性行为导致的后果便是高校法学(藏汉双语)专业所录取对象藏文基础和藏语能力均不能得到保证。藏文藏语基础较差的考生在高校学习阶段便会遭遇藏文水平与教学要求不匹配的困境,这也是影响法学(藏汉双语)专业培养质量的一个重要因素。

第二,应厘清法学(藏汉双语)专业培养的目标,强化法学专业知识教育。该专业培养目标是为藏区培养适应建设中国特色社会主义法治体系,建设社会主义法治国家的实际需要的法治人才,因此,在培养对象藏文藏语能力能得到保证的前提条件下,更应当注重培养其具备扎实的专业理论基础和熟练的职业技能。[21] 对于具有一定藏文基础的培养对象,其实际需求则应当是养成法律思维能力和法律职业技能,强化汉语能力,并习得藏汉翻译技能。

第三,应适当增加法学(藏汉双语)专业法学必修课程的学时。在培养对象汉语整体基础较差的情况下,如果法学(藏汉双语)专业培养方案中法学必修课程的学时与普通法学本科专业相同课程的学时无差异,势必会影响培养对象对于法学专业知识的理解和掌握程度,所以有必要根据实际情况对法学(藏汉双语)专业和普通法学本科的学时进行差异化的

㉑ 《普通高等学校法学类本科专业教学质量国家标准》中指出,法学类专业人才培养要坚持立德树人、德法兼修、适应建设中国特色社会主义法治体系,建设社会主义法治国家的实际需要。培养德才兼备,具有扎实的专业理论基础和熟练的职业技能、合理的知识结构,具备依法执政、科学立法、依法行政、公正司法、高效高质量法律服务能力与创新创业能力,熟悉和坚持中国特色社会主义法治体系的复合型、应用型、创新型法治人才及后备力量。

设置。

第四,应重视发挥法学(藏汉双语)培养对象内部的“传帮带”功能。在普通法学本科教育中的痼疾与法学(藏汉双语)专业培养对象来自不同藏语方言区、藏文水平参差不齐、汉语水平差异较大等各种阻却因素叠加而导致实现理想的法学(藏汉双语)专业培养目标受阻的客观情况下,建立法学(藏汉双语)培养对象内部非制度化的互助机制可能会使培养中存在的各种矛盾在一定程度上得以缓解。这一互助机制主要是指充分有效地发挥法学(藏汉双语)培养对象同年级同学之间,以及高年级与低年级之间的“传帮带”作用。

# A Study on the Mechanism and Reform of Tibetan and Chinese Bilingual Rule of Law Talent Training

*He Ling　Tian Fanping*

**Abstract**: Legal talent is guarantee to the realization of the rule of law in ethnic regional autonomy. The construction of Tibetan-Chinese bilingual rule of law talent has great political and judicial significance. Tibetan-Chinese bilingual judges' training and the cultivation of Tibetan-Chinese bilingual legal talent in colleges and universities can be carried out from on-the-job training and school education. It can solve the judicial problems in the frontier and ethnic areas brought about by the shortage of bilingual rule of law talent in ethnic areas. Legal education in colleges and universities is the main path for the cultivation of rule of law talent. We have conducted research on the cultivation process of Tibetan and Chinese bilingual students in a comprehensive national colleges and universities. The authors find that a series of problems in teaching such as the lack of bilingual teachers, the mismatches between the bilingual teachers and students greatly influence the performance of Tibetan-Chinese bilingual legal education. Tibetan-Chinese bilingual legal education needs to balance the special needs of judicial practice personnel with the general requirements of legal education in the ethnic minority areas, through strict access, clarification of the training objectives, appropriately increase of the hours of compulsory law courses, and attention to the internal training "teaching, helping and guiding" function and other methods enhance the quality of Tibetan and Chinese bilingual rule of law talent.

**Key Words**: Tibetan and Chinese bilingual legal talent social governance in Tibetan areas culture mechanism

# 论法学案例教学方式的二元化及其互补发展*

班小辉**

**摘　要**:案例教学法近十几年来在我国发展迅速,已形成文本式案例教学法和法律诊所式案例教学法的二元格局。前者实施相对较为容易,但面临案例选取困难、学生参与度参差不齐、实践体验缺乏的问题;后者虽能够使学生直接参与到真实的案件处理中,但面临资金和案件来源等方面的问题。为了进一步推动法学案例教学的发展,各高校法学院系应当推动案例教学库的建设,建立明确的案例教学指引,设置模拟式法律诊所,并积极利用互联网技术和外部法律公共服务平台资源,以解决两种案例教学方法中存在的缺陷。

**关键词**:文本式案例教学　诊所式案例教学　互补发展

2017年《国家教育事业发展"十三五"规划》(国发〔2017〕4号)强调"践行知行合一,将实践教学作

---

* 本文受武汉大学教学研究项目《劳动法实践教学案例库资源建设与利用研究》(2017JG007)支持。

** 班小辉,武汉大学法学院讲师,法学博士,武汉大学社会学系博士后,研究方向:劳动与社会保障法。

为深化教学改革的关键环节”。在法学教育领域，为解决我国法学教学培养方式与市场需求相脱节的问题，中央政法委员会与教育部早在2011年就联合启动了“卓越法律人才教育培养计划”，力求改变法学教育人才培养的困境，将培养应用型法律职业人才作为法学教育改革的重点，要求“强化学生法律职业伦理教育、强化学生法律事务技能培养，提高学生运用法学与其他学科知识方法解决实际问题的能力，促进法学教育与法律职业的深度衔接”，并强调加强实践教学的环节，确保法学实践教学累计学分（学时）不少于总课时数的15%。① 在此背景下，案例教学已成为国内众多法学院校着力推行的教学方式，但是在实践中仍面临诸多问题，亟须进一步完善。本文首先对我国案例教学的类型与价值进行分析，进而探讨不同类型案例教学存在的弊端，最后提出案例教学方式完善的建议。

## 一、法学案例教学方式的二元格局

案例教学是法学实践教学的主要方式，在实践中已形成多种教学形式，诸如案例研习课程、模拟法庭课程，也有强调案件真实体验和参与的法律诊所教学方式。对于案例教学的范围，国内学者有不同的理解。有学者认为，案例教学的范围可分为狭义解释和广义解释，前者将案例教学限定为案例分析课程，后者则包括更为高级的模拟法庭、法律诊所等。②根据学生参与教学案例的形式不同，笔者认为我国法学案例教学方式主要分为两种，一是虚拟的文本案例教学法；二是真实体验的法律诊所教学法。

### （一）虚拟的文本案例教学

早期的案例教学法起源于19世纪70年代的美国哈佛大学法学院，

---

① 《教育部等部门关于进一步加强高校实践育人工作的若干意见》（教思政〔2012〕1号）和《教育部 中央政法委员会关于实施卓越法律人才教育培养计划的若干意见》（教高〔2011〕10号）。

② 参见郭明龙：《案例教学：回归/走向法教义学》，载《天津滨海法学》2016年。

当时传统的学徒式法学教育在美国衰落,学院主义盛行,教学上过于忽视法律实践技能方面的培养。为此,兰德尔教授(Christopher Columbus Langdell)创设了案例教学法,意图改变这种纯理论型的教育。③ 该方法认为学习美国法律的最好方式是研读真实的判决意见,而不是单纯地研究高度抽象的法律规则。通过苏格拉底式的教学模式,引导学生对诉讼案件的判决意见进行分析,进而推导出法律适用的原则。④ 这种案例教学法建立在文本的判决书基础之上,学生并不参与案件的真实过程中,而是由教师引导学生结合案件事实在课堂中进行推理演绎,所以本质上该教学方法一种虚拟的实践教学。

在我国,文本案例教学主要通过两种方式实现。一是开设专门的案例研讨课程,将案件的学习作为课程的核心内容。例如,武汉大学法学院开设了商事案例研习课、民事案例研习课等,每门课程36个学分,由授课老师引导学生分析具体的案件事实,探讨与之相关的法律问题,以达到学习法律知识的目的。二是采用模拟法庭的情景教学方式。模拟法庭是在虚拟法庭的情景下,讨论模拟或假设的案例,以加强学生的法律职业素养和综合思辨的能力。⑤ 由于模拟法庭是以模拟文本案例的方式来实现教学目的,因而也被归入案例教学法。⑥ 模拟法庭在实践中有多种表现方式,有的学校单独开设了模拟法庭课程,有的不定期地举行模拟法庭活动,还有的通过指导学生参加一些全国性的或者国际性的模拟法庭大赛以实现教学目的。此外,有的学者将观摩真实的庭审也作为案例教学的方式,⑦但在这种情形下学生参与度不够高,且难以成为独立的课程,因

---

③ 参见张红:《学徒制VS学院制——诊所法律教育的产生及其背后》,载《中外法学》2007年第4期。

④ See George S. Grossman, "Clinical Legal Education, History and Diagnosis", *Journal of Legal Education*, 26, 1974, p. 162.

⑤ 参见翟业虎:《关于规范我国高校模拟法庭教学的思考》,载《高等教育研究》2015年第9期。

⑥ 参见张守波:《案例教学法在法学实践教学中的应用》,载《教育探索》2014年第2期。

⑦ 参见王洪友:《法学案例教学法的理论与实践探索》,载《西南科技大学学报》(哲学社会科学版)2006年第4期。

而,笔者认为其仅能作为其他案例教学法的辅助方法。

文本案例教学方法的优势体现在三个方面:一是教学方式能够有效融入现行的课程体系中,教学开展较为方便。该方法可以通过传统课程展开,亦可通过设置专门的案例研习课的形式,由学生根据兴趣自行选择,并且在普通的教学场所即可展开。二是教学方式能够激发学生参与的积极性。与传统的理论型授课方式不同,案例式教学是通过“法律事实→法律问题”的教学引导方式,让学生在分析案件的过程中,理解相应的法律关系、法律适用以及处理案件的路径,而不是单纯地讲授概念、法律关系、原则、权利义务等基本法律术语。三是教学案例的获取较为方便,成本较低。中国裁判文书网为课堂提供免费的全国性的法律裁判数据库,许多高校的图书馆也购买了相关的案例数据库资源,如北大法宝、威科先行等中文裁判数据库,亦有 westlaw、lexis 等外文裁判文书数据库。

**(二)真实的法律诊所教学**

法律诊所是实践型案例教学法的典型模式,是在现实主义法学的推动下发展起来的。与抽象的法律规则和原则相比,现实主义法学派更加强调行为和政治因素对司法判决的影响。⑧ 即影响法官判决的重心不在于法律规范本身,而在于判决理由以外的社会和心理的因素。基于此,现实主义法学派代表人物认为,需要修正兰德尔教授的案例教学体系,应当学习医学院的诊所式培养方式,建立法律诊所,给予法学院的学生了解法律实际操作的机会,使其成为真正的案例教学。⑨ 因此,相对于文本式案例教学,诊所式教育更加强调学生亲身参与实践,以体验法律运行的真实性,而不是拘泥于文本的案例研究。自 2000 年全国 7 所高校率先开设法律诊所课程以来,法律诊所教育在我国发展迅速,截至 2017 年 3 月,已有 202 家高校成为中国法学教育研究会诊所法律专业教育委员会的会员单位。⑩ 当前法律诊所通常作为专业选修课开设,例如武汉大学法学院将法

---

⑧ 参见付池斌:《现实主义法学》,法律出版社 2005 年版,第 3 页。

⑨ See Jerome Frank, “Why Not a Clinical Law School?”, *The University of Pennsylvania Law Review*, 81, 1933, p. 917.

⑩ 参见《热烈祝贺云南师范大学哲学与政法学院成为 CCCLE 新会员》,载中国法律诊所教育网:http://www.cliniclaw.cn/article/? 1863.html,最后访问日期:2018 年 4 月 5 日。

律诊所安排在第3~4学年,每门课程54学分。法律诊所的形式也多种多样,例如,西北政法大学开设了民事、立法、公益法、农村社区诊所、刑事辩护、劳动法、行政法7个不同专业的法律诊所。[⑪] 诊所教学主要是在教师的指导下,学生全面参与真实的案件处理之中,通过法律咨询、代写诉讼文书、代为仲裁诉讼等方式学习法律知识和职业技能。法律诊所教学优势体现在以下两个方面。

第一,有利于学生对法律知识深层次的理解与掌握。首先,法律诊所教学有利于学生对立法理念进行深入理解。例如,通过办理劳动争议案件能够让学生有机会与弱势群体直接接触,借助对案情的直接交流、对仲裁诉讼过程的参与以及参加相关的调研活动,学生能够进一步理解当前弱势劳动者群体的生活现状、工作状况以及诉讼中面临的困境等,这有利于学生对劳动法有关劳动者倾斜保护理念的深化认识。其次,诊所教学有利于学生对法律知识体系进行交叉性的学习和整体性的掌握。学生通过接待具体的案件咨询,分析具体的法律关系,寻找合适的法律规则,并对诉求进行逻辑性的论证,锻炼了课堂知识的实践运用能力,实现了法律知识的串联性巩固学习。同时,学生在实践中发现自身知识的薄弱点,再自主回到课堂和书本中去探寻答案,实现了学习知识→解决问题→发现问题→学习知识的循环过程。最后,这种教学方式能够引导学生对我国法制现状进行反思。学生以一名“职业律师”的角色亲身参与到实际案件中,有助于帮助其进一步了解纠纷发生的原因。学生通过对比文本法律规则与司法实践存在的差异,由实践体验引导其自发地对现行制度进行反思,为其学习法律提供一种由实践到理论的路径,这可以增强其学术研究的洞察力,并消除书本理论与司法实践严重脱节的现象。

第二,有利于促进学生法律职业技能的发展。法律职业人一个典型的思维模式便是“在建构法律而不是解构法律”,他们注重从“现有的法

---

⑪ 参见汪世荣:《构建诊所式教育“西北模式” 培养学生法律专业能力和素质》,载《法学教育研究》2013年第2期。

律资源中整合出新的资源从而解决社会问题”,[12]而不是批判现行法律并力求使之完善的法学家思维。在法律诊所教育中,学生在办理具体实务案件时,是在现行法律体系内努力寻找解决争议的办法,而不是简单地从学理上证明自己的诉求,这种实践方式在一定程度上促进了法律职业人这一思维模式的形成和巩固。此外,参与真实的案件能够增强学生的法律实务技能。除了了解基本立法之外,学生还需学会收集可以适用的地方性立法规则等,在调解中还要学会如何把握双方当事人的心理、如何巧妙地化解纠纷等,这些职业技能的学习在文本的案例中是难以获得的。

此外,培养法律道德同样是法学教育的重要内容,正如我国著名的法学家孙晓楼先生所言,法律人才至少有三个要件:(1)要有法律学问;(2)要有社会常识;(3)要有法律道德。[13]法律诊所教学在提供实践经验的同时,也在培养学生的法律道德和正义观念。这事实上也是20世纪60年代法律诊所教育在美国兴起的原因之一。[14]学生在为弱势群体提供法律服务的过程中,学习到的社会常识、养成的社会责任感以及形成的社会公正观等职业伦理道德也是成为一名法律人才所必备的。

## 二、当前我国法学案例教学方式的困境

### (一)文本案例教学的困境

虽然文本案例教学的开展较为简单,但其是以书面的判决文书为基础,不仅对判决书质量要求较高,而且无法使学生获得真实的法律职业技能的锻炼机会,在实际运用中存在一定的缺陷。

---

[12] 王丽:《法律人的思维方式与法律教育——由“法律诊所”教育手段生发的思考》,载《法学杂志》2007年第2期。

[13] 参见王允武:《法律职业伦理培养——不应忽视的法学素质教育》,载《法学家》2003年第6期。

[14] 参见徐芳宁:《中国诊所法律教育中的正义教育》,载《法学教育研究》2013年第1期。

1.教学基础:裁判文书选取的困难

在案例教学中,判决文书是课程开展的基础。虽然当前中国裁判文书、威科先行等数据库为裁判文书的获取提供了便捷途径,但是我国裁判文书本身的质量仍有待完善。正如我国台湾地区著名法学家王泽鉴教授所言,大陆地区的案例法教学最大的"瓶颈"在于判决书,与美国、德国等国家的案例相比,大陆地区的判决书说理部分过于简单。⑮ 如果司法裁判文书对案件事实和诉讼双方的观点等记载不够全面、对法院的法律适用和判决之间的逻辑论证不够充分,这便不能完全展现法官作出判决的考虑因素与依据,难以直接作为案例教学的素材。此外,由于地方立法在贯彻上位法时,在某些规则上存在理解不一的问题,加之在具体的案件审理中,司法裁判人员可能会受到立法之外因素的影响,因此会造成各地的司法裁判尺度难以统一。例如,有的法官通过对审判业务样本进行分析,认为当前存在司法裁判标准区域化的现象。⑯ 这种情形进一步对指导教师在案例数据库中甄选出符合教学要求的判决书带来了困难,授课教师往往需要对研习的判例进行一定的修改与补充,以确保研读的裁判文书能够达到教学目的。

2.教学过程:学生参与度参差不齐

在案例教学过程中,授课教师需要调动学生的参与积极性,而不能仅以叙述的方式介绍现有的知识结构体系,需要引导学生对案件所呈现的事实与法律问题等进行分析,并对学生的表现进行评价,从而实现培养学生自主的法律分析能力。相对传统的授课方式,这种教学方式对教师与学生的互动提出了较高的要求,授课教师需要在课前对案例本身和案例研讨的问题进行精心的设计,学生也需要提前熟悉案件的内容,以便更好地开展课堂讨论。但是,在实践中,由于缺乏明确的案例课程教学标准,一些课程在开设时只是冠以案例课程的名称,更多的是由指导教师讲授案件中涉及的法律争议问题,学生缺少参与互动。这种讲授式的案例教

⑮ 参见王泽鉴:《法学案例教学模式的探索与创新》,载《法学》2013年第4期。

⑯ 参见孟高飞:《司法区域化现象研究——以H省高院463件审判业务文件为样本》,载《上海政法学院学报(法治论丛)》2016年第2期。

学方式难以实现"实践教学"的本质目标,让案例教学课程流于形式。[17]

3. 教学效果:实践技能学习的理想化

在案例教学中,授课教师自身必须具备充分的司法实践经验,才能有效引导学生参与案例研讨,并对其表现作出正确的评价。但现实情况是,在当前我国以科研为主的职称评价体系中,许多教师是以撰写论文和研究课题为主,并且多是博士毕业后直接进入高校工作,缺乏从事实务的经验。如果教师自身不具有法律实践经验,在文本案例教学过程中,其所传授的法律职业技能也会更多偏向理论化。此外,虽然文本案例教学法与一般的理论型授课不同,侧重于对学生法律问题分析能力的培养,但是相关的法律职业技能,诸如接待咨询、参与调解、庭辩的能力,在案例教学中难以得到充分培养。即使在模拟法庭这种模拟真实案件的教学方式中,学生更多的是在已了解的案件事实和案件结果的背景下进行模拟,具体流程往往流于表演。而在真实的案件中,法律人所面对的不只是预设好的静态案例分析题,而是不尽全面的案件材料、不完全了解的案件当事人、不可完全预知的法庭辩论等,这些与文本案例中的理想化状态大相径庭。

**(二)法律诊所教学的本土化困境**

作为西方法学教育模式的舶来品,诊所式教学在我国本土化过程中也存在多种问题,使其难以像文本式案例教学一样在法学院真正开展起来。具体而言,主要包括以下几个方面。

1. 法律诊所的运行成本问题

与案例教学法相比,诊所式教学强调案件的真实体验,需要学生通过参与具体的案件处理来获取知识。然而,案件的处理必然会产生相关的费用,如交通费、案件材料打印与复印费等。一些依托于法律援助中心的诊所,通常还需聘请专职的工作人员。可以说,法律诊所是一种相对昂贵的教育方式。因而,当前高校开设法律诊所,尤其是与法律援助项目相结合的法律诊所,大都需要依赖外部公益资金的支持,但是这种资金的来源

[17] 参见陈伟:《论以职业能力提升为目标的法学案例教学改革》,载《法学教育研究》2017年第1期。

并不具有稳定性,我国大多数诊所教育都面临资金欠缺的问题。⑱ 此外,法律诊所课程的授课对象也相对有限,由于需要教师引导学生参与案件的整体运行,所以不可能采取大班制教学。例如,按照武汉大学法学院本科教学培养方案,法律诊所课程限于8~10名学生。因而,受到运行成本和授课对象数量的限制,与文本式案例教学相比,法律诊所课程在我国法学院系开设的成本相对较高。

2. 法律诊所的案源问题

真实的案件是法律诊所开展的必要条件,但是我国法律诊所教育面临案源不稳定和案件单一性的问题。

首先,法律诊所不同于律所和政府部门的法律援助机构,不具有相对稳定的案件咨询量,大都依赖学校法律援助中心转递而来的案件,这种案件来源的不稳定也决定了法律诊所教育开展的不确定性。此外,由于案件纠纷数量和案件难易度不同,不同的诊所面临的案源不稳定性也有一定的差异。例如,劳动争议的案件资源远多于环境公益诉讼案件,而商事案例纠纷往往会选择专业律所予以解决。这进一步决定了诊所教育难以在所有的法学学科中开展起来。

其次,由于法律诊所接受的案件类型和援助群体的有限性,学生通过这种援助案件的方式,能够获取的实务操作经验也是有限的。例如,劳动法诊所接受的服务对象以弱势劳动者群体为主,基本不涉及高收入劳动者群体和用人单位所遇到的法律问题,因此学生在诊所经办案过程中所获得的真实体验也相对单一。同样,由于案件类型多集中于劳动报酬、双倍工资、经济补偿金、社会保险补缴等常见的个别劳动合同争议问题,对于集体合同争议方面的实践经验与法律知识难以获取。

3. 法律理念与法律现实的偏差问题

在法学教育中,塑造学生的法律理念是至关重要的内容,这可使其在掌握法律专业技能的同时,具备法律的基本价值观。然而,受到司法现状与社会现状的影响,法学教育中的理想理念与司法实践教育的理念容易

---

⑱ 参见蔡仕鹏:《试析法律诊所与实践性法律教学》,载《黑龙江高教研究》2012年第11期。

出现偏差。[19] 例如,在劳动争议案件中,由于地方经济保护主义的驱使,加之劳动案件重调解的司法背景,在劳动争议的司法实践中出现了司法能动主义弱化劳动法规则的情形。[20] 因此,学生在直接参与到法律案件处理时,若遇到与司法公平和公正精神相背离的做法,也会在一定程度上影响学生的法律权威观念。

## 三、互补发展:我国法学案例教学方式的完善

综上可见,在我国当前的法学教育环境下,文本式案例教学和法律诊所式案例教学法各有所长,也面临不同的困境。从本质上看,二者均是实践教学的方式,被用以解决传统的填鸭式教学在职业法律人才培养上的缺陷。为进一步推动案例教学的发展,各高校应当积极改善两种教学方式所面临的问题,并推动两种教学手段的互补。

### (一)推动法学案例教学库的建设

如上文所述,当前文本式案例教学面临较大的问题是缺乏符合教学标准的判决文书,需要指导教师对文书进行筛选、整合以及修改,从而使案例达到教学的要求。同时,为了保证教学效果和促进学生积极参与讨论,应当确保学生在课程开始之前事先对案例进行研读。因此,在已经开设文本案例教学课程的学科中,可考虑搭建相应的案例资源库,按照知识结构与课程体系,筛选和汇编相应的案例集,并定期进行更新,以确保案例研习基础资料的科学性。

这种案例库的搭建可以利用网络平台,采取高校联合搭建和资源共享的方式。教育部在《关于加强专业学位研究生案例教学和联合培养基地建设的意见》中也特别强调了搭建共享案例数据库的意见。就法学案

⑲ 参见左卫民、兰荣杰:《诊所法律教育若干基本问题研究》,载《环球法律评论》2005年第3期。

⑳ 参见周长征:《国际金融危机背景下劳动合同法的实施——兼论司法能动主义在劳动争议处理中的作用与局限》,载《清华法学》2010年第5期。

例的汇编而言,笔者认为可以采取两种方式。一是由法学教育研究会或者专业性实践教学委员会(如劳动法实践教学委员会)推动相关案例教学的汇编,以便对相关学科的文本案例教学提供指导与帮助。二是高校法学院的法律诊所或法律援助机构之间可以建立定期案例研讨制度,收集援助过程中的典型案例,筛选汇编形成案例数据库,并运用到文本案例教学和诊所教学中,形成课堂教学←→法律实践的相互指导机制。

**(二)建立明确的文本案例教学指导标准**

首先,在课程设置上,应当注重理论课程与案例课程的协调问题,即案例课程开设的对象应当是学习过相关理论课程的学生,否则学生缺乏处理案例的法律知识,教师难以在有限的课堂中完整地进行体系化教学。若在案例课程中安排法律知识内容的讲授,无疑会与专业方向的课程相冲突,也占据了案例课程的教学时间。此外,为了确保案例教学课程开设的可行性和有效性,指导教师在课程开设前,应当提交明确的案例教学大纲与教学案例材料,确保课程具有开设的基础性条件。

其次,在教学方式上,各院校在开设案例教学课程时,应当对授课方式和学生参与方式做出要求。基本的授课过程应当包括课前案件材料阅读→教师引导提问→学生回答与讨论→教师总结→学生课后案例文书分析报告等环节。为了确保对学生自主思考与表达能力的锻炼,学生在课堂中的回答与讨论必须占据课堂的主要时间,并可采取多种方式,诸如辩论式(正反双方自由辩论)、模拟法庭式(预设案件不同角色立场)、自由发言式(围绕主题自由讨论)。[21]

**(三)探索模拟式的法律诊所教学**

所谓模拟式的法律诊所教学即通过课堂教授学生如何处理实际的法律案件,主要培养学术的法律实务技能。这种方式相对于真实运作下的法律诊所,能够节省案件援助的成本;相对于传统课堂的案例教学法来说,更加侧重于引导学生从律师的角度去处理案件和掌握各个环节的技巧。例如,复旦大学法学院就将模拟法律诊所课程引入到法律硕士的课

---

[21] 参见季长龙:《卓越法律人才培养视野下案例教学法的常态化应用》,载《中国法学教育研究》2015年第4期。

程中。[22] 这种方式对于条件尚不充分的法学院来说，是补充文本案例教学法的有效方式。具体来说，可以从以下两方面开展。一是利用高校与实务部门人员的互聘“双千计划”，由经验丰富的实务专家予以授课。除校内导师外，从仲裁机构、法院以及相关领域的律师中选取相关实务型人才作为辅助导师，参与到模拟法律诊所课程之中，从而实现理论导师与实践导师的双重指导。二是在未来，亦可考虑将虚拟现实技术（VR）运用到法律诊所教学之中。在组建的VR教室中，学生通过参与到虚拟真实的案件处理流程，以弥补其在文本案例教学中缺少的真实体验，[23]从而解决传统法律诊所教学面临的场地、教学规模、资金等问题。

**（四）积极利用互联网平台与公共法律服务平台资源**

首先，已经建立法律援助中心的法学院可以积极利用网站、微信公众号等互联网平台，开展法律的宣传与咨询工作，扩大高校法律诊所或者法律援助中心的影响力，吸引相关法律诉求者的关注，进而获得相对稳定的案源。例如，武汉大学法律援助中心创建了微信公众号，并通过公众号定期发布维权的案例评析和相关新闻等，以扩大法律援助中心的影响力。安徽大学劳动法律援助项目通过开设网站，宣传劳动法律知识和案例，并接受网络方式的法律咨询等，以吸引符合援助标准的劳动者前来咨询。互联网平台能够在空间上缩短法律求助者与法律诊所的距离，有助于援助案件的增长和案件类型的增多，在很大程度上可以缓解法律诊所教育所面临的案例资源不足的问题。

其次，对于尚未拥有法律援助项目的学校，其也可以与当地的法律援助机构建立合作机制。司法部于2014年颁布了《关于推进公共法律服务平台建设的意见》，强调加快构建覆盖城乡居民的公共法律援助服务体系，以更好地保障和改善民生。由于提供法律咨询和法律援助是公共法律服务平台建设的重要内容，司法部门和教育部门应当利用此契机，加强

---

[22] 参见章武生：《我国法学教学中应增设“模拟法律诊所”课程研究》，载《法学杂志》2011年第6期。

[23] 李勋祥、游立雪：《VR时代开展实践教学的机遇、挑战及对策》，载《现代教育技术》2017年第7期。

高校法学院系与法律公共服务平台的合作,鼓励其参与到公共法律服务体系之中。高校借助公共法律援助的方式,有助于解决法律诊所面临的案源不足和运营成本等方面的问题,实现法律诊所教学的目标,同时为公共法律服务的建设提供一定的人力支持。

# Research on the Dual system of Case Method Teaching and Its Complementary Development

*Ban Xiaohui*

**Abstract**: The case method in domestic legal education has developed rapidly in recent decades. It has formed two kinds of method, including textual case method teaching and legal clinic case method teaching. The implementation of text case teaching is relatively easy, but it faces difficulties in case selection, student participation and practical experience. Although the legal clinic case teaching can enable students to participate directly in the process of real cases, it faces problems such as the source of supporting funds and the cases. In order to promote the development of the case method, law schools should enhance the construction of case teaching database, set up the guideline of case method and simulated legal clinic method, and use Internet technology and external legal public service platform.

**Key Words**: case teaching   text case   legal clinic   complementary devel-opment

# 国际法教学中法教义学的范式倡导与方法论之维[*]

刘学文[**]

**摘　要**:广义国际法是自成一体的规范体系,有其独特的规范方法与规范实践。由于国际法固有的碎片化、多样化和有序化特征,相较国内法更加需要规范性诉求和体系性关照,而法教义学之于国际法具有不可或缺的范式和方法论价值。国际法教义学致力于维护现有的实在法秩序,并为其提供体系化的解释。未来的国际法发展应定位于权利救济导向,这就要求国际法关注以法律适用为核心的司法实践。国际法教学理念也应维护以"规范获取"为基本逻辑起点的国际法学科自主性理念,推进以法律适用、法律解释为核心内容的国际法教学方法革新,并回归以权利救济和国际法话语表达为导向的国际法实践思维。唯其如此,方能为国际法正本清源,进

---

* 基金项目:西北政法大学教育教学改革研究项目(编号:XJY201824):"国际法教学中法教义学的范式倡导研究"阶段性成果;重庆市社会科学规划项目(编号:2017YBFX117):"国家教育义务实现的立法改革方向与内容研究"阶段性成果;西北政法大学"一带一路"倡议重大国际法问题研究青年学术创新团队阶段性成果。

** 刘学文,西北政法大学国际法学院讲师,法学博士,研究方向:国际法哲学、国际经济法。

而建构以权利、义务为核心,以法益保护为出发点和落脚点,以权利救济为导向和路径的国际法教学体系。

**关键词:**国际法教学　法教义学　范式　方法论　权利救济导向的国际法

## 一、问题的提出

在国内法体系中,当某一部门法体系达至基本完备时,学术研究便要从立法论转向解释论。① 如我国的民法、刑法学体系已基本完成这一转向。"法教义学"在近十年来被重新发现和推崇则是这一转向的深刻体现。"法教义学"来源于德语中的"Rechtsdognlatik"一词,有时也译作"法律释义学""法律信条论"。② 法教义学最早是贯穿于德国法学教育、法学研究和法律实践的重要法学传统,并不是与社科法学、法哲学等相并列的独立法学分支。作为一种法学理念或者思维模式,法律教义学在很大程度上维系了法学与政治学、历史学、哲学等学科的距离,"凸显了法学的特殊性,捍卫了法学的独立性"。③ 古斯塔夫·拉德布鲁赫将法教义学界定为"狭义的法科学"或者"关于实定法秩序之客观意义的科学",即运用特别的法学方法来研究"法"这一对象的体系性、教义性法科学。④ 法教义学实际上是将法律方法作为核心范畴的规范科学,其坚守当前的实在法秩序,通过法律文献的收集、研读和适用,对相关法概念进行系统化建构、对法规范进行体系化解释,有利于重塑法律信仰、培养职业精神、树立规

---

① 参见刘敏:《论法教义学的体系化功能——以民法为中心》,载《西南政法大学学报》2014年第1期。

② 有关"法教义学"的译名详细渊源的考证,详见武秀英、焦宝乾:《法教义学基本问题初探》,载《河北法学》2006年第10期。

③ 周升乾:《法教义学研究——一个历史与方法的视角》,中国政法大学2011年博士学位论文。

④ 参见[德]古斯塔夫·拉德布鲁赫:《法教义学的逻辑》,白斌译,载《清华法学》2016年第4期。

范意识。[⑤] 表现在裁判理论上，当前的法教义学主张“认真对待法律规范”，这种对法的规范性倡导体现在三个方面：其一，强调“法律约束”之于司法裁判的约束功能；其二，主张发生在法律论证场域的司法裁判的法律规范属性；其三，强调法律规范体系的文本性与目的性。[⑥]

国际法是一门经世致用之学，在法律全球化的时代背景下已成为维护国际秩序的重要保障和促进全球治理的重要手段。在系统违反国际法背景下作出的“南海仲裁案”[⑦]之闹剧和当前阴云密布的中美贸易战，给国人上了重要一课，唯有使政府机构工作人员、法律从业人员系统了解国际法、正确运用国际法，才能全面维护国家利益。反观我国的国际法教育，当前存在诸多不足，具体表现在以下几个方面。

第一，国际法学与其他学科之间存在巨大鸿沟。国内法和国际法学科之间缺乏交流、沟通和理解，导致国际法普遍不受重视，这是国际法目前面临的重要困局。其结果是：法学部门之间存在很多难以逾越的鸿沟，这为法学专业的学生正确掌握专业知识、树立法的全球化理念带来困难。仅以包含国际公法、国际私法、国际经济法、国际海洋法、国际商事法等子部门的广义国际法为例，其内部各子部门时常发生交错、重叠的适用关系，这被联合国国际法委员会小组研究报告归纳为国际法的“碎片化”（fragmentation）[⑧]问题；再如实践中会产生“私法公法化”和“公法私法化”问题，传统国际法教学对此未予重视，难以做到对国际公法与国际私

---

⑤ 参见姜瀛、王博：《法学教育引入法教义学方法浅谈》，载《教育探索》2016 年第 1 期。

⑥ 参见雷磊：《什么是我们所认同的法教义学》，载《光明日报》2014 年 8 月 13 日，第 16 版。

⑦ 关于“南海仲裁案”的理论批判，详见中国国际法学会主编：《南海仲裁案裁决之批判》（中英文），外文出版社 2018 年版。

⑧ 13 April 2006, A/CN. 4/L. 682, report of INTERNATIONAL LAW COMMISSION on its Fifty-eighth session, 1 May – 9 June and 3 July – 11 August 2006, Fragmentation Of International Law: Difficulties Arising From The Diversification And Expansion Of International Law, Report of the Study Group of the International Law Commission, Finalized by Martti Koskenniemi, available at: 载 http://legal. un. org/ilc/documentation/english/a_cn4_l682. pdf, 最后访问日期：2018 年 3 月 15 日。

法的结合教学和交互参照。[9]

第二,没有正确处理国际法学与相邻学科之间的关系。长期以来,由于国际法教学中的方法论缺失,很多高校的国际法教学中大量不加反思地引入国际关系学、国际政治学、外交学、国际经济学等相邻学科的内容,在一定程度上削弱了国际法的学科自主性,模糊了法学与法学外学科的边界。对国际法体系的探讨与解释的缺失进一步影响了国际法学科体系的细化与发展。长此以往,国际法的体系化和规范化功能不断被削弱,国家所需要的涉外法律人才难以获得有效的培养。

第三,无论是国际法实务界还是学术界、教育界对待国际法普遍存在"工具主义"[10]态度。表现在国家的对外政策中,一方面在口头上倡导国际法的重要性,另一方面在行为上却排拒国际法的司法功能,对国际法的权利救济持怀疑主义态度。而在法学教育界,无论是教师还是学生都不同程度地存在工具化理解和适用国际法的倾向。国际法教师通常仅仅为了完成教学任务,对国际法学的规范化教学缺乏重视,或者尚未探索出以国际法实践为出发点、以法律解释为重要手段、以法律规范为依归的国际法体系化教学范式。学生学习国际法也普遍出于应试的需要,对国际法缺乏应有的理解和热爱。

第四,我国国际法学界对国际法教学改革的研究,目前主要集中于技术层面的探讨,而对教学方法论的考察不足。现有的国际法教学改革论文,主要聚焦于以下三个方面:其一,宏观探讨国际法课堂教学模式、教学

⑨ 参见许耀明:《国际公法与国际私法之交错适用——私法公法化与公法私法化》,载《月旦法学杂志》2017 年第 10 期。

⑩ 关于国际法的"工具主义"应用,参见 Robert O. Keohane, "International Relations and International Law: Two Optics", *Harvard International Law Journal*, Vol. 38, 1997, pp. 487 - 502。

手段的改革问题。[11] 其二，集中探讨国际法案例教学方法的运用问题。[12] 其三，专题探讨国际法跨学科和交叉学科的实施引入问题。[13] 三类国际法教改研究文献在各个层面取得了精深的成果，很好地解决了何志鹏教授所言的“教什么”和“怎么教”的“术”之问题，但对国际法教学的“道”之探讨明显不足。[14] 即对国际法教学范式和方法论的探讨尚付阙如。

第五，对学生的国际法实践应用能力培养的重视不足。国际法与其他法学部门一样，是一门实践学科，也应重视对学生实践应用能力的培养。除了少数政法类院校或者基础设施好、教师教学水平高的高校会组织学生参加各类国际法模拟法庭赛事外，多数高校的国际法人才培养缺少这一环，这导致学生对于广义国际法的知识只局限于文本，对学生实践能力的培养十分奇缺。

---

⑪ 代表性文献有：康琳娜：《翻转课堂在国际法教学中的运用》，载《学理论》2017年第11期；朱明新：《中外国际法教科书框架与内容的比较研究》，载《公民与法》（法学版）2016年第11期；唐仙丽、金思言：《“3D”课堂教学模式在国际法教学中的运用》，载《理论导报》2014年第3期；卜璐：《浅论模拟法庭竞赛对国际法教学的促进》，载《公民与法》（法学版）2013年第5期；赵丽霞、徐忠颖：《法学课程教学模式的选择与设计——以“国际法”课程为例》，载《黑龙江高教研究》2012年第1期；杨陶：《诊所式法律教育在国际法教学中的应用探讨》，载《长春师范大学学报》2012年第5期；衣淑玲：《国际法学研究生教学方法改革探析——以法律实证研究为视角》，载《研究生教育研究》2012年第1期；刘霓：《国际法教学模式探究》，载《福建教育研究：高等教育研究版》2012年第1期；魏德才：《论课堂教学中视频资料作用的发挥——以国际法教学为例》，载《重庆教育学院学报》2010年第5期。

⑫ 代表性文献有：兰红燕：《浅析案例教学法在国际法教学的意义及应用》，载《中国成人教育》2015年第20期；王孔祥：《案例教学法在国际法教学中的运用——国际法院有关民族自决权的案例评析》，载《当代教育理论与实践》2013年第8期；何田田：《国际法院新近案例在国际法教学中的运用》，载《才智》2012年第16期；刘里立：《国际法案例教学的缘起与实践》，载《山东省青年管理干部学院学报》2010年第5期。

⑬ 代表性文献有：刘志云：《现代国际关系理论视野下的国际法》，法律出版社2006年版，导论部分；刘志云：《国际关系与国际法的学科结合——中国现状、存在问题及解决思路》，载《国际政治研究》2011年第3期；本刊特约记者：《当代国际关系与国际法跨学科研究的进展与问题——刘志云教授访谈》，载《国际政治研究》2015年第3期；张光：《“一带一路”倡议下国际法教学中国际关系理论的引入》，载王瀚主编：《法学教育研究》（2017年第3期），法律出版社2017年版，第127～138页。

⑭ 何志鹏教授认为，国际法教学之“道”指的是“真知与真爱”，包括对其教育意义的认知、对作用功能的评估和对知识体系的热忱。参见何志鹏：《中国国际法教学提升的“道”与“术”》，载《中国大学教学》2017年第4期。

综上所述,笔者认为,当前法律实务界对国际法的规范生成和规范获取的过程认识不足,对国际诉讼程序和国际法解释缺乏了解,对国际共同体中的制度性话语表达和“国际制法”[15]行为鲜有参与,长此以往势必导致国际法规范体系在国内法中失去应有的成长和发展空间。欲改变这一现状,唯有推进国际法教学的范式和方法论革新,使学生跳出死记硬背式应试学习的窠臼,系统了解国际法、亲身实践国际法、自觉维护国家利益和全球正义,则是当前法学教育界面临的重要任务。

法教义学既是规范科学亦是实践科学,更是一种法学范式和法学方法,它不仅能够指导法律实践,而且能够指导法学研究和法学教育。那么,法教义学通常都是对国内法而言的,对迥然不同的国际法体系是否适用?如果适用,法教义学在国际法中呈现什么样态?对于“碎片化”十分严重的国际法而言,法教义学如何呈现国际法的规范性?又如何发挥体系化解释功能?法教义学如何面对和处理渊源类型复杂多样的国际法规范?在国际法课程教学中,如何进一步贯彻法教义学理念,它与传统的案例教学、法律诊所、翻转课堂等方法如何进行巧妙地融合?随之而来的这些问题,均需要对国际法教义学进行系统阐述。

## 二、国际法中法教义学范式的现状、边界及其教学方法论意义

### (一)国际法中法教义学范式的现状与方法论考察

当前,我国部门法的法教义学研究已是遍地开花,尤其是在刑法、民法和法理学等领域,相关成果如雨后春笋般产生。而国际法学界目前仍然是一片死寂,尚未查到以国际法教义学为题的研究文献。在笔者看来,

---

⑮ “国际制法”这一说法多见于我国台湾地区国际法学者的表述,指的是“通过国际法律实践,参与国际法律创制”,如著名国际法学家程家瑞教授就提倡学生多争取进入国际组织实习和工作的机会,以提高“国际制法”的意识。认为唯有如此,才能在国际法中“融入平衡的概念,将我们的价值观放进去”。详见《一位胸怀责任感的国际法学者——采访程家瑞教授小记》,载 http://blog. sina. com. cn/s/blog_475e9cf60100abw8. html,最后访问日期:2018年3月8日。

当前我国学者之所以对国际法教义学缺乏研究，并非国际法学不需要法教义学范式和方法，实乃我国国际法理论研究较为滞后之故，因此需要学界在此领域勠力同心。德语中除“Rechtsdognlatik”（法教义学）外，还有“Volkerrechtsdogmatik”一词，可译作“国际法释义学”。⑯ 笔者认为，该词也可相应译作“国际法教义学”。实际上，系统考察国际法的规范体系我们可以发现，国际法与法教义学具有天然的联系。这样的实例俯拾皆是，以下试举三例。

1. 国际条约法自成体系，现已形成的以《维也纳条约法公约》为基础的条约解释体系深具法教义学特征。

1969年5月23日签订、1980年1月27日生效的《维也纳条约法公约》，1978年8月23日签订、1996年11月6日生效的《关于国家对条约的继承的维也纳公约》，以及1986年3月21日签订、至今尚未生效的《关于国家和国际组织间或国际组织相互间条约法的维也纳公约》为国际法主体间的条约关系确立了基本的条约或习惯法规范，如关于条约的概念、名称、分类，以及条约的缔结、保留、生效、登记、国内执行、解释、修订、无效、终止、退出和暂停施行等。如今，国际社会每年都有大量的国际条约依照《维也纳条约法公约》得以创制，国家之间条约的适用也通过该公约进行解释和实施。⑰ 瑞典隆德大学教授乌尔夫·林德夫瓦克（Ulf Linderfalk）曾建议将条约解释法律规则作为一套规则体系来看待，⑱为此他提出了使用常规语言、使用条约“案文”上下文、使用《维也纳条约法公约》第31条第2款（A）项和（B）项所规定要素的上下文、使用《维也纳条约法公约》

---

⑯ 参见林佳和：《国际法与权力政治〈评 Norman Paech & Gerhard Stuby，“Volkerrecht und Machtpolitik in den international en Beziehungen”〉》，载《台湾国际法季刊》2014年第4期。

⑰ 仅以体系严谨而闻名于世、被称为“模范国际法”的WTO法为例，其对条约的解释也必不可少地常常与外部国际法发生互动，《维也纳条约法公约》第31(3)(c)条则经常成为WTO法援引的重要依据，这也是为了防止WTO体制走向僵化，强化其法律正当性。参见范笑迎：《WTO法解释援引外部国际法的理论与实践批判》，载《安徽大学学报》（哲学社会科学版）2018年第2期。

⑱ Ulf Linderfalk, On The Interpretation of Treaties: The Modern International Law as Expressed in the 1969 Vienna Convention on the Law of Treaties, Springer, 2007, p. 6.

第 31 条所列要素 3 的上下文、使用对象和目的、使用辅助解释手段以及使用补充口译手段的解释方法,他同时考察了不同解释手段之间的关系,关于以两种或两种以上语言认证的条约解释的特别规定,以及国际法在法律怀疑主义和一个正确答案命题之间的尺度。这套条约法体系所确立的条约解释方法最重要的特点即是通过对各种解释规则的应用,对条约国际法进行体系性解释,以维系条约法的规范性和内部融贯性,这正是法教义学的形式特征之所在。

2. 作为另一类型国际法渊源的一般法律原则(general principles of law recognized by civilized nations)从其性质与适用方式来看,体现出很强的法教义学特征。

国际条约和国际习惯在同一位阶,嗣后条约可以取代之前的习惯,而嗣后习惯也可以改变条约的内容,例外是国际强行法不可克减。而作为国际法另一法源的一般法律原则,在国际司法实践中亦处于不可替代的重要地位。无论是《常设国际法院规约》第 38(I)(3)条还是《国际法院规约》第 38(1)(c)条都确立了一般法律原则的国际法渊源地位。表现在实践中,一般法律原则可能会介入人权、环境、经济发展、国际和跨国犯罪这些传统国际法和习惯国际法尚未深度规制的领域,在传统国际法和习惯国际法阙如时提供规范与标准。具体而言,一般法律原则的功能体现在:第一,作为奠定条约法基础的基本原则;第二,作为谈判和条约发展的指导原则;第三,作为填补程序性和实体性条约法律空白的"回落原则"(fall-back principles);第四,作为指导调整现有条约以适应国际社会新挑战和新关切的程序性和实体性动态原则;第五,作为处理条约重叠规制、构建规范一致性并最终宏构规范位阶的解释和冲突原则。[19]

概括起来,一般法律原则的功能在于澄清和解释传统国际法和现代国际法,不仅会成为新规范,也可能成为强行法(jus cogens)这一更高规

---

⑲ 有关一般法律原则的适用问题,参见如下文献:Af Christina Voigt,"The Role of General Principles in International Law and their Relationship to Treaty Law",RETFÆRD A° RGANG 31 2008 NR. 2/121,pp. 3 – 25. M. C. Bassiouni,"A Functional Approach to 'General Principles of International Law'",Michigan Journal of International Law, Volume 11, Issue 3 (1990),pp. 768 – 818。

范的重要源泉。[20] 一般法律原则既是管理国际交易法律体系的支柱,又是国际法规范体系中各种“齿条”和“齿轮”之间得以咬合的“结合剂”。它不会将国际条约视为一成不变的教条,而是为防止“过时和不相关”条约提供国际法的动态要素,同时致力于解决国际法的“碎片化”问题。[21] 一般法律原则的灵活而衡平化法律适用充分体现了法教义学的形式特征,其方法论意义在于维护国际法的完整性、独立性和融贯性。

3. 作为“模范国际法”的 WTO 司法造法与条约解释自成体系,深刻体现法教义学范式下国际法规范的自治性。

多年来,国际法学界关于 WTO 条约解释体系的研究体现出典型的教义学研究范式。来自斯坦福大学的约翰·H. 巴顿(James H. Barton)等几位教授建议发挥 WTO 的司法造法功能以促进多边贸易体制的公平,认为 WTO 司法造法行为的功能一方面有利于填补法律漏洞,另一方面有利于澄清法律规则之模糊性。这两种造法功能进一步促进了 WTO 体制的整体性、完备性和连贯性。[22] (1)以填补法律漏洞为例,有两个农产品领域贸易争端的裁决就体现了这一点。其一,是 1997 年在“欧共体香蕉进口、销售和分销体制案”中,上诉机构一改半个世纪以来仅有私人律师和政府委派的贸易专家方可代表成员方参加口头程序的做法,裁定成员方有权委派任何形式的代表参与上诉程序。其二,是 2000 年在“美国对虾及虾制品的进口限制案”中,上诉机构在缺乏 WTO 明确规定的情况下,依据 DSU 第 13 条规定的专家组可向其认为适当的任何个人或实体寻求信息与技术帮助的措辞,裁定专家组有权考虑非国家实体提请的“法庭之友”意见。[23] (2)以澄清法律规则之模糊性为例,1996 年上诉机构在“美国对虾及虾制品的进口限制案”中解释《关税与贸易总协定》第 20 条(g)款

---

[20] See M. C. Bassiouni, “A Functional Approach to ‘General Principles of International Law’”, *Michigan Journal of International Law*, Volume 11, Issue 3, 1990, pp. 775 – 781.

[21] Af Christina Voigt, “The Role of General Principles in International Law and their Relationship to Treaty Law”, RETFÆRD ÅRGANG 31 2008 NR. 2/121, p. 22.

[22] 参见[美]约翰·H. 巴顿等:《贸易体制的演进:GATT 与 WTO 体制中的政治学、法学和经济学》,廖诗评译,北京大学出版社 2013 年版,第 78 页。

[23] 参见[美]约翰·H. 巴顿等:《贸易体制的演进:GATT 与 WTO 体制中的政治学、法学和经济学》,廖诗评译,北京大学出版社 2013 年版,第 78 ~ 79 页。

时,援引了1982年《联合国海洋法公约》的相关规定对一些重要词组的概念进行了实质性和宽泛的解释,进而以司法造法的方式实现了贸易与环境的协调。㉔

WTO自产生以来,其内部法律体系的不断完善,是与WTO成员的深度参与以及WTO争议解决机构的法律实践紧密相关的。而且,WTO建立的司法性争端解决机制,通过二十多年的发展,已将世贸组织法发展成为国际法体系中最具代表性的法律规范系统,而且世贸组织法已发展出独特的"宪政范式"。㉕ 这是国际法体系中法教义学范式的又一例证。

**(二)法教义学视野下的国际法与相邻学科之间可区别为内部关系与外部关系**

体现在处理国际法学与国际关系学、国际政治学、国际经济学等相邻学科的关系上,法教义学范式有着明显的不同。根据新康德主义西南德意志学派的法哲学研究代表人物拉德布鲁赫的观点,法教义学的研究目标相较其他相邻学科其实十分明确,即致力于探究法律之客观意义,而探究法律主观意义则属于法社会学、比较法学、法史学的研究范畴。㉖ 法教义学将研究目标定位在法律的客观意义上,这决定了法教义学以法律方法为核心范畴、坚守实在法秩序。于广义国际法而言,这一基本定位亦是成立的,其任一部门都应首先框定和维护自身的部门法秩序,通过法律适用和法律解释,坚持国际法的规范秩序,维护学科体系的系统性、完整性和自主性。因此,国际法教义学范式应将国际法与相邻学科之间区别为内部关系与外部关系。即教义学范式下的国际法是一套内在的自治性体系,其对国际法律行为的规制、对国际法律关系的调整、对国际法规范的生成与获取、对国际法的适用与解释,皆有一套以国际法为依据的规范体系。而相邻学科相对于国际法学来说则是一套外在的体系,这套外在的

㉔ 参见李威:《论WTO/DSB贸易与环境争端的新发展》,载《世界贸易组织动态与研究》2012年第4期。

㉕ 关于WTO宪政化问题,系统研究的文献详见陈喜峰:《WTO宪政论》,法律出版社2017年版。

㉖ 参见[德]古斯塔夫·拉德布鲁赫:《法教义学的逻辑》,白斌译,载《清华法学》2016年第4期。

体系为国际法的应用和发展提供了外在的视角，能为国际法提供较为充裕的要素资源，但不能轻易作为国际法的一部分。这些要素资源若要进入国际法的体系内部，必须遵照国际法教义学的理念、契合国际法的运行逻辑，方能“内化”为其中的一部分。

当然，有学者认为传统的法教义学范式难以激发国际法的创造性，而社科法学研究方法则非常有利于我们深入考察国家遵守国际法的动因和内在逻辑、规则生成的社会环境因素。㉗ 笔者对此不敢苟同。传统的教学方式没有激发国际法的创造性，恰恰是因为国际法研究和教学中没有准确贯彻法教义学的范式和方法论。正是因为对法教义学的概念、范式、功能和方法的理解偏差，使当下法教义学从未深入我国的国际法研究和教学之中。近年来的研究和教学更是转向了社科法学的范式，普遍从相邻学科中寻求资源，主张将这些学科的内容或方法引入国际法。特别是国际法课程教学中，不少国内外学者主张将法学研究与教学引向国际法学与国际关系学相结合的路径。㉘ 诚然，这种通过求诸国际法之外学科体系来开展国际法研究与教学的社科法学方法十分必要，能为国际法的研习提供更为丰富和生动的素材。然而，国际政治学、国际关系学、国际经济学为国际法学的研究提供的是“知识”而非“方法”，国际法有自己的学科方法和范畴，要秉持其学科自主性。㉙ 国际法的这种学科自主性是由形式

---

㉗ See Zhao Jun, “International Rule of Law and Methodological Innovation”, *Social Sciences in China*, 3, 2017, pp. 189 – 208.

㉘ 相关代表性文献有 Laurie R. Blank, “Presidential Foreign Policy: An Opportunity for International Law Education”, *Case Western Reserve Journal of International Law*, Vol. 45, 2012, pp. 101 – 107。Adam Irish, Charlotte Ku, Paul F. Diehl, “Bridging The International Law-International Relations Divide: Taking Stock Of Progress”, *Georgia Journal Of International And Comparative Law*, Vol. 41, 2013, pp. 357 – 388. 刘志云：《中国国际法学的繁荣之路：一种引入国际关系理论分析的路》，载《武大国际法评论》（第 14 卷 · 第 2 期），武汉大学出版社 2011 年版，第 254 ~ 275 页；张光：《“一带一路”倡议下国际法教学中国际关系理论的引入》，载王瀚主编：《法学教育研究》（2017 年第 3 期），法律出版社 2017 年版，第 127 ~ 138 页。

㉙ 参见刘彬：《广义的国际法跨学科研究之倡导——兼论国际法学科的自主性问题》，载《武大国际法评论》（第 15 卷 · 第 1 期），武汉大学出版社 2012 年版，第 4 ~ 5 页。

维度和人文维度两个方面决定的。[30] 因国际法毕竟是法学学科,是围绕国际法律现象构筑的一套概念、规则、原则的总体,有其自身的逻辑体系,遵循基本的实践理性和规范要求,过多地借助学科之外的知识,会在一定程度上削弱国际法规范体系的权威性和闭合性。因此,在倡导国际法与相邻学科交叉融合时,应加以反思,应通过内部关系与外部关系的正确处理,进一步贯彻法教义学的范式与方法论,才能最大化地维护国际法、发展国际法。

### (三)国际法教义学范式在当前课程教学中的方法论意义

国际法教义学作为一种法学范式和实践方法论,体察国际法的法律文本和规范实践,乃贯穿于国际法的法律生成、国际司法运行和国际法教学研究整个过程的指导范式和实施方法,具有系统规范性。因此,对国际法教义学的倡导更多地体现为"道"的问题,国际法教义学之"道"可以引领多种教学方法之"术",两者并不矛盾,而且国际法教义学理念的贯彻将很好地统领各种教学方法和教学工具的应用,为其提供重要的方法论指引。国际法教学中引入法教义学的理念,其作用主要表现在如下三个方面。

第一,训练学生对国际法的体系思维,使其自觉增强对国际法规范框架的体系性认识。体系思维即要求在国际法教学中训练学生通过法律原则将国际法规范串联成逻辑严密的有机整体,国际法的法律条文、国际习惯以及国际法律行为等所有的国际法要素均是这一整体的组成部分。索尔(Sauer)认为,"只有体系方能确保认识的可靠性,进而确证文化。且只有在体系中,才能呈现真正的知识并发挥其真正的效用"。[31] 法律学者和法律职业群体都应具备体系思维能力,这种能力立基于现有的实在法、勾连着司法实践,无论是国际法的实践者还是研习者均应为国际法这一统一体构造内在关联。体系思维进一步映射在法律适用中,即通过运用多

---

[30] 参见刘彬:《广义的国际法跨学科研究之倡导——兼论国际法学科的自主性问题》,载《武大国际法评论》(第15卷·第1期),武汉大学出版社2012年版,第2~18页。

[31] Juristische Methodenlehre,1940,S. 171. 转引自周升乾:《法学方法论中的体系思维》,载舒国滢主编:《法学方法论论丛》(第1卷),中国法制出版社2012年版,第146页。

种逻辑推理形式，支持逻辑的体系论证。[32] 总之，国际法的体系思维是当前贯彻法教义学理念中最应重视的方法论形式。

第二，训练学生的规范性国际法思维，使其将国际法首先看作一种科学的、具有逻辑性的法律规范系统。这种规范以权利、义务为核心，以法益保护为出发点和落脚点，以权利救济为导向和路径。这种思维形成以后，人们在面对有关国际法的问题时，能够在国际法的框架体系内寻找规范性的问题解决路径，而不是首先求助于体系外的学科知识和方法。人们自觉在某个国际法框架体系内部进行国际法程序的取舍，国际法律事实的界定，国际法规范的获取、适用与解释，国际法的惩戒等，使国际法的运行过程呈现逻辑严密的规范体系。这套体系会科学地处理内部问题和外部问题，而且通过国际制法行为和国际司法实践而不断自我充实、自我整序和自我完善。

第三，训练学生以权利救济为导向的国际法实践思维，提高其国际法的实践理性。[33] 法学学科相较于相邻学科而言，其关注重点在于其他学科进路难以实现的"以法律解释、法律推理和法律适用为中心的司法过程"。[34] 套用完成新法学理论——法学方法论范式转换的菲利普·赫克(Philipp Heck)的利益法学观点，[35]国际法教义学的理念在于：作为一门规范的、实践的科学，只有落实于法律实践中的适用服务，国际法才能获得权威性力量。具体到法学方法论层面，国际法的首要任务在于"规范获取"，即面对利益冲突，寻找国际法得以适用和补充的权威性法规范；第二

[32] 参见周升乾：《法学方法论中的体系思维》，载舒国滢主编：《法学方法论论丛》(第1卷)，中国法制出版社2012年版，第146~167页。

[33] 所谓"实践理性"(practical reason)是哲学家康德在其《实践理性批判》(Critique of Practical Reason)一书中探讨道德理想的概念，与理论理性(theoretical reason)概念相对应，指的是理性的实践能力(意志能力)，因实践理性涉及人的行为，其运作结果势必会影响人的行为。实践理性指向人的行为规范，实质在于探知和追寻人的意志自由之所需。See Immanuel Kant, *Critique of Practical Reason*, Translated and Edited by Mary Gregor, Cambridge University Press, 2015.

[34] 刘彬：《广义的国际法跨学科研究之倡导——兼论国际法学科的自主性问题》，载《武大国际法评论》(第15卷·第1期)，武汉大学出版社2012年版，第6页。

[35] 参见舒国滢：《法学的学问性质——菲利普·赫克的利益法学》，载《中国社会科学报》2017年1月20日，第5版。

任务为“整序”,即通过推进法的秩序与法的概念之形成,体系性关照纷繁复杂的国际事务。只有通过实践验证、完善和发展的国际法才能获得足够的规范性和权威性。国际法教学中的法教义学范式的倡导,便是培养学生的国际法实践思维、实践理性的重要方法。

## 三、国际法教学中法教义学范式实施的策略方法论

### (一)维护以“规范获取”为基本逻辑起点的国际法学科自主性教学理念

托依布纳认为,当由法律决定什么应当是法律的时候,法律才诞生。法律是由法律产生的。这个过程是法律系统区别于其他社会子系统进行自组织的一种自我关联的过程,即法律系统自生自发地、通过系统各组成部分——法律行为、法律规范、法律过程、法律学的互动,内在地生产出自治秩序。在这个意义上,我们说法律是一个循环地自己生产自己的复杂系统。[36] 国际法发展到今天,尽管有诸多不完善之处,但已经形成了一套完整的内部性法律创制系统或规范生成系统,这确保了国际法是一套自治性体系和规范性秩序。如条约国际法要通过国际制法行为才能产生,条约只约束其创制主体;条约规则只有被证明是国际习惯,才可能约束条约外的国际法主体。当然,国际司法过程中法官的法律解释或续造可能发挥造法功能,创制新的国际法规范。除了条约国际法,作为国际法渊源的习惯国际法也有一套完整的自我生成系统。国际习惯法的生成需要同时满足客观要件(通例之形成)和主观要件(法律确信之满足)。其一,客观要件需符合相互支持、彼此补足的广泛性、一致性和重复性三个判断标准。对通例形成的判断乃是综合考量各要件及其彼此联系基础上的一种辩证推理,再具体到对通例形成过程的考察,须在确立早期实践的基础上,确定发生实践的重复,进而用证据证明在国际法主体间形成一致性和

---

[36] 参见[德]托依布纳:《法律:一个自创生系统》,张骐译,北京大学出版社2004年版,第15~16页。

广泛性的抽象行为模式。其二,对主观要件即法律确信的判断,主要体现在作为国际法主体的国家表明其承认特定通例的法律效力上。[37] 总之,通过国际司法的造法功能和国际习惯法规范生成的推理过程可知,国际法规范的生成具有一套十分严密的规范体系,深刻体现出国际法教义学的应用价值。

表现在处理广义国际法与相邻学科的关系问题上,国际法教义学范式一方面倡导人们重视国际法的体系性和规范性,使法律问题回归法律,做到对规范体系和学科体系的正本清源。另一方面应摒除"国际法万能论",不能认为国际法乃是解决国际纠纷的唯一路径,而是应当通过法教义学的方法论确立,清晰界定国际法与国际政治学、国际关系学、国际经济学等相邻学科的边界,进行体系内和体系外的清晰划定。实际上,国际法教义学仅仅为研究和应用国际法提供了内部视角,我们也应重视国际法研究和应用的外部视角,也即重视社科法学在认识和发展国际法方面的重要辅助作用。体系内和体系外要素资源的相互引入和调配应遵循法教义学的基本方法,确保做到在国际法中合理引入系统外部的丰富资源,使其成为系统内部的重要素材。如国际关系中的大量案例事实在习惯国际法生成的考察方面有重要价值;再如国际私法中通过冲突规范将外国实体法、国际条约甚至示范法确定为准据法,进而使其成为本身规范体系的一部分,则具有相当的法教义学方法论价值。

相较于国内法,国际法所涉领域十分广阔,有着庞大的学科体系,仅以战争法和国际人道法观之,有近百个多边条约,知识产权法、环境法亦是如此。除了条约,还有大量的国际习惯、一般法律原则及其他的各类辅助渊源,在案件争讼中的国际法规范发现就十分艰难。鉴于国际法框架体系的庞杂性,对其进行规范性研究就是极其繁重的任务,因此对国际法进行体系化解释的法教义学理念十分重要。体现在国际法的课程教学中,教师在课堂教学中无论使用何种教学工具、运用何种教学方法,都应该通过一定的方式,让学生明确意识到国际法体系的规范闭合性,这种闭

---

[37] 参见江海平:《国际习惯法规范的构成机制》,载《厦门大学法律评论》(2006 年第 2 期),厦门大学出版社 2006 年版,第 253 ~ 282 页。

合性体现在国际法运行的过程是一套内部独特而自成逻辑的、从实践到规则再到规范系统的自我进化过程,甚至国际法的形成、发展以及实践均是内部自洽的完整体系。

**(二)推进以法律适用、法律解释为核心内容的国际法教学方法革新**

从本质上讲,法教义学乃是一种对立法文本与司法案例中所蕴含的法规范构成的实定法秩序进行体系化解释的范式和方法。[38] 以大陆法系为视角观之,制定法传统中的法律条文总是存在有限性,难以因应永续发展的社会控制,因此传统大陆法系中立法与司法相分离的成文法模式会不可避免地造成法律规范的不合目的性、滞后性和不周延性。[39] 为主要以国际条约为渊源的国际法来说,也存在条约内容滞后、不周延、与制定目的相违背甚至条约之间相互冲突(包括积极冲突和消极冲突)等问题,这必然要求各方在国际条约的实施上擅用科学的解释方法。

体现在国际法教学中,教师应立足于国际法案例、正在发生的法律事实、国际关系中的法律现象,围绕争议焦点,运用国际法教义学的推理逻辑,在规范获取的基础上进行整序,通过法律价值、法律规范和法律事实的多重诠释,找出个案中的权利救济路径,评价或预测案件的法律后果,纠正法律适用之不足,进一步发挥国际法的救济功能,推进国际法的权威性和公平性。教师应确保国际法的现有案例教学、法律诊所、国际法模拟法庭等教学方法全面接受国际法教义学的范式和方法论改造。传统的国际法案例教学法存在诸多不足之处,一是教师灌输国际法知识点过多,对案例发生的过程以及案例争讼的过程缺乏解读;二是教学过程不太重视案例的实践性,没有将案件的全貌予以呈现,没有将案例置于具体的司法实践语境中进行解读;三是普遍存在学生参与度不足的问题。国际法教义学的方法论要求国际法的案例教学应通过国际法司法实践过程,动态展现国际法的规范功能。教师应不断更新教学方法,如采取发现教学法,鼓励学生主动去查阅案件资料,发现案例适用的法律,通过辩论和实践来提高规范性的思维能力。案例教学法的更新还可以将案例置于模拟法

---

[38] 参见凌斌:《什么是法教义学:一个法哲学追问》,载《中外法学》2015年第1期。

[39] 参见于飞:《民法总则法源条款的缺失与补充》,载《法学研究》2018年第1期。

庭、争议案件辩论等场景中进行实战演练，训练学生界定案件事实、归纳案件焦点、获取国际法规范、适用和解释国际法以及进行价值衡量的能力。

总之，唯有在法学课堂上深入贯彻国际法教义学的范式和方法论，将各种时兴的教学手段、工具的功能进行最大化发挥，才能真正对国际法进行体系化解释，并通过法律适用和解释，更大程度地发挥国际法的规范性、权威性和实用性。致力于培养信仰国际法、掌握国际法、实施国际法、发展国际法的涉外法律人才，最终服务于国家的国家外事谈判、国际制法、国际司法诉讼和制度性话语表达等事业。

**(三)回归以权利救济和国际法话语表达为导向的国际法实践思维**

当前，国际法已经跨越了以实体法为主的阶段，进入以实体法和程序法并重的完整体系化发展阶段。[40] 笔者认为，国际法的最大功用恰恰体现在司法过程之中。因此，国际法的权利救济导向决定了国际法发展的未来。以权利救济为导向的国际法实际上强调关注国际法的司法运作过程，即关注各类常设性和临时性国际法庭、国际性争议解决机构、国际商事仲裁机构乃至内国法院和商事仲裁机构开展的国际(跨国)司法实践。国际法教学应尽可能地真实模拟或再现国际法运行的场景，紧密围绕国际诉讼、国际仲裁等各类争议解决方式的法律运行过程，使学生聚焦于某一具体的法律程序，以裁判者的身份运用法律程序、法律思维，研判争讼的事实和法律场景，归纳案件事实、获取法律规范。通过法律推理和论证，将相应的法律规范应用于法律事实，最终找到最佳的问题解决路径，作出科学的裁断结论，为个案的当事人提供国际法上的权利救济。

法学建构和法学研究，均应指向以法律适用为核心的法律实践。[41] 国际法教义学的倡导，即要深入研究和探讨权利救济导向下的中国国际法立场重塑、规范获取与再造、制度性话语权提升、国际法方法论。这一切，还得回归国际法教育的体系革新。在现有的所有适合于国际法的教学方

---

㊵ 参见古祖雪、陈辉萍等:《国际法学专论》，科学出版社2007年版，第188页。

㊶ 参见舒国滢:《并非有一种值得期待的宣言——我们时代的法学为什么需要重视方法》，载《现代法学》2006年第5期。

法中,最能展现国际法救济过程的一为案例教学,二为国际模拟法庭和比赛。因此,一方面国际法学教师应重视带动并鼓励学生争取获得进入国际组织实习和工作的机会,增强参与国际制法的意识;另一方面,应组织学生广泛参与国际司法实践,学习司法过程中的程序规范和实体规范,归纳法律事实、发现法律规范、解释和适用法律,对国际法进行系统解释和应用。

随着国家的更加重视,支持力度的不断加大,在组织学生参与国际组织实习方面已经得到很大改善。如 2017 年 12 月 26 日国家留学基金委公布《2018 年国家留学基金资助全国普通高校学生到国际组织实习选派管理办法》,这是一个十分好的契机,越来越多的学生被选派到国际组织参加实习。还有相当一部分学生在毕业后被遴选为国际组织的工作人员,从事外交与国际法实践工作。此外,比较重要的是积极鼓励学生参加各类国际法模拟法庭赛事,通过模拟国际法司法运作过程,训练学生全面应用国际法的能力。当前国内外有关国际法的主要赛事包括:杰赛普国际模拟法庭大赛、红十字“国际人道法”模拟法庭竞赛、国际刑事法院模拟审判竞赛、国际环境法模拟法庭大赛、ELSA-WTO 模拟法庭比赛,法兰克福国际投资仲裁模拟法庭大赛、“拉赫斯”(Manfed Lachs)国际空间法模拟法庭竞赛、Willem C. Vis(East)国际商事仲裁模拟仲裁庭辩论赛、国际航空法模拟法庭比赛、贸仲杯国际商事仲裁模拟仲裁庭辩论赛、中国 WTO 模拟法庭竞赛、国际航空法模拟法庭竞赛、全国高校海洋法模拟法庭邀请赛,等等。诸多赛事为学生深入理解和运用国际法提供了广阔的平台。这些模拟法庭赛事的共同特征是具有很强的实战性,要求参赛学生在既定的法律程序中扮演特定的当事人角色,提交书面法律文书,参与模拟诉讼或仲裁庭审的各个环节,进行陈述、答辩和辩论,并回答相应问题,通过有争议的案例,演绎国际前沿的规则和法理。在参与比赛的过程中,能够系统训练学生归纳和研判法律事实、正确适用相应程序法和实体法、解释法律规范、归纳案件焦点、解决法律问题等方面的能力。但参加模拟法庭比赛存在对学生覆盖面不足的问题。解决方式是:第一,在大学开设专门的模拟法庭专业课程,致力于训练学生和培养比赛选手。如中国政法大学国际法学院即将开设双语课程《国际模拟庭(杰赛普模拟比赛)》;[42]西北政法大学国际法学院新修订的《国际法课程设置》中更是增加了覆盖比赛范围更广的法学专业技能课《国际模拟法庭竞赛(双语)》。两所政法大学即将开设的模拟法庭新课,具有很强的示范性。第二,教师在平时授课中尽可能地引入模拟法庭比赛的理念和方法,尤其是将这种方法应用于案例教学,使这一方法获得更大的普惠性。

## 四、结语

当前,方法论的缺失影响了我国高校国际法教学水平的整体提高,这一局面已经无法适应我国对涉外法律人才的迫切需求。时下如火如荼的"一带一路"建设为我国涉外法律人才培养提出了新的要求,国际法教育"应当积极研究国际规则定制的法理,研究国际规则定制与中国话语表达的途径和方式,对现有国际条约规则文本应当加深研究,提高对国际规则运用的技术和能力"。[43] 上述的一切均对我国的国际法教学理念提出新的要求,而国际法教义学则很好地因应了这一需求。在国际法教学中贯彻法教义学的理念,将有利于确保国际法规范的获取、创制、适用与解释均呈现规范性、体系性、权威性特征,进而将国际法规范视为一套上下融贯的规范整体。同时,坚持以权利救济为导向的国际法制度重构,将国际法的运行看作是一个动态的制度演进过程,使国际法内部深刻地展现其

---

[42] 中国政法大学国际法学院近日发出通知,将于2018~2019学年秋季学期针对全校研究生和高年级本科生开设双语课程《国际模拟庭(杰赛普模拟比赛)》(课程号:403030202),共32学时、2学分,分8周时间授课(每周4学时),课程用中英文双语授课,授课内容围绕杰赛普国际模拟法庭竞赛的基本知识与资料收集方法展开,培养学生的法庭辩论和书状撰写能力,并从中选拔所有的下一届参赛队员。参见《转发国际法学院关于〈2019年杰赛普(Jessup)国际法模拟法庭大赛〉队员选拔及〈国际模拟庭(杰赛普模拟比赛)(英语双语)〉课程选课的通知》,载 http://jwc.cupl.edu.cn/info/1084/3404.htm,最后访问日期:2018年5月4日。

[43] 王瀚:《"开放 包容 合作 共赢:面向'一带一路'的法治创新、法学教育与学术传播"论坛致辞》,载《中国社会科学报》2017年6月22日,第A4版。

自创生功能。此外,国际法教义学方法论的设定将确保国际法主体、国际法规范、国际法事实在有机的国际法程序框架中运行、发展和更替。

国际法的人才培养即要把学生作为国际法的实践者来培养,训练其国际法的体系思维和规范性思维,使其系统掌握国际法的实体和程序规则,培养国际法的权利救济意识,自觉运用国际法诸要素在国际法这一统一体中构造的内在关联,在权利救济过程中动态地创造和发展国际法。唯有如此,我们才能真正培养出具有法的全球视野,服务于国家的外交与国际司法实践,能够从事国际法相关职业,进行制度性话语表达,积极构建人类命运共同体、维护全球正义的合格法律人才。

# On the Paradigm and Methodology of Legal Dogmatics in the Teaching of International Law

*Liu Xuewen*

**Abstract**: International law the broad sense is a self-contained normative system with its unique normative methods and practices. Due to its inherent characteristics of fragmentation, diversification and orderliness, international law, compared with domestic law, requires more normative appeals and systemic concerns. Therefore, the teaching of legal dogma has indispensable value. The legal dogmatics of international law contributes to maintain the existing positive law and provide it with a systematic explanation. In the future, the development of international law in the future should be oriented to the direction of rights & relief. This requires international law to focus on judicial practice with the application of law as the core. The idea of international law teaching should uphold the principle of independent legal teaching of international law with "standardized acquisition" as the basic logical starting point, promote the reform of international law teaching methods with legal applications and legal interpretations as the core content, and return to the rights & relief-oriented and international law discourse-oriented practical thinking of international law. Only in this way can we make international law be radically reformed and construct a teaching system for international law, with rights and obligations as the core, legal protection as the starting point and the foothold, and rights relief as the orientation and path.

**Key Words**: teaching of international law legal dogmatics paradigm methodology rights & relief-oriented international law

# 法科学生职业规划的检视与重构*

赵　哲**

**摘　要:**培养出真正为社会需要的法律人才乃是法学教育改革的不断的原动力,在一系列改革规划方案中,培养目标的改变成为课程设置、教学方法、教学内容改革的前提。法学教育要兼顾法律职业知识和法律实务能力培养,而这种能力很难通过传统授课方式的讲授获得。是故,按照不同类型的法律人才培养目标来寻求合适的方法不失为改革的重点。以职业规划的目标对法科学生培养方式进行影响,根据内在人格和外在条件两方面的因素综合判断,提出职业规划和法学教育目标设定的创新路径。

**关键词:**职业规划　法学教育　目标

---

* 基金项目:2017年度教育部人文社科科学重点研究基地重大项目《〈城乡规划法〉实施状况评估及完善对错研究》(17JJD820005)的阶段性成果,同时受西北政法大学"司法惯例与诉讼法治现代化研究"青年学术创新团队计划资助。

** 赵哲,西北政法大学行政法学院讲师,法学博士,研究方向:行政规划、城市治理。

## 一、问题的提出

法学教育的改革与创新需要改变职业培养的目标和方式。法学专业就业形势堪忧。这说明我国法律人才需求与高等院校的供给之间,存在错位的状况。[①] 可见,作为法科学生如何在大学本科教育阶段获得与自身的职业发展目标相匹配的知识和能力成为亟待解决的问题,故有必要进行教育培养目标上的回应以提出分析方法和建设性意见。法律教育的培养模式需要设计多元化的职业规划以适应不同法律职业要求,有利于尽早确定目标和避免就业的盲目性。然而,传统的法律职业规划主要限于就业指导,并未从法学教育理念上进行革新,应当从课程设置、教学质量评估等方面对法律职业规划进行整体性设计和评价,如此方能够达成法学教育与法律人才培养的正向激励。

## 二、法学教育职业规划传统

我国的法学教育自20世纪80年代以来经历了30多年的发展,一直为人们所诟病的便是教学与实务相脱节,学生在学校所学到的知识转化率低。为了改变这种现状,需要从宏观层面进行规划,从课程设置、教学方法、授课内容、实践环节等方面进行改革。

### (一)法学教育职业规划的内涵

"规划"既可以作为名词使用,意指文本形式的方案或设计;也可以作为动词使用,主要用于描述对长远性、预期性问题的安排。规划的定义很

---

① 参见刘剑文:《供给侧改革下法学本科核心课程的结构调整》,载《政法论丛》2017年第3期。

多,在这些定义当中,一种共同的认识就是,规划是前瞻性的。[②] 也即,规划需要先设定目标,进而通过一定的方式来满足目标的要求。规划体现了对未来的预先安排,而目标的确定和行为的选择有赖于知识、经验的积累。当然,基于已有知识来制订将来的规划,可能会存在不可预测的情况及不确定性,这在一定程度上会影响规划的有效性。所以,规划的实施过程中需要随着知识的更新和经验的弥补进行调整。法学教育的职业规划强调的是未来目标的设定和长期培养方案的提出,当然法学教育的职业规划基于理性认知的有限性和未来的不确定性,同样可能需要做出调适。所以,法学教育的职业规划不能一蹴而就,需要结合社会背景和社会主义法治建设发展的特殊要求来制订。

传统上认为,法学教育的任务是培养法科人才,其目的与法学研究一致,即通过培养的专门人才服务于法律和法治的实践。着力培养专门的实务人才和理论人才,由此形成两种法学教育类型。[③] 将法学教育的目标定位为培养理论型人才和应用型人才已达成广泛的共识。可见,理论型人才主要的培养目标是未来的高等院校教师及研究者,这必然需要从本科的法律教育阶段起就进行相对规范的学术引导和训练。我国台湾地区也存在类似的分类,如刘宗德教授指出:"众多法学教育改革者之关注焦点,多聚焦于考试制度、课程设计、教学方式及学生来源等技术层次,但未根本确立法学教育欲培养何种法律人,一言以蔽之,吾人所规划之法学教育其所培养者究为研究人才抑或实务人才,将直接影响法学教育之核心概念。"[④]法学教育规划培养的人才类型对于法学教育的影响异常重要,若以司法考试通过率为目标,将会形成课程设置及学生选课方向均从属于司法考试考察内容的局面。然而,事实上,即便通过考试,如果仅停留在适用法律而无基本的法律价值引导和人文关怀,将会成为机械适用法律的"工匠"。所以,理论研究型法学人才和应用型法学人才都非常重要,

② 参见[美]巴里·卡林沃思、罗杰·凯夫斯:《美国城市规划政策、问题与过程》,吴建新、杨至德译,华中科技大学出版社2016年版,第11页。

③ 参见夏勇:《法学研究的类型对法学教育的引领》,载《法学研究》2011年第6期。

④ 参见刘宗德、孙铭宗:《论台湾地区法学教育的沿革与改革》,载《行政法学研究》2016年第1期。

不能偏废其中任何一种，这就需要从规划目标上加以改观。

**（二）以法科学生的培养目标检视法学教育的职业规划**

法科学生培养模式的不断探索与改革实质上正是针对由当下法学教育与法律实务融合不佳的境况。《教育部、中央政法委员会关于实施卓越法律人才教育培养计划的若干意见》中提出，把分类培养卓越法律人才作为法学教育的主要任务之一，明确地把提高学生能够运用法学与其他学科的知识以及方法解决实际各种法律问题的能力作为目标，促进法学教育与法律职业的深度衔接。[⑤] 本质上讲，计划和规划在此处的功能是相同的，只是用语不同而已。故可将卓越法律人才教育培养计划理解为培养的规划，在培养机制中也区分了不同分类的卓越法律人才的特殊性。这种分类给我们带来的启示是，要根据不同的需求设定法科学生的培养目标。在法科学生的培养过程中应根据学生的兴趣、学习能力等进行因材施教，而非仅仅是学生被动地接受同质化的知识传授方式。

正如苏力老师所言："就毕业生而言，中国法学院的产品还不能满足社会的急迫需求，同时表现为产品的紧缺和过剩。紧缺的是两端，过剩的是中间产品。"[⑥]从其文义中能够深切地感受到其对法学教育职业规划的审慎抉择。根据卓越法律人才的培养计划，重点是培养涉外法律人才和西部基层法律人才，旨在解决如苏力老师指出的两端人才紧缺问题。涉外法律人才的培养目标是要求学生具有国际化的视野，能够处理国际化的法律事务。西部基层法律人才的培养目标是为西部基层政法机关培养愿意长期留下来奉献的基层一线工作人员。因此，根据不同的培养目标调整法科学生的培养方式是解决当下法学教育的存在的问题的有效途径。

尽管实务界期待能培养出更快更好地融入法律实务工作的法律人才，但注重学术型法律人才培养对于法学教育来说同样重要。学术研究

---

⑤ 参见《教育部、中央政法委员会关于实施卓越法律人才教育培养计划的若干意见》，载 http://www.moe.gov.cn/srcsite/A08/moe_739/s6550/201112/t20111223_168354.html，最后访问日期：2018 年 1 月 2 日。

⑥ 苏力：《当代中国法学教育的挑战与机遇》，载《法学》2006 年第 2 期。

与个人的兴趣、能力关系甚密,然而法学教育过程中对学生学术能力的特殊培养直接关系后续法学研究的能力。我国台湾地区法学教育改革过程中也存在和大陆类似的问题,如过度强调司法考试考查内容的民法、刑法、行政法、民事诉讼法、刑事诉讼法、行政诉讼法等核心课程,而未能全面地注重培养学生的学术研究能力。将法学分为应用与学术两个层次,绝不表示这两个现象应该相互独立,事实上,法学作为规范科学,其问题意识往往来自真实社会的需求,学术成果也不断回馈到真实社会。⑦ 也就是说,应当加强学生学术研究能力培养,而不是普遍性地要求学生用同质化的培养目标和方式。因培养规划及目标的不明确带来了对法学教育的误解,以及未能足够重视理论研究型法学教育,而导致选择法学专业的人数减少或者降低了法学教育的应有水平。

## 三、法学教育职业规划的路径选择

在进入法学院学习之前,学生通过不同渠道了解法学专业的具体内容和要求,确立自己的职业目标,对所学专业与日后要从事的职业之间的联系有清楚的认知,通过探索形成自我职业规划方案和目标,结合自身的性格、能力等方面选择适当的法学教育培养模式,以理论探索和实践锻炼的方式不断提高自己的各方面素质,结合法学教育的职业规划对法律人才的分类,为将来的目标和理想打下充分和长足的基础。

### (一)自我职业认知与法学教育的职业规划契合

法学教育职业规划的影响因素分为两个层面,即内在因素和外在因素。内在因素主要包括世界观、人生观、价值观等宏观的心理结构和个人的知识结构、技能掌握和性格特点等比较微观的内容,而外在的影响要素主要受既定规划目标和不同类别职业本身所具有的特征决定。

如果需要做一个对照性的概括的话,我们可以引入一种评测方法,即

---

⑦ 参见叶俊荣:《法律学学科成就评估报告》,载《清华法学》2004年第1期。

SWOT 法则。通过这一法则的适用我们可以进行有效的自我认识，并且对当下法科学生所面对的机遇和挑战进行初步的概括。SWOT 法则通常被用作企业战略选择时的分析方法，但是其在我们个人进行自我认知和职业择取时也有很大的适用空间。SWOT 实际上是四个英文单词的首字母组合，即优势（strengths）、劣势（weaknesses）、机会（opportunities）和威胁（threats）。我们将这四种要素进行组合形成一个矩阵，就可以在其中清晰地看到自己所具备的优势和不足，并且可以明了外部环境和自我设定职业追求可能的要求和挑战，从而可以更直观地了解到自己应该努力的方向。个人情况的优势和劣势因人而异，需要自己内省性进行自我发掘，主要考虑自己的兴趣、特长、性格和自我定位，并且要努力发掘自己的不足之处加以改变、提高或者在求职中进行规避。由于每个学生个体的优势和劣势都具有个别化的特征，可能难以以一种综合的方式在矩阵当中展现。但是每一个人对自己都应该有着较为清楚的认识，当自己无法准确地进行自我衡量时我们也可以多听取身边同学、朋友或者亲人关于自己某方面优缺点的评价来将其纳入自己的评价体系当中。自我衡量时主要对自己兴趣、特长、性格、明显的优缺点和自我定位等多方面因素进行综合考量，从而得出一个自己喜欢从事何种法律职业的基本判断。

美国心理学家约翰·霍兰德（John Holland）认为职业兴趣可以分为六种类型，分别为：研究型、现实型、艺术型、企业型、常规型、社会型。霍兰德职业兴趣理论为职业者的职业选择与职业发展提供了方法论指导。⑧将这一理论与法律职业特点相结合，可以尝试将法学院学生区分为以下几种类型，如实干型人（doer）、研究型人（thinker）、社会型人（helper）和事务型人（organizer）几种，按照职业趋向同卓越法律人才培养规划的人才类型进行融合，结合学生的主观意愿，针对不同类型的人格特征设定不同的教育规划目标以便采取差异化的教育模式。

第一，实干型人才（doer），一般来讲对具体事务的处理有着较浓厚的兴趣，偏好演绎而不是归纳的思维方式，动手能力和实务处理能力较强，

---

⑧ 参见王来顺：《霍兰德职业选择理论及其现实运用》，载《求索》2009 年第 7 期。

喜好交流和沟通而比较头疼于抽象理论的解析和认识,这种实干型的人相对比较适合从事律师等面对个案的工作,此外社会型和事务型的人也各有其自身的特点。第二,研究型人才(thinker),偏好对问题进行类型化的处理,有爱分析、有思考的习惯,同具体实践保持距离,喜欢探索和理解事物。在处理具体问题时也喜欢从整体的观念或者理论入手进行分析,在生活中也乐于进行钻研和探讨,这一类型的人就会比较适合进行理论性的研究。他们往往会选择高校教师、研究员等职业。第三,社会型人才(helper),通常对同人打交道比较感兴趣,具备良好的人际交往技能,乐于服务他人,帮助别人解决问题,在工作和生活中都能够,也容易影响他人的思想和行为,善于发挥个人魅力,处理各类人际关系,他们选择做公务员及企业法务工作人员或许更能够发挥其才能。第四,事务型人才(organizer),喜欢有条理、程序化的工作,擅长井井有条地生活,按照事先确定的目标行事,有组织有计划地处理事情。对于他们而言,往往注意行为的规范性处理事务较为谨慎、细致、准确。他们可能的职业选择大致为法官、检察官之类。当然这种概括是非常粗线条的,主要是希望通过这样的概括进行一种尝试,让法学教育的职业规划与个人能力和性格更具有匹配性,目的是可以为今后更好地实现多元化的培养目标提供具有参考价值和意义的实证资料,若仍采取传统的考核和培养、选拔模式,未必能够实现差异化法学教育培养目标的要求。

**(二)完善法学教育职业规划的模式、目标及评价方式**

1.拓展法学教育的职业规划培养模式

从高考为唯一目标到跨入大学校园的懵懂,从紧张忙碌的状态到张弛有度的环境,初入法学院学习的学生在心理上会经历一定的变化。如果法学院的学生能够自觉或借助外力帮助下达成法律职业的规划,就能更快地克服各种不适应,就可以合理安排大学的学习和生活,步入正常的生活轨迹,从而可以积极地面对各方面的压力和挑战,提高应变能力和环境适应能力。从法律职业的思维方法训练这一要求来看,在目前我国法学院的教学安排中,无论是从核心课程还是从非核心课程上看,均无特别的教育内容。[⑨] 这就需要将自我职业规划和法学教育的职业规划进行匹配性的比较、选择,以期待尽快确定究竟选择何种类型的职业,进一步创新法学教育的职业规划培养模式。近年来,我国台湾地区的法学院校加强了与大陆法学教育的学生互换交流,有些学校甚至将整个国际法学的班级学生集体派出,这便是卓越法律人才的法学职业规划中非常重要的一种新的尝试。通过整班、系统地学习台湾地区多门法学课程,对法学理论知识进行深入学习,对行政和司法实务有了更多的了解。不过,在大学几年级、以何种途径和方式派出,对学生带来的启发以及系统学习法学课程的影响是不一样的。通过交换经验的总结,最好派出高年级的学生,他们已经经过自我调适,可以更好地适应外出求学的环境改变的,交流的收获将会更大。

2. 增强案例式、诊所式教学对职业规划的促进作用

大学时期不仅要学习法律职业知识,更要发展各方面能力和素质。正如有学者所言,"普遍性和可预期性乃是近代法治的基本特征,维系这类基本特征的重要因素之一,正是由法律教育所培育的思维方式和积累的知识体系"。[⑩] 思维方式的培养除了规范性知识的掌握,还需要参与法律实务。具体说来,通过参加教学实践环节的课程安排,初步探索未来感兴趣的职业发展方向,以便为今后职业规划确立明确的目标。德国法学教育正是将法律理论和实务结合的典范,一般而言,德国法学专业大学本科阶段的学制为四年到五年,规划的教育目的在于让学生尽量地掌握公法、私法的主要课程,但同时要注重实践中对案例的分析和解决。另外,还需要到法院、检察署、行政机关和律师事务所进行实务教育,这一阶段为期两年。[⑪] 也就是说,法学教育不仅要注重法定价值、本质等人类普遍关注的问题,又要关涉对法律的实务操作和具体应用实体,具有"经世济

⑨ 参见黄建武:《法治国家建设与法学教育目标的设定》,载中国人民大学法学院编:《走向世界的中国法学教育论文集》2001 年印行,第 302 页。

⑩ 贺卫方主编:《中国法律教育之路》,中国政法大学出版社 1997 年版,第 112 页。

⑪ 参见[德]许迪曼·伯恩特:《为二十一世纪的中国提供法学教育的建议》,载中国人民大学法学院编:《走向世界的中国法学教育论文集》2001 年印行,第 273 页。

用”的学科功能。[12] 案例教学、法律诊所课程让学生以半社会化的身份参加庭审和实务部门的实践,通过探知真实的社会场景来感知、接触现实。[13] 在很多高等院校中尽管开设了案例研习课程,但往往仍停留在老师面授这种形式,学生对案例的了解仍来自于老师的讲授或文字材料,无法形成真实而生动的现实体验,应尽可能地将模拟法庭引入课堂,甚至可以将有重要的理论和实践价值的案例,在模拟法庭进行开庭审理,这种空间上的转移可以让学生对于法律实务的了解更为具象。要积极推广案例教学法,使学生不仅懂得法学理论和法学知识,还要具备一定的实践能力。[14] 通过案件教学不仅有助于沟通和表达能力,人际交往能力,团队协作精神以及对不同法律职业的进一步认知,将会使学生这些方面的能力得到训练和加强。

3. 纠正法学教育职业规划的误区

国家的扩招政策让“天之骄子”的大学生时代早已一去不复返了。加之法学专业学生就业的严峻形势,高校纷纷开设了“就业指导”或“大学生职业规划”这类课程,让法学院学生早作准备,做好职业规划,大学期间的学习和实践也朝着这个方向努力,提高学生的核心竞争力,在就业选择时,能够让他们充分展示“亮点”,发挥专长。职业的选择,在不同的阶段,需要设定不同的目标,不能光靠工作推动自身发展,而是要靠自身带动职业进展,实现“人职匹配”,提高就业满意度。但是,必须指出的是,这并非真正的法学教育职业规划,而只是让学生认识就业形势、提高就业技巧和能力的方式。系统的法学教育职业规划应当是形成完善的培养模式、课程设置、教学内容、教学方式、教学评估标准和手段、就业模式等方面的整体规划。教师以及学校的行政管理人员均应当以实现特定的教育目标来对法学教育过程检视。在一定意义上,法学教育毋宁说是一种职业教育,目的在于培养适应社会发展的专业法律人才。由此,法学教育是一种“授业”教育,即传授一种职业的知识和技能。对于法学人才的培养,我们通

---

⑫ 参见胡玉鸿主编:《法律原理与技术》,中国政法大学出版社2002年版,第19页。

⑬ 许建丽、牟逍媛:《法律诊所教育与中国法律援助制度》,载中国人民大学法学院编:《走向世界的中国法学教育论文集》2001年印行,第731页。

⑭ 朱遂斌:《法学的实践性特点与法学教育》,载中国人民大学法学院编:《走向世界的中国法学教育论文集》2001年印行,第154页。

常提到要传授学生系统的法律知识,培养他们法律专业的思维方法,使他们像律师(法学家)那样思考和行动。但是,在法学教育中,传授的知识内容和思维方法不是由法学院的教师任意决定的,它取决于法律在社会中发挥作用的范围和方式。⑮ 在法科学生的培养过程中,同一所高校也可以进行不同类型的尝试。根据涉外法律人才和两部基层法律人才不同的培养目标,可分为国际专班与西部基础教育班,分别制订了不同的培养规划方案,通过不断总结经验和尝试,形成具有各自特点的理论和实践教学的教育模式。

4. 推进以法律实务人才培养的评价体系改革

按照现有的教育发展形势来看,法学教育的主要目标之一就是为基层公务员队伍培养出更专业的法律职业人,特别是公安、法院、检察院等机关的专业化人才培养,对依法治国的实现具有重要的作用。以法官、检察官为例,我国的现行公务员考试制度并未将法官、检察官进行特设考试形式来招考,有些省市会在面试环节加试法律专业知识的考察,但在招考的程序上基本与其他普通公务员无异。学生通过考试进入法官、检察官队伍之后,也没有专业的受训过程,基本靠业已形成的惯例来对新入职人员进行初任培训。我国台湾地区的法官、检察官会通过专门的考试进行招录,考取之后会进行为期最长两年的受训,这样便将法律实务的学习作为一个系统性和延续性的过程。⑯ 目前,囿于我国案件量大带来法官缺编严重,若采取此类受训方式不能满足现实的需求,折中的办法就是在法学教育的职业规划过程中,对学生分类进行培养。根据《法学学科专业类教学质量国家标准参考框架》的要求,考虑到法学类专业教育具有很强的应

⑮ 参见黄建武:《法治国家建设与法学教育目标的设定》,载中国人民大学法学院编:《走向世界的中国法学教育论文集》2001 年印行,第 302 页。

⑯ 《法务部司法官学院司法官训练规则》第 10 条规定:司法官训练期间定为一年六个月至二年,分下列三个阶段实施。每期开训、结训日期,应于开训前提经司法官训练委员会决议:一、第一阶段:学员在所接受各类课程之讲授、研究、拟判及演习。二、第二阶段:学员分配法院、检察署、行政机关等机关学习审判、检察、行政等业务。三、第三阶段:学员回所接受拟判测验、实务综合检讨及分科训练等。前项训练期间与实施次序,得视实际需要,提经司法官训练委员会决议增减或变更。载 http://www. rootlaw. tw/LawArticle. aspx? LawID = AO40090120000100 - 1061129,最后访问日期:2018 年 5 月 6 日。

用性和实践性。开设法学专业的高等院校通常会要求学生在司法实务部门实习,尽管每个学生在司法事务部门实习,但这种实习往往流于形式,低年级学生因未系统掌握法律职业知识,实习只能做一些订案卷、送文件的杂务,并未达成专业化的职业能力培养目标。

事实上,实习教育不仅在德国等大陆法系国家受到重视,在英美国家同样不容忽视。美国的实习法律教育起源于20世纪70年代,在实习教育的初期,法律道德和职业责任被作为最为核心的内容,无论是学生日后的工作评价,还是对具体案件的处理过程都离不开对职业责任的考核。故应当通过磨炼道德和职业责任来判断解决问题的能力。⑰ 按照现有法律法规和相关规范性文件的规定,实习期间的考核过程和鉴定结论等评价,无论是本科还是研究生的法学教育,并未将其作为对日后职业生涯产生影响的职业评价,这无疑大大降低了实习的效果和积极性,故有必要,对参与实习的对象、内容、形式、考核等由司法部专门制定规范性文件或部门规章,形成实习效果的过程化管理评价体系,并将实习鉴定结论作为从事法律职业的重要证明文件和考核文件。

不过,与此同时我们也要清醒地认识到,法学职业规划只是播下了我们希望的种子,这颗种子是否会顺利萌发,需要形成与之配套的评价体系和培养规划落实的制度。法科学生培养目标的多元化是希望通过与之相配套的培养方式进行,那么对学生优秀与否的评价也不应当完全按照在校期间成绩以及参加国家统一司法考试、英语等级考试等来进行,而应依据培养目标,设定有助于目标实现的多元考核标准,才能真正达到法学教育的职业规划所设定的差异化目标。

## 四、结语

从整体来看,法学教育的职业规划需要考虑时代背景、社会需要、学

---

⑰ [美]杰伊·波顿格尔:《现代法学教育中的"诊所"概念》,载中国人民大学法学院编:《走向世界的中国法学教育论文集》2001年印行,第712页。

科发展、区域情况等多种因素。如何在法学教育的职业规划过程中综合衡量各方面因素，特别是真正实现差异化的教育，这需要从规划的目标设定及评价体系两方面予以着重考量。涉外型法律人才、两部基层法律人才仍然存在较为明显的缺口与法学院毕业生的低就业率之间的反差反映出传统法学教育的职业规划存在的弊端。法科学生培养目标的改革和探索正是尝试解决上述普遍存在问题而进行的制度创新，然而在实施过程中，政法院校对法科学生培养目标的设定、培养对象的选择基本上都以遴选优质生源作为进行实验班或是试点班的尝试，这样的选择有其合理性，但未能将个人的人格特质作为法科学生培养中对象遴选的考量因素之一。将自我职业规划认知与法科学生培养目标相融合，可以打破传统法学教育职业规划的局限，更好地实现改革的成效。

# Inspection and Reconstruction of Career Planning for Law Students

*Zhao Zhe*

**Abstract**: The constant driving force behind the reform of legal education is to cultivate legal talents that are truly needed by society. In a series of reform planning programs, the change of the training objectives of legal education has become the premise of curriculum reform, teaching methods and teaching content reform. Legal education should take into account the cultivation of legal professional knowledge and legal practice ability. However, this ability is difficult to obtain through the teaching of traditional teaching methods, so it is the focus of legal education reform to find the appropriate method according to different types of legal personnel training objectives. Legal education should influence the training methods of law students with the goal of career planning, and comprehensively evaluate the factors based on internal personality and external conditions and propose the innovative path of career planning.

**Key Words**: career planning legal education goal

# 比较研究

# 美国知识产权法学教育的发展状况研究

张惠彬　沈浩蓝*

**摘　要：**在知识经济时代，知识产权激励创新的作用日益凸显，知识产权人才培养也受到普遍重视。美国是知识产权强国，知识产权人才在政府部门和私人部门中都发挥了举足轻重的作用，共同促成了全行业的勃兴。这一切成就都离不开知识产权教育在美国法学院的推行。我国正处在从知识产权大国向知识产权强国迈进的过程中，对各种类型的知识产权人才需求很大，因此有必要对我国的知识产权人才培养方式进行改革。美国法学院在知识产权人才培养计划、课程设置、教学方式、师资队伍的构成等方面为我国提供了可资借鉴的经验。

**关键词：**知识产权人才　培养方式　教育改革

---

* 张惠彬，西南政法大学副教授，法学博士。重庆知识产权保护协同创新中心研究员，剑桥大学访问学者，研究方向：知识产权；沈浩蓝，重庆知识产权保护协同创新中心研究人员，研究方向：知识产权。

## 一、问题的提出

在知识经济时代,创新成为引领发展的第一动力。知识产权制度能够为天才之火添上利益之薪,是激励创新、促进知识经济发展的重要保障。党的“十八大”以来,以习近平同志为核心的党中央高度重视知识产权事业的发展。① 2017年10月,党的“十九大”报告提出“倡导创新文化,强化知识产权创造、保护、运用”,这将是我国知识产权事业发展的新起点。我国正处在由知识产权大国向知识产权强国迈进的战略机遇期,知识产权激励创新的作用较之以往更加突出,对知识产权人才的需求也日益增长。② 治国经邦,人才为急。推进知识产权战略是新时代中国特色社会主义建设的重要任务。创新驱动战略的有效实施,“十三五”规划发展目标的实现都离不开知识产权高素质人才的智援。而知识产权人才的培养,离不开知识产权教育的推行。美国是当今世界科技水平和经济实力首屈一指的国家,其知识产权教育可以追溯到1983年5月31日,美国法学院协会(ALSA)成立了知识产权学科,旨在促进成员之间就知识产权的教学改进进行交流。③ ALSA是1900年成立的非营利性组织,其成员包括179所美国法学院。到20世纪90年代,卡多佐法学院、德保罗大学法学院等法学院先后开设了与知识产权有关的课程,逐步构建了全方位的知识产权教育体系。发达的知识产权教育与知识产权行业的发展互相

---

① 如习近平同志在中央财经领导小组第十六次会议上指出,产权保护特别是知识产权保护是塑造良好营商环境的重要方面。要完善知识产权保护相关法律法规,提高知识产权审查质量和审查效率。要调动拥有知识产权的自然人和法人的积极性和主动性,提升产权意识,自觉运用法律武器依法维权。

② 参见国务院:《国务院关于印发“十三五”国家知识产权保护和运用规划的通知》,载中国政府网国务院文件:http://www.gov.cn/zhengce/content/2017-01/13/content_5159483.htm,最后访问日期:2018年4月30日。

③ The Association of American Law Schools, “List of Sections: Section on Intellectual Property”, https://memberaccess.aals.org/eWeb/dynamicpage.aspx? webcode=ChpDetail&chp_cst_key=b7b55ca3-b7dd-4a54-b592-3d4b0e4463f7, May 2, 2018.

作用,相辅相成,共同助力于美国知识产权战略目标的实现,为美国的知识经济和科技创新保驾护航,巩固了美国在科技和经济领域的世界霸主地位。美国知识产权教育的成功经验值得我国借鉴。本文将对美国的知识产权行业现状、教育体系、就业情况和知识产权人才发挥的作用等方面进行介绍,以期为我国的知识产权教育模式提出一些改进的建议。

## 二、美国知识产权事业的发展

根据世界知识产权组织(WIPO)的数据统计显示,在2007~2016年,美国的GDP稳步增长,与专利、商标和工业品外观设计的备案量呈正相关,详见表1,三者的申请量及其他相关数据均处于世界领先地位且保持逐年增长的态势。特别是在通过《专利合作条约》(PCT)提交的专利国际申请中,美国长年保持榜首地位。以2015年为例,美国2015年专利国际申请量为57,385件,中国以29,846件位列第三。与上一年度相比,中国有了16.8%的增长,但较之美国仍有显著差距。④ 美国知识产权人才培养是行业发展的前提,行业的蓬勃兴盛又为美国知识产权制度的连续性和一致性提供了有力的保障。

**表1 知识产权备案(居民+国外)与美国经济⑤**

| 年份 | 专利(件) | 商标(件) | 外观设计(件) | GDP(美元) |
|---|---|---|---|---|
| 2007 | 437,353 | 1,290,448 | 194,201 | 15.366.23 |
| 2008 | 428,881 | 1,197,995 | 204,306 | 15,321.42 |
| 2009 | 397,919 | 1,040,068 | 145,796 | 14.896.17 |

④ World Intellectual Property Organization,"U. S. Extends Lead in International Patent and Trademark Filings",http://www. wipo. int/pressroom/en/articles/2016/article_0002. html, May 2,2018.

⑤ 资料来源:See World Intellectual Property Organization,"Statistical Country Profiles: United States of America",http://www. wipo. int/ipstats/en/statistics/country_profile/profile. jsp? code = US,May 2,2018。

续表

| 年份 | 专利(件) | 商标(件) | 外观设计(件) | GDP(美元) |
| --- | --- | --- | --- | --- |
| 2010 | 433,199 | 1,198,782 | 180,422 | 15,273.33 |
| 2011 | 440,632 | 1,335,791 | 189,908 | 15.517.93 |
| 2012 | 473,489 | 1,390,564 | 230,836 | 15.863.05 |
| 2013 | 501,162 | 1,483,556 | 252,712 | 16.129.13 |
| 2014 | 509,521 | 1,525,040 | 268.543 | 16,511.46 |
| 2015 | 530,662 | 1,677,599 | 278,867 | 16.940.12 |
| 2016 | 521,802 | 1,611,311 | 320,395 | 17,213.82 |

### (一)知识产权事业与制度的连续性

知识产权权利人的利益实现有赖于知识产权制度持续、稳定地发挥效用。美国的知识产权体系非常成熟,即使受到外界因素的干扰,也不妨碍其提供这种稳定的连续性。(1)在政府决策方面。众所周知,美国联邦政府由立法、行政和司法三个部门共同构成,前二者的成员由定期选举产生,政府高层更替率高,新晋官员须重新接受与该职位相关的教育,造成政府决策的低效率。早在美国建国初期,杰斐逊与汉密尔顿就围绕着政治正义与政府效率展开了激烈的争论。⑥ 而知识产权行业的勃兴能将这种低效率对知识产权领域的影响最小化。在知识经济时代,知识产权的作用日益凸显,新当选的政府高层认识到在团队中应当至少有一名知识产权专业人士,并从有相关执业经验的专业人员中选拔工作人员。以特朗普政府内阁为例,本届内阁最新成员共25人,有11人拥有法学教育背景并曾从事法律工作。⑦ 其中,白宫预算办公室主任米克·马尔瓦尼(Mick Mulvaney)以反托拉斯法(Antitrust Law)为主修方向。⑧ 此外,小

---

⑥ 参见余晓芳、刘耀东:《政治正义与政府效率之争:前公共行政学时期美国公共行政价值变迁研究》,载《社会科学研究》2016年第3期。

⑦ See Wikipedia,"Cabinet of Donald Trump",https://en.wikipedia.org/wiki/Cabinet_of_Donald_Trump,May 1,2018.

⑧ See Wikipedia,"Mick Mulvaney",https://en.wikipedia.org/wiki/Mick_Mulvaney,May 2,2018.

企业局局长琳达·麦克马洪(Linda McMahon)虽未在法学院接受过系统教育,但其曾在律所担任接待员,并自学了大量知识产权知识。[9] 由于公务员规模受限,拥有多学科背景的专业人员将受到青睐。[10] 这些专业人士共同工作、教导新人起草知识产权政策与法规。这保证了在政府换届后知识产权领域管理的连续性。(2)在满足利益需求方面,负责知识产权管理的官员不断向该领域的私营部门组织、协会、社团等征求意见或建议。例如,在2010年《美国商标技术和合规规则修正案》(U. S. Trademark Technical and Conforming Amendments)生效后,美国专利商标局(PTO)向知识产权私营部门发出与商标诉讼策略有关的征询意见。[11] 这些特殊利益集团向政府高层提交新立法提案,拟议立法意见或本领域相关研究报告。更有学者认为,奠定知识产权全球治理规则基础的《TRIPs协定》的达成,就是由美国12个跨国公司共同助推的结果。[12] 这些利益集团既不承受来自政府高层的政治压力,集团内部也较少发生权力更替,整个群体相对稳定,因此其向历任政府高层提供的知识产权方面的信息出入不大。这种互动同样有助于保持知识产权领域整体管理的连续性。

**(二)知识产权事业与制度的一致性**

知识产权制度的一致性能使全行业受益。每个新当选的政治团队都有自己的政治议程,其中就包括知识产权制度的变革。知识产权领域的利益集团为了自身利益也将不断游说新任政府高层修改相关立法。[13] 例如,美国知识产权法律协会(AIPLA)长期在美国各法院、国会、PTO及其

---

⑨ See Wikipedia,"Linda McMahon",https://en.wikipedia.org/wiki/Linda_McMahon, May 2,2018.

⑩ 美国联邦政府雇员的规模受到预算的约束,在此约束下,联邦政府通过"职位管理"控制人员增长。参见牛龙云:《美国联邦政府如何管控雇员规模》,载《中国机构改革与管理》2015年第7期。

⑪ United States Patent and Trademark Office,"Request for Comments: Trademark Litigation Tactics",https://www.uspto.gov/trademark/trademark-updates-and-announcements/request-comments-trademark-litigation-tactics,May 2,2018.

⑫ 参见[美]苏姗·K.塞尔:《私权公法:知识产权的全球化》,董刚、周超译,中国人民大学出版社2008年版,第7~16页。

⑬ 参见代辉:《行业协会在国家知识产权体制中的地位——以中美比较为基础》,载《科技与法律》2015年第5期。

他相关国内和国际组织中积极发声。⑭ 2018 年 4 月 11 日在众议院司法委员会通过了《音乐现代化法案》(Music Modernization Act),AIPLA 是积极倡导方之一。⑮ 但是,冒进的变革将给全行业带来灾难性后果,遵照现有法律开发、销售知识产权产品的企业将首当其冲。当某一制度的变革可能涉及外国公司及其所在国政府,影响国际关系时更应当慎重。在美国知识产权行业内,不同职业的专业人员之间高度互动,就知识产权改革建议进行广泛而深入的讨论。以前述《音乐现代化法案》为例,该法案提高了数字环境下音乐作品知识产权保护水平,集中体现了作曲家和音乐出版商的利益,被不少艺术家和唱片公司认为是一种"令人难以置信的鼓舞""真正的令每一方都得到双赢",但也有观点认为该法案是"反竞争的",将损害社会公众和消费者的利益。⑯ 因此,在政府提出有意施行的知识产权新政策、新法规后,需要留出足够的时间让所有相关方就此提交意见和建议,这就延缓了新政策或新规则的实施速度。它保障了各方充分评估该新政策或新规则的影响所需要的时间,也避免突然的变革令全行业措手不及。虽然这将导致知识产权立法具有一定的滞后性,对新生事物难以及时作出反应,但同时也确保了法律的稳定性,为遵守相关法律的投资人的利益提供了保护。

不仅如此,知识产权专业人士还通过参与专业组织、社团、行业协会和其他团体进行互动交流。这种互动不仅有利于其职业发展,而且通过促进本行业专业人员之间的信息和思想交流,形成了知识产权职业共同体。⑰ 尽管绝大多数知识产权专业人员拥有全职工作,但他们也积极参与

---

⑭ American Intellectual Property Law Association, "IP Policy & Advocacy", https://www.aipla.org/advocacy/Pages/default.aspx, May 2, 2018.

⑮ American Intellectual Property Law Association, "IP Policy & Advocacy: 115th Congress-Legislative Advocacy" https://www.aipla.org/advocacy/congress/115c/Pages/default.aspx, May 2, 2018.

⑯ Luke Barr, "The Music Modernization Act introduced in the House could change how artists are paid for streaming services", ABCNews, 2018. https://abcnews.go.com/Politics/music-modernization-act-introduced-house/story? id = 54368123, May 2, 2018.

⑰ "知识产权职业共同体是指受过专门知识产权法和与知识产权相关知识的教育或职业培训,具有比较一致的与知识产权相关的知识背景、思维模式、职业利益和职业信仰的人的集合。"参见徐玲:《论知识产权职业共同体的界定》,载《理论导报》2014 年第 4 期。

团体活动,管理团体事务。例如,AIPLA 的成员会定期分享其从业经验、技巧及其他有价值的信息,供本协会成员交流学习,互相促进。⑱ 团体内大多数报告是由知识产权专业人员志愿起草的。他们在委员会内部就某个问题的立场达成共识,生成报告并交由团体行政人员或全体成员审查。例如,AIPLA 委员会定期举行会议,就成员感兴趣的知识产权议题进行讨论并形成委员会报告。⑲ 这些报告最终将被提交给相关政府部门。

## 三、美国知识产权法学教育体系

美国知识产权事业的发达离不开源源不断的高素质人才的加入。特别是在私人企业,需要有能力的律师来为公司的知识产权保驾护航,游说和指导政府高层立法。当前,美国大学法学院中开设的知识产权教育较多,课程设置也较为丰富,教学方法也较为多元化。

### (一)设有知识产权课程的法学院

在全美前 50 名的法学院中,38 所高校开设的知识产权课程数量在 10 门以内,详见表 2。⑳ 哥伦比亚大学法学院等每年提供超过 10 门的知识产权课程的。它们大多位于大都市区和高科技行业地区,这凸显了高质量的知识产权人才培养与当地的科技发展息息相关。㉑ 从师资的角度

---

⑱ American Intellectual Property Law Association,"Member Center: Careers In IP Law Blog",https://www.aipla.org/members/Pages/AIPLA-Career-Blog.aspx,May 1,2018.

⑲ American Intellectual Property Law Association,"Committees Center: Document Libraries",https://www.aipla.org/committees/leadership/_layouts/viewlsts.aspx?BaseType=1,May 1,2018.

⑳ 此外,在美国律师协会(ABA)认证的 183 所法学院中,有 7 所提供了超过 10 门知识产权课程,分别是富兰克林皮尔斯法律中心,叶史瓦大学,圣克拉拉大学法学院,约翰马歇尔法学院,德保罗大学法学院,休斯敦大学法学院和萨福克大学法学院。

㉑ 例如,哥伦比亚法学院,福德姆法学院和纽约大学法学院都位于纽约市;加利福尼亚大学伯克利分校法学院和圣克拉拉大学法学院都位于加利福尼亚的"硅谷"地区;乔治敦大学法律中心,乔治·华盛顿大学法学院和乔治梅森大学法学院都在华盛顿特区大都会区;波士顿大学法学院和萨福克大学法学院在波士顿;卡多佐耶希瓦大学,约翰马歇尔法学院和德保罗大学法学院都在芝加哥。

来看,由于大都市区的商业活动量大,律师集中度更高,相较于小城市或农村地区的学校,更有可能吸引高素质的知识产权律师担任其兼职教师。以纽约大学法学院为例,该校知识产权学科共有18名兼职教授,包括知名专利诉讼律师尼古拉斯·格鲁姆布里奇(Nicholas Groombridge)。[22]

**表2　全美TOP50法学院知识产权课程数统计**

| | 提供1~5门 | 提供6~10门 | 提供超过10门[23] |
|---|---|---|---|
| 法学院数量(单位:所) | 17 | 21 | 12 |
| 法学院名单 | 1. 耶鲁大学法学院<br>2. 斯坦福法学院<br>3. 康奈尔法学院<br>4. 爱荷华大学法学院<br>5. 南加州大学法学院<br>6. 华盛顿和李大学法学院<br>7. 波士顿学院法学院<br>8. 埃默里大学法学院<br>9. 圣母大学法学院<br>10. 伊利诺伊大学法学院<br>11. 北卡罗莱纳大学法学院<br>12. 森林大学法学院<br>13. 加州大学黑斯廷斯分校法学院 | 1. 哈佛法学院<br>2. 芝加哥大学法学院<br>3. 密歇根大学法学院<br>4. 宾夕法尼亚大学法学院<br>5. 弗吉尼亚大学法学院<br>6. 西北大学法学院<br>7. 加州大学洛杉矶分校法学院<br>8. 范德堡大学法学院<br>9. 明尼苏达大学法学院<br>10. 威斯康星大学法学院<br>11. 华盛顿大学(圣路易斯)法学院 | 1. 哥伦比亚法学院<br>2. 纽约大学法学院<br>3. 加州大学伯克利分校法学院<br>4. 杜克大学法学院<br>5. 乔治敦大学法律中心<br>6. 得克萨斯大学法学院<br>7. 波士顿大学法学院<br>8. 乔治·华盛顿大学法学院<br>9. 华盛顿大学法学院<br>10. 福特汉姆大学法学院 |

㉒ NYU School of Law, "Intellectual Property & Innovation: Adjunct Faculty", http://www.law.nyu.edu/areasofstudy/ip-and-innovation/faculty, May 1, 2018.

㉓ 此外,在美国律师协会认证的183所法学院中,有7所提供了超过10门知识产权课程,分别是富兰克林皮尔斯法律中心,叶史瓦大学,圣克拉拉大学法学院,约翰马歇尔法学院,德保罗大学法学院,休斯敦大学法学院和萨福克大学法学院。

续表

| | 提供1~5门 | 提供6~10门 | 提供超过10门 |
|---|---|---|---|
| 法学院名单 | 14. 科罗拉多大学博尔德分校法学院<br>15. 犹他大学法学院<br>16. 阿拉巴马大学法学院<br>17. 美国大学法学院 | 12. 威廉和玛丽法学院<br>13. 加州大学戴维斯分校法学院<br>14. 乔治亚大学法学院<br>15. 布莱汉姆大学法学院<br>16. 奥希州立大学法学院<br>17. 印第安纳大学法学院<br>18. 亚利桑那大学法学院<br>19. 杜兰大学法学院<br>20. 康涅狄格大学法学<br>21. 南方卫理公会大学法学院 | 11. 佛罗里达大学法学院<br>12. 乔治梅森大学法学院 |

### (二)课程设置

美国前50名的法学院大多为学生提供知识产权法的入门课程,其中最常见的是介绍性和调查性课程,包括版权入门课程(Introductory Copyright)、专利入门课程(Introductory Patent)、商标入门课程(Introductory Trademark)、知识产权调查(IP Property Survey)、国际知识产权法(International Intellectual Property Law)等,详见图1。多数法学院的首要目标是通过提供知识产权法入门课程,令学生有机会接触该领域并产生兴趣,日后选择在知识产权方向深造。有条件的法学院将提供高级课程。以宾夕法尼亚大学法学院为例,该校提供行政法(Administrative Law)和知识产权法律与政策介绍(Intro to IP Law & Policy)两门介绍性课程和专利追踪(Patent Track)、版权与商标追踪(Copyright and Trademark Track)、互联网追踪(Internet Track)、一般性课程(General)四类共 27 门高级课程。㉔ 此外,该校还提供知识产权诉讼程序(Litigation focused Advanced Problems in the Procedure)、谈判和争端解决(Negotiation & Dispute Resolution)、交易律师(Transactional lawyering)、合同起草(Contract Drafting)等更为专业的课程,此举能提高知识产权毕业生的就业率,进而提高学校声誉。㉕ 但这些法学院基本都没有提供知识产权商业类课程,此类课程通常被安排在商学院的教学中。㉖

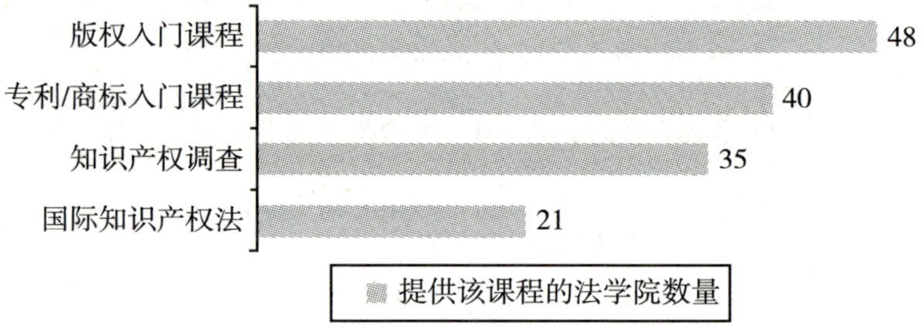


**图 1　美国 TOP50 法学院知识产权课程安排**

### (三)教学方法

美国法学院的知识产权高级课程通常采用问答式(question-and-answer format)教学法,因为这些课程大多需要对知识产权相关判例法进行深入研究。通常,教授分配案例给学生课前准备。课上,教授指派一名学生复述案件事实和法庭意见,再对学生进行提问。通过这种方式,帮助

㉔ University of Pennsylvania Law School, "Intellectual Property and Technology Law: List of Introductory and Advanced Courses", https://www.law.upenn.edu/institutes/ctic/intellectual-property-and-technology-law.php#introductoryadvanced, May 1, 2018.

㉕ University of Pennsylvania Law School, "Intellectual Property and Technology Law: List of Related Courses", https://www.law.upenn.edu/institutes/ctic/intellectual-property-and-technology-law.php#introductoryadvanced, May 1, 2018.

㉖ 在表 2 及注释㉓列举的 57 所法学院中,只有芝加哥大学法学院,密歇根大学法学院,宾夕法尼亚大学法学院,弗吉尼亚大学法学院,康奈尔大学法学院,加利福尼亚大学洛杉矶分校法学院,明尼苏达大学法学院,美国大学法学院,纽约大学法学院和乔治敦大学法学院共 10 所法学院提供了与创业相关的课程(Entrepreneurship);富兰克林皮尔斯法律中心提供了知识产权管理战略课程(IP Management Strategy)。

学生理解该案的法律适用和影响，也为学生提供公开演讲的经验。[27] 此外，高级课程还包括“研讨会”(Seminars)和“写作”(Writing)课程。在“研讨会”课程中，教授提出讨论的主题，由学生对该主题进行全面分析和讨论，教授通常只在需要时发表评论，引导对话或纠正误解；在“写作”课程中，教授通常会用两三个课时教授本课程主旨，然后由学生选择要研究和写作的主题，在指定日期向教授和其他同学展示其研究成果，最后由教授加以点评。[28] 介绍性和调查性课程不适用这种问答式教学法，因为这类课程中的很多材料是历史性和行政性的，需要教授选定主题，准备材料。在这种授课模式下，教授是该班级中唯一可以讲话的人。

**(四)人才培养计划与知识产权师资**

师资、课程和生源是影响高校知识产权人才培养计划质量的关键因素，这三者相互影响，共同构建卓越知识产权人才培养的良性循环。如果没有良好的知识产权教育科研条件，法学院就无法吸引有名气的知识产权专业人士来担任兼职教授，也就不能为学生提供优质的知识产权课程，进而无法吸引高素质学生申报该校的知识产权专业。综观目前美国师资，知识产权教授大多为兼职教授。以前述纽约大学法学院为例，该校共有 37 名知识产权教授，其中仅 12 名为全职教授。[29]

大多数法学院设置的知识产权课程不多，知识产权全职教授常会被要求教授一些较为理论性的基础课程，例如财产法(General Property Law)或合同法(Contract Law)。相比之下，兼职教授通常每年只教授一

---

[27] 参见杨德群、田领：《案例教学法在知识产权课程教学中的应用》，载《知识文库》2017 年第 15 期。

[28] 参见刘代华：《法学 Seminar 课堂模式建构和教学法研究》，载《湖北成人教育学院学报》2012 年第 4 期。

[29] 这 12 名全职教授分别是巴顿·毕比(Barton Beebe)、罗谢尔·德赖弗斯(Rochelle Dreyfuss)、理查德·爱泼斯坦(Richard Epstein)、哈利·福尔斯特(Harry First)、埃莉诺·福克斯(Eleanor Fox)、珍妮·弗罗默(Jeanne Fromer)、斯科特·亨普希尔(Scott Hemphill)、佛罗伦斯·马洛塔－沃尔格勒尔(Florencia Marotta-Wurgler)、丹尼尔·鲁宾费尔德(Daniel Rubinfeld)、杰森·舒尔茨(Jason Schultz)、克里斯托弗·斯普里格曼(Christopher Sprigman)、凯瑟琳·斯特兰博格(Katherine Strandburg)。See NYU School of Law, “Intellectual Property & Innovation: Adjunct Faculty”, http://www.law.nyu.edu/areasofstudy/ip-and-innovation/faculty, May 1, 2018.

门与其执业方向密切相关的课程。兼职教授大部分时间都在从事知识产权法律工作,对知识产权法与行业现状都有深刻的了解。如果他们是知名律师或高级政府雇员,他们将为法学院带来声望。同时,兼职教授也通过法学院的教学资格获得了相应的社会地位。

## 四、美国知识产权专业的就业情况

知识产权法科生分为三类:一是在法学院学习过一门或多门知识产权课程的学生;二是在知识产权专业排名一般的法学院就读的学生;三是在知识产权专业排名前列的法学院就读的学生。三者在本领域的就业情况各不相同。第一类学生仅比从未受过本专业教育的法科生略有优势;第二类学生就业前景较好,但能否获得他们心仪的职位具有不确定性;第三类学生最受市场的青睐。因此,有志于在知识产权领域发展的学生,通常会选择在一所拥有知识产权王牌专业的法学院就读,这将为其职业生涯做好充分准备。总体而言,与没有接受过任何知识产权教育的法科生相比,他们在本领域从业更有优势。知识产权行业内有众多的职业选择。在公共部门与私人部门,均有知识产权专业人士活跃的身影。具体而言,美国知识产权法学专业毕业生主要有以下几个就业去向。

### (一)政府雇员

在美国,专业人士成为政府雇员的主要途径有三种。(1)通过选举成为总统和国会议员。大多数当选的政府高层接受过正规的法律培训,但普遍缺乏知识产权专业知识,因此他们会选择将知识产权专业人士吸收入自己的团队中。例如,前述特朗普政府内阁中的白宫预算办公室主任米克·马尔瓦尼(Mick Mulvaney),他大学时主修反托拉斯法,并曾从事法务工作。[30] (2)成为当选的政府高层的工作人员,如国会工作人员、行政部门负责人和联邦法官等。联邦政府需要考虑美国公众方方面面的需

---

[30] See Wikipedia,"Mick Mulvaney",https://en.wikipedia.org/wiki/Mick_Mulvaney,May 2,2018.

求,因此各部门和国会委员会有一个或几个知识产权律师即可。拥有知识产权专业知识的绝大多数政府雇员将被安置在相关职位上。以美国中情局总法律顾问办公室(OGC)为例,其要求受聘律师拥有由ABA认证的法学院法学博士学位,能处理包括知识产权在内的各种法律问题,为中情局提供法律咨询和指导,并定期与其他政府部门和私营部门联系。[31](3)政府服务。该职业的特点是雇员在职业生涯初期即接受政府职位,并且终身受雇于联邦政府。适合知识产权专业人士的职位包括专利、商标和版权审查员以及国会工作人员等。从事该职业所需要的专业知识将从实践中获得,因此不要求雇员受过知识产权正规培训。

**(二)知识产权律师与法务**

最有吸引力的职位是知识产权律师,公司通常依靠知识产权专业律师和公司法务这两类律师来管理其知识产权。知识产权律师通常接受过知识产权专业的正式培训,并被视为本领域的专家。他们可以在律所中执业,也可以受雇于公司。而公司律师大多直接作为公司的雇员工作。他们受过正式的法律培训,听取知识产权律师的意见和建议,为公司制定适宜的知识产权方案并加以施行。二者的良好互动确保了公司内部知识产权管理的高效有序。二者的工作状况大致如下:(1)专职律师。知识产权律师可以选择成为专职律师,在自己或他人的律所工作执业。知识产权领域的私人执业者有两类,一类专注于知识产权领域,另一类接收所有类型的案件,偶尔涉及知识产权领域。对知识产权实务人员而言,受过知识产权法正式培训并非必需,但在知识产权律所招聘时这会成为一项加分项。知识产权诉讼的复杂性对知识产权律师提出了很高的专业要求,因此律所往往更青睐于受过正式知识产权培训的律师。以美国知名知识产权律师事务所斐锐律师事务所(Fish & Richardson P. C.)为例,该律所以恒星诉讼集团(Stellar litigation group)闻名,共拥有269名知识产权诉

---

[31] Central Intelligence Agency,"Careers & Internships:IT & Security PositionsAttorney (Honors and Lateral)", https://www.cia.gov/careers/opportunities/support-professional/attorney.html,May 2,2018.

讼律师，其中包括本领域公认的杰出律师鲁芬·科德尔（Ruffin Cordell）。[32] （2）公司法务。知识产权律师也可以选择受雇于公司，成为公司的知识产权律师，与公司律师密切配合。刚进入公司的法学院毕业生通常担任知识产权部门或公司办公室的入门级员工律师。随着他们在工作岗位上不断做出成绩，他们将会升职，最终可能成为公司的首席知识产权顾问或法律顾问。如果一些律师不满意他们在该公司中的职位或发展前景，他们可以离职、从事其他职业。现任微软主席兼首席法律官布拉德·史密斯（Brad Smith）曾从事美国联邦法院书记员、科文顿·柏灵律师事务所（Covington & Burling）律师、合伙人等职业。1993 年，他加入微软，成为微软的法律顾问乃至首席法律官。[33] 这种职业选择的灵活性被认为是美国知识产权行业的优势。由于律师的流动率较高，美国知识产权法律的稳定性确保新雇用的律师无须培训即可迅速投入工作。

**（三）法学院教师**

与其他法学学科的专业人士在法学院任教作为终身职业不同，多数知识产权从业人员是在职业生涯后期作为兼职教师从事教学工作。如前所述，美国法学院通常不聘请全职知识产权教师，而是依赖兼职教师来教授知识产权课程。此举可以最大限度地降低学校为知识产权课程支出的费用，同时学校能雇用多名兼具知识产权法律知识和实务经验的教师，分配到其最擅长的项目为学生提供更高水平的指导。因此，知识产权教师多为兼职教授，他们中的大多数是私人执业的全职律师，是公司律师，少数是政府雇员。以哥伦比亚大学法学院为例，该校共有知识产权兼职教授 13 名，大多为知名律师、法官或文化产业管理者，如知名律所合伙人罗伯特·基尔（Robert Kheel）、理查德·列夫（Richard Lehv），第二巡回上诉法院巡回法官罗伯特·萨克（Robert Sack）等。[34] 与其主职业获得的收入

---

[32] Richardson P. C，“Litigation：Litigation Attorneys”，https：//www. fr. com/fish-team/？service =24722，May 3，2018.

[33] See Wikipedia，“Brad Smith（American lawyer）”，https：//en. wikipedia. org/wiki/Brad_Smith_(American_lawyer)，May 2，2018.

[34] Columbia Law School，“Intellectual Property：Adjunct Faculty”，http：//www. law. columbia. edu/intellectual-property/faculty/adjunct-faculty，May 3，2018.

相比，担任兼职教师的薪水可以说是微不足道的，吸引他们担任兼职教授的往往只是教学的愿望和社会的认可，而非经济报酬。

**（四）专利代理人**

在美国，专利领域中有专利律师和专利代理人两种不同的职业。两者都要求（1）拥有理工科大学学位，以及（2）通过PTO组织的“专利条”（patent bar）测试。该测试包含100道多选题，采取开卷形式，70分为及格，旨在考察考生对专利法和专利审查程序手册（MPEP）中规定的PTO程序知识的掌握程度。[35] 此外，专利律师还必须拥有法律学位并通过至少一个州的律师考试。美国知名专利律师丹尼斯·克劳奇（Dennis Crouch）在2003年通过patent bar后，先后于2004年2月和8月注册成为专利代理人、专利律师。[36] 相比之下，专利代理人不需要通过任何州的律师考试，也不要求在美国联邦或州法院执业的资格。但私人律所和公司在招聘员工时，更加青睐于专利律师。因此不少专利代理人都有更进一步成为专利律师的动力。

## 五、美国知识产权法学人才的作用

知识产权领域涵盖主题多，范围广，专业性强，因此需要大量的知识产权法学专业教育背景的人才。知识产权专业人才在政府部门和私人部门均发挥了至关重要的作用。

**（一）为政府知识产权决策提供智援**

美国政府制定和施行知识产权政策和法规，离不开知识产权专业人员的辅助。美国政府非常依赖于私人部门的知识产权专业人士来指导其制定该领域的政策和法规，决定知识产权领域的司法规则。此举使政府

---

㉟ See United States Patent and Trademark Office, “Becoming a patent practitioner”, https://www. uspto. gov/learning-and-resources/patent-and-trademark-practitioners/becoming-patent-practitioner, May 3, 2018.

㊱ See Wikipedia, “Dennis Crouch”, https://en. wikipedia. org/wiki/Dennis_Crouch, May 2, 2018.

既能履行其知识产权方面的管理职责,又不必维持政府机构中知识产权专业人员的规模。例如,(1)美国专利商标局(PTO)。在制定知识产权新政策和法规时,PTO 会将提案公之于众,征求知识产权界的意见。例如,在 2018 年 1 月,PTO 向知识产权组织、政府机构、科研机构、私营部门等发出关于"消除不必要的规则"(Changes to Eliminate Unnecessary Regulations)议题的意见征询。㊲ 在收到所有评论后,PTO 会据此重新评估拟制定的政策或规则。在考虑了所有私人部门的意见之后,PTO 才会就此做出最终决定。(2)国会。国会考虑修改或制定知识产权法时,会首先召开听证会。例如,在 2018 年 3 月,国会众议院就"评估覆盖商业方法专利的过渡性方案的有效性"举行听证会。㊳ 来自公司、行业协会等私人部门的领导受邀出席听证会,发表对该法案的意见。在结合各方意见,对该法案进行研究之后,国会将对是否通过该法案进行表决。(3)司法机构。美国法官普遍未受过知识产权方面的正规培训。即使是美国第七巡回上诉法院前法官、知名法律学者理查德·波斯纳(Richard Posner)同样如此。因此,在审理知识产权案件时,审判法官严重依赖律师对知识产权法规和判例法的适用意见,这些意见也极有可能成为今后解决该类型知识产权法律问题的司法规则。(4)美国专利和商标局审查员、版权局审查员。专利审查员不仅需要理工科专业知识,还需要受过知识产权法律方面的培训,但不要求受过知识产权专业的正规教育。PTO 认为自己的内部培训计划足以为其专利审查员提供必要的培训,再加上审查员在履职过程中能积累相关经验,足以胜任这一职位。㊴ 与专利审查员不同,PTO 的所有商标审查员都是经过正式知识产权培训的律师,但不需要有理工科教育背景。

---

㊲ United States Patent and Trademark Office, "Comments on Changes to Eliminate Unnecessary Regulations", https://www.uspto.gov/patent/laws-and-regulations/comments-public/comments-changes-eliminate-unnecessary-regulations, May 2, 2018.

㊳ United States House of Representatives, "Hearing: Assessing the Effectiveness of the Transitional Program for Covered Business Method Patents", https://docs.house.gov/Committee/Calendar/ByEvent.aspx? EventID = 108034, May 2, 2018.

㊴ USAJOBS, "Patent Examiner (Electrical Engineer)", https://www.usajobs.gov/GetJob/ViewDetails/490728500, May 2, 2018.

### (二)为私人部门知识产权保驾护航

知识产权在私人部门中涉及很多不同的工作,包括:(1)发明人;(2)技术主管,能够识别具有商业价值的发明;(3)公司律师,能够识别具有商业价值的发明和商标,并及时向 PTO 提出专利和商标申请;(4)商业人士,能够有效管理公司财务状况,为获得具有商业价值的专利、商标和版权投入资金,并维持一个研发计划,生产具有商业价值的发明;(5)私人律师,协助发明人和公司获得和维护专利权。此外,由于政府部门中缺乏专利法方面的专业人士,私人律师也依赖于政府,通过对政府的指导制定和实施自己满意的专利法。以微软为例,微软将知识产权视为重要战略资产,构建了强大的知识产权团队,该知识产权团队在帮助微软取得和有效保护知识产权的同时,积极参与政府和国际知识产权政策讨论,影响美国乃至全球范围内知识产权立法。[40]

### (三)强大的社会影响力

无论是在政府还是私人部门,法学院知识产权专业毕业生都是最受雇主青睐的,他们往往被安排到需要法律技能的高层职位。例如,与制定和实施知识产权政策和法规、开发和保护私人公司知识产权等有关的职位,通常由知识产权律师担任。受过知识产权法律方面的正规教育是使他们有资格担任其职位的决定性因素。基于此,法学院知识产权毕业生在美国的知识产权体系中有强大的影响力。他们受人尊敬,被视为知识产权立法、执法、司法方面的领导者。同时,他们也致力于帮助企业保护和利用其知识产权。

## 六、启示:知识产权人才培养是创新发展的基础

经过三十余年的努力,我国的知识产权人才培养取得了可喜的成就,已经具备了可观的规模。截至 2018 年 3 月,我国已有 76 所高校设有知识

---

[40] Microsoft, " Intellectual Property ", https://www. microsoft. com/en-us/legal/intellectualproperty/, May 2, 2018.

产权本科专业,32所高校建立了知识产权学院(系)。[41] 这些高等教育机构为社会培养和输送了数量可观的知识产权人才。但是综观目前,我国知识产权人才培养尤其是本科层次的知识产权人才培养还存在诸多问题,比如定位不明、多而不优、学难致用,等等。这些问题的解决对建设创新型国家、推动我国科技进步与经济发展具有深远的意义。结合美国知识产权教育的经验,我国高校知识产权教育需要采取以下改革措施。

**(一)明确知识产权人才培养目标**

明确知识产权人才培养目标,就是要明确我们当前的发展需要什么样的知识产权人才。知识产权人才是一个属概念,从事知识产权理论研究和实务工作的专门人才统称为知识产权人才。知识产权人才的具体分类存在争议,[42]但大体上可以划分为教研型人才、管理型人才、执法司法人才和服务型人才四种类型。每一类型的知识产权人才在社会经济生活中发挥的功用不同,法律针对其规定的资质要求也不尽相同。因此,高校在制订知识产权学科计划时,应当区分不同类型的知识产权人才,明确其不同的培养目标,制定有针对性的人才培养方案,以满足社会对不同类型知识产权人才的需求。

**(二)优化知识产权课程设置**

优化我国高校的知识产权课程设置,需要从两方面入手。第一,普及高校中的知识产权入门课程。在知识经济时代,知识产权与各行各业都密切相关。因此,高校应当广泛开设知识产权入门课程,在学生中普及知识产权基础知识,增强大学生的知识产权意识和创新意识,也为非知识产权专业的学生提供接触知识产权专业的机会和在该领域发展、深造的可能性。在国务院出台的《"十三五"国家知识产权保护和运用规划》中也提出实施知识产权教育推广计划,"引导各类学校把知识产权文化建设与学生思想道德建设、校园文化建设、主题教育活动紧密结合,增强学生的

---

[41] "教育部新增5家高校获批'知识产权'本科专业(现共76家)",载http://m.iprdaily.cn/news_18555.html,最后访问日期:2018年5月3日。

[42] 参见彭玉勇、叶珺君:《知识产权高等职业教育模式构建——以人才分类为基础的分析》,载中国知识产权法学研究会:《中国知识产权法学研究会2015年年会论文集》,第1015~1021页。

知识产权意识和创新意识”。第二,强调知识产权实务型课程的设置。当前我国高校知识产权教育普遍存在重理论轻实务的现象,导致高校培养的知识产权人才无法完全满足用人单位的需求。高校的知识产权专业应当增加实务型课程的设置,注重对知识产权应用型人才的培养。

**(三)改进知识产权教学方式**

当前,我国高校的知识产权教学方式仍然较为单一和传统,侧重对学生理论知识的灌输,而忽视对学生实务能力的锻炼。知识产权学科的重要目标之一是培养应用型知识产权人才,满足我国经济社会发展的需求。因此,高校对知识产权教学方式也应当进行相应的改进,将传统教学方式与新型教学方式进行有机结合。教师在传授理论知识的同时,强调对知识产权经典案例的研讨和评析,注重对学生写作、论辩、法律适用等实务能力的培养。

**(四)加强知识产权师资队伍建设**

我国高校知识产权专业的教授主要为专职教授,理论功底深厚,学术能力强,但在知识产权实务经验方面可能存在一定的欠缺。为了更好地培养知识产权应用型人才,建议高校在知识产权教师中增加兼职教授的占比,将优秀的知识产权律师、法务、法官、政府官员等实务型专业人才整合到师资队伍中。这不仅能够增加学生对知识产权实务的了解,培养学生对法律的应用能力,为学生今后投身知识产权领域的工作做好充足准备,也有利于实现高校与政府、私人部门之间的良性互动,有利于知识产权职业共同体的构建。

## The New Development of American Intellectual Property Law Education and its Enlightenment

*Zhang Huibin　Shen Haolan*

**Abstract**: In the era of knowledge economy, the innovation impetus of intellectual property has become increasingly prominent, and the training of intellectual property professionals has been highly valued. The United States is a powerful intellectual property nation, whose intellectual property professionals plays an important role in both its government departments and private sectors. The cooperative efforts in these two fields have contributed to the prosperity of the entire industry. The intellectual property education in American law schools contributes to all these successes. As China is now in the process of moving from a large intellectual property nation to a powerful intellectual property nation, there is a great demand for various types of intellectual property professionals. Therefore, it is necessary to reform China's present intellectual property training methods. American law schools' training programs, curriculum, teaching methods, and the composition of teachers can be referenced in a series of reforms in intellectual property education.

**Key Words**: intellectual property professionals　training methods　education reform

# 加拿大诊所式法律教育与法律援助的衔接体制研究*

张　鹏**

**摘　要**：作为整个社会“通向正义”纠纷化解机制的组成部分，加拿大诊所式法律教育与法律援助机构在服务对象、受案范围、服务领域等方面构建起有效的衔接体制，实现两者的合理分工与相互协作。我国诊所式法律教育与法律援助的功能定位相互混同，导致在社会法律援助需求不断扩大的同时，法律诊所案源结构和服务内容与其设立初衷和功能定位出现紧张关系。上述问题的解决需要在法律援助与法律诊所之间创建衔接体制，让两者在不同领域服务于不同的援助对象，在发挥各自优势的同时实现有效合作。

**关键词**：诊所式法律教育　法律援助　衔接体制

---

* 基金项目来源：中国博士后科学基金面上资助项目“加拿大法律诊所与多元化纠纷解决机制的衔接体制研究”（2017M611846）；江苏高校品牌专业建设工程资助项目（PPZY2015A002）。

** 张鹏，南京师范大学中国法治现代化研究院研究员、博士后，南京师范大学法学院副教授，研究方向：法学理论。

我国诊所式法律教育走过了18年,截至2017年1月,诊所法律教育专业委员会已拥有201家会员单位。[①] 学界在教育制度、教学方法等诸多方面开展诊所式法律教育本土化的探索与总结,取得了丰硕成果。但是,就诊所式法律教育的本质属性与实现路径而言,现有研究尚未系统揭示英美法系国家诊所式法律教育生存与发展的配套制度建设,以致在总结本土化过程中出现的种种问题时,总是将其水土不服的原因归结为中外法律文化、法律职业等固有差异。从加拿大经验来看,诊所式法律教育的成功离不开与法律援助制度相互之间衔接体制的构建:两者在服务对象、受案范围、援助主体和服务领域等方面的分工合作和有效衔接,能够为经济困难群众提供高效便捷的纠纷化解机制。《中共中央关于全面推进依法治国若干重大问题的决定》明确指出:发挥人民团体和社会组织在法治社会建设中的积极作用,建立健全社会组织救助困难群众等机制和制度化渠道;完善法律援助制度,保证人民群众在遇到法律问题或者权利受到侵害时获得及时有效法律帮助。[②] 构建诊所式法律教育与法律援助的衔接体制,不仅能够助力诊所式法律教育职业人才培养的进一步发展,而且能够有效化解社会纠纷,切实减轻人民群众诉累和法院司法负担。

## 一、加拿大诊所式法律教育与法律援助的衔接体制考察分析

从加拿大、美国等英美法系国家的发展经验来看,诊所式法律教育具有双重属性:一是作为教育教学的组成部分,承担着培养学生掌握律师技能、将法律规定运用于具体案件的任务;二是作为社会正义的实现途径,

---

① 参见《热烈祝贺河源职业技术学院人文学院法律事务系成为CCCLE新会员》,载中国诊所法律教育网:www.cliniclaw.cn/article/? 1756.html,最后访问日期:2017年1月21日。

② 《中共中央关于全面推进依法治国若干重大问题的决定(二〇一四年十月二十三日中国共产党第十八届中央委员会第四次全体会议通过)》,载《人民日报》2014年10月29日,第1版。

服务于社会底层人群的法律需求、填补司法体制的固有缺陷。③ 诊所式法律教育的本质是让社会全体成员都有机会获得司法公正。④ 因此,在英美法系国家诊所式法律教育构建之初,即是将其作为整个社会"通向正义"的纠纷化解机制的有机组成部分,强调诊所式法律教育与法律援助的有效衔接。总体而言,加拿大高校法律诊所已经成为国家法律援助项目的重要补充,为被法律援助体系拒之门外的贫困人群提供免费法律服务。⑤

**(一)诊所式法律教育与法律援助衔接体制的产生背景**

加拿大诊所式法律教育在诞生之初就与法律援助紧密联系在一起。因受20世纪30年代兴起的现实主义法学和60年代校园反叛精神对于法学教育的影响,⑥自六七十年代开始,加拿大兴起了"立足社区通向正义"(community-based access to justice)运动,诊所式法律教育与法律援助在该时期同时产生。达尔豪西大学、奥斯古德大学、萨斯卡彻温大学等法学院开始参与创设社区街面(storefront)法律援助诊所,并以此为基础开设实践教学课程。简言之,加拿大诊所式法律教育从诞生时起,就是以服务社区的法律援助机构为载体而开展的课程形式。⑦

加拿大诊所式法律教育在发展初期主要得益于联邦政府支持,而后转由法律援助机构提供主要资助,高校法律诊所成为法律援助的重要组成部分。自1971年开始,最早由高校参与创办并开设法律教育课程的法

③ See Shelley Gavigan and Sean Rehaag, "Poverty Law, Access to Justice, and Ethical Lawyering: Celebrating 40 Years of Clinical Education at Osgoode Hall Law School", *Journal of Law and Social Policy*, 23, 2014, p. 3; Serge A. Martinez, "Law Clinics in Taiwan: Can Clinical Legal Education Succeed in this Civil Law Jurisdiction with an Undergraduate Legal Education System?", *National Taiwan University Law Review*, 7, 2012, p. 349.

④ See Sarah Buhler et al, Clinical Law: Practice, Theory, and Social Justice Advocacy, *Toronto*, *Emond Montgomery Publications Limited*, 2016, p. 2.

⑤ See Frank S. Bloch, "Access to Justice and the Global Clinical Movement", *Washington University Journal of Law & Policy*, 28, 2008, p. 127.

⑥ See Stephen Wizner, "The Law School Clinic: Legal Education in the Interests of Justice", *Fordham Law Review*, 70, 2001, p. 1933.

⑦ See Rose Voyvodic, "Considerable Promise and Troublesome Aspects: Theory and Methodology of Clinical Legal Education", *Windsor Yearbook of Access to Justice*, 20, 2001, p. 133.

律诊所获得加拿大国家卫生与福利部的资助。[8] 至 20 世纪 70 年代中期,安大略省、阿尔伯塔省、萨斯卡彻温省等开始拟定《法律援助计划》,由隶属于律师协会(Law Society)的法律援助机构负责出资设立并负责运营法律诊所。[9] 以安大略省为例,1976 年该省法律援助机构仅仅资助 7 个法律诊所,到 1978 年增长至 27 个,到今天已资助多达 76 个法律诊所。[10] 其中,开设诊所式法律教育课程的诊所机构有 7 所,分别是多伦多大学法学院的"社区法律援助"诊所、女王大学法学院的"女王法律援助"诊所、西安大略省大学法学院的"社区法律服务"诊所、约克大学法学院的"社区和法律援助服务项目"诊所、湖首大学法学院的"社区法律服务"诊所、渥太华大学法学院的"社区法律诊所"和温莎大学法学院的"社区法律援助"诊所。[11] 安大略省律师协会专门设立"学生法律援助服务协会"(Student Legal Aid Services Societies),由 7 所法学院共同对上述法律诊所进行管理。该省高校法律诊所获得法律援助机构资助的力度近年来呈现高速增长趋势:2011 年 9 月至 2014 年 9 月,资助金额总额为 200 余万加元;而仅仅在 2015 年至 2016 年度,在年度资助基数保持不变的情况下,追加共计高达 420 万加元的资助。[12]

由法律援助机构直接资助和管理高校法律诊所的模式曾在加拿大广为流行,但目前,仅有安大略省仍然保留了法律援助体系内的法律诊所。囿于法律援助范围的有限性(下详述),伴随着社会整体"通向正义"体系

---

⑧ See Frederick H. Zemans, "Legal Aid and Legal Advice in Canada: an Overview of the Last Decade in Quebec, Saskatchewan and Ontario", *Osgoode Hall Law Journal*, 16, 1978, p. 677.

⑨ See Frederick H. Zemans, "Legal Aid and Legal Advice in Canada: an Overview of the Last Decade in Quebec, Saskatchewan and Ontario", *Osgoode Hall Law Journal*, 16, 1978, p. 665.

⑩ See Legal Aid Ontario, "Community and Specialty Clinics", http://www.legalaid.on.ca/en/getting/type_civil-clinics.asp, April 20, 2018.

⑪ See Legal Aid Ontario, "Student Legal Aid Services Societies", www.legalaid.on.ca/en/contact/contact.asp? type = slass, April 25, 2018.

⑫ See Legal Aid Ontario, "LAO to Increase Funding to Community Legal Clinics", http://www.legalaid.on.ca/en/news/newsarchive/1502 - 26 _ clinicfunding.asp, April 20, 2018.

建设的不断推进,加拿大各省和地区涌现出独立于法律援助机构的高校法律诊所。出资构建模式灵活多样,出资人包括高校、政府、基金会,甚至个人等。⑬ 例如,萨斯卡彻温大学法学院设立的“萨斯卡通市内城社区法律服务”(Community Legal Services for Saskatoon Inner City)(以下简称萨市法律诊所)是由该法学院、萨斯卡彻温省法律基金会、联合劝募协会(United Way)等社区组织、学生个人等共同出资设立的。⑭ 在这些地区,法律援助机构与高校法学院的教育合作更多地通过学生实习项目来展开。⑮

**(二)加拿大诊所式法律教育与法律援助衔接体制的制度构建**

无论是安大略省法律援助体系内部的7所法律诊所,还是独立于法律援助体系之外的高校法律诊所,均在援助对象、受案范围、服务领域三个方面实现了与法律援助机构的分工合作,并且在程序衔接上构建起“拒绝信”(refusal letter)制度。

1. 服务对象的收入财产判定标准

加拿大法律援助在服务对象的收入和财产两个方面设定了严格的标准。为覆盖更为广泛的贫困人群,高校法律诊所放宽了上述标准,在客观上保证了充足的案源。

首先,从独立于法律援助体系的高校法律诊所来看:在收入标准方面,以萨斯卡彻温省为例,法律援助标准的上限是单身居民月收入985加元、65岁以上的老人月收入1525加拿大元、已婚个人月收入1150加元。家庭中有未成年人需要抚养时,则标准随之上调,详见表1。⑯ 唯一的例外是所谓“贡献收入人群”,指收入仅仅超过上述上限标准的10%,并且自愿向法律援助机构缴纳40加拿大元作为法律服务费用的低收入人群,

⑬ See Sarah Buhler et al. *Clinical Law: Practice, Theory, and Social Justice Advocacy*, Toronto, Emond Montgomery Publications Limited, 2016, p. 8.

⑭ See Sarah Buhler, “Journeys to 20th Street: the Inner City as Critical Pedagogical Space for Legal Education”, *Dalhousie Law Journal*, 32, 2009, p. 382.

⑮ See Columbia Law School, “Clinical Education and Experiential Learning”, http://www.law.columbia.edu/admissions/jd/learn/clinic-externship, April 4, 2017.

⑯ See Legal Aid Saskatchewan, “Community Resources”, http://www.legalaid.sk.ca/community_resources/factsheets/financial_eligibility.php, April 26, 2017.

仍可获得法律援助。[17] 与法律援助不同,萨市法律诊所大大放宽了服务对象的收入标准。对于单身居民而言,收入标准的上限被划定为 2250 加元,超出法律援助上限标准的两倍有余。

**表 1[18] 萨斯卡彻温省法律援助对象收入标准**

单位:加元

| 家庭人数规模 | 个人最高月收入 | 个人最高年收入 | 贡献收入人群最高年收入 |
|---|---|---|---|
| 单身家庭 | 985 | 11,820 | 13,020 |
| 单身家庭(65 岁以上) | 1525 | 18,300 | 20,160 |
| 无子女的夫妻二人 | 1150 | 13,800 | 15,180 |
| 抚养一个孩子的家庭 | 1540 | 18,480 | 20,340 |
| 抚养两个孩子的家庭 | 1690 | 20,280 | 22,320 |

在安大略省,独立于法律援助体系以外的法律诊所采取了同样的措施拓展服务对象。该省法律援助所规定的收入标准上限为:单身居民年收入 13,635 加元;而遭受家庭暴力的当事人的标准单独规定,高于普通服务对象,详见表 2。[19] 相比之下,该省韦仕敦大学(Western University,前西安大略大学)社区法律服务(Community Legal Services)诊所,在 2015 年至 2016 年规定的收入标准上限是单身居民年收入 17,753 加元(见表 3),[20]远远超出法律援助收入的限定标准。

---

⑰ See Legal Aid Saskatchewan, "Community Resources: Fact Sheets", http://www.legalaid.sk.ca/community_resources/factsheets/financial_eligibility.php, April 5, 2016.

⑱ 加拿大各省和地区家庭规模人数规定至 10 人之多,考虑到对我国的借鉴价值,仅列出 4 人家庭规模的数据,下表同。

⑲ Legal Aid Ontario, "Am I eligible for a legal aid certificate?" www.legalaid.on.ca/en/getting/eligibility.asp#amountyouearn, April 26, 2017.

⑳ Western Law, "Financial Eligibility Guidelines [PDF]", law.uwo.ca/legal_clinics/community_legal_services/i_need_legal_help.html, April 26, 2017.

**表 2　安大略省法律援助对象收入标准**

单位:加元

| 家庭人数规模 | 最高月收入[21] | 最高年收入 | 贡献收入人群<br>最高年收入 |
|---|---|---|---|
| 单身 | 1136 | 13,635 | 15,781 |
| 两人 | 1966 | 23,588 | 28,406 |
| 三人 | 2241 | 26,889 | 33,102 |
| 四人 | 2532 | 30,384 | 38,026 |

**表 3　安大略省韦仕敦大学法律诊所服务对象收入标准**

单位:加元

| 家庭人数规模 | 最高月收入 | 最高年收入 | 特殊考虑人群<br>最高年收入 |
|---|---|---|---|
| 单身 | 1479 | 17,753 | 22,720 |
| 两人 | 2004 | 24,045 | 32,131 |

确定服务对象的第二项标准是财产因素,综合考量个人所拥有的银行存款、有价证券、房地产财产等,以判定其是否能够通过财产获利来支付司法程序的各项费用。在这一方面,各法律诊所有自己不同的受案标准,不对外公布,在当事人前来寻求法律服务时安排学生作接纳会见(intake),由指导律师决定是否符合该项标准。

其次,法律援助体系内的法律诊所执行法律援助机构设定的收入财产标准,但在服务对象上同样注意扩展范围。具体体现为将其所在高校的学生群体涵盖进来,而不再设定任何收入或是财产标准。例如,约克大学"社区和法律援助服务项目"服务对象涵盖所有在校本科生;[22]而多伦

---

[21] 安大略省给出的收入标准是以年收入计算,此处,为对比不同省份的收入标准,作者将其转换为月收入标准,采取四舍五入的方法精确到元这一单位。

[22] See Osgoode Hall Law School, "How Do I Apply for CLASP's Services?" www.osgoode.yorku.ca/community-clinics/welcome-community-legal-aid-services-programme-clasp/apply-clasps-services/#fincriteria, April 12, 2017.

多大学法学院“市区法律服务诊所”则服务该校所有在校学生。[23]

2.受案范围

加拿大各省法律援助在受案范围方面确定了两项标准:一是仅接受性质较为严重的刑事案件和婚姻家庭纠纷。刑事案件仅包括可能导致监禁或者失业的犯罪行为,而婚姻家庭纠纷则仅涉及离婚、监护权、赡养费、子女探视权之争等。除此以外的其他案件,包括债权债务纠纷、道路交通事故、房产财产等,均不在法律援助之列。二是纠纷本身在法律援助机构看来,必须具有专业价值(professional merit)。这一限定是自由裁量因素,由法律援助律师进行专业判断。与法律援助不同,高校法律诊所放宽了前述条件。安大略省隶属法律援助机构的高校法律诊所,在案件类型上与其他法律援助机构不同,其只接受未成年人犯罪、住房租赁、移民、行政法庭4类案件。[24] 相比之下,法律援助体系以外的高校法律诊所服务领域则更为广泛,包括房屋租赁、雇佣保险、劳动安全与工伤赔偿、社会救助、移民难民、遗嘱、人权等方面。

3.服务主体和服务领域

无论是法律援助体系内部的法律诊所还是独立存在的高校法律诊所,在服务主体和服务领域上实现了比法律援助更为广泛的覆盖。具体而言,加拿大法律援助的供给分为三种模式:(1)通过专门法律援助中心或办公室,该机构根据轮转制为当事人分配援助律师,当事人没有选择律师的权利;[25](2)“司法保障(judicare)模式”,个人申请法律援助获得批准后,会得到一份法律援助证明文件,而后可向接受该文件的执业律师寻求帮助。在该种模式中,当事人有权选择代表律师。(3)前两种模式的混合运用。[26] 而高校法律诊所在服务主体和服务领域上均不同于法律援助机

---

[23] See Downtown Legal Services, “People We Can Help”, downtownlegalservices. ca/people-we-can-help/, April 12, 2017.

[24] See Legal Aid Ontario, “Types of help”, www. legalaid. on. ca/en/getting/typesofhelp. asp, April 13, 2017.

[25] See Legal Aid Saskatchewan, “About Us”, http://www. legalaid. sk. ca/about/legal_services. php, April 20, 2017.

[26] See Gaylene Schellenberg, “Access to Justice in Canada: Canadian Bar Association Strategies to Make it Happen”, Clearinghouse Review, 40, 2006, p. 281.

构:法律援助机构的服务主体是执业律师,服务范围主要是提供案件代理服务、提供法律诊所无法给予帮助的法律信息和建议;而法律诊所的服务主体广泛,包括律师、社区法律工作者、律师助理、学生等。[27] 其法律服务聚焦于贫困法律问题,帮助贫困人口满足基本需求,服务范围具体包括提供法律信息、具体法律意见、出庭代理等。[28]

4.拒绝信制度

基于以上三个方面的不同,萨市法律诊所等与法律援助机构在程序设定上联合构建了拒绝信衔接制度:当贫困群体寻求法律援助服务时,应当首先求助于当地法律援助机构;一旦被判定不在法律援助范围之内,则法律援助机构应当为其开具拒绝信,当事人持该信件方可向法律诊所求助。[29]

## 二、我国诊所式法律教育与法律援助衔接体制的缺位与影响

我国诊所式法律教育同样与法律援助有着密不可分的联系:前者的课程内容主要来源于法律援助案件。[30] 但是,由于两者在功能定位方面未能实现有效区分与相互衔接,在社会法律援助需求不断增长的同时,服务资源持续紧张状态未能得到有效缓解;诊所式法律教育也未能从中获得足够的案件代理机会,导致案源结构和服务内容偏离其设立初衷和功能定位。

### (一)功能定位的混同

我国现有研究多将诊所式法律教育定位为法律援助的辅助力量,[31]并围绕主体性质、实施方法、服务范围等方面分析两者的差异。但未能深入

---

㉗ See "Association of Community Legal Clinics of Ontario, Ontario's Community Legal Clinics 2015 Annual Report", http://www.aclco.org/public_documents.html, April 20, 2017.

㉘ See Community Advocacy & Legal Centre, "Difference between Legal Aid & Legal Clinics", April 13, 2017. www.communitylegalcentre.ca/about/Legal_Aid_and_Legal_Clinics.htm.

㉙ See Sarah Buhler, "Painful Injustices: Encountering Social Suffering in Clinical Legal Education", Clinical Law Review, 19, 2013, p. 406.

㉚ 参见王立民:《法律援助与"诊所法律教育"》,载《政治与法律》2005年第1期。

㉛ 参见牟逍媛:《法律援助制度与诊所法律教育》,载《法学》2002年第8期。

探究两者在功能定位上的根本差别,因而导致两者在服务对象、受案范围等方面几乎完全重合,[32]将诊所式法律援助禁锢于法律援助的高门槛之中,未能充分释放法律诊所的服务潜能,造成两者在应对社会不断增大的法律援助需求方面贡献乏力。

**(二)法律援助需求与供给之间的紧张状态加剧**

仅仅依靠政府司法行政部门确定的法律援助机构,远远不能满足贫困人群对于法律援助的需求。这主要根源于以下两个方面:第一,法律援助中受援对象经济困难标准规定过低,是长期困扰法律援助工作的问题。对此,国务院在2015年6月印发的《关于完善法律援助制度的意见》中提出"放宽经济困难标准,降低法律援助门槛,使法律援助覆盖人群逐步拓展至低收入群体,惠及更多困难群众";司法部法律援助工作司在2016年发布的《2016年法律援助工作要点》中提出将法律援助对象的"经济困难标准普遍调整为低收入标准"。但从实践来看,这项工作的推进并不顺利。例如,作为江苏省申请法律援助门槛最低的苏州市,2017年法律援助对象经济困难标准为1820元/月,[33]比该市住房和城乡建设局确定的低收入家庭人均月收入2100元要低13.3%。[34]如此严格的法律援助条件限定,将大量人群排除在法律援助的大门之外。[35]第二,法律援助服务领域的不断拓展。国务院2003年颁布的《法律援助条例》,对于法律援助的范围界定存在两项悖论:一是法律援助的范围。该条例在第二章中将法律援助的范围严格限定于民事、刑事案件的代理事项,与此相矛盾的是,该

[32] 从实践来看,以北京大学法学院为例,其诊所课程和法律援助活动统一由北京大学诊所式法律实验教学中心管理指导。在服务对象、受理案件、社会功能等方面趋于一致,未见显著差别。参见北京大学诊所式法律实验教学中心:《北大法律援助历程》,载北京大学诊所式法律实验教学中心网:www.legalclinic.pku.edu.cn/flyz/bdflyzlc/index.htm,最后访问日期:2017年4月27日。

[33] 参见沙一:《2017年苏州法律援助对象经济困难标准 每月1820元》,载司法部法律援助工作司网:http://www.moj.gov.cn/flyzs/content/2017-01/06/content_6945772.htm?node=7675,最后访问日期:2017年1月6日。

[34] 参见《苏州低收入家庭人均月收入从1950元调整到2100元》,载扬子晚报网:www.yangtse.com/gd/2017-02-07/1188403.html,最后访问日期:2017年2月7日。

[35] 参见牟逍媛:《法律援助制度与诊所法律教育》,载《法学》2002年第8期。

条例第2条中明确规定公民获得“法律咨询”等服务也属于法律援助的范畴;二是法律援助的主体。该条例第5条第1款规定,法律援助主体是直辖市、设区的市或者县级人民政府司法行政部门确定的法律援助机构,但在第8条中规定社会团体、事业单位等社会组织也可以利用自身资源提供法律援助。这些问题在国务院的不懈努力下逐渐得以澄清,法律援助范围也随之逐渐扩大。2015年国务院办公厅印发《关于完善法律援助制度的意见》,从多方面入手强调扩大法律援助范围:首先,在总体上明确法律援助咨询服务属于法律援助范畴,并将其内容拓展至便民服务窗口、网络服务、法律服务热线等;其次,扩大民事、行政法律援助覆盖面,“将涉及劳动保障、婚姻家庭、食品药品、教育医疗等与民生紧密相关的事项纳入法律援助补充事项范围”,并且建立法律援助参与申诉案件代理制度等;最后,在刑事案件方面,建立法律援助值班律师制度,建立法律援助参与刑事和解、死刑复核案件办理工作机制,健全法律援助参与刑事案件速裁程序试点工作机制。法律援助范围的扩大意味着对法律援助需求量的不断增长。在上述意见实施之前,截至2014年年底,全国共有执业律师27.1万多人,其中法律援助律师5900多人;[36]而同期全国法律援助机构办理的法律援助案件就高达124万余件,平均每位律师承担近5件。[37] 2015年以来,北京、上海、安徽等省市法律援助案件数量同比增长均达到15% ~25%。[38] 而我国律师总人数年增速仅有9.5%。[39] 在法律援助资源稀缺的情况下,单方面依靠增加律师和法律工作者的强制性义务,具有明显

---

㊱ 参见欧阳开宇:《截至2014年底全国共有执业律师27.1万多人》,载中国法院网:www.chinacourt.org/article/detail/2015/04/id/1580216.shtml,最后访问日期:2015年4月8日。

㊲ 参见李娜:《去年全国办理法律援助案件124万余件 受援人总数达到139万人次》,载法制网:http://www.legaldaily.com.cn/index/content/2015-01/14/content_5927342.htm?node=20908,最后访问日期:2015年1月14日。

㊳ 参见《2016年1~6月司法行政统计数据及分析》,载北京市司法局网:www.bjsf.gov.cn/publish/portal0/tab83/info113921.htm,最后访问日期:2016年7月20日;彭继友、钟虹:《2016年安徽全省法援机构共办理案件90691件》,载安徽网:www.ahwang.cn/zbah/20170109/1596870.shtml,最后访问日期:2017年1月9日。

㊴ 参见《我国执业律师人数已突破30万》,载中国法院网:www.chinacourt.org/article/detail/2017/01/id/2510500.shtml,最后访问日期:2017年1月10日。

的行政化色彩,难以维系法律援助的可持续发展。[40] 另外,如果为满足律师提供法律服务的逐利性而不断加大政府财政投入,将始终无法突破公共服务的成本限制。[41] 法律援助相关政策的落实的确存在现实困难。[42]

## (三)诊所式法律教育案源结构偏离其功能定位

从诊所式法律教育实际案源结构的组成来看,法律咨询成为法律诊所的主要服务内容,学生真正参与代理诉讼、调解和仲裁的案件数量有限。尽管有学者认为《民事诉讼法》和《行政诉讼法》有关诉讼代理人资格的修订内容、法律诊所载体的创新都能够推动法律诊所获得更多的案件代理机会,但是由于实践中存在的争议和冲突,[43]实际效果并不明显。

---

[40] 参见胡铭、王廷婷:《法律援助的中国模式及其改革》,载《浙江大学学报》(人文社会科学版)2017年第2期。

[41] 参见胡铭、王廷婷:《法律援助的中国模式及其改革》,载《浙江大学学报》(人文社会科学版)2017年第2期。

[42] 参见刘方权:《完善法律援助保障机制》,载《学习时报》2017年4月26日,第7版。

[43] 首先,有学者认为诉讼立法的制度安排从理论上有助于提升高校法律诊所提供法律援助和服务的实际范围:根据现行《民事诉讼法》(2012年修正)第58条和《行政诉讼法》(2014年修正)第31条规定,当事人、法定代理人可以委托"当事人所在社区、单位以及有关社会团体推荐的公民"作为诉讼代理人,由此,高校法律诊所学生可被推荐作为代理人参与诉讼。但是,实践中这一判断存在争议:(1)高校法律诊所以及法学院是否构成"社会团体",以及学生的代理资格仍然存在疑问,有基层法院拒绝认可学生代理人资格。这一问题在2015年2月4日起施行的《最高人民法院关于适用〈中华人民共和国民事诉讼法〉的解释》中得以明确,根据该解释第87条规定,社会团体必须是"属于依法登记设立或者依法免予登记设立的非营利性法人组织",而该社会团体推荐的公民必须是"该社会团体的负责人或者与该社会团体有合法劳动人事关系的工作人员"。即使认定高校法学院具备社会团体资格,或者由高校作为社会团体推荐学生代理案件,然而法律诊所学生显然并非其所在社会团体的负责人或者存在劳动人事关系的工作人员,因而无法取得社会团体推荐的诉讼代理人资格。(2)对于社区和单位推荐的公民出庭代理资格的认定,尚无定论,有观点指出其应当属于本社区居民或者与单位具有一定隶属关系。参见李罡:《新〈民事诉讼法〉对普通公民代理案件作出限制"黑律师"出招对抗法院新规再封杀"黑律师"》,载《中国律师》2013年第5期。其次,北京大学等高校法学院开始探索与律师事务所共同举办校外法律诊所。参见《北京大学法学院与北京大成律师事务所成功举行"校外法律诊所"挂牌及签约仪式》,载北京大学诊所式法律实验教学中心网:www.legalclinic.pku.edu.cn/zs/10247.htm,最后访问日期:2017年7月5日。尽管这种合作模式能够在一定程度上增加了法律诊所的真实案源,但是,律师事务所的营利性质决定了案件解决的进度要求,学生是否能够完全参与其中并发挥作用不得不打上一个问号。更为重要的是,律师事务所有限的法律援助案件无法保证法律诊所服务经济困难群众的功能实现,恐将背离诊所式法律教育的创办初衷。

例如,北京大学民事行政诉讼法律诊所自2000年成立至2013年12月,约700名学生所处理的电话、来访、信件咨询近万人次,但接办的法律援助案件仅为261件。即在诊所学期内,3~5名学生仅能共同代理一个真实的案件。[44] 中国人民大学法律诊所自成立之后的8年间,486名学生办理的各类案件为280余件,[45]约每两名学生办理一件真实案件。海南大学法律诊所在2005年至2013年12月,每学期有30~36名学生参与,共接受来电、来访咨询1317余人次,而代理案件数量仅为128件。[46] 约4~5名学生方能代理一件真实案件。北京林业大学法律援助中心在2007年至2015年8月,400余名学生接受咨询1000余次,出庭代理和调解案件150余起。[47] 约3名学生共同处理一起真实案件。而外交学院法律诊所(法律援助中心)在2015年度总共接受了7起法律援助案件。[48]

以咨询为主的案源构成无法真正满足诊所式法律教育的创设初衷和根本职能定位。无论是我国还是加拿大等英美法系国家,诊所式法律教育的根本职能在于律师技能教育和服务贫困群体两个方面。法律咨询服务能够帮助当事人掌握法律常识、厘清基本是非,在一定程度上有助于社会纠纷的化解。但是,单纯的咨询服务未能满足诊所式法律教育的根本属性:首先,其未能让学生亲身参与事实调查、调解、谈判、起草文件以及仲裁和诉讼的任何过程,难以起到培养律师技能的作用;其次,面向全体社会成员的法律咨询,稀释了本应服务于贫困人群所培养出的法律人的职业责任感和社会责任感。

---

[44] 参见北京大学诊所式法律实验教学中心:《课程介绍》,载北京大学诊所式法律实验教学中心网:www. legalclinic. pku. edu. cn/jyjx/msxzsszs/kcjs_ms/index. htm,最后访问日期:2017年2月6日。

[45] 参见《法律诊所介绍》,载中国人民大学法学院网:http://www. law. ruc. edu. cn/flzs/ShowArticle. asp? 20657. html,最后访问日期:2017年7月4日。

[46] 参见《法律诊所简介》,载海南大学法律诊所网:http://www. hainu. edu. cn/stm/lawflzs/2015119/10437300. shtml#2,最后访问日期:2017年7月4日。

[47] 参见《北京林业大学法律援助中心简介》,载北京林业大学人文社会科学学院网:http://renwen. bjfu. edu. cn/ztzs/187464. htm,最后访问日期:2017年7月4日。

[48] 参见李红勃、马晓鸥:《外交学院法律诊所2015年度工作报告》,载中国诊所法律教育网:www. cliniclaw. cn/article/? 1539. html,最后访问日期:2017年7月4日。

## 三、创建我国诊所式法律教育与法律援助的衔接体制

创建诊所式法律教育与法律援助之间的衔接体制,构造救助困难群众的立体化覆盖模式,具有以下三个方面的积极作用:首先,有助于满足日益增长的法律援助需求,有效减轻法院司法负担。其次,提高整个社会对于贫困人群的综合法律服务能力,切实减轻群众诉累,有效化解矛盾纠纷。最后,为诊所式法律教育提供充足的真实代理案件的机会,助力法律职业人才的培养。徐显明教授指出:法学教育的目的在于培养优秀的法律职业人才,未来法学教育的评判标准不再片面依靠学术和学科水平,而是取决于职业人才的培养质量。[49] 重在职业能力和技能教育的诊所式法律教育,能够对法律职业人才的培养起到不可或缺的推动作用。

### (一)受援人群的合理划分与相互衔接

加拿大高校法律诊所,在服务对象方面拥有比法律援助更广的覆盖范围。反观我国《法律援助条例》,并没有区分司法行政部门设立的法律援助机构与其他社会组织的援助对象,而是在第1条中统一规定为“经济困难”的公民。实践中,往往出现同一当事人同时向不同机构求助的情形。地方立法主体已经注意到并尝试解决这一问题。例如,《北京市法律援助条例》第十五条第三款规定:“……两个以上法律援助机构都可以受理申请的,申请人应当向其中一个法律援助机构提出申请。申请人就同一事项向两个以上法律援助机构提出申请的,由最先收到申请的法律援助机构受理。”这一程序设计避免了法律援助资源的浪费,但是无力应对不断拓展的法律援助范围所带来的大批增量案件。根本解决之道在于让不同的法律援助主体覆盖更广范围的受援人群。就经济困难的界定标准而言,可以在以下三个方面展开尝试:第一,适当放宽法律诊所服务对象的经济困难标准。该标准确定,应当因地制宜,由各地高校法律诊所根据

---

[49] 参见张文显、郑成良、徐显明:《中国法理学:从何处来?到何处去?》,载《清华法学》2017年第3期。

本地实际情况和贫困人群的法律需求来加以确定。第二,避免机械适用经济困难标准,而是综合考量服务对象的家庭人口数量、财产因素和负债情况确定服务人群。例如,随着我国二胎政策的放开,家庭人口的增加意味着在收入不变的前提下家庭支出的增加,对于这些受援群体,收入标准应当适当放宽。此外,房产、汽车、投资等家庭财产因素应被纳入考量范畴,贷款则应作家庭财产的扣除要素。法律诊所在首次安排学生会见当事人时应当征集上述信息,由受援对象进行个人申报,并签订承诺书。一旦上述信息被证明与现实情况不符,法律诊所有权撤销案件代理并要求当事人偿付所有服务费用。第三,构建贡献收费制度。加拿大法律援助机构所采取的这项收费制度对解决我国法律诊所的资金缺口、扩大受援范围具有一定的借鉴意义。在划定经济困难收入标准的基础上,将个人收入小幅超过上述标准但自愿向法律诊所缴纳少量费用的低收入人群纳入法律诊所的服务对象范畴。

**(二)服务范围的合理划分与相互衔接**

随着法律援助服务范围的不断扩大,有必要对不同法律援助主体所接受的案件类型进行细分。鉴于案件的复杂程度和专业性要求,涉案金额较高的民商事纠纷(如房地产纠纷、公司业务纠纷、知识产权纠纷等)、民事特别程序案件、重大疑难民事案件、技术性要求过高的案件(如道路交通事故纠纷、医疗事故纠纷等)以及疑难复杂重大刑事案件等,并不适宜作为诊所式法律教育的案源,应当由法律援助机构指派律师处理,而上述范围以外的其他案件等则可交由法律诊所提供法律服务。如此,既能有效减轻法律援助机构不断增大的压力,又能为法律诊所提供充足、稳定的案源。值得注意的是,党的“十八大”以来,中央高度重视多元化纠纷解决机制的建设。党的十八届四中全会通过的《关于全面推进依法治国若干重大问题的决定》指出,要健全社会矛盾预防化解机制,完善调解、仲裁、行政裁决、行政复议、诉讼等有机衔接、互相协调的多元化纠纷解决机制。最高人民法院《关于人民法院进一步深化多元化纠纷解决机制改革的意见》强调,建设功能完备、形式多样、运行规范的诉调对接平台,畅通纠纷解决渠道,引导当事人选择适当的纠纷解决方式,充分发挥司法在多元化纠纷解决机制建设中的引领、推动和保障作用。诊所式法律教育能够对多元化纠纷解决机制和诉调对接平台的构建发挥更大的作用,不再拘泥于司法实践中学生代理人身份的争议和局限,在调解、仲裁等纠纷化解程序中服务经济困难群众。特别是在消费者权益保护、房屋租赁等领域,案件往往事实清楚、权利义务明确,适宜法律诊所在"一站式"纠纷解决平台中发挥积极作用。

在程序设计方面,可尝试构建诊所式法律教育与法律援助的程序衔接和拒绝证明制度。寻求法律服务的公民应当首先寻求司法行政部门设立的法律援助机构的帮助。一旦司法行政部门设立的法律援助机构依据规定裁定不予受理,则应出具不予援助决定,[50]当事人可据此转而寻求法律诊所的法律服务。

**(三)法律诊所课程形式与师资配置的制度创新**

服务对象和服务范围的拓展有助于解决现有法律诊所真实案源不足的困境,但随之而来的问题是,我国高校和科研机构的法律诊所是否有能力应对大量增加的案件。首先,在课程设置方面,以武汉大学、北京大学等为代表的法律诊所一般将诊所式法律课程设定为3~5个学分,学时较少。[51] 在完成诊所式法律教育课程的同时,无论是参与其中的本科生还是研究生另需选修其他课程或者完成科研任务,每周有限的时间投入很难保证真实案件的有效处理。加拿大高校法律诊所分为综合性社区法律诊所和专业化主题法律诊所,相对应的课程设置分为全职学分制(full-time credit model)与兼职学分制(part-time credit model)两种。全职学分制采

---

[50] 最高人民法院和司法部联合印发《关于民事诉讼法律援助工作的规定》第4条规定,法律援助机构受理法律援助申请后,应当依照有关规定及时审查并作出决定,对不符合法律援助条件的,作出不予援助的决定。

[51] 例如,武汉大学法律诊所设定为3学分,在设置上课程学时与实验学时各为54课时;北京大学诊所式法律教育设定为3~5学分,每周课堂工作3个学时,课下实践学时4个学时,个别指导3个学时。参见武汉大学法学实验教学中心:《法律诊所教学日历》,载武汉大学法学实验教学中心网:http://lawlab. whu. edu. cn/3/36/2009-05-31/775. html,最后访问日期:2016年12月30日;北京大学诊所式法律实验教学中心:《教学体系》,载北京大学诊所式法律实验教学中心网:http://www. legalclinic. pku. edu. cn/jyjx/jxtx/index. htm,最后访问日期:2017年2月8日。

用学生整个学期全程参与诊所法律服务的方式，一般被设定为 15 个学分，相当于 5 门课堂教学课程之和，即整个学期学生不必再选修其他课程；而兼职学分制则是选择某个特定专业领域开展法律服务，学分设置也相对较少，一般为 3 ~ 6 个学分，相当于选修一至两门法律课程。我国高校和科研院所可借鉴上述经验，与公益律师组织、律师协会和其他法律援助组织共同组建全日制综合性法律诊所，并尝试在法律诊所中安排毕业实习，鼓励更多学生参与诊所式法律教育，服务更多困难群众。

其次，在师资方面，我国法律诊所指导教师的匮乏、参与积极性的低迷，与现有高校和科研机构的法律诊所指导教师的人员构成与职能定位有着密切的联系。我国现有研究一般认为，负责高校法律诊所的法学院指导教师应当针对每一个案件都要制定相应的训练计划和教学目的、参与案件讨论、讲授有关法律知识。[52] 而在加拿大，诊所式法律教育的指导教师由两部分人员构成：一是法学院指派的课程指导教师，专门负责解答学生关于律师执业技能和职业道德等方面的问题，组织每周一次的讨论课程，指导论文写作等，而不参与学生代理真实案件的整个过程；二是专职公益律师，负责指导学生在法律诊所中代理所有案件的每个步骤。例如，多伦多大学市中心法律服务诊所由 6 位专职律师组成；[53]萨市法律诊所拥有 4 位专职律师，每人每学期负责指导学生 4 人左右。值得注意的是，诊所专职律师对于学生的指导是在学生独立分析、拟定解决方案之后方才介入，而非进行事前指点：学生独立会见当事人、撰写法律文书、收集证据、代理出庭等；给予当事人的任何专业意见必须由学生首先提出方案，在征得指导律师同意后方可出具；由学生起草法律文书，与当事人、证人、纠纷解决机构等的每一封邮件和信件来往都必须经过律师审核后方可寄发。简言之，任何涉及外部主体的书面内容必须经过指导律师的审核。该种指导模式下，学生的独立性与当事人的权益维护都在学生与律

---

[52] 参见刘成贺：《我国诊所式法律教育存在的问题及对策》，载《中州大学学报》2010 年第 6 期。

[53] University of Toronto Faculty of Law Downtown Legal Services, "About Us", downtownlegalservices. ca/about-us/, April 26, 2017.

师的职能分工中得到了很好的保障。不仅如此,由专职律师负责学生案件代理指导工作,既可以弥补法学院教师实践经验方面的不足,又可以让法学院教师专门从事诊所式法律教育的科研工作,推动其完成高校的业绩考核标准和职称评审方面的任务要求,实现驻所教师和律师的“双赢”局面。

# The Connective Mechanism among Clinical Legal Education and Legal Aid —Comparative study based on Canadian Experience

*Zhang Peng*

**Abstract**: As part of the dispute disintegration mechanism, the "society's way to justice", Canadian clinical legal education and legal aid institutions have established an effective connective system in terms of service targets, scope of coverage, and service areas, so as to achieve a rational division of labor and collaboration between the two. In China, the nature and function of legal clinics are confused with the ones of legal aid, which leads to the consequence that the distribution of case resources of legal clinics is conflicting with its aim and function. A practical connective mechanism between clinical legal education and legal aid may solve this issue, making full use of the advantages of the two systems to cover more legal fields and more people with financial difficulties.

**Key Words**: university clinical legal education legal aid connective mechanism

# 韩国法学专门大学院制度研究

张月霞*

**摘　要**：习近平总书记在中国政法大学讲话时提到要培养高素质法治人才，如何培养高素质法治人才成为我国法学教育界亟待讨论的重大课题。2009年韩国正式导入美国法学院制度，即韩国法学专门大学院制度，将法律人的培养方式从“通过考试选拔法律人”转变为“通过教育培养专业的法律人”。尽管中韩两国国情不同，但在培养服务于本国社会的优秀法律人才这一点上，两国目标一致。通过梳理韩国法学专门大学院制度及其运行过程中的经验和教训，可以为我国高素质法治人才的培养提供些许参考。

**关键词**：韩国　法学专门大学院　高素质法治人才　启示

2017年5月3日，习近平总书记在中国政法大学考察时，就全面依法治国和高素质法治人才培养等问题发表了重要讲话。如何培养高素质法治人才，成为我国法学教育界亟待讨论的重大课题。

---

* 张月霞，淮阴师范学院讲师，法学博士，研究方向：民商经济法。

2009 年韩国正式导入美国的法学院制度,即韩国法学专门大学院(下文称“法学专门大学院”)制度,确定将法律人的培养方式从“通过考试选拔法律人”转变为“通过教育培养专业的法律人”,提高法律人的多样化、专业化和国际化,培养更加优秀的法律人才。尽管韩国与中国国情不同,但在培养服务于本国社会的优秀法律人才这一点上,两国目标一致。韩国导入法学专门大学院制度已有 9 年,该制度运行过程中也发现了一些问题。本文旨在系统梳理韩国法学专门大学院制度及其运行情况,总结其经验和教训,以期为我国高素质法治人才的培养提供些许参考。

## 一、韩国法学专门大学院制度的导入

1963 年 5 月 9 日,韩国公布《司法考试令》(「사법시험령」,*National Bar Examination Act*),同年 11 月 28 日修改《司法考试令》,确立了以宪法、民法、刑法、商法、民事诉讼法、刑事诉讼法和行政法为中心的司法考试体系。其后,为解决司法考试合格者实务(实践)能力不足的问题,于 1970 年 8 月 7 日修改《法院组织法》(「법원조직법」,*Court Organization Act*),正式设置司法研修院,要求司法考试合格者,再进入司法研修院进行两年的实务训练。此后数十年,韩国法律人才的选拔,均通过司法考试——司法研修院体系进行。①

1987 年 6 月民主化运动和第九次宪法改正案的成果,即韩国社会的民主化,对法律人培养制度也提出了变革的要求。随后数年间,各界对这一问题进行了激烈的讨论,但并未能通过改革方案。直到 1994 年,金泳三政府提出要建设一个新韩国,开始谋求全球化的发展,法律人培养制度的改革才在政府层面被强力推动。1995 年,在韩国青瓦台政策企划属的主导下,成立了“全球化促进委员会”,其中“法律服务和法学教育的全球

---

① 이국운:“한국 법조인양성제도의 역사-로스쿨 제도 이전”,『저스티스』146(2).

化”成为重要课题。在讨论过程中,首次在政府层面明确提出将美国法学院制度作为韩国法律人培养制度的改革方案。② 美国法学院制度作为世界上最先进国家的法律人培养制度,与全球化这一国家改革的目标是相符合的,对于难以了解法律人培养制度具体内容的一般国民而言,这样的说法也相当有说服力。随后十余年,韩国各界就是否导入美国法学院制度进行了激烈的争论,最终于 2007 年 7 月 27 日通过《法学专门大学院设置和运营法》(「법학전문대학원 설치·운영에 관한 법률」, Act on the Establishment and Management of Professional Law Schools),确定导入该制度。同年 9 月 28 日,确定了法学教育委员会的构成和 25 所法学专门大学院的许可。2009 年,25 所法学专门大学院正式招生,其所属大学的法学本科停止招生,2012 年举行了首次律师资格考试。作为过渡,司法考试制度实施至 2017 年。2017 年司法考试第二次考试结束后,司法考试制度正式废除。至此,完全通过法学专门大学院培养法律人的时代到来。③

## 二、韩国法学专门大学院制度的构建④

### (一)法学专门大学院的教育理念

当初提议废除司法考试—司法研修院体系,其最主要的原因在于这一体系下,法学教育与法律人才的培养未能有效对接。⑤ 司法考试体系下,对参加司法考试的应试资格和次数没有任何限制,想要成为法律人,仅需通过司法考试即可,而不考虑其是否系统地接受了法学教育。这种

② 韩国导入法学专门大学院的主张,实际上早在 20 世纪 60 年代,即由首尔大学法学院刘基天教授(1915～1998 年)提出,1962 年 3 月 1 日,首尔大学曾经参照美国法学院制度,成立过司法大学院。参见김창록: “유기천과 ‘로스쿨’ ”,『저스티스』158(2)。

③ 손종학: “로스쿨시대의 법학교육과 법조시장”, 「법학연구」28(1), 충남대학교 법학연구소,2017.2,제53 면.

④ 关于此部分内容,参见崔润哲:《韩国的法学教育及律师资格考试改革》,载《法学家》2009 年第 6 期;陶建国等:《韩国法科大学院教育制度评介》,载《保定学院学报》2011 年 9 月刊等文也有介绍,笔者可以参考。本文仅对他文内容做进一步补充。

⑤ 이국운: “한국 법조인양성제도의 역사-로스쿨 제도 이전”,「저스티스」146(2).

体系一方面导致想要成为法律人的优秀人才,并不重视大学的法学教育,而是挤在考试院复习考试,相对于充分的人文素养和体系化的法律知识,他们更看重考试为主的法律知识的学习。另一方面因为对考试次数和应试资格没有任何限制,所以很多准备司法考试的学生经过多年准备仍未能通过考试,也因为准备考试不仅忽略了除考试科目以外的法学科目的学习,也忽略了大学其他领域的学习,其结果是导致国家人力资源的巨大浪费和低效利用。⑥

因此,导入法学专门大学院制度,是国家政策性层面将法律人培养方式从"通过考试选拔法律人"向"通过教育培养专业的法律人"的转变,以提高法律人的多样化、专业化和国际化。为此,《法学专门大学院设置和运营法》第2条明确规定了法学专门大学院的教育理念,即"为了提供适应国民多样化期待和要求的优质法律服务,基于对丰富的教养、人类以及社会的深刻理解和自由、平等、正义的价值观,培养具备健全的职业伦理观和能够专业、高效地解决复杂多变法律纠纷的知识和能力的法律人才"。法学专门大学院的这一教育理念,揭示了法学专门大学院毕业生应具备的三个最基本的要素,即作为律师的健全的职业伦理观、专业的法律知识和实务技术,这也成为法学专门大学院相关制度设置的最重要的标尺。尤其是为了实现实务技术的培养,法学专门大学院制度下,特别强调"实务教育",在《法学专门大学院设置和运营法施行令》(「법학전문대학원 설치·운영에 관한 법률 시행령」, Enforcement Decree of the Act on the Establishment and Management of Professional Law Schools)中专门规定了与实务有关的必修科目。实务课程作为必修课,也是对法学专门大学院设置之前的法学教育的反省。⑦

**(二)入学资格和考试**

依据《法学专门大学院设置和运营法》,必须具有学士学位或同等学历者才能申请进入法学专门大学院学习(第22条)。各法学专门大学院可自行确定招生要求,从通过法学适应性考试(legal education eligibility

⑥ 参见韩国宪法法院下列案件:헌재2015.6.25,2011 헌마769,2012 헌마209 · 536。

⑦ 박동진: "법조인 양성을 위한 법학전문대학원의 교육 방향",「저스티스」124.

test,LEET)和具备一定外语能力的学生中选拔(第 23 条)。选拔分为两类,一类针对普通学生,称为一般选拔,另一类针对残障或身体、经济上处于弱势阶层的学生,称为特别选拔。[⑧] 特别选拔的学生应占全部学生的 5% 以上。[⑨] 同时,要求进入法学专门大学院学习的学生中,非法学专业学生比重须占 1/3 以上,且本校以外的学生比例要达到 1/3 以上(第 26 条)。

法学适应性考试是指检验学生是否具有成为法律人的基本素养和潜在适应性的考试,2008 年 8 月 24 日举办第一次考试。法学适应性考试兼具选拔合适的法学专门大学院入学学生和促进法学教育发展的功能,也可以说是法学专门大学院制度能否成功实施的核心制度之一。[⑩] 对于具体入学资格,各法学专门大学院可以根据自己的情况确定。下文附上韩国首尔大学 2017 年招生简章供参考。

**表 1 韩国首尔大学 2017 年法学专门大学院招生简章[⑪]**

| 分类 | 内容 |
|---|---|
| 招生人员 | 特别选拔:9 人以上(总招生人数的 6% 以上) |
| | 一般选拔:141 人以下 |

⑧ 韩国《法学专门大学院设置和运营法施行令》第 14 条。

⑨ 为保障残障学生、经济贫困家庭学生等处于相对弱势的群体的入学机会平等,促进社会公平,韩国大学入学时,设有针对这类学生的特别选拔。其中法学专门大学院的特别选拔非常具有典型性,《法学专门大学院设置和运营法》及其施行令中,专门对此做了规定。目前,25 所法学专门大学院与主管部门达成一致意见,特别选拔人数占总招生人数的 5% ~ 10%。2016 年韩国全国法学专门大学院招生 2000 人,其中特别选拔学生 126 人,占 6.3%。参见《全国 25 所法学专门大学院,特别选拔标准统一,考虑对象机会扩大》,载 http://www.veritas-a.com/news/articleView.html? idxno = 41413,最后访问日期:2017 年 12 月 15 日。

⑩ 이재협:“법학적성시험(LEET)출제와 시행의 바람직한 방향”,『특집 I: 한국법학전문대학원의 과제와 전망』,유기천교수 기념학술세미나,2008,제53 면.

⑪ 资料来源:首尔大学法学专门大学院网站:HYPERLINK“http://law.snu.ac.kr/page/master_matriculate.php”,http://law.snu.ac.kr/page/master_matriculate.php,最后访问日期:2017 年 12 月 15 日。

续表

<table>
<tr><th>分类</th><th colspan="3">内容</th></tr>
<tr><td rowspan="3">招生要求</td><td colspan="3">取得国内或国外大学学士学位或同等学历</td></tr>
<tr><td colspan="3">提交法学适应性考试(LEET)成绩</td></tr>
<tr><td colspan="3">提交英语成绩(TOEFL /IBT 597/99 分以上,韩国 TEPS 701 分以上)</td></tr>
<tr><td rowspan="8">考评要素</td><td rowspan="4">特别选拔</td><td rowspan="3">书面评价<br>(第一阶段选拔)</td><td>法学适应性考试(LEET)成绩(总分100分)</td></tr>
<tr><td>学业成绩(总分100分)</td></tr>
<tr><td>其他评价(总分100分)</td></tr>
<tr><td>面试<br>(第二阶段选拔)</td><td>(总分100分)</td></tr>
<tr><td rowspan="4">一般选拔</td><td rowspan="2">成绩评价<br>(第一阶段选拔)</td><td>法学适应性考试(LEET)成绩(总分100分)</td></tr>
<tr><td>学业成绩(总分100分)</td></tr>
<tr><td>其他评价<br>(第二阶段选拔)</td><td>(总分50分)</td></tr>
<tr><td>面试<br>(第三阶段选拔)</td><td>(总分50分)</td></tr>
</table>

**(三)课程设置**

依据《法学专门大学院设置和运营法》第20条,各法学专门大学院须开设与本法第二条教育理念相符合的、培养法律人所必需的相关课程。因此,不同于原来的法学本科教育,法学专门大学院除了要开设基本的法学理论教育课程之外,还要开设实务课程。为此,《法学专门大学院设置和运营法施行令》第13条明确规定,法学专门大学院必须开设下列实务课程:(1)法律伦理;(2)国内外法理和判例信息的法律信息检索;(3)判决书、诉状、辩护词等法律文书的制作;(4)模拟裁判;(5)实习课程。法学专门大学院导入过程中,所谓"实务教育"是最受关注的热点之一,是法学专门大学院体系和旧法学本科体系重要的区分点,[12]甚至可以说是法学

⑫ 김두얼: "법학전문대학원의 현재와 미래-외부자의 시각",『법경제학연구』13(1).

专门大学院设立的一个非常重要的理由。[13] 为有效进行实务教育，各法学专门大学院还引进了很多具有实务经验的专家（如法官、检察官、律师）成为专职教授。

**（四）律师资格考试**

导入法学专门大学院制度之后，司法考试制度逐步废除，韩国法律人的选拔，通过律师资格考试进行。2009 年韩国出台《律师资格考试法》（「변호사시험법」, National Bar Examination Act）和其施行令（Enforcement Decree of the National Bar Examination Act），对律师资格考试做了具体规定。2009 年法学专门大学院开始招生，2012 年举办第一次律师资格考试，此后每年举行一次。

关于律师资格考试科目，由公法（宪法和行政法）、民事法（民法、商法、民事诉讼法）、刑事法（刑法和刑事诉讼法）组成的基本法律科目和专门法律领域的一门选考科目构成。[14] 这样设置的原因在于"为培养具有专业法律知识的法律人，在法学专门大学院除了要实施针对多门法律所进行的统合教育，还要实施针对专业化法律领域的教育。因此，律师资格考试科目也须反映法学专门大学院的教育特点，检验作为法律人所应具备的最起码的专门知识。就这一点而言，在基本科目中，要不同于以往司法考试将每个法律科目单独评价的做法，而应将民法与民事诉讼法等实务领域的科目统合为一个科目进行评价。同时，选考科目也应积极反映法学专门大学院中开设的如经济法、环境法、人权法、互联网法等专业化科目。"[15]韩国律师资格考试选考科目考试内容见表 2。

---

⑬ 최환주: "법학전문대학원 필수 '실무과목' 의 운영과 개선방향",『법학논총』33(1),전남대학교 법학연구소,2013.4,제460 면.

⑭ 参见韩国《律师资格考试法》第 9 条。

⑮ 参见韩国法务部：《法学专门大学院与律师资格考试，向先进法律文化的跨越》，2009 年 3 月。

**表2　韩国律师资格考试选考科目考试内容⑯**

| 考试科目 | 内容 |
| --- | --- |
| 国际法 | 包括国际经济法 |
| 国际贸易法 | 包括《国际私法》《联合国国际货物买卖合同公约》 |
| 劳动法 | 包括《产业灾害保障保险法》 |
| 租税法 | 由《国税基本法》《所得税法》《法人税法》《增值税法》构成 |
| 知识产权法 | 由《特许法》《实用新型法》《设计保护法》《商标法》《知识产权法》构成 |
| 经济法 | 由《消费者基本法》《电子商务等中消费者保护的法律》《独占规制和公平交易法》《格式条款规制法》《分期交易法》《访问销售等的法律》构成 |
| 环境法 | 由《环境政策基本法》《环境影响评级法》《大气环境保护法》《水质和水生态保护法》《噪音和震动管理法》《环境纠纷调整法》构成 |

**(五)法学专门大学院的评估**

为了实现《法学专门大学院设置和运营法》所确定的法学专门大学院的教育理念,同法第四章设置了法学专门大学院定期评估制度。该定期评估由韩国律师协会法学专门大学院评估委员会组织并在评估后向社会公众公布评估结果。依据规定,第一期评估期间为2009年至2012年,2013年发布评估结果。此后每五年进行一次评估,第二期评估期间为2013年至2017年,2018年2月发布了评估结果。第一期评估时,18家法学专门大学院取得“认可”,另有7家法学专门大学院的评估结果为“迟延认可”,即存在不合格之处,后7家法学专门大学院经过整改,取得“认可”。近期公布的第二期评估中,除了庆北大学和西江大学结果为“附条件认可”外,其他23家均取得“认可”,评估结果好于第一期评估。第二期法学专门大学院评估指标见表3。

⑯　参见韩国《律师资格考试法施行令》第七条。

**表 3　第二期法学专门大学院评估指标⑰**

| 分类 | 项目 |
|---|---|
| 1. 学生 | 招生计划的适当性、公正性和学生选拔的多样性 |
| | 学生咨询和指导 |
| | 学生福利 |
| | 奖学金制度 |
| 2. 教员 | 专职教员的确保和教员的多样性 |
| | 教授的教学负担 |
| | 专职教员的研究成果 |
| 3. 教育过程 | 教育过程的编制 |
| | 教育过程运行体系的效率性 |
| | 教学的效率性 |
| | 学生管理的严正性 |
| | 实务必修科目等的适格性和忠实性 |
| | 法律诊所等开设和运行的效果 |
| | 国际化和专业化 |
| 4. 教育环境 | 教育设施 |
| | 教育软件 |
| 5. 教育成果 | 律师资格考试合格率和就业率 |
| | 学习成果和教育质量改善 |

## 三、韩国法学专门大学院制度现状评析

从 2009 年 25 所法学专门大学院正式开始招生，韩国法学专门大学

⑰　资料来源：韩国律师协会法学专门大学院评估委员会《法学专门大学院评估手册》，2017 年 6 月。

院制度施行至今已有9年,律师资格考试共举办6次,期间通过律师资格考试的人数达9285名。⑱ 随着2017年司法考试正式停止,法学专门大学院制度已经成为韩国培养法律人才的唯一途径。但法学专门大学院制度运行情况到底如何,是否实现了当初导入时所设定的目标,目前存在哪些问题,今后走向何方等问题,韩国各界也讨论颇多。

依据上述韩国律师协会法学专门大学院评估委员会的评估结果,官方认为法学专门大学院制度已经成功着陆。⑲ 但有学者认为,法学专门大学院导入以来,正以超过预期的速度发展,从目前情况来看,法学专门大学院制度自身不存在根本性的问题,但是,法学专门大学院要想实现其"从依靠考试来选拔法律人"转变为"通过教育培养法律人"这一宗旨,仍然需要做更多的努力。⑳ 甚至有学者明确地指出,法学专门大学院制度的运行过程中存在严重问题,如果法学专门大学院制度仍像现在这样运行的话,肯定将以失败告终。㉑

**(一)现行法学专门大学院制度的问题**

1. 法学专门大学院出身法律人才质量下降问题

进入法学专门大学院时代,最大的问题就是从法学专门大学院毕业后,通过律师资格考试的法律人,其能力与通过司法考试再进入司法研修院学习两年出来的法律人相比,存在不足,法律人的质量有所下降。㉒ 对于法学专门大学院出身的律师能力相对较差的问题,究其原因在于司法考试时代,要经过四年本科法学学习过程,然后在考试院准备几年司法考试,通过后再进入司法研修院学习两年,打下了扎实的法学基础。而法学专门大学院制度下,仅仅在三年间就要学完法律理论和实务的内容并进

---

⑱ 资料来源:韩国法务部网站:HYPERLINK "http://www.moj.go.kr/" http://www.moj.go.kr/,最后访问日期:2017年12月15日。

⑲ 韩国律师协会法学专门大学院评估委员会:《25家法学专门大学院认可评估结果公布》,2018年2月12日。

⑳ 김창록: "한국 로스쿨의 의의와 과제",『저스티스』146(2).

㉑ 박찬운: "한국 로스쿨 이대로는 안된다",『저스티스』146(2).

㉒ 2015年东亚日报做了关于司法考试和法学专门大学院出身法律人是否有差别的调查,根据结果,44.1%的被调查人认为两类法律人水平存在差异,其中80%的人认为司法考试出身的法律人水平更高。

入法律市场。此外，就考试要求来看，法学专门大学院制度下，律师资格考试出题以考查是否具备“司法研修院一年级程度的实务能力”为标准，也就是说，通过律师资格考试的法律人的水平只相当于“司法研修院一年级的水平”。㉓

2. 部分迷你型法学专门大学院运营困难问题

韩国25所法学专门大学院中，招生名额超过100名的，仅有9所。招生名额的限制，导致诸多问题的出现。首先，大部分私立大学的迷你法学专门大学院，每年出现几十亿韩元的赤字，成为大学的沉重负担，目前有些法学专门大学院的经费使用已经受到学校的严格控制。其次，也因为人数少，所以导致有些课程的选修学生太少，选修学生只有1～2人的课程不在少数，有些课程因为没有学生选修，不得不停掉该课程。从目前状况来看，这类“迷你”法学专门大学院的存续根本不具有可持续性。㉔

3. 法学家培养的断层问题

设立法学专门大学院之后，法学教育已经称不上是一门学问。因为25所法学专门大学院停止招收法学本科生，而其他法学院虽然仍然保留法学本科教育，但一般的法学研究生院再难招到优秀的法学人才。同时，基础法学（法哲学、法律史、法思想史、法社会学、地域法学等）也不复存在的必要。现行法学专门大学院教育，对基础法学的教育，事实上越来越有名无实。法学教育作为一门学问，是以基础法学科目，如宪法、行政法、民法、商法、民事诉讼法、刑法、刑事诉讼法等为中心展开的一系列活动。但律师资格考试科目却以实定法为中心，学生为了准备考试，必然将精力集中放在实定法上，而忽视基础法学的学习。㉕ 尽管现在有个别法学专门大学院针对法学专门大学院毕业生和律师设置了专门的博士制度，但学生数很少，而且他们想做的是实务指向型学问，而不是纯粹法学。㉖

---

㉓ 손종학：“로스쿨시대의 법학교육과 법조시장”，『법학연구』28（1），충남대학교 법학연구소，2017.2，제59－60면.

㉔ 김동훈：“로스쿨，어디로 가야하니”，『고시계』，고시계사，2016.2.

㉕ 성중탁：“로스쿨 체제하 법학 학문 후속세대 양성의 문제점과 그 대안”，『법학논고』58，경북대학교 법학연구원，2017.5，제6면.

㉖ 박찬운：“한국 로스쿨 이대로는 안된다”，『저스티스』146（2）.

4. 法学专门大学院教育退变为应试教育问题

在法学专门大学院体系下,尽管法学教育的目的中,也具有一般教养教育的功能,但其主要目的还是培养职业的专门人才。法学专门大学院制度在刚开始实施的2~3年,还能看到教授和学生为了实现法学专门大学院的理念,相互努力,采取手把手带徒弟式的教育和学习方式。但是,随着律师资格考试合格率的逐年下降,法学专门大学院教育已经背离了当初的设立理念,考试合格成为终极目标,法学教育又变回了应试教育。特别是2015年6月25日,宪法裁判所裁定不公开律师资格考试成绩构成对公民信息公开请求权的限制,即构成违宪㉗之后,合格人员的考试成绩也须对公众公开,律师资格考试成绩成为用人单位招聘时重要的参考依据。这导致考生不仅仅要通过考试,还要尽可能取得高分。其最终结果是导致大多数的法学专门大学院不得不转变为考试复习机构,学生参加律师资格考试辅导班也成为普遍现象,当初法科大学准备司法考试的场景再次重现。㉘ 律师资格考试历年合格人数和合格率(2012~2017年)见表4。

**表4 律师资格考试历年合格人数和合格率(2012~2017年)㉙**

单位:人

| 分类 | 2012年 | 2013年 | 2014年 | 2015年 | 2016年 | 2017年 | 合计 |
|---|---|---|---|---|---|---|---|
| 应试人数 | 1665 | 2046 | 2292 | 2561 | 2864 | 3110 | 14,538 |
| 合格人数 | 1451 | 1538 | 1550 | 1565 | 1581 | 1600 | 9285 |
| 合格率 | 87.14% | 75.17% | 67.62% | 61.10% | 55.2% | 51.45% | — |

5. 专业化培养目标未能实现问题

法学专门大学院制度的宗旨之一是培养某一特定领域的专门化人才。因此各法学专门大学院均确定了其专业化领域,也聘用了一些在专

㉗ 参见韩国宪法法院下列案例:헌재2015.6.25,2011 헌마769。

㉘ 김동훈: "로스쿨, 어디로 가야하니",『고시계』,고시계사,2016.2.

㉙ 资料来源:韩国法务部网站: HYPERLINK "http://www.moj.go.kr/" http://www.moj.go.kr/,最后访问日期:2017年12月15日。

业化领域有实务经验的律师、检察官等成为专职教授。不仅如此,律师资格考试科目中设置了选考科目,考生必须选择某一专业领域的科目参考。另外,对于有不同专业背景的学生,各学校也相应设置了将其培养成关联专业领域专家的制度。但就目前来看,专业化的成果并不明显。

在当初选定法学专门大学院的过程中,就将专业化作为一项重要的指标,2012 年制定的法学专门大学院评估标准中,对配置了 30 学分以上的专业化项目关联课程的学校,给予满分。但从现状来看,法学专门大学院并没有实现专业化。在法学专门大学院开设的专业化科目中,第一学年基础科目中,选修率在 30% 左右,到第二、第三学年,基本上没有人选修。因为专业化的科目,基本上都是选修科目,即便不上,也不会影响毕业。最后的结果,就是有些专业化科目根本没人选修,只能停课。25 家法学专门大学院专业化课程平均停课比例为 16%,其中有两家停课比例超过 50%。[30]

6. 实务教育流于形式问题

韩国法学专门大学院根本的目标是培养实务型的法律人。因此,法学专门大学院中必须开展实务教育。但目前的现状却是,虽然开展了实务教育,但水准太低。究其原因,主要有以下几点。

首先,实务出身的教授太少。目前各法学专门大学院实务出身的教授比例不超过 20%,让没有任何实务经验的教授培养实务型法律家,根本无法完成,这是实务教育无法充分开展的重要原因。

其次,在律师资格考试的重压下,学生不愿意参加实务教育。法学专门大学院学制只有三年,学生为了通过律师资格考试,连作为必修科目的民法书都不能仔细阅读,只能更多地依赖于考试用参考书。考虑到成绩等原因,学生往往更倾向于选择对自己成绩有利的科目,而不愿选择实务上真正需要的科目;学习判例时,学生仅仅背诵结论,而根本不理解适用于事实关系的法理是什么、法理的根据是什么,因此也就无法理解判例的内容,或者将其适用于根本无法适用的案件中;对于法律文书,学生不能

---

[30] 손종학: "로스쿨시대의 법학교육과 법조시장",『법학연구』28 (1), 충남대학교 법학연구소,2017. 2,제64 면.

正确地理解其含义,而只能简单了解形式上的记载事项;对于法律人所必须的法律伦理等精神教育更是放在了后面,很少参加志愿者和社团活动。

最后,尽管很多法学专门大学院都开设了法律诊所,但因为实务出身的教授不得兼职做律师,所以还要从外面聘请律师,导致运行不顺。㉛

7. 法律市场饱和问题

法学专门大学院制度下,每年通过律师资格考试的人数为 1500 多名,再加上过渡期间通过司法考试的人数(2012 年第一次律师资格考试开始至 2017 年最后一次司法考试,司法考试合格人数分别为 502 人、305 人、204 人、153 人、109 人、55 人),两者之和远远超过当初司法考试体系下每年通过的人数。律师资格考试开考 6 年来,通过人数已达 9285 人,而司法考试实施整整 59 年,全部通过人数也仅为 20,766 名。㉜

律师人数的大幅增加,导致法律市场趋向饱和,未就业、未完全就业、失业等问题也开始显现。依据 2015 年的数据,全国每月聘用律师大概在 2.78 人,月薪 300 万 ~500 万韩元。除了存在有些律师未能成功就业的问题之外,已就业的律师也存在月薪较低等不完全就业的情况,2013 ~ 2014 年律师资格考试合格人员中,大概有 30% ~40% 的律师,月薪仅为 200 万 ~300 万韩元。也因如此,律师非法收取委托人的钱财、欺诈接受委托等不法行为也有所增多。㉝

**(二)各界提出的应对方案**

针对法学专门大学院制度运行存在的问题,韩国各界提出了诸多解决方案。

1. 恢复法学本科教育,确保法学专门大学院的优质生源

针对法律人培养质量下降、法学家培养断层等问题,提出恢复法学本科教育的方案。当然,恢复法学本科教育并不是说恢复到 2009 年以前的状态,而是在维持法学专门大学院体系的同时,在 25 所设置了法学专门

---

㉛ 박찬운: "한국 로스쿨 이대로는 안된다",『저스티스』146(2).

㉜ 资料来源:韩国法务部网站: HYPERLINK "http://www. moj. go. kr/" http://www. moj. go. kr/,最后访问日期:2017 年 12 月 15 日。

㉝ 이은묵: "한국 로스쿨의 의의와 과제에 관하여",『저스티스』146(2).

大学院的大学,恢复法学本科教育。这样可以保证进入法学专门大学院的大部分学生是经过法学基本训练的学生,可以在法学专门大学院阶段进行高水平的实践教育。而且,恢复法学本科教育,还可以满足社会上其他的众多公共需要(比如相关公务员)。[34]

2. 整合现有法学专门大学院

针对迷你法学专门大学院无法持续的问题,提出整合现有法学专门大学院这一方案。即在现有招生人数无法再提高的情况下,将迷你法学专门大学院的人数重新分配到其他法学专门大学院,仅保留几所大型法学专门大学院,迷你法学专门大学院仍然回到以前的法科大学。为了这些法科大学能够持续,有必要继续保留司法考试。留下的几所大型法学专门大学院,则招录非法学专业学生,培养具有多样背景的法律人。[35]

3. 降低律师资格考试的难度并保留司法考试或设置预备考试制度

为了防止法学专门大学院教育因为律师资格考试合格率不断下降,又回到司法考试制度下的应试教育这一问题,可以规定和医科大学类似的制度,即没有特殊问题的,尽量都合格,将律师资格考试从“选拔考试”转变为“资格考试”。同时,针对困难家庭学生,保留司法考试,或者像日本一样,设置预备考试制度,即通过预备考试,也可以参加律师资格考试。此外,要保证律师人数与需求相一致。[36]

4. 寻求符合法学专门大学院特点的教学方案

进入法学专门大学院时代后,关于法学教育,讨论最多的就是所谓理论教育与实务教育的问题。大家都认识到了要同时进行理论教育和实务教育的重要性。法学专门大学院的培养理念,可以理解为“培养具备问题解决能力的法律人”,基于这一目标,就不能将理论和实务、实体法和程序法的教育相互分离开来,而必须将它们统合起来进行。也就是说,应该改变从前将实体法和程序法、理论和实务分开教学的方式,而将理论和实务

---

㉞ 박찬운:“영국 법학교육의 현실과 그것이 한국 로스쿨 교육의 주는 함의”, 『 저스티스 』 159.

㉟ 김동훈: “로스쿨, 어디로 가야하니”,『고시계』,고시계사,2016.2.

㊱ 이은묵: “한국 로스쿨의 의의와 과제에 관하여”,『저스티스』146(2).

编入一本教材或在同一门课教授,即所谓统合型教学或协同教学。通过这种统合型教学,可以使学生理解实体法上抽象的权利,在诉讼程序或执行程序中是如何成为具体的权利,权利人的权利最终是否得到满足等问题使空洞的法学理论,成为有生命的理论。[37]

5.强化实务教育

除了已经开设的实务科目外,还要再开发更加多样的实务课程。以民事法为例,实务上最为重要的要件事实论、举证责任论、事实确定论等科目也有必要专门开设。[38]

为强化实务教学,还要提高法律诊所的教育水平,在法学专门大学院教育期间,要进行基本的诉讼实务。为此,有必要对法学专门大学院实务教育设定标准,防止虚假实习等实务活动的发生,并在法学专门大学院中开设律师事务所。[39]

# Law School System of the Republic of Korea and Its Enlightenment on Cultivating High-quality Legal Talent in China

*Zhang Yuexia*

**Abstract**: President Xi Jinping stressed that it is impossible without a high-quality legal work force in the implementation of the rule of law when he visited China University of Political Science and Law. How to cultivate high-quality legal talent worked for rule of law has become the most

---

㊲ 손종학: “로스쿨시대의 법학교육과 법조시장”, 『법학연구』28 (1), 충남대학교 법학연구소,2017.2,제70 - 72 면.

㊳ 김대희: “로스쿨에서의 기록형 시험에 대비한 교육방법론”,『법학연구』55 (2), 부산대학교 법학연구소,2014.5,제212 면.

㊴ 박찬운: “한국 로스쿨 이대로는 안된다”,『저스티스』146(2).

important issue that should be tackled urgently. In order to transfer the way of cultivating legal talent based on examination to the way based on legal education, the Republic of Korea introduced the American Law School system in 2009. Despite of the different conditions of two countries, China and the Republic of Korea have the same aims to cultivate legal talent who can give high-quality legal services for their own country. Introducing the Republic of Korea's Law School system and the experience or problems encountered during its operation can also provide enlightenment for the cultivation of high-quality legal talent in China.

**Key Words**: the Republic of Korea law school high-quality legal talent, enlightenment

# 德国法学教育改革发展的经验与借鉴[*]

李婧嵘[**]

**摘　要**：在新的发展思想和理念之下，适应建设中国特色社会主义法治体系的目标，我国的法学教育应该考虑如何改革和发展。目前，中国的法学教育仍然存在各种问题，学习与研究近年来德国法学教育改革发展的经验，可为推进与深化中国法学教育改革提供积极借鉴。鉴于德国法学教育在培养目标、教育理念、课程设置以及教学方式等方面的改革，当前我国法学教育应该注重结合我国具体国情，顺应时代发展潮流进行改革，在改革过程中教育改革的方式需要与法学教育的目标相适应，并且，针对法学教育中存在的问题，采取行之有效的改革措施。

**关键词**：德国　法学教育　教育改革　教育目标　人才培养

---

* 基金项目：本文为笔者承担的2017年国家社科后期资助项目"新出简牍与秦汉刑事法制考述"（项目编号：17FFX029）和2017年贵州省哲学社会科学规划国学单列课题"《岳麓书院藏秦简（叁）》与秦代司法制度研究"（项目编号：17GZGX30）的阶段性研究成果。

** 李婧嵘，湖南大学法学院助理教授，德国博士。研究方向：法律史与法律文化。

在新的发展思想和理念之下，中国法学教育发展进入了新时代，建设中国特色社会主义法治体系的目标对我国法学教育提出了新的要求和挑战。在此背景之下，法学教育应该考虑如何深化改革和发展，如何优化和重构法学体系，如何培养高素质的法治人才，以适应完善中国特色社会主义法治体系、建设社会主义法治国家的需要。①

习近平总书记在中国政法大学的讲话中，分析了法学教育如何处理中西之间的关系。中国的法学教育应该立足于我国的历史文化、体制机制以及具体国情，突出中国智慧与中国实践；也应该学习、积极借鉴世界先进的法治文明成果，但是需要加以甄别，选择性地吸收和转化。②一个国家的法学教育植根于其独有的社会基础、法律历史和法律文化之中，然而，在经济全球化和中国改革开放深入发展的背景之下，研究法学教育发达国家改革的背景与实践，总结其经验，也将对深化中国的法学教育改革有重要的借鉴意义。③本文将分析近年来德国高等法学教育改革的新发展，并结合中国法学教育存在的问题探讨其改革经验对我国的启示。

---

① 新时代背景下，如何改革和发展法学教育是目前学界讨论的热点问题，参见张文显：《中国法学教育的改革发展问题》，载《北京航空航天大学学报》（社会科学版）2018 年第 2 期；黄进：《新发展理念背景下中国法学教育的发展方向》，载《北京航空航天大学学报》（社会科学版）2018 年第 2 期；蔡立东：《法学院教育改革和创新理性化及其实现机制》，载《北京航空航天大学学报》（社会科学版）2018 年第 2 期。

② 参见《习近平在中国政法大学考察时勉励青年在激情奋斗中绽放青春光芒》，载《人民日报》（海外版）2017 年 5 月 4 日，http://paper. people. com. cn/rmrbhwb/html/2017 - 05/04/content_1771573. htm，最后访问日期：2018 年 6 月 19 日。

③ 全球化背景下，众多国家都在进行教育改革以适应社会的新挑战，参见周汉华：《法律教育的双重性与中国法律教育改革》，载《比较法研究》2000 年第 4 期；冯玉军：《论国外法学教育改革的经验与借鉴》，载《中国大学教学》2013 年第 6 期；袁利平、刘晓艳：《全球化背景下法学教育发展的国际趋势与中国选择》，载王瀚主编：《法学教育研究》（第 17 卷），法律出版社 2018 年版，第 115 ~ 127 页。

## 一、德国法学教育改革的背景

高等法学教育的改革与现代化,需要适应社会对法学教育与法律人才提出的新挑战与新要求。德国的法学教育改革同样也是为适应其社会发展的需要而进行的,对教育改革背景的讨论可以更好地理解其改革的目标与内容。

德国现代高等法学教育根源于19世纪,具有悠久的法律历史和深厚的学术文化传统,因其培养了兼具坚实法学知识基础与精湛专业能力的法律人而一直备受赞誉。④ 德国高等法学教育分为两个阶段,学生进入大学完成法学学习阶段之后,将参加第一次国家司法考试(die erste Staatsprüfung),顺利通过第一次国家司法考试后,进入实习生阶段(Referendariat),实习阶段为期两年,一般在法庭、政府部门或者律师事务所进行。学生在实习阶段之后通过第二次国家司法考试(die zweite Staatsprüfung),则完成了法学教育,成为"完全法律人"(Volljurist),具备担任法官的资格。⑤多年来,德国现代法学教育看似稳定,其教育体系并未有较大的变动,实际上法学界关于教育改革的讨论始终都不曾停止,法学教育也历经了各项大大小小的改革。⑥本文所关注的是近十余年来德国法学教育改革发展的新动态。

---

④ 关于德国法学教育发展的历史回顾,参见 Jutta Brunnee,"The Reform of Legal Education in Germany: The Never-Ending Story and European Integration", *Journal of Legal Education*,42,1992,pp. 408 -412。

⑤ 德国高等法学教育体系的介绍,参见邵建东:《德国"双轨制"法学教育及对中国的启示》,载《法治论坛》2002年第1期;韩赤风:《当代德国法学教育及其启示》,载《比较法研究》2004年第1期;郑永流:《知行合一、经世致用——德国法学教育再述》,载《比较法研究》2007年第1期。

⑥ Gesine Güldenmund, Nina Keller, Ulrike Schillinger and Christin Veltjens-Röschi, "Reformdebatten in der Dauerschleife? -Juristenausbildung als Denkort kritischer Reflexion", Kritische Vierteljahresschrift für Gesetzgebung und Rechtswissenschaft / Critical Quarterly for Legislation and Law / Revue critique trimestrielle de jurisprudence et de législation,3,2012,pp. 232 -244.

近年来,德国高等法学教育改革的动力与压力来自内部与外部两方面。在内部方面,德国现代法学教育设立之初,很好地适应了当时社会对法学教育与法律人才的需求。然而,随着时代的发展,法律事务日益增多、法律问题更为复杂多元、法律职业领域不断扩展,法学教育如不进行改革,将无法适应现代社会提出的新挑战。⑦在外部方面,全球化、国际化的深入发展给德国法学教育带来了前所未有的冲击;在欧洲内部,各国也致力于推进并实现高等教育一体化进程。1999 年 6 月 19 日,29 个欧洲国家的教育部长在意大利博洛尼亚签署了高等教育改革计划"博洛尼亚进程"(Bologna Prozess),目标在于整合欧洲国家的高等教育资源,互通教育体系,尤其是在高校推进"学士—硕士"大学学制(Bachelor-Master-Struktur)和统一大学毕业资格。博洛尼亚计划公布后,在德国法学界激起了激烈的讨论。⑧

在内部和外部压力之下,德国法学教育如果仍然想要保持其竞争力,为学生提供优质、有竞争力的法学教育,就必须适应新的形势进行改革。德国国内,法学教育改革的呼声日益高涨,法学理论界、实务界、政界多次展开关于法学教育改革的激烈讨论,分析了德国法学教育中存在的各种问题,如德国高等法学教育历时过长;大学法学教育只是围绕司法考试进行;教育目标为"培养法官",过于单一,注重的是法律职业中法官思维的培养;法学教育各阶段淘汰率高,学生学习、就业缺乏灵活的选择;学生外语能力不强,对国际、欧盟、国外法律掌握不够,缺乏国际竞争力。⑨

---

⑦ See Jutta Brunnee, "The Reform of Legal Education in Germany: The Never-Ending Story and European Integration", *Journal of Legal Education*, 42, 1992, p. 400.

⑧ 关于"博洛尼亚"教育改革进程的介绍,参见 Laurel S. Terry, "Living with the Bologna Process: Recommendations to the German Legal Education Community from a U. S. Perspective", *German Law Journal*, 11, 2006, pp. 864 - 872。

⑨ 德国关于法学教育存在的弊端与问题的讨论,可参见 Konrad H. Jarausch, "Amerika—Alptraum oder Vorbild? Transatlantische Bemerkungen zum Problem der Universitätsreform", http://geschichte-transnational. clio-online. net/forum/type = diskussionen&id = 204, May 15, 2018; Lisa Rieder and Hanjo Hamann, "Student Participation in Legal Education in Germany and Europe", German Law Journal 7, 2003, pp. 1095 - 1096; Peter M. Huber: "Zwischen Konsolidierung und Dauerreform-Das Drama der deutschen Juristenausbildung", Zeitschrift für Rechtspolitik, 6, 2007, pp. 188 - 190。

在所有关于法学教育改革的争论中,最具争议的是,是否改革德国现有的法学教育体系,引入"博洛尼亚"计划,即在法学教育中是否采用学士—硕士学制,学生完成学士学位后可初步取得法律职业资格。由于德国大学教育中其他专业已陆续改革,采用"博洛尼亚"模式,德国教育政界人士不觉得德国法学教育应该有所例外。可是,法学理论界、法律实务界以及法律政界人士却普遍反对改革现有的法学教育体制以及在法学教育中引入"博洛尼亚"模式。⑩ 2000年年底,德国各州司法部长会议决定,将不会改变现有的德国两阶段法学教育体系,但是将在此体系下改革法学教育,引入新的元素与内容,为法学学生提供更好的教育。2002年3月21日,德国联邦议会审议通过新的联邦法律《法学教育改革法》(Gesetz zur Reform der Juristenausbildung),以改革德国现有法学教育,该部法律于2003年7月1日付诸实施。⑪

## 二、德国法学教育改革的新发展

在全球化和欧盟一体化深入发展的时代背景之下,德国展开的关于法学教育改革的激烈讨论以及2003年《法学教育改革法》的生效实施,持续、有力地推动了德国法学教育十余年的改革实践,下文将主要讨论这些新改革的内容以及给法学教育所带来的变化。

---

⑩ 关于是否引入"博洛尼亚"计划的讨论,参见 Gesine Güldenmund, Nina Keller, Ulrike Schillinger and Christin Veltjens-Röschi, "Reformdebatten in der Dauerschleife? - Juristenausbildung als Denkort kritischer Reflexion", Kritische Vierteljahresschrift für Gesetzgebung und Rechtswissenschaft / Critical Quarterly for Legislation and Law / Revue critique trimestrielle de jurisprudence et de législation, 3, 2012, pp. 240 – 241; Andreas Voßkuhle, "Das Leitbild des" europäischen Juristen "-Gedanken zur Juristenausbildung und zur Juristenausbildung und zur Rechtskultur in Deutschland", RW-Heft 3, 2007, pp. 340 – 344。

⑪ "Gesetz zur Reform der Juristenausbildung". n https://www. bgbl. de/xaver/bgbl/start. xav? start = %2F%2F * %5B%40attr_id%3D%27bgbl102s2592. pdf%27%5D#__bgbl__%2F%2F * %5B%40attr_id%3D%27bgbl102s2592. pdf%27%5D__1526454997743, May 15, 2018. 中文译文参见邵建东译:《法学教育改革法》,载邵建东编(译)著:《德国法学教育的改革与律师职业》,中国政法大学出版社2004年版,第27~29页。

### (一)法学教育目标的改革

德国法学教育的传统以培养法官为目标,这种培养目标使得大学法学教育注重培养学生的裁判思维,教授学生法官应具备的法学概念、规则、原理与理论体系,并擅长运用法教义学与案例解析,培养学生理解、解释与适用法律的专业能力。因此,德国法学教育为德国培养了大批具有扎实法学知识与专业能力的法官,也使得德国司法判决享有很高的声誉与信任度。⑫然而,这种单一的法学教育培养目标在教育改革讨论中备受质疑与批评。法律实务界更是一致认为,法学教育教学重点过于狭窄,忽略了学生其他法律专业能力的培养,毕业后的学生进入律师行业后并不具备辩论、磋商等法律专业技能。⑬

为了解决法学教育中存在的这些问题,德国法学教育改革对培养目标作出了相应的调整与改变。尽管2003年的《法学教育改革法》仍然将法学教育培养目标确定为"取得法官任职资格"(die Befähigung zum Richteramt),但是在立法材料中提出法学教育要培养"具有全方位能力的法律人"(allseits arbeitsfähiger Jurist)。⑭并且,新修改的法律强调了大学法学教育应该考虑到司法裁判、行政与法律咨询实践以及这些实践所必需的关键技能,培养学生谈判管理、会谈、辩论、纠纷调解、和解、调查以及交谈的能力。⑮《法学教育改革法》的法律规定表明法学教育实际上已不再以培养法官作为单一目标,而是注重培养学生各方面的法律专业能力,如律师实务所需的专业技巧。

法学教育培养目标的改革不仅是反映在《法学教育改革法》的法律内容之中,更是体现并落实在大学法学教育过程中相应的各项改革措施之中,如下文将讨论的大学法学教育课程设置、考核形式、教学方式等各方

---

⑫ 参见张慰:《成为德国法官的教育之路——基于在德国联邦宪法法学的访学经历》,载王瀚主编:《法学教育研究》(第16卷),法律出版社2017年版,第291页。

⑬ Peter Ströbel:"Reform der Juristenausbidung",BRAK Mitteilung,4,2003,p.147.

⑭ 参见邵建东:《德国法学教育的最新改革述评》,载邵建东编(译)著:《德国法学教育的改革与律师职业》,中国政法大学出版社2004年版,第20~21页;邵建东:《德国法学教育最新改革的核心:强化素质和技能》,载《比较法研究》2004年第1期。

⑮ 《法学教育改革法》对《德国法官法》第5a条第3款第1句的修订。

面的改变。

**(二)法学教育课程体系的改革**

高等法学教育课程体系在一定程度上由教育培养目标所决定,德国的法学教育体系也在改革讨论中备受批评,成为教育改革的重点。各项讨论认为,之前的法学课程科目与内容设置范围过窄,多局限于国家司法考试的领域,而忽略了在理论上、实践中对法学训练具有关键作用的领域。而且,法学教育培养不能只是局限于法学专业的培养,法学学生应具备对社会的敏锐洞察力与思考力,以及与人沟通与交流的技巧与能力,而之前的法学课程并没有为他们提供足够的社会、哲学、历史等基础课程。另外,随着社会的新发展,移民法、环境法、科学技术法、环境资源法等部门法律变得日益重要,可是已有的法学教育课程设置使得学生难以有充足的时间和精力来学习这些法学课程。并且,随着全球化和欧盟一体化的进程,国际法律事务日益繁多,法学教育也应该重视学生的外语能力,增设国际、欧洲以及国外法律课程,提供机会让学生去其他欧洲国家进行学习、交流,以提高德国法学学生的国际竞争力。⑯

综合考虑各项改革建议,德国大学法学教育课程体系也进行了相应的调整。依据《法学教育改革法》,大学课程的必修课程(Pflichtfächer)除了民法、刑法、公法以及诉讼法等核心课程外,还包括了欧洲法以及法学方法论、哲学、历史和社会基础课程。必修课程之外,选修课程(Schwerpunktbereiche)旨在补充法学学习,深化学生对必修课程的理解,并加强对跨学科知识、国际法律关系的认识。除此之外,法律还规定学生需要参加以外语交流的法学活动,或者证明其完成了足够的法律外语课程。⑰德国法学课程体系的变化是与新的法学教育培养目标相适应的,课程设置不再是依据"法官培养"的单一目标,而是注重全方位培养学生的法学理论知识以及法律应用能力。

另外,尽管之前的法学课程设置多是紧密围绕司法考试而设置,学校

---

⑯ Ulrich Goll: "Das Stuttgarter Modell der Juristenausbildung", Zeitschrift für Rechtspolitik 10,2007,pp. 190 – 191.

⑰ 《法学教育改革法》对《德国法官法》第5a条第2款的修订。

的大学教育仍然与司法部的司法考试之间存在脱轨的情况。因此,改革大学法学课程也有必要对国家司法考试模式进行改革,让大学法学院系拥有更多的自主权。《法学教育改革法》调整了第一次国家司法考试的形式,司法考试由大学考试的选修课程和国家考试的必须课程两部分组成,其中,大学考试占比30%,国家考试占比70%。⑱

《法学教育改革法》生效与实施之后,德国各所大学综合考虑法学教育的新目标与理念来设置法学课程。德国大学的课程设置变得更为丰富、灵活,增设了新兴法律领域的课程以及与律师实务相关的法学课程。以前的课程设置,似乎是学生将来基本都将以法官为其职业,学生可供选择的空间较小。而在课程改革之后,学生可以根据自己的兴趣和专长,来选修相应的法学课程。这样的课程设置之下,将来从事律师等其他法律职业的学生也有机会在大学学习阶段掌握应该具备的法学知识和法律技巧,也就为学生未来发展提供了更多的选择。

而且,大学在教育改革中提供的法学方法论、哲学、历史和社会基础课程也是十分必要的。法律职业要求学生具有渊博的知识,了解、关怀社会,形成对社会问题深入和敏锐的见解。这些基础课程培养学生从经济、历史、政治的综合视角来理解和考量法律的问题,避免他们脱离社会与历史的背景片面地理解法律。

并且,为了应对法律国际化的发展和新挑战,近年来德国大学不仅为德国学生提供了丰富的法律外语课程供学生学习国外法律以及欧洲法律,还开设了法律硕士(LLM)以供外国学生在德国高校学习法律。学校也鼓励学生去国外高校交流学习,并且承认其课程所获学分。这些课程增进了德国法学学生对国外、国际法律及制度的了解,也有利于他们在全球合作和欧盟法律一体化的背景之下增强竞争力,参与国际法律事务,毕业后到国际组织和国际法庭任职。⑲

---

⑱ 《法学教育改革法》对《德国法官法》第5a条第1款的修订。

⑲ 参见[德]赫尔塔·多伊布勒·格梅林:《德国法学教育的新动态——国际化、调节和斡旋》,杨阳译,载《中德法学论坛》2003年,第85页。

### (三)法学教育教学方法的改革

传统的德国法学课程一般有讲授课(Vorlesung)、练习课(Übung)、研讨课(Seminar)多种形式。讲授课由教授主讲一门课程的法学基础知识,众多学生听讲,以系统培养学生的法学理论基础。练习课在教授、讲师或者法官、律师指导下,由学生根据讲授课所学习的法学理论知识分析假设案例,并分小组进行讨论,最后由指导老师进行评价。练习课注重以“法官”立场培养学生如何适用法律,训练学生的法律推理、法律评价能力。研讨课一般在高年级设置,课程会确定具体的法律论题,由学生在老师的指导下搜集资料进行研究后,在课堂上作学术报告并交流讨论,旨在锻炼学生的学术研究能力,增强他们的独立思考与口头表述能力。总而言之,这几种法学授课方式的重点都在于培养学生的法官思维和司法裁判能力。

然而,德国传统教学方式受质疑之处在于,大多数学生在毕业之后将会从事律师职业,法学教育并未训练学生律师实务所需要的技能。随着德国高校法学教育培养目标与课程设置的改革,近年来,法学教育在传统的法学授课方式之外,也发展了新的教学方式。围绕培养学生多方位法律能力的教育目标,德国高校调整了其教学方式,以提高学生的法律实务能力,尤其是训练学生律师职业的专业技能,如合同起草、谈判、辩论、磋商等技巧。首先,这些课程往往是由执业律师授课,让学生在大学学习阶段便可以跟随律师一起了解法律实务工作。律师在课程中引导学生们独立调查案件事实,收集、评价和整理与案件事实相关的信息,确定其中的法律问题,并进行法律分析和推理。其次,与强调法官裁判思维的课程不同,这些法律实务课程在于让学生同律师一样去思考和解决法律实际问题。比如,法律实务课程中也注重培养学生的沟通能力,学习作为律师如何与客户进行沟通、交流,将复杂的法律问题向外行客户解释清楚,并提供优化的法律解决方案,解决方案也并不局限于诉讼方式,还有和解、调解、仲裁等各种方式。[20]并且，借鉴国外法学教学方式，德国高校如也引入了英美法系的模拟法庭、诊所教育等教学模式，[21]让学生在实践中掌握律师的业务技能，体会律师的各种角色和处理案件的法律后果，增强他们的社会责任感。[22]这些以律师职业为导向的课程教学方法可以为他们将来从事的律师职业生涯提供坚实的知识基础和实务技巧。

## 三、对中国法学教育改革的启示

目前，中国法学教育仍然存在多方面的问题，如法学教育培养模式相对单一，学生法律实践能力有所缺乏，应该加强应用型、复合型法律职业人才的培养。因此，适应新时代的发展理念和思想，中国法学教育应该继续推进与深化改革。近年来，德国高等法学教育的改革与发展中，面临了各种问题，其中有些问题也存在于中国法学教育中，德国法学教育改革的经验给我国教育改革的推进和深化提供了各种有意义的启示。

### （一）结合我国法学教育情况，顺应时代发展潮流

高等法学教育的质量对国家的法律制度、国家司法系统的运行、国家法治建设都具有至关重要的作用。一方面，一个国家法学教育的目标与定位，深受该国的法律历史和法律文化的影响，有其固有的社会基础、法律习惯和法律意识，因此，应该结合该国法律发展的实际情况改革法学教育；另一方面，在全球化和法律国际化发展的背景之下，法学高等教育的

---

[20] 也有德国学者对如何开设、讲授以培养律师为向导的法学课程提出了建议，参见 Friederike Pfeifer："Zum Stand des Reformbedarfs in der Juristenausbildung：Anwaltsorientierung"，BRJ Sonderausgabe，01，2016，pp. 8－12。

[21] 如德国的维斯马大学（Hochshule Wismar）的商法以学士和硕士学制培养学生，在学士培养阶段，学校提供的课程包括了诊所教学课程（德语称为 Fallstudien），其商法法学学士项目与课程设置载于 https://www. fww. hs-wismar. de/studium/studienangebot/wirtschaftsrecht/wirtschaftsrecht-bachelor/，最后访问日期：2018 年 5 月 16 日。

[22] 关于诊所教学的详细介绍与在德国应用的前景，参见 Andreas Bucker and William A. Woodruff，"The Bologna Process and German Legal Education：Developing Professional Competence through Clinical Experiences"，*German Law Journal* 5，2008，pp. 575－616。

改革也需要充分考虑当今时代之下社会对法律教育与法律职业的需求，提升法学教育和法律人才的国际竞争力。

德国的法学教育正是结合德国的实际情况，并顺应法学发展的潮流而展开的。因法学教育质量对国家法治建设的重要价值，国家有责任保证法学教育的质量，德国的教育改革是在国家主导下开展的，由各大学积极推动的。这体现在联邦议会制定通过了《法学教育改革法》，虽然对第一次司法考试形式有所改变，但是两次国家司法考试依然由司法部主导。㉓ 并且，法学教育改革首先充分尊重了德国法学教育的传统与特点，一系列改革是在保持原有的两阶段制教育体系下进行的，也保留了其传统的课程与教学方法。同时，法学教育改革又针对教育中存在的问题，结合全球化和欧盟一体化的时代背景，采取改革措施，培养全方位的法律人才，增强德国法学教育在欧洲与国际上的竞争力。

参考德国法学教育改革的经验，深化与推动中国的法学教育改革必须立足中国国情，考虑到中国特色社会主义法治体系的建设以及经济社会发展的实际情况，必须确定相适应的法学教育改革目标、理念与方式。鉴于法学高等教育对中国经济发展、民主法治建设的关键作用，中国的高等法学教育改革也应该在教育部有关部门的主导下，由各所大学与法律实务部门积极推动。同时，为了适应全球化深入发展和国家改革开放的需要，中国的法学教育也应该抱有积极、开放的心态，积极迎接新的国际化挑战，促进国内高校的国际合作与交流，借鉴国外高校法学教育发展与改革的经验，培养具有国际视野的法律人才参与到国际法律事务并维护国家利益，从而促进我国法学教育的国际竞争力。

**（二）教育改革方式与法学教育目标相适应**

相对于许多自然学科、人文学科与社会学科教育，高等法学教育具有极强的职业属性，即在于法学教育也是职业教育，必须考虑社会的需求，为社会提供高素质的法律人才。因此，推进法学教育改革与现代化，以适

㉓ Andreas Voßkuhle, "Das Leitbild des europäischen Juristen-Gedanken zur Juristenausbildung und zur Juristenausbildung und zur Rechtskultur in Deutschland", RW-Heft, 3, 2007, p. 342.

应社会的需要,有几个核心问题值得深入思考:法学教育的目标是什么?法学教育的理念何在?社会对法学学生提出了怎样的要求?如果这几个问题得不到解答,也将无从回答“应该采用哪些方式如何改革法学教育”的问题。㉔

德国的教育改革正是基于对这些问题的深入思考与探索而展开的。长久以来,德国法学教育以培养法官为目标,而与之相适应,法学教育的理念、课程设置与教学方式都重在训练学生的法官裁判思维。在法学教育发展面临新的压力与助力之下,德国的法学教育调整了原来单一的培养目标,确定法学教育应该培养具有全方位能力的法律人才。法学教育目标的改革使得课程设置与教学方式有了相应的发展与调整,新的课程设置与教学方式围绕着如何培养法学学生各方面的法学知识与法律技能而展开。

在中国的法学教育改革中,也应该首先确定法律教育的目标和任务。习近平总书记强调,法学学科是实践性很强的学科,法学教育要处理好知识教学和实践教学的关系。并且,法学教育要坚持立德树人,不仅要提高学生的法学知识水平,而且要培养学生的思想道德素养。㉕在教育改革中,围绕建设新时代中国特色社会主义法治体系的目标,法学教育应该积极培养高素质、应用型、复合型的法治人才。德国教育改革的经验启示,确定法学教育培养目标之后,在推进我国的法学教育改革过程中,法学的课程设置、教学方式、法学实践与培养机制等各方面都应该同教育改革目标相适应,以培养新时代的法治人才。

---

㉔ Gesine Güldenmund, Nina Keller, Ulrike Schillinger and Christin Veltjens-Röschi, “Reformdebatten in der Dauerschileife? -Juristenausbildung also Denkort kritischer Reflexion”, Kritische Vierteljahreschirift für Gesetzgebung und Rechtswissenschaft / Critical Quarterly for Legislation and Law / Revue critique trimestrielle de jurisprudence et de legislation, 3, 2012, p. 245. 什么是法学教育的目标与理想,这也是中国法学教育改革的重要问题,参见葛云松:《法学教育的理想》,载《中外法学》2014 年第 2 期。

㉕ 《习近平在中国政法大学考察时勉励青年在激情奋斗中绽放青春光芒》,载《人民日报》(海外版)2017 年 5 月 4 日, http://paper. people. com. cn/rmrbhwb/html/2017 - 05/04/content_1771573. htm,最后访问日期:2018 年 6 月 19 日。

**(三)针对法学教育中存在的问题,采取行之有效的改革措施**

一个国家的法学教育改革获得成功,也在于能够清醒地把握法学教育的现状并认识到教育中存在的各方面问题,并且,教育改革的各项措施也是为了解决这些问题而制定、实施的。

德国法学教育新一轮改革之前,法学理论界、法学实务界与法律政治界就展开了激烈的改革讨论,对德国法学教育中存在的各种弊端进行了深刻的讨论与分析。之后,联邦议会通过的《法学教育改革法》的各项法律规定以及大学实施的各项法改革措施正是针对这些问题而展开的。比如,为了解决法学培养目标单一与课程内容狭窄的问题,大幅度提高了选修课比例,培养学生的各方面法律技能;为了应对欧盟一体化的发展需要,提高德国学生的国际竞争力,要求学生修读外语课程和国外法律、欧盟法律课程;为了解决大学教育与司法考试脱轨的问题,改革了第一次国家司法考试的形式。

目前,中国的法学教育仍然存在诸多问题,如法学教育与法学职业衔接不够、学生缺乏法律实务技能、无从适应多样化的法律职业要求。我国的法学教育改革就应该针对这些问题采取行之有效的措施,从而达到法学教育改革的目标,提高法律人才的培养质量。

首先,目前中国的大学法学授课方式仍然以教授讲解法学知识的大课为主,注重的是解释与适用法律的训练。这种教学模式之下,学生虽然在一定程度上掌握并理解了讲授的法学知识,但是缺乏对法律知识的批判性理解,不知如何创造新知识,也很难形成独立发现与解决法律问题的能力。在教育改革中,课程教学方式应该改革传统的教学方式,讲授课在于让学生掌握系统与精深的法学理论知识,讲授课之外应该使用案例教学、研讨教学、翻转课堂等教学方式,与纯粹的讲授方式不同,这些课程以学生为中心,需要学生积极思考、参与讨论,以便培养学生的法律思维和独立思考能力,激发他们的学习兴趣和自主学习能力,训练他们口头表达和法律辩论的能力。

其次,从中国深入改革开放与世界经济紧密联系的角度来看,法学教育必须加强学生的法律技能训练,以提升未来中国法律职业的市场竞争力。㉖大学应该调整已有的课程设置,通过增设模拟法庭、诊所教学、商务谈判、法律文书写作等课程,让学生参与到法律实践活动中,训练他们的法律思维,提高与人沟通、交流的能力,掌握法律实务操作技能,并在实践环节中培养他们的法律职业道德和社会责任意识。同时如上文所讨论的,国内高校在引入国外教学模式、教学方法的过程中,也应该充分考虑到如何实现这些教学模式、教学方式的本土化,适应中国法学教育培养复合型法治人才的需要。㉗

再如,在中国的法学教育中,法学通识教育还刚刚兴起,学生的阅读范围与知识层面普遍比较狭窄。并且,相对部门法学课程,法理学、法史学、法哲学、法社会学等基础理论课程往往不受重视,学生普遍认为,法学理论基础课程与法律实务的联系并不紧密,属于"虚学",对未来从事的法律职业作用不大。实际上,法学作为一门社会科学,涉及社会生活的多个方面,需要学生具有广博的知识层面以及开阔的思维,对社会问题和政策问题进行敏锐的观察和深入的思考,并从整体上理解法律并解决法律问题。㉘在大学法学教育的改革中,也应该处理好基础理论课程、法学交叉学科课程与部门法学课程之间的关系,不仅培养学生的法学专业基础知识和技能,也要注重提高学生的人文素养、综合知识和社会科学方法,以提高学生综合运用法学与其他学科知识方法解决实际法律问题的能力。

---

㉖ 参见苏力:《中国法律技能教育的制度分析》,载《法学家》2008 年第 2 期。

㉗ 参见何美欢:《理想的专业法学教育》,载《清华法学》2006 年第 3 期。

㉘ See George L. Priest, "Social Science: Theory and Legal Education: The Law School As University", *Journal of Legal Education*, 33, 1983, pp. 437 – 441;周汉华:《法律教育的双重性与中国法律教育改革》,载《比较法研究》2000 年第 4 期;王晨光:《法学教育的宗旨——兼论案例教学模式和实践性法律教学模式在法学教育中的地位、作用和关系》,载《法制与社会发展》2002 年第 6 期。

# The Experience of the Reform of Legal Education in Germany

*Li Jingrong*

**Abstract**: Under the development of new ideas and values, in order to adapt to the objective of establishing the socialist system of rule of law with Chinese characteristics, it is important to consider how to reform and develop legal education in China. At present, different problems still exist in legal education in China. The experience of the reform of German legal education can help to promote and deepen the reform in China. In recent years, Germany has reformed its legal education in spheres of the goal of legal education, idea of legal education, curriculum planning and teaching methods. In light of its successful experience, China can reform its education by considering China's specific conditions and new trends of the time. The ways to initiate legal education should adapt to the objective of education, and the reforming methods should be effective to deal with problems existing in legal education in China.

**Key Words**: Germany  legal education  education reform  the goal of education  personal training

# 管理经纬

# 鱼或熊掌：民国时期上海法科教员的兼职与教学*

沈　伟**

**摘　要**:民国时期上海法学教育的水准得到了今天学界的广泛赞誉,但是基于日记、档案等资料可以发现,这一看法存在一定的偏差。从张耀曾在上海的执教经历可见,法科教员的兼职与教学质量之间存在紧密联系,低薪导致了教员频繁兼职的现象,进而引发了一系列的教学问题出现,这一链式反应实际是由教育部限制招生、学校经费支绌及课堂教学失序等原因引起的。重新审视这一时期法学教育的发展,不仅能够提供一种新的视角思考民国法学教育,而且能为当下法学教育的建设提供镜鉴,尤其是对法学教师兼职行为的管理提供历史经验。

**关键词**:张耀曾　兼职　法学教育　上海

民国时期的法学教育多被学界所称道,而"黄金

---

* 本文系中国法学会2017年度部级法学研究课题《建国前后法学教育转型研究——以上海为视角》(CLS(2017)D22)阶段性研究成果,并获"华东政法大学博士毕业生后续学术发展支持计划"资助。

** 沈伟,中共上海市委党校讲师,法学博士,研究方向:法学教育史、比较法。

十年”的上海又属其中的佼佼者,其以私立办学为主,国立为辅的格局,促成了沪地法学教育的兴盛,出现了多所享誉全国的法校院校,如有以“南东吴,北朝阳”之誉的东吴大学法学院,还有享“东方的哥伦比亚大学”之称的大夏大学等。此外,各校的教学模式也各有特色,如东吴大学法学院擅长英美法教育,震旦大学法学院则以法国法教育自居,还有上海法学院、上海法政学院等学校则是本土法学教育的代表,不同的教学模式荟萃于一地也成为近几年学者们研究的热点。

但是,基于新的档案材料可见,民国时期上海法学教育的水准似乎存在过誉之嫌,而这背后又与教员的兼职不无关系,微薄的薪俸致使教员为了生计需要大量兼职,进而不能将更多的精力投入到课堂教学,教学问题因此频出。尽管学界对民国教员的兼职、薪俸和教学有过一些讨论,①但是深入探讨法学教授兼职与法学教育质量之间关系的研究,尚属鲜见。② 基于此,本文将研究视角聚焦于民国时期上海的法学教育,以法学教授张耀曾作为个案切入,讨论这一群体的薪俸、兼职与教学质

---

① 学界有关民国教员薪俸的代表性研究有:慈鸿飞:《二三十年代教师、公务员工资及生活状况考》,载《近代史研究》1994年第3期;陈育红:《论教师薪俸对民国大学教育与学术之影响》,载《济宁学院学报》2013年第5期;黄洁:《南京国民政府时期(1928—1937)大学教师薪俸研究》,载《教育与考试》2011年第2期;陈育红:《民国大学教授兼课现象考察》,载《民国档案》2013年第1期。有关教员兼课现象的代表性论述有:梁晨:《民国国立大学教师兼课研究——以北京大学、清华大学为例》,载《南京大学学报》(哲学·人文科学·社会科学)2011年第3期;商丽浩:《限制兼任教师与民国大学学术职业发展》,载《浙江大学学报》(人文社会科学版)2010年第4期。

② 近几年有关上海法学教育的研究大致可分为以下几个方向,有关注法学教育人物的,例如李洋:《罗炳吉与东吴法学院》,载《华东政法大学学报》2014年第6期;白晟:《不该遗忘的法科学人费青》,载《政法论坛》2014年第4期。还有关注法学院校史的,例如:Alison W. Conner, “Training China's Early Modern Lawyers: Soochow University Law School”, *Journal of Chinese Law*, Vol. 8, No. 1, 1994, pp. 1 - 46; Tahirih V. Lee, “Orienting Lawyers at China's International Tribunals Before 1949”, *Maryland Journal of International Law*, Vol. 21, 2012, p. 179; Ruth Hayhoe, “Towards the Forging of a Chinese University Ethos: Zhendan and Fudan, 1903 - 1919”, *China Quarterly*, No. 94, 1983, pp. 323 - 341。另外也有关注教育风格的研究,例如王立民:《中国租界的法学教育与中国法制现代化——以上海租界的东吴、震旦大学法学教育为例》,载《法学杂志》2016年第7期。Alison W. Conner, “The Comparative Law School of China”, in C. Stephen Hsu, ed., *Understanding China's Legal System*, New York University Press, 2003, pp. 210 - 273.

量间的关系，描绘这一时期法学教育的真实图景，进而归纳出影响法科教员兼职和法学教育质量问题的根本原因，并期冀以此镜鉴当下。

## 一、法学教授张耀曾的薪俸及生计

1928 年，前北洋政府司法总长张耀曾，来沪和沈钧儒等人合开律所，并且担任政府顾问和新民大学法学院院长，同时兼任了上海法学院、上海法政学院、中国公学法律系的教授。但即使是身兼数职，张耀曾却依然饱受经济窘迫之苦，常常借债度日，“初至沪时，一切皆出借贷”，③以致登录律师公会的 60 元手续费一时都无法缴纳：

> 晚，接俞钟骆来信，谓律师登录公文已到，请填入会志愿书。并具入会金六十元，完成手续云云。律师登录，余前接沈芷馨信早知之。因预计款项不足，故未催促，今接此信殊觉为难。④

确切地看，以 1930 年为例，张耀曾总计收入约 6380 元，而支出约 10,300余元，实际已是入不敷出。一年的收入中，执业律师所得近 3500 余元，而靠兼职教授和政府津贴仅得 800 元，如果不是龙云及时地从云南寄赠了 2000 元给他，想必经济状况更加拮据。⑤

与张耀曾的闪耀履历相比，其兼职教授的薪俸就显得多少有点不堪了。他兼任私立上海法学院 2 小时的民法课程，实际仅有月薪 24 元，在其对月薪表达不满后，法学院提高到了 3 小时月薪 40 元，即使是这样，他

---

③ 张耀曾：《求不得斋日记》，载杨琥编：《宪政救国梦：张耀曾先生文存》，北京法律出版社 2004 年版，第 279 页。

④ 张耀曾：《求不得斋日记》，载杨琥编：《宪政救国梦：张耀曾先生文存》，北京法律出版社 2004 年版，第 256 页

⑤ 张耀曾：《求不得斋日记》，载杨琥编：《宪政救国梦：张耀曾先生文存》，北京法律出版社 2004 年版，第 286 页。

仍觉得勉强,“余心虽未可,而碍于情面,不能再却。”⑥此外,新民大学也给了他每月50元薪俸,⑦但是即便如此,张耀曾仍常常要为生计苦恼,“生计劳神,所见无乃不广”。⑧ 对此,他常将生活的拮据归咎为性格问题,如果自己能够处事圆滑些,以其人脉关系定然不会连过年都“穷于赀”。⑨可惜,其性格并不如此“以余之方正无术,未必能迎合世俗,大行其道”。⑩“人皆狡捷,我独迂拙,此余所以屡当政局,名不高而贫益甚也。”⑪事实上,除性格之外,问题的源头是当时上海法学教师的薪资水平都很低,在多个法学院任职过的周新民教授就对当时很多学校的薪资进行过调查:

国立暨南大学,专任教授每周授课十二小时,月薪不过二百四十元,兼任待遇,以每小时四元做标准。这样待遇,在上海已算优等,其余私立大学,待遇最高的,要算震旦,每小时八元(每人只授课二三小时),其次要算东吴,每小时四元(全校专任教授只有二人,其余每人也只兼授二三小时),再其次,要算是大夏,复旦,持志,法政,上法等校,多则每小时不出三元五角,少则每小时不满二元五角,最低的要算是中国公学,每小时只有二元(从前四元),上海生活程度很高,每月需三百元左右,绕可维持现状。在这样待遇很低的学校教课,平均每小时以二元五角计算,就是每周非担任三十小时不够敷衍。⑫

---

⑥ 张耀曾:《求不得斋日记》,载杨琥编:《宪政救国梦:张耀曾先生文存》,法律出版社2004年版,第286页。

⑦ 上海市档案馆藏:Q235-1-657,《上海市教育局关于私立江南学院立案问题(二)》。

⑧ 张耀曾:《求不得斋日记》,载杨琥编:《宪政救国梦:张耀曾先生文存》,法律出版社2004年版,第251页

⑨ 张耀曾:《求不得斋日记》,载杨琥编:《宪政救国梦:张耀曾先生文存》,法律出版社2004年版,第290页。

⑩ 张耀曾:《求不得斋日记》,载杨琥编:《宪政救国梦:张耀曾先生文存》,法律出版社2004年版,第249页

⑪ 张耀曾:《求不得斋日记》,载杨琥编:《宪政救国梦:张耀曾先生文存》,法律出版社2004年版,第282页。

⑫ 周新民:《法学教育改进的我见》,载《法轨》1935年第2卷第2期。

从上述统计可见,上海法科教员的薪俸不仅远没有达到教育部规定,[13]而且,由于专任与兼任教员之间的薪水差距不大,兼任也成为法科教授的多数选择。例如,周新民教授在1932年于上海政法学院任职的时期,月薪是176元,11月转为兼职后的工资为116元。[14] 但是,比照国立大学则更加相形见绌了,时任国立暨南大学法学院的主任石颎,月工资是360元,每周只有8小时的课堂时间,兼职的教员工资是按照小时计算的,即每小时18元。在所有的私立法校中,震旦大学法学院教员的工资相比较公立大学差别会小一些,袁家潢在该校兼职任教授,月工资是100元,顾守熙时任该校的专职教授,月工资是250元。而该校外国教员的薪资待遇就比中国同事的好很多,巴和述里(J. Barraud)当时是兼职教员,月工资是300元,巴和玛守(M. Barraud)则是该校的专职教员,月工资竟达到700元。[15] 尽管,法科教员的薪俸已属于社会上的高收入群体,但由于他们的日常生活开销很大,仅靠教员的薪俸无法支持其社交生活,恰如张耀曾感叹的:"沪居以应酬为最难也",[16]加上薪资不定、任期不稳所导致的经济压力在相当长的一段时间成为诱发其外出兼课之主因。[17]

## 二、教员兼职与教学的失衡

微薄的薪俸势必迫使教员不断地去兼职,杨兆龙曾说法科教员为了金钱往往每人每周需要承担30小时以上的课时:"法政学校的教授,专任的少而兼课的多。因为金钱的关系,往往每人每周担任三十小时以上的

---

⑬ 一级教授月俸500元,二级教授450元,三级教授400元。参见《大学教员之待遇应审度经济情形切实办理:附大学教员资格条例及薪俸表》,载《浙江大学教育周刊》1929年第66期。

⑭ 上海市档案馆藏:Q248-1-626,《上海法政学院日记簿》。

⑮ 上海市档案馆藏:Q235-1-651,《上海市教育局关于私立震旦大学立案问题(三)》。

⑯ 张耀曾:《求不得斋日记》,载杨琥编:《宪政救国梦:张耀曾先生文存》,法律出版社2004年版,第263页。

⑰ 参见陈育红:《民国大学教授兼课现象考察》,载《民国档案》2013年第1期。

功课。”[18]汪翰章更是戏谑法科教师为“跑街教员”[19],因为工资低廉,教员只能通过兼职各校维持生活开支,而各校校址又相距甚远,故而教授们只能跑来跑去穿梭市间来回上课。[20] 张耀曾也是他们中的一员,繁重的兼职,有限的精力根本无法保证课堂的教学质量。

1929年起,张耀曾在私立上海法政大学讲授《民法总则》,[21]讲课进度拖沓的问题时有出现,临近期末仍有许多章节没有讲完,尽管学生们请求每周增加时间,但校方的回复是学程已经上报教育部,不便中途加减,交由学生自行补修:

《民法总则》上学期尚遗一部为“法律行为”期间及期日、时效三章未授完,学生请每周酌加时间教完。答复:因学程上报教部,中途加删不便,故补领讲义一份,自行补修,有疑义分别向教授求解释。[22]

校方的答复未免敷衍,实际是在替教员开脱。张耀曾的《民法总则》一课已经在法学院上了4年之久,书中和“法律行为”有关的讲义到最后也没有编写完成,对每一届学生,张耀曾都只讲解到“法人”这一章内容就结束了:

法学院本年授课至今日止,只将“法人”一章讲完。余讲《民法总则》,迄今已四周年,每回均未讲完“法人”。今次虽讲至此,然就全篇论,不过一半,最重要之法律行为始终未将讲义编好,才思迟钝可概。又阅杂

---

[18] 杨兆龙:《中国法律教育之弱点及其补救之方略》,载《法学杂志》1934年第7卷第2期。

[19] 杨兆龙:《中国法律教育之弱点及其补救之方略》,载《法学杂志》1934年第7卷第2期。

[20] 参见汪翰章:《上海教员的生活》,载《现代学生》1930年第1卷第2期。

[21] 参见张耀曾:《求不得斋日记》,载杨琥编:《宪政救国梦:张耀曾先生文存》,法律出版社2004年版,第273页。

[22] 上海市档案馆藏:Q248-1-178,《上海法政学院员生为校务之改进有关课程的改革及为毕业生介绍职业等批评建议文件》。

志,知日本东大各法学者已将中国民、商各法陆续著书刊行,益为惶恐。[23]

这种情况并没有随着时间的推移而得到任何的改变,尽管张耀曾对编辑讲义颇为重视,并且暂停了律师事务,“连日忙于编讲义,事务所亦未每日去,而脱稿无多,诸事均觉来不及照料”。“惟自今秋担任民法教科,笔述口讲,用力甚勤,并不觉苦。”[24]但是直到1935年,张耀曾仍未将讲义编好,只好感叹自己精力不足,“每年均未讲完,讲义屡欲编完,竟不实现,可知精力志气,俱不足也”。[25] 而《民法总则》直至他逝世都没有编好,根本原因无非“生计”二字,“终日仆仆尘泥,无非生计细事”。[26]

张耀曾教学中频出的问题并非是个别现象。按1929年《大学组织法》的规定,高校兼课教员人数不能超过总教员的1/3。[27] 但沪上法学院校很少有能达到这一要求,私立上海法政学院的兼课教授有31人,而专任的仅15人;[28]东吴大学法学院也是如此,1934年兼任教员有12人,专任的仅是其一半,[29]以致受到了教育部的责令整改:“该院负责行政人员均在他处兼任职务,全系教员亦几全系兼职,殊属不合,应即设法纠正,并改聘专任教职员。”[30]

学校大量聘任兼课教授,其影响可想而知,而教员的个人精力亦有限,且难免会因为社会上的其他事情耽误教学,这就导致这些教员经常性的缺席。比如董康在1929年至1932年于东吴大学任职以来,教授刑法

---

㉓ 张耀曾:《求不得斋日记》,载杨琥编:《宪政救国梦:张耀曾先生文存》,法律出版社2004年版,第360页。

㉔ 张耀曾:《求不得斋日记》,载杨琥编:《宪政救国梦:张耀曾先生文存》,法律出版社2004年版,第276页。

㉕ 张耀曾:《求不得斋日记》,载杨琥编:《宪政救国梦:张耀曾先生文存》,法律出版社2004年版,第400页

㉖ 张耀曾:《求不得斋日记》,载杨琥编:《宪政救国梦:张耀曾先生文存》,法律出版社2004年版,第253页

㉗ 《大学组织法》,载《国民政府公报》,1929年7月27日第227号,第2页。

㉘ 上海市档案馆藏:Q248-1-619,《上海法政学院十九年级毕业纪念册》。

㉙ 上海市档案馆藏:Q245-1-5,《教育部派员视察指示改进与东吴大学来往文书》。

㉚ 上海市档案馆藏:Q245-1-5,《1922~1936年教育部派员视察指示改进与东吴往来文书》。

相关课程,分别于大三的上学期和下学期分开教授,1931年秋董教授缺课次数是2次,但是1932年春却缺课达6次之多:

三月九日,雨,今晚董康告假,行政法虽上课而未授书。㉛

三月二十五日,晴,午后五时到校,董康、章寿昌闻均往南京就职,一时当不能来校上课也,新添预科人数亦多。㉜

四月六日,晴,午后到校上课,董康又告假一星期。㉝

四月十五日,晴,下午五时到校上课,吴经熊、董康均告假。㉞

五月二十七日,雨,午后五时到校,董康告假,比较刑法无课。㉟

六月三日,晴,午后五时到校,董康仍未来。㊱

从开学起到学期末,董康缺席了近一半的课程。另外的教授比如吴经熊也有一学期缺课4次的记录,瞿曾泽更是一个月都处于缺课的状态。㊲

缺课过多,教学质量必然不会太好,因为萨赉德(George Sellet)的长时间缺课,以致东吴大学法学院契约法一课到最后只能通过遴选重点加快速度讲完,而且也并非仅契约法一门课程如此敷衍,"本学期各种功课因时间关系不能授完,现在如契约法等均增加速率以期将重要处在考前讲毕"。像以上情况的常常出现,学生们不得不向教务处抱怨教授缺课次数太多,以致课程讲解不完全。㊳

---

㉛ 上海市档案馆藏:Q459-1-146,《律师朱仁日记》(第2卷),第223页。

㉜ 上海市档案馆藏:Q459-1-146,《律师朱仁日记》(第2卷),第225页。

㉝ 上海市档案馆藏:Q459-1-146,《律师朱仁日记》(第2卷),第228页。

㉞ 上海市档案馆藏:Q459-1-146,《律师朱仁日记》(第2卷),第230页。

㉟ 上海市档案馆藏:Q459-1-146,《律师朱仁日记》(第2卷),第237页。

㊱ 上海市档案馆藏:Q459-1-146,《律师朱仁日记》(第2卷),第238页。

㊲ 上海市档案馆藏:Q459-1-146,《律师朱仁日记》(第2卷),第153~156页。

㊳ 上海市档案馆藏:Q245-1-4,《东吴大学校务会议及校务会议记录1930-1937》。

## 三、法学教育的台前与幕后

法科教员兼职无度无非是为了生计需要,但是无法全身心地投入教学也导致了授课质量的严重下降,这对于教员也是一种两难的局面。教学问题的频繁浮现,似乎责任在于教员,但实质上是法学院校的发展受到了很大的限制。教育部为顾全学科平衡发展而减少法科招生,以学费为主要经费来源的学校陷入了经济支绌的境地,不得不通过增加学费和放任教员兼职来维持正常的办学,这就引发了一系列的教学问题的出现。

### (一)限制法科的招生

1933 年以后,由于重理轻文的思想,教育部开始打压文科院校,对于文法学院的招生数量和教育经费进行大量的裁减,以此达到限制其发展的目的。依据 1933 年政府推出的《各大学及独立学院招生办法》,针对所有大学,在招生方面有如下规则,即各大学兼办甲类(包括文、法、商、教育、艺术)院校招生名额不得超过任何乙类(包括理、工、农、医)学院各系所招新生及转学生之平均数。[39] 翌年,对甲类学校招生名额进一步做出限制,限制名额为 50 名,[40]至 1935 年时,招收名额已缩减为 30 名。[41]

沪上各法校招生名额都被予以严格限制,如不按这一规定办理,就对招收的新生身份不予承认,例如私立东吴大学法学院就有过类似事件:

查该大学本年度招收新生及转学生计文学院三十名,理学院六十名,法学院一百四十二名,研究院四名,法学院学生超过理学院学生至一倍以上,殊与本部去年五月四七一八号训令所规定之第一项办法不符,□有该大学本年度招收之法学院新生及转学生未便予以承认,其余文理学院暨

---

[39] 教育部教育年鉴编纂委员会:《第二次中国教育年鉴(二)》1948 年版,第 42 页。

[40] 《教育部训令第四二六九号,为规定二十三年度各大学及独立学院招生办法通令遵办由》,载《教育公报》1934 年第 6 卷第 19~20 期。

[41] 《教育部训令第五七一九号,为规定二十四年度各大学及独立学院招生办法由》,载《教育公报》1935 年第 7 卷第 17~18 期。

研究院新生及转学生当无不合,应准备案。[42]

这一严格的招生数额限制,对以学费为主要办学经费来源的各私立法学院校产生了重大影响,上海法学院就曾向教育部说明限制招生的政策导致学校困难重重:"按限制招生办法办理,则本院所有法律暨政治、经济二系及商业系专修科一系,新生名额过少,势必减低教学效率,限制前途进展,深以为虑,故拟每系请予特许酌加名额。"[43]尽管陈词情真意切,但教育部的答复却是"所请碍难照准"。因此,1931年后上海法学院的在校人数即呈现出明显的递减趋势,从800多人降至不到300余名学生。[44]

私立法学院校以学费作为运营经费的主要来源,而招生数量的缩减无疑减少了学校的收入,为了能扩充招生名额,各校也动用了它们的人脉关系。如东吴大学法学院便就招生问题向在政府任职的校友求救:"振为夫子大人函丈,日前在德国饭店蒙宠召,得亲教诲,深以为幸……母校拟扩充招生学额一节,盼有呈文到部,可望邀准。"[45]但效果较小,"呈请准予扩充二十五年度法学院新生额由,呈悉,该校法学院法律系廿五年度,仍准招收新生五十名"。[46]

**(二)经济支绌的学校**

根据教育部对1929年至1930年大学经费来源的统计,国立大学的经费多由国民政府提供,其数占全部经费来源的92.9%,国立大学学费之收入仅占3.4%,其他收入占3.6%;相比之下,私立大学的经费中学费收入占58%,土地之收入占24.6%,其他收入占17.2%。这一时期,国立与私立大学每位学生平均占有费用分别为824.7元和902.34元,其中政府

[42] 上海市档案馆藏:Q245-1-13,《东吴大学苏州校本部抄送教育部关于审核新旧学生入学资格的来往文书》。

[43] 上海市档案馆藏:Q247-1-52,《上海法学院招生名额问题报告告及教育部批复》。

[44] 《统计图表》,载《上海法学院十周年纪念刊》1936年版,第127页。

[45] 上海市档案馆藏:Q245-1-7,《东吴大学苏州校本部抄送关于本校呈报毕业生名单、成绩证书与教育部等往来文书》。

[46] 上海市档案馆藏:Q245-1-11,《东吴大学苏州本部抄送教育部关于招收新生问题的原呈稿及指示训令》。

负担前者为797.37元,负担后者仅为25.35元。[47] 由此可见,私立大学院校的主要办学经费来源乃是学费,且民国政府对私立大学的经济扶持非常有限。

因招生受限,法学院校的经济也步入了支绌的境地,即使是学校管理层也不例外。1928年,时任私立上海法科大学教务长的沈钧儒在写给家人的信中就常常抱怨手头的拮据,"我自己是窘极了,不要说起了……我不怕穷,不怕忙,只怕老,气力不及从前,筋骨转折不及从前,此我之欲哭也"。[48] 因此,沈钧儒也得了诨名"穷光蛋"之称,[49]为了生计作为学校管理层也不得不考虑兼职律师,"我是实在忙极,只要事来便负责去干,不愿有丝毫退怯推辞。为生计关系,则以余力稍经营律师事务"。[50]

事实上,沈钧儒治下的上海法学院的经济情况也谈不上乐观,1933年该院为解决办学经费问题,甚至决定用校债期票来兑换教员的工资,以此减轻学校经费周转的问题:

> 本学期经常费不敷开支,自三月起,教职员薪金须酌量搭发校债期票,院长教务长各系主任教授按月薪搭发债票三成,职员搭发债票一成,其月薪自三十元以下者,免搭债票。[51]

虽然,1930年教育部颁布的《私立大学专科学校奖励取缔办法》对已立案且取得优秀成绩的私立大学和专科学校给予补助,某学院或某科系在教育学术上有特殊贡献者给予奖励。[52] 但事实上,南京国民政府对私立大学的补助常常是"力难兼顾",如其曾一次性补助东吴大学法学院,但在言辞多有不情愿:

---

㊼ 参见国联教育考察团:《中国教育之改进》,国立编译馆译述,全国经济委员会筹备处1932年版,第151~152页。

㊽ 沈钧儒纪念馆编:《沈钧儒家书》,北京群言出版社2008年版,第153页。

㊾ 参见《法学生之律师热》,载《福尔摩斯》1931年5月5日,第1版。

㊿ 沈钧儒纪念馆编:《沈钧儒家书》,北京群言出版社2008年版,第164页。

51 上海市档案馆藏:Q247-1-2,《上海法学院校董会记录章程及有关文件(甲)》。

52 参见《私立大学专科学校奖励办法》,载《中华教育界》1930年第18卷第9期。

查近年来中央财政拮据,对于私立各大学力难兼顾,故关于补助已立案私立大学一节,本部尚未订定规程,惟念该学院自创办迄今历有年所,学生成绩尚属优良自应量予补助以资发展,本部为充实该学院设备起见,于万难设法之中勉强筹措,姑准一次补助该学院国币五千元,专为购置图书、仪器之用,该学院须仰体中央扶植教育之苦心,务使事归实际,勿不虚靡,以副期望,是为至要。[53]

即使如东吴大学法学院,这样在法学教育领域已是声名在外的学校也仅能获得教育部杯水车薪式的补助,其他学校的情况亦可想而知。从1931年至1932年沪上各主要法律院校的年收支差额中,可见各校收支虽大都持平,赤字现象亦很明显。[54] 办学经费的支绌不免让各校办学陷入困顿,即使是国立暨南大学的校长郑洪年也不得不感叹教育经费之无保障:"依据总理遗教,教育经费,必保障其独立,现在以种种关系,能独立得保障处甚少,于是教授难得安心教书,学生每以政治关系荒废学业,本人并非专指公立学校经费,须得独立有保障,即私立学校,亦应脱离现在视学费为唯一收入现象。"[55]

另外,教育部对学校的监管却颇为严格,对校舍、管理、兼职教授等问题非常重视,自1929年至1936年上海法政学院每年都受到教育部的视察,常因校舍、兼职教授等问题受到饬责,"该院现有校舍,既太狭窄,复处于嚣扰环境之中,极不合学校之用,应就新购基地建筑新校舍,并限一年

---

[53] 上海市档案馆藏:Q245-1-17,《教育部及淞沪战区善筹备委员会补助东吴大学经费文件》。

[54] 参见《全国各大学二十年度之概况》,《全国各独立学院二十年度之概况》,载申报年鉴社编辑:《申报年鉴》,申报馆特种发行部1934年版,第1049~1052页。《全国各大学二十一年度之概况》,《全国各独立学院二十一年度之概况》,载申报年鉴社编辑:《申报年鉴》,申报馆特种发行部1935年版,第991~994页。

[55] 《六月七日上海市教育会高等教育研究组开会纪要》,载《上海教育界》1933年第6期。

内完成”。[56]“该院主要负责职员，尚有在外兼职兼课情事，殊属不合，专任教员数量，据报虽有增加，但实际仍多兼任他校课职，嗣后主要职员，应绝对限制在外兼职或兼课，教员应尽延聘确能专任者充任。”教育部甚至还要求经济困窘地学校进一步提高教员的待遇，“教员待遇应设法提高，并须按时照实数发薪以利教学”。[57]

**（三）课堂教学的失序**

学校不堪重负的经济压力也直接转嫁到了学生身上，20 世纪 30 年代上海各校学费普遍上涨。[58] 1932 年私立上海法学院校董会议就议决：“学费自下学期起大学部不论新旧生一律每学期增加十元。”[59]又如私立大夏大学 1929 年时学费为 40 元，仅隔一年，到 1931 年就上涨为 45 元，[60]除了学费之外，还有名目众多的杂费，中国公学大学部报名费 2 元，无论录取与否概不退还，更有建筑补助费 10 元和体育费 2 元，缴清应纳各费方能注册入学。[61] 私立持志学院不仅要缴纳注册费、建筑费等名目，还需缴纳军训实习费 2 元，此外还规定“学生无论因何事故中途休学或退学，概不得要求发还已缴各费”。[62] 教育部曾三令五申要求改善校舍，而各法校则将建筑校舍的费用无一不分摊在了学生身上。虽然，教育部对各校种种滥收费用的行为严令限制，如私立震旦大学就被勒令酌减和免收一些费用：

贵校学生缴费表，业为转呈，其中“学费”“宿费”“试验消耗费”所定

---

[56] 上海市档案馆藏：Q248－1－61，《伪教育部派员视察上海法政学院并指示改进各点》。

[57] 上海市档案馆藏：Q248－1－61，《伪教育部派员视察上海法政学院并指示改进各点》。

[58] See Wen-Hsin Yeh, *The Alienated Academy*: *Culture and Politics in Republican China 1919－1937*, Harvard University Asia Center Press, 1990, p. 198.

[59] 上海市档案馆藏：Q247－1－2，《上海法学院校董会记录章程及有关文件（甲）》。

[60] 《私立大夏大学一览》1929 年版，第 6 页。《私立大夏大学一览》1931 年版，第 6 页。

[61] 《中国公学大学部一览》1929 年版，第 22 页。

[62] 《持志学院一览》1931 年版，第 6 页。

数额过高,应酌减,“体育费”应免收,余均为拟办理。[63]

但这种规定仅仅是治标不治本,学校通常会换另一种名称继续收费,如私立复旦大学学生回忆,该校就有各种名目的徵收:

复旦每人每学期除缴一百二十余元之外,还有许多捐款未算呢!据我现在能够记忆的,我在复旦已被徵去了有下列这许多:修厕所二元,建厨房二元,念周纪念五元,筑篮球房七元,体育费一元……其他我已经记不清楚了!(注意:复旦捐款,都系强迫性质。照当局规定,如不缴该项捐款,即不许入学或不给予学分!)[64]

另外,法科的教学质量却因教员兼职而无法保障,“教授没有时间去研究,只是拿着老讲义或是旧课本上堂讲一套,敷衍过去,而不是搜集一点新的材料供给学生,这是很大的损失……上海各校教授,大都以执行律师事务,或是担任其他职务做主业,而以教课为副业”。[65] 支付学费的法科学生对此也是怨声载道,在这样的社会环境下,学校管理只能听从学生的意见,遵从其意愿,彼时的时事评论家对此种现象也发出教育沦落至此的感叹,“教育界的势力几乎完全掌握在学生手里,如果有各校长不满于学生,学生主张要撤换,校长只好卷铺盖,至于为教员的去留,尤其要听从于学生”。[66] 学生因为处在“消费者”的位置上,非常重视自身受教育的权利,并且学校事务很大程度上是由学生在参与的。学生不仅可以列席参加校务会议,还可呈请学校改进相关建设。例如,大夏大学法学院学生就要求学校添聘教授、组建模拟法庭等事宜:“呈请学校当局改进法学院案。议决:通过,建议四点呈请学校当局采纳施行:(一)添聘各系教授;(二)添聘法学书籍并特开法学研究室;(三)组织永久假法庭;(四)鼓励

[63] 上海市档案馆藏:Q244-1-129,《震旦大学关于抗战时期教育部局有关学生学籍、学校财务、毕业生及市立图书馆来往文件》。

[64] 宏芬:《我也来谈谈复旦大学》,载《语丝》1928年第4卷第38期。

[65] 周新民:《法学教育改进的我见》,载《法轨》1935年第2卷第2期。

[66] 神农:《今后教育界情势之变迁》,载《福尔摩斯》1929年9月26日,第1版。

同学组织参观团,并予以相当津贴费。"[67]上海法政学院学生还会因不满学校教学气氛写信给校方,期望做出改进,其语气颇为严厉:

试问先生等既名为学校主持,视此不景气情形,何以对社会?何以对学生?自此以后尚望先生等对于学校谋改良,学生程度积极整顿,幸勿含糊度日,自误误人否□,望速向校董会辞职以让贤能。[68]

学生同时也会对此有意见,并发起抗议,上海政法学院就有过如此的案例,"我们法政学院不能够容纳这种卑鄙龌龊,不学无术,走江湖一般似的教授,请您早天设法先赶他走,我们誓当为您后盾,或且让我们来赶他走也无不可,不过我们干起来也许还会酿出别的事来,贻害学校方面也亦可知,若非万不得已我们决不愿意的,还是请您动手罢"。[69] 更有甚者,法学生由于无法容忍这种情况,会利用集体罢课的方法实现对老师的驱赶,像1930年东吴大学的老师高君湘,因为讲课质量太差,学生集体对其进行驱逐:

本期公司法一课由高君湘担任教授,□殊未能使人满意。昨晚开班会时,曾有人提议请学校更换,附和者甚众,遂决议推代表三人致函学校交涉,此函已于今日递送。七时许吴院长经熊乃召全级同学开会,谓此事学校当局处境甚难,高氏学问并不低劣,诸君似宜平心静气再考虑云云。吴氏去后重开班会议,决添派代表二人继续进行达到去高目的不止。[70]

甚至于作为该校教务长的孙晓楼都认为教员把教授课程不放在心上的一个原因就是法科学生太难于对付,"因为现在士气嚣张,学生很难应

---

[67] 《法学院同学会第三次干事会议纪录》,载《大夏学生》1934年第1卷第6期。

[68] 上海市档案馆藏:Q248-1-149,《伪教育部通令订定请假代课补考办法及上海法政学院报告教员请假办法并订定职员服务规则及更换教授》。

[69] 上海市档案馆藏:Q248-1-149,《伪教育部通令订定请假代课补考办法及上海法政学院报告教员请假办法并订定职员服务规则及更换教授》。

[70] 上海市档案馆藏:Q245-1-146,《律师朱仁日记》第二卷,第109~110页。

付,倒不如敷衍了事可维持饭碗”。[71] 由此可见,学校的正常教学实质已经失序失衡,在这样一种扭曲的教育模式下,法学教育的质量不免要打一个问号。

## 四、结语

时至今日,社会公众对于法学教授能否兼职的问题仍争论不休,[72]而透过研究民国时期上海法科教员兼职与教学之间的联系,辨析政府、学校、师生间的互动关系,不仅提供了一种新的视角去思考民国法学教育存在的多面性,同样也能为当今我国法学教育的深入发展提供历史经验。

首先,法学教师应避免在兼职与本职工作间的身份混淆。法学因其学科的独特性,学生不能仅接受局限于象牙塔内的学理知识,教师如有一定的实践经验,当然能丰富教学内容,提高教学成效,防止授课与现实脱节。如民国时期私立东吴大学法学院兼职教授俞承修即能以其办案经验结合教学,从而获得学生们的认可。“今日刑法教授俞推事讲伤害罪时,谓法官不能太表同情于被害人,否则判决即不公平,且人情诡诈,伤害往往有出于自为者,因举其昔年任检察官事为例。”[73]因此,当下法学兼职教师不仅应将其实务经验融入教学,更需要主动地调整和控制兼职业务的工作量,做到教师和兼职工作两种身份的协调和两种工作的统一。[74]

其次,注意对法学教育的保障机制与行政化的边界。因民国政府对于法学教育缺乏保障机制,尤其是经费的支持,使得很多经济支绌的法学院校无法提供给教员能够安心教学的薪俸。此外,过度的行政化政策,如

---

[71] 参见孙晓楼:《我国法律教育的几个重要问题》,载《法学杂志》1934年第3期。

[72] 参见高扬:《法学教授该不该兼职律师》,载《检察日报》2017年8月2日,第5版。

[73] 上海市档案馆藏:Q245-1-146,《律师朱仁日记》第二卷,第36页

[74] 参见张敏:《法律职业化教育背景下的师资困境及出路》,载《学术探索》2014年第11期。

限制招生、审查课程[75]及干预人事等,例如,私立上海法学院即有被安插教员的事例,“兹值学期将终,贵院教职员正待添聘改约之际,自必需才甚亟用,特择其资历优长勘任大学教授陈龙藩二人及志愿俞爽迷一人,依其科别志愿开具名单及履历表,备函介绍请酌予聘任”。[76] 如此种种,最终致使学校让渡自主权,导致了法学教育环境的恶化。有史可鉴,新时期我国法学教育应构建完备的保障机制,并在招生、专业设置、课程安排等方面赋予更多的自主权,构建多元化的法学人才培养模式。[77]

最后,建立有效的教师兼职制度与教学评估体系。民国时期,大学教授的校外兼职,经历了从民初的被法规“禁止”到被“限制许可”之转变,政府与学校形成了联合管理的模式。[78] 尽管,这种合作在表面上将教师兼职“规范化”了,但却始终无法根治兼职教授教学质量不佳的顽疾,因此也在一定程度上导致了彼时多校出现学生驱逐授课不佳的教师的事件。究其原因,乃是因为无法杜绝教授兼职现象的情形下,缺乏一种科学的教学评估体系,衡量他们的授课质量。然而,当下法学院校虽然大都建立了一套教学评估体系,并试图发挥学生在教学中的作用。但据学者调研发现,有些地区的法学院校学生的教学评价发挥不了作用,[79]有的则将学生期末对教师的授课评价列为教师考核的极重要指标。[80] 事实上,无论是孰种评价体系,都存在畸轻畸重之弊。因此,亟须建立统一有效的教学评估体

---

[75] 如从教育部对上海法学院课程的审查意见,可见其权力的渗透:“法理学及法律伦理学二门或阐明法学之原理或主义法律实务家之道德,虽不能谓重要,惟源于法学之原理原则,法律各门及法学通论均有讲述,而法律伦理学又无若何高深之学理,凡具有法学根底者,对此二门可以自修,不必经讲授而后明也。”上海市档案馆藏:Q247-1-42-8,《私立上海法学院关于大学法律系课程调整事与教育部的来往函件》。

[76] 上海市档案馆藏:Q248-1-142,《全国学术工作咨询处等向本院介绍教师暨本院为毕业生介绍工作与各方面来往信件,1931-1935》。

[77] 参见刘剑文:《论中国法学院治理机制与法学人才培养模式的创新》,载《河北法学》2011年第9期。

[78] 参见陈育红:《民国大学教授兼课现象考察》,载《民国档案》2013年第1期。

[79] 参见邹晓玫:《法学教师群体之角色冲突研究——以天津市法学本科教育为例》,南开大学社会学系2014年博士学位论文,第171页。

[80] 参见孙记:《“强化”法学本科教学效果绩效考核的冷思考——以地方高校为主的分析》,载《中国法学教育研究》2017年第4期。

系,发挥兼职教师应有的功效,规范不良的兼职行为。

# The Part-time Jobs and Teaching of Teachers at Law Schools in Shanghai in the period of the Republic of China

*Shen Wei*

**Abstract**: The level of legal education in Shanghai in period of the Republic of China has won wide recognition in today's domestic academic world. However, this was not the case according to the historical materials such as diaries and records. As can be seen from Zhang Yaoceng's teaching experience in Shanghai, the part-time jobs of law teachers and their teaching quality were closely connected. Due to the poor salary, law teachers had to take part-time jobs frequently, which caused a series of teaching problems. Such chain reactions were triggered by the Ministry of Education's restriction against admissions of new students, insufficient school funds, unordered classroom teaching and other reasons. Re-examining the development of legal education in the Republic of China cannot only create a new perspective to reflect on the legal education in the Republic of China, but also provide a references for constructing the current legal education, in particular, providing historical experience to the management of law teachers' part-time jobs.

**Key Words**: Zhang Yaoceng　part-time jobs　legal education　Shanghai

# 高校学科团队建设的组织创新分析*

闫亚林**

**摘　要**：学科团队建设是学科建设中的重要方面。从组织层面研究学科团队建设具有重要意义，组织的创新往往能够极大地释放科研创新活力。文章从组织的结构、互动模式和文化三个主要维度，对当前我国高校学科团队的创新进行了观察与分析。高水平学科团队组织创新有赖于便于学科视野交叉融合、学科方向持续凝练、学科资源有效配置的结构创新；有益于互动品质提升的多种形式配合的互动模式创新；增强归属感的、尊重个性的、宽松制度环境的组织文化创新。

**关键词**：高校　学科团队　组织分析

学科建设在高校的重要性已经无须论证，而学科团队建设无疑是其中的核心之一，毕竟硬实力、软实力，归根结底要靠人才实力。教育部早在2004年就颁布《“长江学者和创新团队发展计划”创新团队支持办法》，其目的在于加强团队建设，有力推动高水平学科和大学建设。在此政策引导下，各省市都

---

* 基金项目：陕西省社会科学基金项目“陕西高校学科团队建设与创新研究”（项目编号：12N054）。

** 闫亚林，西北政法大学研究员，研究方向：高等教育管理。

出台了相应的地方性学科团队建设政策。各级政府的学科团队建设政策最终都要依托或者落实在高校实践中。尽管认识到了学科团队建设的重要性,但是,对于何谓高水平团队,如何建设高水平团队,则研究依然不够;而且,现实中真正高能效的学科团队并不多,很多研究发现,学科团队缺乏必要的凝聚力,表现为"书面上"的团队。① 本文尝试从组织视角对高校学科团队的建设予以分析,期待能够有新的启示。

## 一、高校学科团队之组织分析的含义

### (一)高校学科团队研究的组织视角的意义

团队无疑是一种组织。关于团队的研究早期其实正来自管理学领域对于组织的研究。自20世纪90年代起,以团队为核心的扁平化管理组织模式已经成为企业组织中最为重要的管理模式之一。团队比传统组织机构更加适应多变的环境,可以根据环境变化快速进行重组,具有更大的市场反应灵活性,有利于组织提高运行效率,充分发挥人员才能。

组织对于科研活动的成效,特别是对于团队科研活动的影响是毋庸置疑的。20世纪以来,世界范围内高校中的学术性组织形式不断变化,其中一个动因就在于如何组织有效的科研活动,包括团队科研活动。传统大学的人员组织方式一般是"院—系"或者"院—系—教研室"结构,这极不利于学科交叉融合。而且,传统的组织形式着重教学功能的实施,而忽视科研功能的实施,这就对学科发展与创新构成了障碍。近年来,高校在学科科研组织方面,开创了很多新的形式,如学科特区、协同创新中心、智库等等。其目的一方面在于通过组织形式的变革提供更多学科交叉融合的机会;另一方面在于通过特定的组织形式变革,强化科学研究相对于教学功能的重要性。总之,各种实体与非实体的新的组织形式不断出现,试

① 参见孙士俊、丛春秋:《高校学术团队建设的现状与对策——以江苏五所省属本科院校为调研对象》,载《教育探索》2015年第7期,以及陈新锋:《高校社科科研团队凝聚力形成机制——基于高校社科科研团队参与者视角的经济学分析》,载《高教探索》2011年第5期。

图满足新形势下高校学科研究与创新人才培养的需求。

组织不仅仅是一个经济和技术的结构,而且还是一个社会结构。组织学的研究范围主要包括组织的构成、目标、设计、结构、文化、战略、效能等。组织学领域在团队管理、团队建设、团队沟通等领域产生了很多重要的研究成果。高校学科团队具有组织大部分的概念属性。因此,用组织学的概念、理论和方法,对其结构、运行、文化等进行研究是很有意义的。

**(二)高绩效学科团队的特点**

有关高绩效团队特点的研究必然能够为高校学科团队建设提供有意义的指导。相关研究表明,高绩效的团队一般具有如下特点:团队成员各自技能的差异互补、团队目标与意义的高度认同、能有力提供重点方向的领导、有助于提升团队成员责任心的评估激励机制、团队成员间的高度信任。[②] 诚如其中指出的,成员应当了解共同的目标及其背后的意义。对于意义的把握非常重要,缺乏意义支撑的目标是空洞无力的。我们常常在团队中见到这种情况,就是成员被给予了目标,尽管目标非常明确,诸如几篇何种规格的研究论文或者论著,或者其他类似的明确指标。但是,由于未予澄清目标的意义所指,使得这些目标对成员的推动呈现表面化,难以构成成员的深层动机。

## 二、高校学科团队的主要组织形式

为了克服传统组织形式对学科科研与创新人才培养的限制,高校都在尝试各种不同的形式,以探索形成更有活力的团队组织形式,促进学科团队的创新能力。借鉴张葳、[③]吴艳[④]等的研究,按照正式到非正式的线

② 参见[美]斯蒂芬·P. 罗宾斯:《组织行为学精要》,郑晓明等译,电子工业出版社2000年版,第182~183页。

③ 参见张葳:《研究型大学科研团队结构对团队创造力的影响》,大连理工大学2013年博士学位论文。

④ 参见吴艳、陶军:《高校人文社会科学学术团队现状调查与分析——基于武汉大学的调查报告》,载《湖北社会科学》2016年第7期。

性序列和稳定性递减顺序,当前高校学科团队的主要组织形式可归纳如下。

## (一)学科型团队

学科型团队是最为传统的具有明确组织边界的学科团队结构。这种类型的团队以学科带头人为核心,包括其他专业老师、博士生硕士生、访问学者等,是一种比较复杂的科研团队结构类型。学科团队一般具有正式组织的性质,在当前的高等院校中,一般以学院为平台,当然也有以系为平台的。这取决于学校院系设置的学科层次或学科跨度,而且层次与跨度之间也有密切关联,往往学科层次越高则学科跨度也就越大。学科带头人的角色十分重要,是团队的领导者、规划者、协调者,对于团队工作的有序性、有效性和创新性有着重要作用。学科团队依靠本学科专业的资源基础,承担着提升学科水平、进行人才培养、建设师资队伍、实现科研创新等重要任务。学科带头人是理所当然的领导者,对本学科的很多事情具有重要引导性影响。当然,一些学校的学科带头人是确定的、有身份和名号的;少数是自然形成的,由其学术与人格威望而产生的。不同的学科带头人对于学科团队整体的影响是不一样的。这种团队中其他人员在学科方向上具有很大的相对自由性。学科团队在年龄、职称等结构上应具有梯次性,以便保证学科团队发展的可持续性。学科团队成员在学缘上应更具多样性,以便丰富学科交流与研究的视野。

## (二)实体研究院

随着国家协同创新计划与智库建设与发展的推进,研究院这种新型载体成为一种突出的趋势,很多高校设立了各种类型的实体研究院。传统研究机构大多设置在原来的教学组织中,从组织角度看,科学研究无法获得与教学同等重要的位置,这样不便于其独立自主地统筹科研创新活动。实体研究院的出现体现了大学将科研功能进一步从传统院系机构剥离的倾向,一定程度上可以说是对传统院系内设科研机构的升级。如北京大学海南海洋研究院、华东师范大学思勉人文高等研究院、上海交通大学海洋研究院与欧洲文化高等研究院、西北政法大学反恐怖主义研究院等。研究院中虚体的较少,很多是实体性的,具有相对独立的人事、财务、设备场地等资源。研究院主要以科研为主,也承担着博士和硕士研究生的教育任务。实体研究院的方向主要以应用性研究为主,具有很强的服务国家与社会的功能定位。

实体研究院当前的问题主要是:有的研究院缺乏顶层设计,在人员配置、制度配置、研究方向的开展等方面还不到位,从而影响了研究院设立的最终目标的实现。另外,被整合的不同学科专家间缺乏实质的学术交流和探讨;有些研究院设立的科研目标方向不明确,缺乏鲜明的特色;有些大学的研究院甚至招收本科生,显然与研究院的旨趣相去甚远。总之,设置研究院就是为了提高对团队科学研究的重视程度,为了整合某方向上相关领域的研究力量,从而强化团队攻关能力,拓展集体能量,为学科发展以及社会发展提供有力的支撑。但是,在制度体系的形式架构方面以及研究方向的实质性交流合作方面,当前都有极大的提升空间。

**(三)青年学术团队**

青年学术团队在很多高校都是一种较为明显的存在,受到政策的专门界定与支持,在一定时期内(至少一两轮建设过程中,甚至更长时间内)具有一定的稳定性。近年来,还有很多高校设立了类似的青年学术创新团队,在选拔的基础上给予支持与建设。如武汉大学人文社会科学“70后”学术团队、西北政法大学青年学术创新团队等。这些学校因势利导,给予最需要支持的青年学术人才以实际的政策与经费支持,这对于强化学术努力,创新学术氛围,活跃学术空气,具有重要的示范性激励性作用。20世纪90年代末扩招以来,青年教师在高校中占据很大的比例,他们也是充满活力的一个群体。由于国际化背景下所形成的较开阔的学术视野,博士教育基础上良好的学术训练,使他们具有较好的学术基础以及较高的学术抱负,但同时,高校中的青年教师还处于生活、职业、地位等各方面的爬坡期,使得他们亟须有力的支持以便克服起步的特殊困难,尽快获得持续的成长。

青年学术团队往往规模较小,志同道合,以自主的合作需求为基础形成,具有较好的协作互补性与合作性。这些团队一般是学科内部组团,就某个具体的研究方向凝聚力量,推动创新成果的产出。因此,这些团队一般能够有较好的建设成效,能够形成真正的团队,并且在较短时间内集中产出高质量的学术成果,在学术发展方面做出显著的成绩。

武汉大学于2009年启动《人文社会科学"70后"学者学术发展计划实施方案》,是在全国率先推出的一项针对青年学者的创新团队支持计划。旨在通过政策、资源和资金等的支持,涵育一批优秀的科研团队,从而促进中青年学者群体性成长,增强学校人文社会科学学科发展的后劲。经过几年的支持,这些团队发展形势很好。如"中国企业品牌国际化战略研究"在短短几年内取得了显著的科研成效:通过团队建设分工协作,充分发挥了集体公关的优势,在营销战略及组织营销、新技术背景下的营销创新等方向的研究优势日渐明显,在国内基本形成了独树一帜的研究特色。西北政法大学2013年启动了《青年学术创新团队支持办法》。该办法规定为青年团队提供一定经费支持,并提出了系列具体的量化指标要求,极大地激励了青年学者的合作研究,推动了各自领域的研究,使其在课题立项、高水平论文发表、学术交流以及研究生培养方面取得了良好的成效。

**(四)项目式团队**

在高校中,科研活动常常依托项目进行,因此围绕项目也就形成了一些团队。项目团队几乎都是非正式的组织形式,其稳定性只在项目生命周期内保持。项目型团队以项目指南为引导,具有明确的研究方向。项目负责人一般是团队的领导。一般而言,项目团队的形成有两种:一种是行政性形成的,就是有能力拿到课题的负责人本身具有行政身份,这样,他会通过行政权威组建一个课题组,直接布置或者协商布置课题的研究任务;另一种是课程负责人根据课题需要,邀请感兴趣的同事等参与,协商确定研究的任务。不同类型的项目团队之间在科研创新成效上也有不同。前一类可能更加具有运筹资源的能力,特别是在研究中能够调动权力资源、社会资源为研究提供方便,但是也可能由于研究任务的分配或者成果的分配中存在不合理因素而妨碍了创新性研究成果的高效产出;后一类往往由于志同道合以及平等的关系而容易产生良好的互动与合作,有益于创新性成果的形成。当然,所有项目团队都具有一个特点,即有限时段性,这是由项目制度的本质所限定的,这也是其灵活性所在。

**(五)学派**

学派不局限于某一种正式组织,尽管实验室、学科专业都有可能是学派诞生的场所,但学派同时与师生传承具有密切的关系。也就是说,学派这种非正式的组织常常是基于导师与学生之间形成的合作型师生团队,师生团队的风格极易受导师个人性格特征、科研行为习惯等的影响。学派是非正式的组织形式,但是在形成的过程中以及最终显示出其明显的边界的过程中,它实际上又有较强的稳定性。学派的形成依靠的是有兴趣和有能力的人的连续不断地趋向一定的研究领域,并依靠学派成员间的正式或非正式的组织调节机制得以延续。19 世纪德国的李比希学派可能是最早的学派。后来,美国大学开始成为大学学派的重要孵化地。“二战”后,大学科研活动专业化、集团化趋势加强,这些趋势进一步推动了学派的发展。一般而言,学派有如下特点:依托大学机构;有学术声望很高的魅力型领袖;研究聚焦于某些特定问题域;有一批研究生。这个内聚性很高的团队不是学者的松散集合,而是具有共同学术基础与追求,常常运用相同或相似的方法理论开展学术研究。⑤ 遗憾的是,我国高校在学科团队建设中对于学派的生成与发展并没有给予足够的重视。我国高校难以形成具有共同学术立场的高凝聚力的团队,难以传承和成大气候,自然难以形成具有高度稳定性的持续广泛学术影响力的学派和真正的具有持续影响力的成果。我国各学科领域当前形成的学派少之又少,在世界范围内有一定影响的学派更是微乎其微,这不能不说是体现了我国学术在世界学术中较弱的位置,即便不是边缘的位置,也是没有显著影响力的位置。没有学派所形成的学术研究方向及其成果的影响力支撑,很难说我们的一流学科和一流大学建设能走得多远。这也是我们国家当下提倡建立各领域中国学派的重要意义所在。

以上是我们从组织的正式结构递减和稳定性递减的角度对既有高校学科团队组织结构的一个分析归纳。但是,从成效角度看,也许青年团队

---

⑤ 参见何振海、贺国庆:《西方大学史上的“学派”现象:变迁、特征与现实观照》,载《教育研究》2017 年第 8 期。

是最能在短期内取得人才培养与科学研究成果的;从长远影响看,学派是最具有持续性和深远影响的一种非正式学科团队组织形式。学科型团队、实体研究院尽管具有不可否认的稳定性,项目团队尽管具有众所周知的灵活性,但是,由于形式与实质之间的落差,由于在学科团队凝聚力表现方面的不足,这些学科团队组织形式的绩效还有极大的提高空间。

## 三、高校学科团队的互动行为模式

### (一)团队成员互动的意义

尽管出于增强团队研究的目的,不断有新的团队组织形式出现,但是,各种形式的学术团队离实质性的高效的合作研究还有很远的距离。团队由个人组成,但个人之间的集合可以是团队,但也可能只是群体。团队和群体是不一样的。群体的工作业绩是成员业绩之和,而团队的业绩建立在合作的基础上,其团队整体业绩具有乘数性质。也就是说,团队的绩效主要来源于互动的成效。学科队伍的结构化、合力在某种程度上可能要比学科队伍的规模和学术水平还要重要。[⑥] 无论上述哪种学科团队组织形式,其核心的问题是团队成员互动模式的品质。这是区别群体与团队、低效团队与高效团队的重要标志。

因此,在如何建设实质性的团队的意义上,我们的各种学科团队形式的建设才只是起步而已,如何使组织形式上的学科团队转化为具有真正学术创新生产力的团队,还需要一个重要的中间变量。这个中间变量就是团队成员的互动模式。互动模式品质越高,则合作成效会越显著,团队才能成为实质上的团队,各种形式的学科团队才能更大限度地发挥不同组织形式所具有的优势。

### (二)学科团队成员互动的内涵

学科团队的成员各有不同的角色,如学术带头人、学术骨干、流动学

---

⑥ 参见刘小强、彭颖晖:《一流学科建设就是建设一流的学科生产能力》,载《学位与研究生教育》2018年第6期。

术人员、学术辅助支撑人员等。角色定位是互动模式展开的基础。其中学术带头人可能起着控制者和组织者的角色，学术骨干和学术流动人员应该是最前沿的探索者。组织者与探索者之间角色各自明确了，那么如何协调呢？沟通在其中起着重要的作用，不同的沟通方式形塑了不同的互动行为模式。

一般而言，可能存在单向、双向、网状的互动模式，它们会出现在前述不同的团队结构中，当然也可能存在同一类团队中。单向的互动模式就是存在一个命令中心或者权威，其余的成员在该中心或权威的指挥下进行合作。这种互动的成效取决于权威的科学明智性；双向的互动模式即存在两个不同层次的群体，他们之间有着平等的地位，保持着双向的沟通；而网状的多向互动模式则缺乏明显的权威或者中心点，随着研究主题的变动，不同的研究者可能成为临时性的焦点，能够在一段时间内引领团队的方向。

**（三）学科团队良好互动模式的属性**

良好的互动模式应当保持合理的竞争与合作。良好的竞争有益于调动团队成员的积极性，提高研究成效，但过度竞争则可能不利于团队的凝聚力。学科团队的竞争必须是基于协作与分享的竞争。团队成员在竞争的同时，应该遵照团队对学术目标与路径的整体性要求，分享数据、学术思想与共同遭遇的问题。学术成果权益的分享非常重要，这涉及利益、声誉等的分配。学术成果署名排序如果不当，则有可能导致团队低效甚或破裂。

著名的汤姆逊卢瑟福团队（学派）的互动模式堪称典范。汤姆逊当时是实验室主任，同时也是所属学科领域的学术权威，这就使他获得了基于行政权威和学术权威的专家领导权。他与另外四个成员组成了一个小型协作式团队，团队结构呈扁平型，团队成员相互信任，分享研究成果，互动充分。团队成员出于对科学发现的不懈追求，按照汤姆逊所构建的理论分工负责具体的研究。在团队研究中，汤姆逊充分信任卢瑟福等成员对于实验数据与研究结论的判断和取舍。正是由于充分的信任与支持，卢瑟福和他的同学在气体导电领域获得了很好的训练和快速成长。每两周一次的学术讨论会和每天下午的茶时漫谈也为团队成员提供了很好的沟通渠道。这个团队具有双向和网状互动的双重性,一方面,始终有一个核心人物,这个核心人物以其理论方法的引领与其他成员进行双向互动;另一方面,各成员间的互动具有网络性,是多方向的,在研究过程中对研究方法与进程等的沟通呈现多方向的共享性。这种高品质的互动模式决定了该团队在学科研究中的乘数绩效。

## 四、学科团队的组织文化

学科在本质上是一种文化组织,共同的组织文化是维系学科存在的纽带,也是规范学科成员行为、凝聚学科力量、推动学科发展的重要力量,甚至还是一种比制度更为有力的力量。⑦ 无论何种组织形式,学科团队创新生产力必须形成良好的互动模式,并在此基础上打造富有活力的组织文化。这样的组织文化至少应该具有以下层面的属性。

### (一)意义共识基础上的团队归属感

这种归属感主要是对团队创新生产力方面的信任与贡献,两者缺一不可。前者指团队已经有一定的声誉基础,特别是基于学科领袖的学术影响力声誉,团队成员均以身居其中为荣;后者意味着,每个成员都致力于团队的学术生产力的贡献,即每个成员都有强烈的动机为这个团队做出创新贡献。当然,这些都需要团队以一些共同的持续的研究方向作为凝聚性因素,以便聚焦并快速取得成果。形成基于共同方向的持续努力与成果上的团队荣誉感和归属感。这里的意义共识包含所有成员对所选定的研究领域与方向的一致性认同。如果成员在研究方向上有过大的差距,则不容易产生向心力,也不可能成为一个持续稳定的团队。学派这种团队之所以是一种高度凝聚和有影响的团队,就在于其成员不仅在研究方向上有着高度的一致性,还在研究方法与思路上有高度的认同,从而集

---

⑦ 参见刘小强、彭颖晖:《一流学科建设就是建设一流的学科生产能力》,载《学位与研究生教育》2018年第6期。

体地运用共同的方法去攻克科学难题,从而有可能在新的观点或发现上产生具有重要支撑性的成果。这里的意义共识还在于附着在发现与影响力上的成就感,这又进一步转化为团队成员新的内在动机。

### (二)尊重个性基础上的团队合作

尽管归属感是必须的,但对个体劳动与个性张扬的尊重与发展也是团队创新性研究的基础。在大学学术团队中,"要求团队拥有一个充满平等、关心与信任的氛围,传统的等级管理制度与管理方法在知识团队中是行不通的,因为知识员工追求平等、自由、自主的工作环境,依靠强制性权力来领导知识团队是无效的,也是徒劳的"。⑧这实际上是要尊重成员个人研究的具体过程以及相关研究设计、数据取舍、结论判断等。学术交流与学术批判并不意味着对团队学者个人的盲目和武断的否认,而必须是在平等的对话、讨论、辩驳基础上的理解与认识修正。

汤姆逊—卢瑟福团队对个人研究与团队研究关系的处理堪称典范。当汤姆逊做出其最伟大的科学发现,即发现电子时,他将射线导致气体离子化的研究项目留给包括卢瑟福在内的几个优秀学生,充分尊重他们的个性化研究。于是,卢瑟福依靠其在理论与实验方面的优势,很快形成了自己的独特的研究领域:放射性与核科学的世界,从而也为其团队(学派)做出了重要的贡献。

### (三)宽松和谐基础上的制度环境

学科团队文化的建设要求必须尊重学科、学者的差异性,尊重科学发现的规律。要尊重知识生产内在的逻辑,而不能功利地一味地依赖从企业领域引进绩效管理。宽松的氛围并非是简单的一团和气,而是要求尊重不同学科、不同学者,尊重多样性的存在,尊重科学发现与创新的非线性特征。科学发现史中很多情况都具有顿悟现象,有厚积薄发现象,有从量变积累到质变的范式转型现象,因此,不能过于要求短期内的绩效。也就是不能完全陷于量化的绩效考核。具体地,如对工作量不做细算,而是整体地衡量;要注重个人评价和团队评价相结合,尊重和认可团队所有参

---

⑧ 王磊:《大学创新学术团队研究》,华东师范大学2008年博士学位论文。

与者的实际贡献;改变片面地将论文、专利、资金数量作为人才评价标准的做法,等等。短期性的绩效管理易于使学科团队成员放弃需要系统努力的长远规划,而是聚焦功利的近前的需求,从而限制了研究面向未来科学发展的视野,也限制了基于冒险探索基础上的原创性研究成果产生的概率。

## 五、小结

当前很多高校的学科科研活动中,群体性组织或者活动不少,但真正的团队性组织或活动并不多。为了顺应学科科学发展的大趋势,我们必须进一步加强对高校学科团队的理论研究,在实践中不断探索新的有效的组织形式。在学科团队组织的发展中,在推进学科创新的道路上,从组织的角度看,要扬长避短,发挥不同组织形式的优势,塑造更有利于创新性研究的组织互动模式,要培育鼓励个性与创新的具有高度凝聚力的团队组织文化。总之,高水平学科团队组织创新有赖于便于学科视野交叉融合、学科方向持续凝练、学科资源有效配置的结构创新;有益于互动品质提升的多种形式配合的互动模式创新;增强归属感的、尊重个性的、宽松制度环境的组织文化创新。

# Discipline Team Building in Universities: An Organizational Analysis

*Yan Yalin*

**Abstract**: Team building is the important aspect in discipline construction. It is significant to investigate discipline team building from the aspect of organization. Organizational innovations can usually liberate more research innovation power. From three main dimensions of structure, interaction mode and culture, this article makes a thorough observation and analysis about the discipline team innovation in Chinese universities. High level discipline team organization innovation relies on structural innovation which enforces disciplines interaction, research field converge and effective resources allocation. It can also rely on interaction mode innovation which benefits high quality interaction. Last but not the least, it relies on the culture innovation which respects belongness, individuality and flexible institutions.

**Key Words:** higher education institutions　discipline team　organizational analysis

# 加拿大高等教育质量保障体系研究*

郭　涛　谢　琨**

**摘　要**：2015年，国家颁布了《统筹推进世界一流大学和一流学科建设总体方案》，2016年，中国"转正"《华盛顿协议》，正式并轨国际化体系，这标志着我国工程教育质量得到国际认可，我国工程教育国际化迈出重要步伐。本文从国际一流大学的视角和实践出发，探究加拿大在高等教育质量保障过程中的发展经验，探索搭建高等教育自我评估、研究与改进的闭环设计，以期能够全面审视、思考中国高等教育质量保障体系的建立与发展，为国内高校同仁提供借鉴与启示。

**关键词**：加拿大　高等教育　质量保障　经验　启示

## 一、引言

2015年10月，国家颁布了《统筹推进世界一流大

* 基金项目：教育部人文社会科学研究专项任务项目（工程科技人才培养研究）编号：15JDGC006

** 郭涛，西安电子科技大学教务处高级工程师，研究方向：高等教育管理，计算机科学与技术；谢琨，西安电子科技大学计算机学院副教授、博士，研究方向：计算机科学与技术，高等教育管理。

学和一流学科建设总体方案》,2016 年 6 月,中国正式成为第 18 个《华盛顿协议》成员国,这标志着我国工程教育质量得到国际认可,我国工程教育国际化迈出重要步伐。期间,笔者在国家留学基金委的资助下,访问了加拿大阿尔伯塔大学(以下简称 UA),对加拿大高等教育现状进行研究,内容主要涉及加拿大高等教育治理结构、评价与质量保障人才培养等领域。在审视、思考和探讨中国高等教育发展的同时,也为国内高校同仁提供借鉴与启示。

## 二、加拿大高等教育发展历史与定位划分

### (一)加拿大高等教育发展与治理结构

加拿大高等教育发展通过了几个标志性的立法过程。1887 年,加拿大安大略省议会通过了《1887 年大学法案》。① 法案以省级立法形式,推动了加拿大高等教育的公立化进程,明确了政府对大学的资助责任,同时也规定大学要为经济社会发展培养人才。② 此法案在加拿大高等教育发展史上具有里程碑式的意义,它使得传统的教会性大学加速了世俗化进程。1906 年,安大略省的多伦多大学与政府谈判,又率先催生了《1906 年多伦多大学法案》。法案规定大学成立董事会和学术委员会,董事会管理行政事务,学术委员会负责学术事务,从而形成了两院制的管理架构。法案的意义在于,明确大学与政府的关系,形成大学内部的管理雏形,从而奠定了加拿大高等教育改革和发展的基础。③ 在此背景下,各省相继效法,1907 年,萨斯略彻温省出台了《萨斯略彻温省大学法案》;④1908 年阿

---

① Magnuson, R. A brief history of Quebec education: From New France to PartiQuebecois. Montreal: Harvest House,1980:1 – 5.

② See Wallace,S. *A History of the University of Toronto*1827 – 1927. Toronto:University of Toronto Press,1927:35.

③ Jones,G. A Modest modifications and structural stability:Higher education in Ontario. Higher Education,21,1991.

④ King,C. The first fifty: Teaching research and public service at the University of Saskatchewan 1909 – 1959. Toronto:McClelland and Stewart,1959:3.

尔伯塔省宣布建立阿尔伯塔大学,并于1909年通过了《阿尔伯塔大学法案》。随后,阿尔伯塔省又以立法的形式颁布了大学章程"Post-secondary Learning Act(PSLA)",并按大学分类从大学定义、建立、使命等进行了规范化界定,明确了各类学校的发展目标,避免趋同发展,保持各自特色和定位,反对重复投入。该法案也是大学治理架构的合法性根基和依据。大学章程还详细阐述了大学治理模式,规定了大学校监/校长、参议会、董事会、职能部门、学术委员会、工会、学院院长等组织机构的权力和运作机制,为大学发展并实现功能定位提供了坚实的保障。⑤ 省政府通过大学发展报告和财政拨款,宏观调控并监督各高校发展。如图1所示。

**(二)大学的定位与划分**

加拿大根据大学的定位和功能划分,将高校分为6大类:第一类为综合型科研密集型大学,以研究为主,设博士学位,如多伦多大学、阿尔伯塔大学、麦吉尔大学等;第二类是本科应用型大学,以本科教学为主,如,麦克文大学、皇家山学院等;第三类是社会服务专门学院,这类学院专注特色的教学与培训,如博瓦立学院等;第四类为工业技术学院,面向职业教育和实用培训,如北阿尔伯塔理工学院等;第五类为独立学术学院,多为教会背景学院,如安布罗斯大学学院等;第六类为社区艺术学院和继续教育中心,通常为小型的公立社区\职业\大专学校,如班夫中心学院等。⑥

⑤ See Johns, W. *A history of the University of Alberta* 1908 - 1969. Edmonton, AB: University of Alberta Press, 1981: 4.

⑥ See Forest, J. F. and Altbach, P. G. *International Handbook of HigherEducation.* Springer Netherlands, 2007: 323.

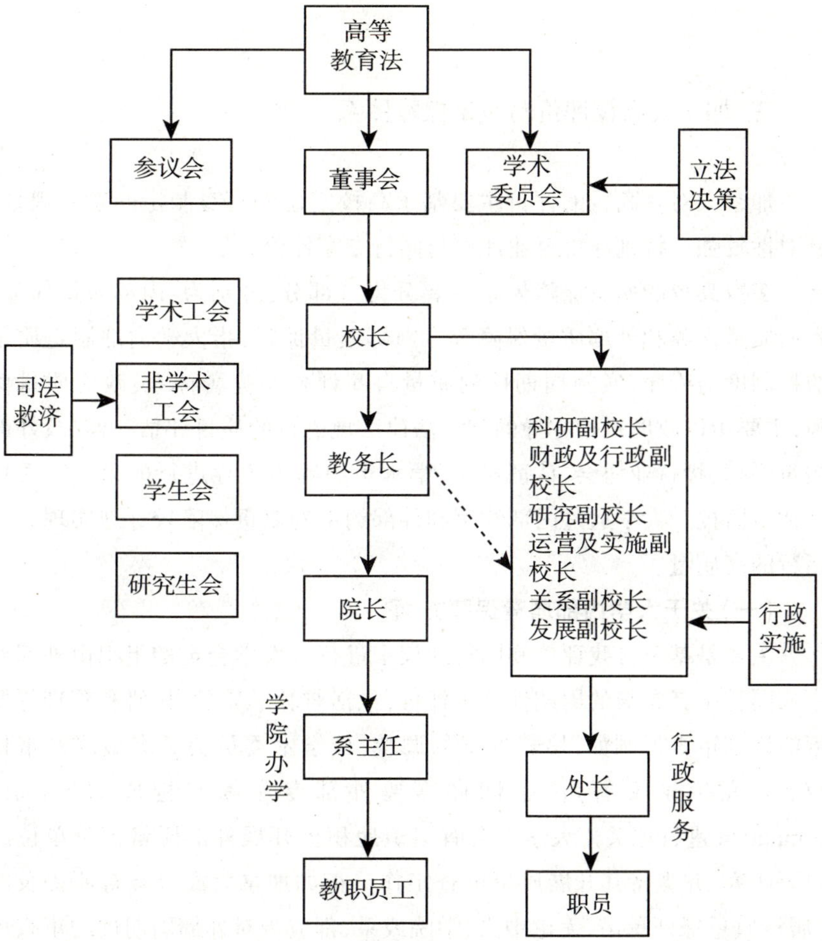


**图1　大学治理结构体系**

注:图表综合了阿尔伯塔大学副教务长 JAY SPARK 和张传馨律师报告课件内容。

## 三、加拿大高校评价与质量保障体系

加拿大对各高校的评价主要基于高校定位和自身制定的发展规划,针对性较强。特别注重行业评价与同行专家评价。

多数高校的质量保障体系主要分为三部分,分别为:内部质量保障、政府质量保障和外部质量保障等。内部质量保障,指大学内部制定质量监控制度与程序,实施周期性的质量自我评价与完善体系;政府质量保障,主要指以政府机构主导的基于法律法规进行的质量评估与监控;外部质量保障,指行业协会、认证机构、学术组织等为主导进行的第三方质量评估与监控。大学通过内部约束和外部约束的双重保障较好地实现大学运行的高质量。⑦

### (一)关于大学内部质量保障方面

主要是基于自我评价和同行评议来进行。大学会定期组织由外部专家或同行学者参与的周期性学术评价,包括对教学质量、科研和管理等要素的详细审查。例如,培养方案的调整,校学术委员会具有最终的审核权。研究生论文答辩,也同样需要外部专家参与构成的 research committee 进行把关。大学也会有组织地积极开展外部质量评价单位的政策研究,并支持其开展质量审查工作。正如加拿大高等教育所提及的"履行质量保证承诺,无论中央、学院或系,都应当对外部周期性的审查评价单位的方案进行探讨和研究,以及对这些项目的行政支持"。

### (二)关于政府质量保障方面

首先是联邦层面的质量监控,加拿大联邦政府没有设置全国层面的教育部,所以,为了协调加拿大全国的教育事务,早在 1967 年成立了全加拿大教育部长理事会 CMEC(Council of Ministers of Education, Canada),作为协调全国教育政策的政府间平台和加拿大在国际教育领域的代表。

---

⑦ 参见吴言荪、刘晳玲:《加拿大大学教学质量保障机制浅析》,载《高等工程教育研究》2011 年第 1 期。

另外，各省也会根据高等教育法成立相关的校园质量委员会（Campus Quality Council），这是与大学“一臂之遥”（an arms-length）的质量评估机构。质量委员成员既具有专家身份也担任学校管理职务。委员会根据高等教育法对新设置的组织、专业和课程等进行标准评估和监督。此类评估是学术评价，不受其他因素影响，结果报省教育厅并向政府提供建议。评估结果会影响学校的招生指标。

**（三）关于外部质量保障方面**

比较典型的是加拿大高等院校联合会（AUCC）。该联合会的会员资格是判断高校办学层次与人才培养质量的重要标志，联合会每年接受常规性的重新认证，对大学具有影响力。在加拿大比较有影响的还有“3M全国教学奖”评选。从1986年开始，为了让更多的人关注大学教学工作的重要地位和作用，加拿大高等教育协会和加拿大3M公司设立了“3M加拿大全国教学奖”，UA共有23名教师获此殊荣，也是加拿大拥有此殊荣最多的大学。

另外，加拿大高校综合排名受关注度高。例如，加拿大《麦克林》时事杂志自1991年起开始进行的加拿大大学综合排名，以及近年来实施的学生满意度排名，对大学的招生规模和招生质量也具有很大影响。

## 四、加拿大高校人才培养内涵建设的质量保障

为了培养大批高素质综合性人才，加拿大注重人才培养的改革与发展。在人才培养的学术资格国际认可度和培养质量的规范性方面，加拿大有着先进的理念与保障。加拿大分别签订了《华盛顿协议》、《悉尼协议》和《都柏林协议》。另外，早在1936年，加拿大为了更好地实现各省之间在大学人才培养的规范与沟通，成立了多种学科专业特色鲜明的协会，协会对不同学科专业的人才培养与其形成的质量管理方面都发挥着举足

轻重的作用。⑧

**(一)课程内容的质量保障**

加拿大高校在人才培养课程内容设置与质量标准等方面保障学生在数学、经济学、心理学、法学、自然科学方面有深厚的基础,强化综合能力基础培养。同时,在工程设计和工程科学方面也有广阔的认知,对体现学生综合能力运用的医学、工程学、法学、经济学等交叉学科专业融合,给予了相应的质量保障与内容改革。如表1所示。⑨

**表1　加拿大专业课程学习内容(工—本)**

| 学科 | 课程学习内容 | 备注 |
| --- | --- | --- |
| ①<br>数学、经济、心理学、法学 | 线性代数、微积分、概率论、数值分析、微分方程、统计学、离散数学等。<br>心理学、法学、经济学等 | 综合能力基础培养。研究数量、结构、变化以及空间模型等概念的一门学科,被使用在世界不同的领域上,包括科学、工程、医学和经济学等 |
| ②<br>自然科学 | 物理学、化学、天文学、生命科学、地球科学、生物学和地理学等 | 理解自然现象及其之间的关系,其认识的对象是整个自然界,即自然界物质的各种类型、状态、属性及运动形式。进而把握这些现象和过程规律性,并预见新的现象和过程,在社会实践中合理利用自然界规律开辟各种可能的途径。会使用数学分析和实验的方法 |

⑧ "About Engineers Canada",载加拿大工程师协会网站:http://www.engineerscanada.ca/About-engineers-Canada-0,最后访问日期:2014年1月26日。

⑨ Canadian Engineering Accreditation Board:"Accreditation Criteria and Procedures Report 2014",载加拿大工程师协会网站:http://www.engineerscanada.ca/sites/default/files/2014-accreditation-criteria-and-procedures-v06.pdf.最后访问日期:2015年8月21日。

续表

| 学科 | 课程学习内容 | 备注 |
| --- | --- | --- |
| ③<br>工程设计 | 工程设计融合了数学、自然科学、工程科学，以实现满足系统和过程需要，是一个创造性的、迭代性的、开放性的过程 | 工程设计当中要考虑一些约束条件，包括经济、健康、安全、环保、社会及其他跨领域的因素 |
| ④<br>工程科学 | 应用数学、自然科学的实践问题解决方法，还可涉及建模、仿真，以及实验的程序和过程。这些学科涉及应用热力学、计算机科学、电气与电子电路、自动控制、空气动力学、传导现象、材料科学、地球科学、环境科学等 | 课程设置中应突出学科交叉与融合，需涉及跨学科的工程内容 |
| ⑤<br>互补性学习 | 主要提升学生语言的应用技能，开展相关研讨，激发批判性思维，经济、心理、法律、伦理等作为人文科学和社会科学等科目的扩展 | |

本文下面对应加拿大专业课程学习内容表的参照系，以加拿大具有代表性的UA工程学院为例，分析大学在工程教育课程体系设置与质量保障效果的具体体现。

UA的工程学院在北美400多个工程院校中排名前5%。其工程学院有4400名本科生，1500名研究生。下设生物医学、化学与材料、土木与环境工程，采矿与石油工程、机械工程、电子与计算6个系，覆盖了机械、电气、化工、材料、土木等主要工程学科门类。除生物医学外，各学科共开设了21个本科专业，全部获得加拿大工程教育专业认证。学生在工程学院第一年课程相同，主要开设微积分、物理、化学、线性代数、计算机等课程（对应表1第①②部分：牢固数学、自然科学等学科基础培养），同时开设工程专业介绍的课程，主要从各工程专业工作领域、工程设备与设施、工作环境与安全等全方位介绍(对应表1第③部分:突出工程设计培养),如图2所示。

**First-Year Program** 一年级课程

Students registering for first-year courses should consult the Registration and Courses menu at www.registrarsoffice.ualberta.ca for detailed registration procedures. Students interested in an equivalent curriculum given in French should consult Baccalauréat ès science en génie.

**Term 1** 第一学期

- CHEM 103 - Introductory University Chemistry I 大学化学介绍
- ENGG 100 - Orientation to the Engineering Profession I 工程专业方向1
- ENGG 130 - Engineering Mechanics 工程力学
- MATH 100 - Calculus I 微积分1
- PHYS 130 - Wave Motion, Optics, and Sound 波动、光学、声
- Complementary Studies Elective (3-0-0) 互补研究选择性分析

**Term 2** 第二学期

- CHEM 105 - Introductory University Chemistry II 大学化学2
- ENCMP 100 - Computer Programming for Engineers 计算机工程程序设计
- ENGG 101 - Orientation to the Engineering Profession II 工程专业方向2
- EN PH 131 - Mechanics 力学
- MATH 101 - Calculus II 微积分2
- MATH 102 - Applied Linear Algebra 应用线性代数

**图2 UA工程学院一年级课程**

UA一年级的大平台课程覆盖了工程基础所需的全部知识,不限定于某一工程领域,此外还包括了工程技术对社会影响类系列课程,主要涉及自然资源与工程伦理、工程造价与效益评估、工程环境与法律约束等问题。从专业课程选修范围分析可以看到,UA提供了多达33门分两组的选修课程,其中第一组要求学生从热力学、材料科学一和材料科学二中选修2门,第二组从30门专业类选修课中分两个学期选修3门,既有应用类如游戏程序设 计,也有学科交叉类如纳米级CAD设计等课程(对应表1第④部分:工程科学培养,突出学科交叉)。其中,特别要求了一门学生针对计算机解决问题的专题讨论课程(对应表1第⑤部分:引入互补性学习方法)。此外,UA课程体系中含有高比例的实验学时,如UA学生毕业要求的40门课程中,有25门课程都包含一定的实验学时,部分课程要求学生参与课堂讨论,专题研究等,因此学生的社会综合能力更多地通过平时各门课程得到持续锻炼。[⑩]

⑩ 2016-2017 University of Alberta Calendar. http://www.registrarsoffice.ualberta.ca/Calendar/Previous-Calendars/2016-2017-Calendar-PDF.aspx. 2016-05-228. Freund C. J. The Co-operative System: aManifesto Journal of Engineering Education, 2, 1946.

### (二)产教模式推动课程质量保障体系的构建

UA等加拿大大学突出产学合作教育模式,强化国家标准、行业标准、学校标准的协调统一,通过与企业构建产学合作教育模式[也称为"合作教育"(Cooperative Education,CO-OP)]实现知识能力矩阵,细化知识能力结构,形成大学课程质量保障体系,助推复合型人才培养,提升相关专业的人才培养质量,如图3所示。

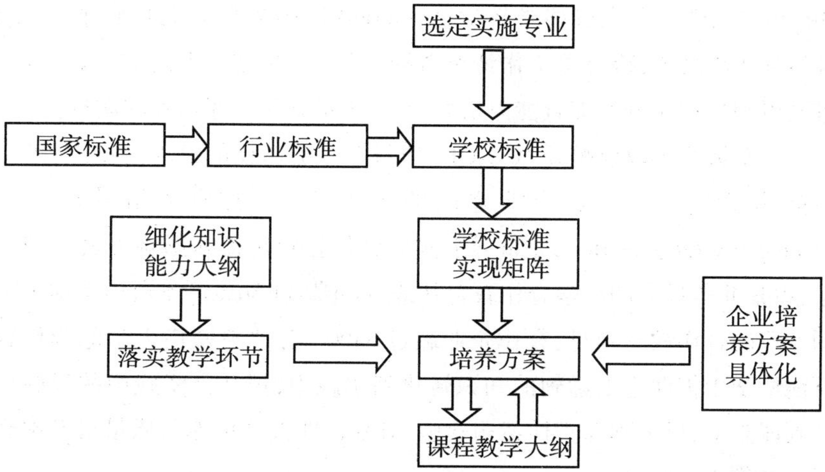


**图3　课程质量保障体系**

此类创新模式是加拿大政府在高校、企业、学生之间,建立起的多方主体合作共赢的机制,是多方共同参与人才培养的一种教育模式。涉及不同学科专业的"CO-OP"项目目前已遍布加拿大各省,参与的高校达100余所。

"CO-OP"教育的目标是:参与所有职业领域的工程设计、商务法务原理、项目开发中,获得真实的知识与经验;理解与熟悉解决问题的方法及与他人合作;帮助学生积累直接的个人工作经验,以测试学生职业选择倾向;帮助学生适应从学术型要求到实际工作要求的转变;训练学生高级管理与运行技能。

"CO-OP"教育的特点是:学生必须从事具有生产性的全职工作而不仅仅是参观或反思;工作学期的所有场所都必须由教育机构创设或者核准;学生的工作表现同时受到学校的辅导和合作教育雇主的监督与评价;学生参与工作实践的时间不少于理论学习时间的30%(通常为50%,不超过75%);学生通过完成一定量工作而获得酬劳。

"CO-OP"教育的模式是:以一年级新生为例,"CO-OP"项目通常包括两种情况,一种是学习4个月后,开始第一个工作学期;另一种是学习8个月后,开始第一个工作学期。在工作学期,学生做的是与本专业相关的全职工作,每周工作5天,每天工作8小时。通过全职工作,学生不仅可以获得工作体验,还可以获得工作报酬。学期末,学生要根据工作实践提交学习报告,企业会根据学生的实习表现给予评估并折算学分。"CO-OP"项目的学生在完成课堂教学过程的同时,在企业累计工作时间一般都达到2年之久,跨公司工作情况普遍,以尝试并适应不同的工作经历,进而得到更加充分的综合能力培养,进一步保证了人才培养的质量。

加拿大联邦政府推动"CO-OP"项目在各类高校的设立与试点,进一步搭建了学生与高新企业之间的历练平台。加拿大滑铁卢大学(University Of Waterloo)是世界上开展合作教育规模和影响力最大的大学,也是北美最大的产学合作教育基地,每年超过50%的本科生参加了不同专业的合作教育项目,合作企业超过6300家。"滑铁卢大学的合作教育能使学生把课堂上学到的知识转化到实践中,把社会实践中的经验反馈到课堂上,反馈到课程体系构建中,对复合性人才培养与质量提升起到了关键作用"。⑪

学生在"CO-OP"项目中承担各种不同的工作内容,既开阔了眼界,又获得了社会实践经验。经过"CO-OP"项目训练,学生在毕业的时候都能对自己的职业生涯进行深度思考并做出可行性规划。据了解,该类学生具有一定的创新能力和应对社会复杂综合问题的实践能力,受公司青睐。

## 五、经验与启示

加拿大高等教育发展备受世界关注,有着较高的国际声誉。其发展

---

⑪ "Co-operative Education",载滑铁卢大学网:https://uwaterloo.ca/co-operative-education/about-co-operative-education,最后访问日期:2016年12月20日。汤克明、周向华:《滑铁卢大学的合作教育与计算机科学专业培养方案》,载《计算机教育》2008年第1期。

经验值得我国高校同仁思考与借鉴，在目前高校开展双一流建设的创新改革工作中，也带给教育同仁们些许启示。

加拿大高等教育有着很详尽的制度规定，高校普遍能较好地执行自己既定的规划，保证质量，并能在全校上下形成合力，围绕规划推进工作。加拿大高校在保证高等教育质量的同时，强调高校的自我评估作用。国内高校对政府组织的外部评估极为重视，常常忽视学校内部的自我评估过程。高校应充分认识到构建自我评估机制与评价标准的重要意义，只有搭建高等教育自我评估、研究与改进的闭环设计，才能有效推进高校质量保障体系的建立。为此，建议完善以下四个方面：一是完善高校自我评估闭环体系建设；二是对标国家质量标准，形成适应高校自身发展的特色定位与质量标准；三是开发采集与合理应用评估质量状态数据库；四是积极引入第三方评价机制，形成多方面评价与立体式评估模式。从而构建既有国际化特色，又符合国内高校发展的质量保障体系。

# The Experiences and Enlightenments of Canadian Quality Assurance Systemin Higher Education

*Guo Tao　Xie Kun*

**Abstract**: In 2015, China promulgated the " Overall Plan for Coordinating the Development of World-Class Universities and First-Class Disciplines". In 2016, China officially joined the "Washington Accord" and officially merged into the internationalization system, which marked the international recognition of the quality of engineering education in China. At the same time, it also means that internationalization of engineering education has taken important steps. Based on the perspectives and practices of world-class universities, this paper explores Canada's development experience in the process of quality assurance of higher education and explores the closed-loop design of self-assessment, research and improvement of higher education, in order to comprehensively examine and think about China's higher education quality assurance system. The author hopes that the introduction of the establishment and development can provide reference and enlightenment for domestic college and universities.

**Key Words**: Canada higher education quality assurance experience

# 新加坡南洋理工大学的人力资源管理及其借鉴

孙　静*

**摘　要**：新加坡南洋理工大学人力资源管理是现代大学制度建设的一个成功典范。该校在人才引进及人才待遇方面实行国际化战略，通过合理的人才结构和竞争性机制保障人才任用机制的高效运转，通过多元渠道强化人才储备、搭建信息平台提升管理水平措施，落实公平自主的人才管理战略。我国高校要积极借鉴南洋理工大学先进的办学经验，更加注重人力资源管理，以开放的视野推进教育国际化、以科学的设置推行岗位管理，采取有效的考核评价的机制和制度，以信息化推动人力资源管理建设，完善现代大学人力资源管理体系。

**关键词**：人力资源管理　南洋理工大学　高校　人才发展体制机制改革

经过60多年的发展，南洋理工大学已经成为位列全球大学50强的高等教育学府。在最新颁布的2018年QS世界大学排名（QS World University

* 孙静，西北政法大学人事处助理研究员，主要研究方向：高等教育管理。

Rankings 2018)中,新加坡南洋理工大学名列全球第 11 名;①在 2018 年 QS 亚洲大学排名(QS University Rankings Asia 2018)中,南洋理工大学名列亚洲第一;②在 2018 年全球最佳大学排名中,南洋理工大学在亚洲排名第二。③ 南洋理工大学能够飞速发展,跃居世界前列,是与其实施的人力资源管理举措密不可分的。

2017 年 3 月至 5 月,笔者经国家留学基金委资助,赴新加坡南洋理工大学担任了 3 个月的访问学者,对南洋理工大学人力资源管理进行了深入了解,本文详细论述该校在人力资源管理方面所采取的各项举措,希望对我国高校人力资源管理工作具有一定的启示和借鉴意义。

## 一、清晰明确的国际化人才战略

南洋理工大学的卓越发展,不仅仅在于其硬实力基础设施建设和软实力教学课程设方面,更重要的在于它的愿景、使命、核心价值观以及质量保证体方面。愿景就是蓝图,是对未来的规划;使命回答的是要做什么和不做什么的关键问题;价值观是一所高校发展价值认同的基础,也是其生生不息的意识源泉;而科学合理的质量保证体系所共同约定的评判标准,是实现学校发展愿景和使命、凝聚共同价值观的制度保障。南洋理工大学的愿景是发展成为一所卓越的全球科技大学;其使命是培育领袖人才,开拓知识领域。南洋理工大学的使命和愿景为其国际化人才战略的实施提供了基本的价值立足点和出发点。南洋理工大学自创校至今,一直秉承全方位教育、培养跨学科博雅人才的办学理念,坚定不移地朝向卓越全球大学的理想迈进,让教育及研究工作走向国际化成为学校未来发

① Top Universities in the World 2018. QS World University Rankings-Top Universities. 2017-08-08.

② 参见《2018QS 亚洲大学排名出炉:中国大学 137 所高校上榜!》,载凤凰网:http://finance.ifeng.com/a/20171018/15730635_0.shtml,最后访问日期:2017 年 10 月 17 日。

③ 参见《2018 年全球最佳大学排行榜:清华大学计算机专业排第一》,载凤凰网:http://tech.ifeng.com/a/20171025/44729723_0.shtml,最后访问日期:2017 年 10 月 17 日。

展的一项关键举措。在此办学理念与工作举措的指引下，南洋理工大学在人才引进及人才待遇方面均体现出了清晰的战略。

**（一）国际化的人才招聘机制**

丁学良教授曾说："现代大学从诞生之日起，其精神气质就是普遍主义，体现在普天之下都是我探索的领地、各国人才为我所用的气魄之中。世界一流大学的人员要来自五湖四海，学派要处于三教九流。国内的好大学必须面向国际招聘教员，只有在国际上招聘，才能把标准提高"。④南洋理工大学遵循严格的同行评议（peer review）及选聘程序，从全球招聘最优秀的人才。为了确保本校人才的质量和数量，学校以国际视野在全球范围内引进人才，按照高薪酬、多渠道的策略制定人力资源引进办法，拓展人才引进尤其是国际高端人才引进渠道和方式。在国家高等教育人才战略的推动下，南洋理工大学的人才招聘进一步强化其全球视野和择优机制，在引进中采用政府指导与市场相结合的方式展开，具体由选拔世界顶级人才和挖掘具有潜力的杰出人才两部分组成。在人才引进的遴选中提供丰厚待遇，吸引精英人才，同时采用世界杰出同行评议机制，保证遴选的最优化。如 2007 年，前欧洲科学基金会总裁、诺贝尔基金会成员、前瑞典林雪平大学校长博蒂尔·安德森教授，经过严格的选拔程序当选为南洋理工大学的常务副校长。2011 年 7 月 1 日，安博迪教授出任南洋理工大学第三位校长。2018 年 1 月，前美国麻省理工学院工程学院院长、前美国国家科学基金会主席、前卡内基梅隆大学校长苏布拉·苏雷什教授出任南洋理工大学第四位校长。得益于国际化的人才招聘机制，有很多国际顶尖学者、全球科学家加入南洋理工大学，这使其学科建设得到快速发展，国际知名度和国际影响力大幅提升，成为新加坡的品牌。⑤

---

④ 丁学良：《什么是世界一流大学？》，北京大学出版社 2004 年版，第 25 页。

⑤ 例如，南洋理工大学新加坡地球观测和研究所由国际顶级地质学家 Kerry Sieh、Paul Tapponier 等教授组成地球科学家梦之队领帅，致力于应对地震、海啸、火山爆发和气候变化等对环境构成的重大威胁；新加坡环境生命科学工程中心由全球环境生命科学界权威及细菌生物膜领域专家 Staffan Kjelleberg 教授和耶路撒冷希伯来大学米纳瓦海洋生物地球化学中心前主任 Yehuda Cohen 教授领帅，致力于水资源和环境可持续发展的微生物生物膜研究。

学校高等研究所聘请了 David Baltimore、小柴昌俊、李远哲、杨振宁等 10 位诺贝尔奖得主和 1 位菲尔茨奖得主担任顾问。此外,南洋理工大学还充分利用新加坡国立基金研究会与 2007 年启动的"研究员计划"和其自身创立的"南洋助理教授计划"吸引世界范围内杰出的教育工作者和研究人员。学校通过提供南洋助理教授职位、国立研究基金会研究学者奖学金等措施吸引了不少全球青年才俊。如在 2008 ~ 2016 年 75 位国立研究基金会奖学金研究学者当中,36 人(48%)选择加盟南洋理工大学。

**(二)国际一流的薪酬待遇**

李光耀曾说,顶级薪酬吸引顶级人才,让全球人才带来全球观念。在人才引进的国际化战略指导下,除了新加坡籍学者(占师资比 38.9%)外,南洋理工大学一流的薪酬待遇也不断吸引了自中国(8%)、美国(6%)、英国(2.3%)、印度(2.2%)、加拿大(1.7%)、澳大利亚(1.7%)等世界各地的优秀人才前来加盟。⑥

南洋理工大学助理教授的年薪 15 万新加坡元左右(含"年终花红",即年终奖),副教授 23 万新加坡元左右,教授 30 万新加坡元左右。学校还制定了一系列灵活多样、较为丰厚的福利措施,如"带薪休假制度、自助餐式福利、子女教育资助以及住房补贴等"。⑦ "新加坡大学教师的薪酬高于英国和澳大利亚一般大学的水平,和美国中等大学基本持平,加之新加坡生活的费用相对较低,其薪酬颇具吸引力。"⑧美国大学教授协会《行业经济状况年度报告2016 ~ 2017》中指出:"在 2016 ~ 2017 学年,全职教授的平均工资为 102,402 美元,副教授的平均工资为 79,654 美元,助理教授的平均工资为 69,206 美元。兼职教师……平均总薪酬增至 20,508 美元。"⑨和

---

⑥ 参见新加坡南洋理工大学官网:院系介绍内容。载新加坡南洋理工大学官网:http://www.ntu.edu.sg/chinese/academic/Pages/collegesandschools.aspx,最后访问日期:2018 年 6 月 27 日。

⑦ 参见李晨辉、刘雯华、高媛等:《南洋理工大学教师队伍建设经验与启示》,载《中医教育》2013 年第 1 期。

⑧ 宋若云:《新加坡教育研究》,经济科学出版社 2013 年版,第 51 页。

⑨ American Association of University Professors:" Annual Report on the Economic Status of theProfession2016 - 17", https://www.aaup.org/report/visualizing-change-annual-report-economic-status-profession-2016 - 17. 2018 - 6 - 27.

美国相比,南洋理工大学教授已经处于国际一流的薪酬待遇水平。

学校高度重视青年人才的成长,努力通过各种各样的方式给他们提供发展进步的空间。例如,年轻的老师在做科研的时候,学校一般会在资金上给予支持,每年将近有150万新加坡元;学校还设置了给优秀博士生的奖学金,鼓励学生潜心研究与求学;年轻老师的指导教师全部由具有深厚资历的教授担任,以便给予他们充分的支持与帮助;年轻教师在入校的前三年,学校鼓励他们全身心进行科学研究工作,因此大大减轻了对他们的课时要求和对非教学性事务的要求。国际化的人才待遇得到了高额回报。从2005年起,学校外部资助研究金大幅攀升,增幅达到500%;2015年有4694篇论文被《科学网》引用,影响因子≥10的论文总数显著增长,2000年为0.16%,至2015年达到7.2%。

## 二、科学高效的人才任用机制

### (一)人员按类划分,结构科学合理

南洋理工大学以提高教育教学水平、促进学校与个人共同发展为目标,坚持突出教研、兼顾发展的原则,将全体教职工分为教学型、科研型、管理型、服务型4种人员类型,形成了科学的人员结构,有利于学校教育教学和科研等综合水平的提高。在全体教职工中,专职教学型人员比例为23%,其中教授及副教授的比例为46%。科研人员占全体教职工总人数的40%,管理人员占总人数的15%,服务保障人员占总人数的22%。科研人员40%比重的配置十分明显地突出其科研导向,同时专职教职人员又能够专门从事学校日常教学的工作。合理的分工不仅能够做到教学力量和科研力量的合理投入,避免教学科研不分造成的混乱,也能够更为集中地发挥教学和科研的各自的优势。

根据不同人员类型的划分,南洋理工大学还分别制定了不同的目标任务,在教职工的考评、薪酬、奖罚等方面制定了完善的体系和制度,确保教职工的发展与学校的发展相辅相成、利益一致。同时,根据教学发展和

承担任务的变化，学校对各类人员的结构比例进行动态调整，确保人员结构合理，任务完成高效。

**（二）引入并激活竞争机制，确保教师素质**

为了保障大学教学科研人员的职业安全和学术自由，南洋理工大学在教学科研群体中引入了美国的终身教职制度。[10] 同时为了消除终身制带来的懒教惰教现象，该校还建立了一套科学系统的教师竞争机制，其特点为非升即走、高淘汰率、高流动性。学校对教学人员采取分类管理，主要分为讲师和教授两个类别。其中讲师序列里包括首席讲师、高级讲师和讲师；教授序列里包括教授、副教授和助理教授。

学校每年对教师进行综合考评，考评合格者继续签订聘用合同。考评内容主要包括教学能力、科研水平和公共服务效果等方面。考评将教师前3年的工作业绩作为重要参考。教授序列的科研、教学与公共服务考核的权重比为5∶5∶2，讲师序列的科研、教学与公共服务考核权重比为8∶2∶2，这样的规定保证了不同专长的教师能集中精力于教学或科研，做到术业有专攻。综合考评等级分为ABCDE 5个等级，其中优秀率为13%，不合格率为12%，ABC三个考评等级分别奖励3个月、2个月和1个月的工资，对考评不合格者扣除年终花红，并影响终身教职的申请。

为了确保教学质量和灵活性，学校虽对各层级教职人员数量及比例不做硬性规定，但对人员职称晋升采取非常严格的标准进行评定。第一，该校对晋升副教授和教授的时限做出了严格规定。助理教授晋升到副教授不得多于9年，副教授晋升至教授则不能多于6年，如在规定时间内未能晋升，学校则不再与之签订聘用合同。从统计数据上看，该校终身教职

---

⑩ 终身教职制度源于美国，该制度强调学者的独立性，学者一旦被委任，任命机构便没有权力对其职业活动加以干涉。教师的聘用只能由其同僚组成的学术委员会来决定，学校管理层和董事会成员不得干涉学术委员会的人事决定等。19世纪80年代至20世纪初，威斯康星大学经济学教授理查德·伊利、斯坦福大学经济学教授爱德华·罗斯等人的解雇事件直接催生了美国终身教职制度的形成。1915年美国大学教授协会（AAUP）正式成立，在该会上发表了原则宣言，确立了美国高等学校教职工学术和思想自由。后1940年美国院校协会（AAC）与美国大学教授协会联合发表了《关于学术自由与终身教职的原则声明》，正式确立了美国终身教职制度。随着教育制度环境的不断发展，终身教职制度逐渐形成了美国高校自治中的一项制度性规范。

的淘汰率在20%左右。第二,职称晋升主要参考国际学术评价的方式进行,一般参照著名美国大学的标准,并邀请学科领域的权威专家作为评审专家,专家人数一般为6~9名。评审中如果有2位专家给予不通过的评分,则该教职工的评议结果为不通过。截至2018年6月,学校的教授有184人,占比11%,教师队伍以助理教授为主。[⑪]

通过上述年度考评和职称晋升机制的施行,南洋理工大学充分调动了教职工的积极性,激励教职员工以更加饱满的工作热情、更加负责的工作态度投入学校的教学科研工作当中。

## 三、公平自主的人才管理策略

在全球化办学背景下,南洋理工大学基于其发展愿景和使命形成了有序的大学内部协同制度,构建了由人才发展体制机制、教育管理体制、知识创新机制、知识转化机制和政府协调机制组成的协同创新耦合制度。公平自主的人才管理战略不仅有效地调动了各方积极性,凝聚了各方价值共识,协调推进了学校创新活动开展,并且很大程度上避免了学校在开放性系统中造成的结构耗散问题,还在人才储备、人才管理方面发挥了重要作用。

### (一)多元拓展渠道,强化人才储备

学校还独创了一套科学的员工管理和聘用制度,称为"公平雇佣策略"。该策略的核心主要是从招聘人员的价值理念、招聘人员与学校之间的关系定位、招聘人员的责任义务等方面做出了明确定义,确保招聘人员在校工作期间积极、奋进、没有后顾之忧。其内容主要包括:招聘员工对学校的价值认同、学校对应聘者采取的态度、学校为员工的发展提供的机会、员工奖励考评的主要内容、相关法律、惯例的基本要求等。

南洋理工大学将引进和培养高层次人才作为其人力资源管理的核心

⑪ 载新加坡南洋理工大学官网:http://www.ntu.edu.sg/FacultyStaff/Pages/default.aspx,最后访问日期:2018年6月27日。

内容,提升全体员工参与的积极性,为员工创造良好的工作环境。第一,鼓励教职工对学校的发展建设建言献策,在全体教职工中倡导团队合作和信任精神,为教学科研创新提供优质的平台。第二,为了确保整体人才队伍的活力,在校园内营造舒适的工作氛围,为优秀教职工提供丰厚的奖励,提供发展的空间,大力提高员工工作创新的积极性。

**(二)建立信息平台,提升管理水平**

南洋理工大学的人力资源管理部门注重信息化技术对人力资源管理的促进,通过对人力资源管理的特点进行梳理和分析,自主开发了一套人力资源管理系统。通过几年的不断完善和应用,该系统涵盖了人员招聘、人员绩效管理、大数据分析等九大模块的功能,并为在校全体教职员工建立了账号,实现了人力资源的全数字化管理。该系统主要特点如下。

第一,实现了学校人力资源管理的全数字化,系统以"准确、及时、统一、高效、安全"为原则,通过各功能模块实现人员管理的科学、规划、标准,实现人才管理的数字化。第二,实现信息安全共享,通过分级、分区授权,达到信息分层维护、按级共享,通过后台数据的比对交换,建立全校人力资源大数据库,节约了人力成本,提高了工作效率。第三,实现多角色、流程化的管理模式。按照人力资源管理流程,从人员招聘开始,对人员进行全过程的动态管理。第四,实现辅助决策功能。通过对人力资源数据的比对分析,实现学校人力资源的预测,为学校人力资源决策提供可靠的数据依据。

## 四、南洋理工大学人力资源管理经验对我国高校人力资源管理工作的借鉴

高水平的大学必须以高水平的人力资源管理来支撑与保障其宏伟蓝图的实现。2016 年 3 月,中共中央印发的《关于深化人才发展体制机制改革的意见》提出:"坚持聚天下英才而用之,遵循社会主义市场经济规律和人才成长规律,构建科学规范、开放包容、运行高效的人才发展治理体系,

形成具有国际竞争力的人才制度优势”。同年,国务院颁布《统筹推进世界一流大学和一流学科建设总体方案》的总体目标中也明确指出,要“建设一流师资队伍。深入实施人才强校战略,强化高层次人才的支撑引领作用,加快培养和引进一批活跃在国际学术前沿、满足国家重大战略需求的一流科学家、学科领军人物和创新团队,聚集世界优秀人才”。[12] 2017年5月5日,习近平总书记在中华职业教育社成立一百年的贺信中提出:“‘两个一百年’奋斗目标的实现、中华民族伟大复兴中国梦的实现,归根结底靠人才、靠教育。源源不断的人才资源是我国在激烈的国际竞争中的重要潜在力量和后发优势。”

在高校人力资源管理方面,南洋理工大学的发展给我们很多值得借鉴的经验。

**(一)以开放视野推进教育国际化**

我国高校应参考南洋理工大学清晰鲜明的国际化战略,以国际化视野来科学规划学校建设,坚持师资队伍建设的国际化。师资队伍的国际化是教育国际化的关键所在,高校要坚持内部培养与外部引入相结合的原则:一方面,要实施教师海外研修计划,加大对现有教师的出国学术交流、研修的支持力度,逐渐提高教师中具有留学背景或国际视野的教师比例;另一方面,要引入适合本校学科发展的国际知名教授及其团队,尤其要注重引入世界高水平大学的青年博士后和应届博士毕业生。高校还要积极开展多渠道合作办学,多赴国外学习,并加大对外国留学生的招生力度。

**(二)以科学设置推行岗位管理**

我国高校应学习南洋理工大学分类管理经验,一方面必须在岗位设置与分类管理上下大力气,根据学校的目标定位和发展战略,进行科学合理的岗位设置;坚持问题导向,针对岗位管理中的问题,迎难而上,制定措施,促进人力资源的良性运转,切实将身份管理变为岗位管理。2006 年人

---

[12] 《国务院统筹推进世界一流大学和一流学科建设总体方案》,载中华人民共和国教育部官网:http://www.moe.gov.cn/jyb_xxgk/moe_1777/moe_1778/201511/t20151105_217823.html,最后访问日期:2018 年 7 月 13 日。

力资源和社会保障部及民政局联合下发了《事业单位岗位设置管理试行办法》及其实施意见,要求高校要结合自身实际情况,加快推进岗位设置管理工作。经过10多年时间的推进,我国高校岗位管理工作虽然取得了一些成绩,但身份管理向岗位管理的目的始终没有达到。另一方面要在岗位设置管理的基础上,建立灵活多样、富有竞争力的薪酬体系。办好一所大学,需要事业用人,关键是待遇留人。高校要建立具有较强竞争力的校内薪酬制度,按照常规人才常规待遇、一流人才一流待遇、特殊人才特殊待遇的原则,盘活校内人才资源,稳定、吸收优秀拔尖人才,确立学校发展的人才优势,灵活有效地进行人才岗位管理。

**(三)以有效机制深化考核评价制度**

我国高校应参照南洋理工大学教师竞争机制,建立符合现实需要的科学的教师绩效考核评价制度。2016年教育部《关于深化高校教师考核评价制度改革的指导意见》中指出:"考核评价是高校教师选聘、任用、薪酬、奖惩等人事管理的基础和依据。考核评价政策是调动教师工作积极性、主动性的'指挥棒',对于新时期高校推动教学改革、提高教育质量、坚持正确科研导向、促进科研成果转化、开展创新创业和社会服务,具有全局性和基础性影响。完善教师考核评价制度是当前和今后一段时期深化高等教育综合改革的紧迫任务"。[13] 高校应该分类、分层次、分学科设置考核内容和考核方式,健全教师分类管理和评价办法,探索实施聘期评价制度,坚持发展性评价与奖惩性评价相结合,采取签订聘任合同,合理发挥完不成任务走人等惩治性评价的约束作用,使考核评价工作落到实处,形成推动教师和学校共同发展的有效机制,真正达到高效、科学、规范有序的人力资源管理的目的。

**(四)以信息化推动人力资源管理建设**

在信息化时代,建设高科技、数字化校园的大背景下,高校人事管理信息化变革也势在必行。人事管理信息化对于推动高校人事改革,实现

---

⑬ 《教育部关于深化高校教师考核评价制度改革的指导意见》,载中华人民共和国教育部官网:http://www.moe.edu.cn/srcsite/A10/s7151/201609/t20160920_281586.html.,最后访问日期:2018年7月14日。

人事业务的规范化、精细化、科学化、高效化具有重要的意义。我国高校应借鉴南洋理工大学人力资源管理平台建设的经验,加大加快推进人力资源信息化建设,开发建立由人才引进与招聘、工资待遇、绩效考核、考勤管理等平台组成的人事管理系统,促使人力资源管理从简单的重复劳动中解放出来,从单一的、自上而下的管理模式向互动、多方位、专业化的方向发展,进一步提升管理水平与服务水平,提升人事管理工作高效性和规范性,为高校事业又好又快发展提供助力。

# Analysis and Enlightenment of Human Resource Management of Nanyang Technology University in Singapore

*Sun Jing*

**Abstract**: Human resource management at Nanyang Technological University in Singapore is a successful example of the construction of a modern university system. The school implements an internationalization strategy in terms of talent introduction and talent treatment. It ensures the efficient operation of the talent appointment mechanism through a reasonable talent structure and competitive mechanism, strengthens the talent reserve through multiple channels, builds an information platform to improve management level measures, and implements fair and autonomous talent management strategy. Colleges and universities in China should actively learn from the advanced school operating experience of Nanyang Technological University, pay more attention to human resource management, promote education internationalization with open vision, implement post management with scientific setting, adopt effective evaluation and evaluation mechanism and system, and promote human resource management with informatization.

Only by these ways, can the construction and improvement of the human resources management system of modern universities be realized.

**Key Words**: human resource management　Nanyang Technology university　the reformation of talent development system in University

# 教育法制

# 高校学术权力的法理依据、法制体系与法治程序

张师伟*

**摘　要**：现代大学制度在任何一个国家都是一个复杂的规范体系，这个体系既有着充分的法理依据，也都通常表现为一定的法制体系及法治程序。学术权力作为现代大学制度的重要组成部分，要在现代大学中普遍性地发挥重要作用，就必须获得充分的法理依据，确立其在现代大学里的地位、作用与功能，给予人们一种基于法律而认同及尊重大学学术权力的依据。大学中的学术权力，不仅必须依法处理同其他类型权力的关系，确立它在现代大学制度体系中的合理地位，而且还必须在自身运行的过程中遵守应有的规范。这就要求现代大学中的学术权力还必须有一套完整的规范性制度的制定及相应的形式、程序等法治要件。

**关键词**：学术委员会　高校学术权力　法理依据　法制　法治

现代大学并不是古代学园或书院的自然延续，

* 张师伟，西北政法大学政治与公共管理学院教授，博士研究生导师，研究方向：政治学。

虽然古代的学园或书院等也有不少可以忝列高等教育的行列。这是因为现代大学之形成的关键要素,并不在于其学术的高品位,而在于一种拥有自身法理依据且“法权自治”的学术组织的诞生。① 学术权力中的教学权或学习权,不仅在组织及职能权限上具备了体现法理依据及法制规范的形态和机制体制,而且还确立了一种法治化的工作规范与运行程序。这些规范和权力就载于中世纪欧洲大学的章程里。中世纪欧洲大学的特许状(章程),其“制定主体极为权威,赋予大学身份合法化,用多种特权保障大学自治和学术自由,明确大学内部管理体制”。② 大学章程的法律效力,既是现代大学得以建立的关键要素,也是它得以在功能、地位、作用等方面区别于其他组织的根本所在,更是发展中国家建构现代大学制度所必需着力进行的关键工作。学术权力作为现代大学体系的核心组成部分,它的现代发展在一般情况下都与大学制度的现代发展和变迁同步,并往往是现代大学制度发展与完善的关键环节。从某种意义上说,现代大学是不是名副其实,必须要上升到法律的层面来认识,因为现代大学制度首先表现为一个完整的法制体系,缺乏充分法制规范的大学绝不能成为名副其实的现代大学,或者不是因为学术性不足而不称其为现代大学,或者因大学在组织形态及运行方面的过强依附性而不称其为大学。虽然现代大学内部分工日益细化,权力关系也日趋复杂,但在大学整个的组织形态上及运行过程中,学术权力不仅仍然占据着核心地位,发挥着极其关键的决定性作用,而且始终占据着大学核心事务的决策权和管理权,引导和约束着大学中的其他权力。因此,现代大学之是否名副其实一个更直观的观察点,就是大学中学术权力的法律保障及法治形态。现代大学的形成和发展历史及当代各国大学制度之学术绩效的不同,也在以充分的事实验证着这一点。

中国的现代大学溯源于晚清的京师同文馆,初露端倪于维新变法时

① 参见[法]雅克·勒戈夫:《中世纪的知识分子》,张弘译,卫茂平校,商务印书馆1999年版,第68页。

② 张芳芳、朱家德:《中世纪大学特许状(章程)的特点及变革》,载《赣南师范学院学报》2010年第2期。

期设立的京师大学堂，一直到20世纪20年代，才初步具备了现代大学的外观。近现代的中国各阶层普遍感受到了民族危亡的险境，并争相投入救亡图存的行列，无论是内政之改良，还是学习西方长处，均着眼于救亡图存。现代大学进入中国并不是因为它在组织形态、社会功能及法制方面的优越性，而是因为大学所讲授和传播的内容在许多先进的中国人看来，具有救亡图存和民族复兴的巨大功用。这就在很大程度上可以解释，中国大学为什么自晚清以来就一直摆脱不了重视理、工、农、医及商而轻视人文社科的弊端，注重大学的实用价值而轻视大学的学术魂魄，中国大学的"'重理轻文'现象的产生有其深刻的社会背景"，③"重理轻文"在中国当代的高等教育中也堪为"一个重要现象"。④ 中国现代大学体系的建构，注重了大学的实用价值，而大学所以为大学的法理、法制及法治的属性在很大程度上被忽略了。这其中的重要标志就是大学中的学术权力被严重地忽略了，或者不存在学术权力的组织形态，或者学术权力的功能不能有效落实，或者是学术权力的活动缺乏应有的法制规范及法治程序。在新中国，现代大学的兴办在服务于实践方面，曾专注和钟情于技术的支持，并取得了重要的成就。但其所取得的成就主要集中在工业技术及技术人才的供给，而在科研创新及学术创新上却远不能令人满意，不仅有全球影响的各个理工科领域的大师巨匠及引领世界基础科学研究潮流的杰出人物极其稀少，而且在人文社科领域也几乎没有在话语权上较有影响的重要人物。中国高等教育界热议的"钱学森之问"，就是聚焦于创新型人才培养模式，拷问中国现代大学制度的合理性问题。⑤ 在这个情况下，中国现代大学制度建构的话题受到了广泛关注和充分重视，正是在这个背景下，高校的学术权力建设迎来了一个难得的历史机遇，高校学术权力的法理依据、法制规范及法治实践研究，就自

---

③ 廖建林、卢勇：《近代中国社会"重理轻文"现象初探》，载《理论月刊》2005年第10期。

④ 丁国祥：《中国当代高等教育中重理轻文现象历史成因探析》，载《鞍山师范学院学报》2012年第3期。

⑤ 参见张炜：《钱学森之问与冯·卡门之见——再论世界一流大学的共性特征与个性特色》，载《学位与研究生教育》2016年第3期。

然成了加强高校学术权力建设的一个工作抓手。

## 一、学术权力的法理依据、法律性质及法规支撑

中国自古以来就是一个由权力支配的社会，⑥不仅权力意志在国家政治生活及地方性或行业性公共生活中始终占据决定性地位，而且各种各样的公共组织也都是国家权力意志的执行机构或委托机构，而行业性或地域性公共组织也依附于权力意志，成为它的下游机构。以明清时期的商人会馆为例，会馆作为同籍乡人的联合组织，在诸如维持传统优良道德、培养团体意识与合作精神、建立良好商业规范等“自我管理方面”颇有作为；但会馆又并非仅靠商人维系，“官绅经常成为会馆的领导力量”，“引领了会馆的发展方向”，使“会馆成为有效进行自我管理的社会组织”；“会馆的设立意味着基层又一套自我管理系统的建立……体现了会馆的自我管理目标与封建政治统治的目标相吻合。”⑦社会的组织网络及运行机制在中国传统中都具有强烈的权力支配色彩，而法律则不过是一种体现国家权力意志的附属物。法律本身不仅并不能替代权力意志赋予某个事物、某种行为以充分的合理性，而且也不能制约权力意志支配社会的功能范围和作用力度。君主的意志具有至高无上的法律效力。中国从传统走向现代，在某种程度上就是要告别权力支配社会的传统，而进入现代法治的轨道。“人治已不再适应从传统到现代快速变迁的中国”，“积极推进行政法治化，维持良性的路径依赖，促进经济发展和社会进步，格外具有全局意义。”⑧中国自鸦片战争时期开始向现代社会迈进，在可见的器物、技术、制度等方面取得了明显的成就，具备了一个现代社会的基本外观，但在社会组织及其运行机制、在国家与社会的关系、在法律和权

---

⑥ 参见刘泽华：《专制权力与中国社会》，吉林文史出版社1988年版，引子1～2。

⑦ 参见王日根等：《试析明清商人的自我管理组织——会馆》，载《云南财贸学院学报》1996年第5期。

⑧ 王光辉：《从人治到法治：传统行政到现代行政的路径转换——基于路径依赖理论的研究视角》，载《湖北社会科学》2009年第9期。

力的关系等方面，却还是保留了较多的中国传统的特点，在许多领域都表现出了权力支配的色彩，而高等教育就是一个集中体现权力支配特点的领域，大学体制的行政化即集中体现了行政权力支配的特点。“中国近现代大学制度是在救国图存的背景下建立和发展起来的，强烈的政治性成为中国近现代大学的主要特征”，而“这种政治性特征又成为大学内部组织机构行政化的思想基础”。[9] 这并不是说中国缺乏高等教育的立法活动，实际上关于中国高等教育的法律法规在数量上还相当可观，而这些法律法规在实践中的影响力也正在日益加大，并逐步成为中国高等教育法治的法律基础。但就总体而言，法律法规更多的体现了教育行政部门的宏观工作安排，高等教育的组织网络及运行机制更多的还是依赖教育部门的行政意志。在大学与政府互动关系中，“政府规制权力过大，大学自主权仍较式微和教育法律法规建设滞后与执行力缺失等问题”，依然明显存在。[10] 中国高等教育的立法虽然还不足以为高等教育法治提供充足的支持，但是高等教育组织形态及运行机制的主要法理支持，仍然来自教育行政部门的部门规章。

国务院及其下属教育行政部门在新中国高等教育体系的建构与调整方面具有根本性的影响力，全国性立法机构在相当长的时间里没有高等教育的立法。在这个情况下，国务院及教育行政部门的权力意志，就在全国高等教育布局及高等学校运行机制方面保持了绝对性的影响力。新中国成立初期的大学院系大调整具有行政主导的明显特征，“在中央人民政府的指导下，从上至下，自始至终由最高教育行政部门通过制定有关的改革方针与政策而控制改革的全过程”，比如“在所谓‘破旧立新’的思维模式中，大学的‘自治’和‘学术自由’被有意或无意地忽略，大学的地位和内涵发生了深刻的变化，成为‘人民民主专政的一种斗争工具’，大学被置

---

⑨ 刘少雪：《我国近现代大学行政化管理模式的历史探索》，载《清华大学教育研究》2011 年第 1 期。

⑩ 参见姚宇华：《我国大学与政府关系的嬗变和展望——对新中国成立以来政策文本的分析》，载《高等教育管理》2017 年第 1 期。

于统一的行政管理体制之下”。[⑪] 自改革开放以来,随着社会经济及政治等领域发生的巨大变化,中国在整体上加速了向现代法治的迈进步伐,高等教育领域的法律文件有所增加,教育行政部门也屡以部门规章形式督促大学颁布规范的章程,完善内部治理体系,促进现代大学制度在中国的建立,强调健全科学合理、覆盖全面的制度规范“是中国大学真正走向现代大学治理的必要条件”。[⑫] 作为大学学术权力组织载体的学术委员会建设,在教育行政部门安排下,不仅被纳入现代大学制度建构的工作任务,要求各高校普遍建立,而且还面向高校实际情况,出台了指导性的《高等学校学术委员会规程》,指导各高校普遍建立规范性的学术委员会章程。[⑬] 当然,中国大学作为学术组织,在改革开放后即逐渐地认识到了学术研究功能在大学各种功能中的核心地位,并在国家有关部门及教育行政部门的引导下,建立健全了服务和管理学术研究的内部组织,这其中就包含了学术委员会的建立。但是,各个高校因为对学术研究认识及学术研究在大学中功能与地位的认识不同,各自在相互借鉴基础上自主建立起来的学术委员会在质量及功能上却差异极大,大多数学术委员会的组织体系及运行机制很不规范。[⑭] 教育行政部门站在全国的高度,总结好的经验,推出一个学术委员会的章程范本,在这个情况下,《高等学校学术委员会规程》具有极为重要的实践指导意义,并与有关文件一起,为高校学术委员会作为学术权力载体提供了直接的法理依据。与此同时,国家教育行政部门也积极推进大学内部治理体系的现代化,确立大学内部运行机制的法治化,大学内部治理法治化客观上需要一个法律形式的总体框架,各个大学的《大学章程》则显然缺乏充分的法治权威。在《大学法》缺

---

⑪ 参见李扬:《五十年代的院系调整与社会变迁——院系调整研究之一》,载《开放时代》2004年第5期。

⑫ 缪劲翔:《大学内部治理问题与中国特色现代大学治理体系建设》,载《北京教育(高教)》2017年第3期。

⑬ 《中华人民共和国教育部高等学校学术委员会规程》(中华人民共和国教育部令第35号),载 http://old.moe.gov.cn//publicfiles/business/htmlfiles/moe/s7964/201402/xxgk_163994.html,最后访问日期:2018年4月3日。

⑭ 参见张师伟:《我国大学权力系统中的委员会建设》,载《宝鸡文理学院学报》(社会科学版)2005年第1期。

位的情况下，大学内部治理体系现代化及其所包含的法治化，就仍然只能通过国家教育行政部门的工作安排来落实，这在工作安排上就表现为各个高校根据国家教育行政部门给定的范本，制定规范的《大学章程》，并以《大学章程》作为“现代大学制度规范的总纲”，[⑮]以便为大学内部治理体系现代化提供基本法制轮廓和奠定法治基础。各个高校参照范本制定的大学章程也专门规定了学术委员会的有关事宜，从而也成为高校学术委员会建设的重要法理依据。

学术权力是现代大学构成及运行的核心要素，在依照普通法律或特别的大学法运行的大学体制中，学术权力居于核心的地位，它不仅在学术性事务上有决定权，而且在大学的其他事务上也有相当的影响力，可以说，这样的大学体制确保了学术权力的足够影响力，并因此而确保了大学作为一个学术组织的本质属性，得以充分发挥大学以学术服务社会的功能。这种体制机制中的学术权力通常都拥有相当完整的法理依据与法律支撑，并享有法定权力的权威性及稳定性。中国的法律体系接近大陆法系，在规范大学组织及运行的法律规范上更倾向于采取特别法的形式，即中国的大学并不能依照通常的民事法律规范获得充足的规范性支持，而比较适合制定特别的大学法来系统全面地规范大学的组织与运行。这就是说，中国大学中学术权力建设的充足法理依据及充分法律支撑，更应该是来自大学法的规定。但中国的法律体系中并无大学法的系统内容，《教育法》《高等教育法》《民办教育促进法》等在内容上也并不能比较全面地覆盖大学生活的各个方面。事实上，《教育法》、《高等教育法》及《民办教育促进法》，都是重点规范国家在教育领域的宏观工作内容，而具体规范学校组织运行的内容相当不足。以我国《高等教育法》为例，其核心内容是解决政府与高校、高校与社会的关系问题，重在“通过下放高校审批权限，进一步简政放权，深化我国高等教育体制改革；厘清教育公益性与学校分类管理的关系，为社会参与高等教育清除制度障碍”。这也就导致国家立法在大学生活中的影响力明显不如行政主管部门的法规、章程及各

---

⑮ 参见缪劲翔：《大学内部治理问题与中国特色现代大学治理体系建设》，载《北京教育（高教）》2017年第3期。

种细则的规定。大学中的学术权力并非来自国家立法的授权规定,从而不可能是严格意义上的所谓法定权力,而只能是依赖教育行政部门行政规章的行政权力,即大学的学术权力在法律性质上仍然是一种行政权力,并严重地依赖于行政主管部门的行政规范。法定权力具有充足的权威性及充分的稳定性,而行政权力则具有相当的依附性。一方面,大学的学术权力在法律依据上严重依附于体现行政部门权力意志之规章,如此一来,大学就会随行政部门负责人的更迭、工作重心的转移、管理思路的转变,经历跌宕起伏甚至是生死存亡,从而缺乏稳定性;另一方面,侵犯学术权力不负法律责任而致使学术权力之结果,即使不被尊重也无需付出法律代价,学术权力无能或无用的现象较为普遍,学术权力既缺乏权威也缺乏维系权威的必要法律手段。

虽然大学之学术权力在法源追溯上仍是行政权力性质的,但这是就国家层面而言的。大学之学术权力缺乏真正国家立法的充分保障,并且在权力的权威性与稳定性上也不能与国家法定权力相比,而且在实践中学术权力也确实不能获得司法渠道的救济,它的落实及效用的保证主要还是依赖上级行政权力的督促和大学内部各行政权力之间的协调。各个高校《学术委员会章程》的制定及学术委员会的组建,都是由学校行政权力在上级行政权力的督促下进行的,因为行政权力对上级要求及文件之解读的差异,各个高校学术委员会的实际情况千差万别,存在诸如"功能及定位不清、机构设置及其权责关系不明、委员构成及产生方式单一、工作规则及运行机制不健全等尚需解决的困境"。[16] 无论是上级行政权力的督导,还是大学内部各行政权力的协调,学术权力的可靠保证之一,就是各级教育部门及大学内部有关学术委员会建设的指导性规范文件。教育行政部门的专题性部门规章及大学内部的有关章程,都是高校学术权力所能够获得的主要法规支撑。国家教育行政主管部门有关学术委员会建设的文件,对高校普遍制定学术委员会章程以落实教授治学提出了刚

---

⑯ 杨超、钟倩、赵涵悦:《高校学术委员会制度建设的现实困境及路径选择——基于云南省11所本科院校章程的文本分析》,载《学术探索》2017年第5期。

性要求,[17]是高校学术委员会建设在规章方面的重要支撑。这一方面是因为国家教育行政部门的文件,不仅全面启动了高校的学术委员会建设,而且客观上也为在行政主导下的高校开展学术委员会的建设提供了最强劲的动力;另一方面也是因为国家教育行政部门的章程范本,吸纳了国内高校学术委员会建设的有益经验,提供了高校中实现教授治学的学术委员会建设的一些具体刚性规定。这些规定既在很大程度上保证了教授治学的学术性与必要的规范性,而淡化了教授治学名目之下实质的行政治学色彩,并避免了大学学术权力掌握在行政手中的随意性,也对学术委员会掌握学术权力做出了较为充足的刚性规定,在宏观层面上,提供了大学学术委员会建设的法制框架与运行机制的法治理念,其积极的作用与意义,不言而喻。"《高等学校学术委员会规程》的颁布与施行,开启了大学学术委员会制度的改革,这有助于逐渐打破学术委员会的'附属性'状态,构建大学权力新格局,实现学术民主,防止学术权力的滥用。"[18]地方教育行政主管部门在转发上级文件及章程范本的时候,也出台了相应的地方性规定,对国家教育行政部门给大学学术委员会建设的规程进行了必要的补充,明确了大学学术委员会建设的时间期限、工作节奏及具体目标,为驱动大学学术委员会的规范化建设提供了基于地方规章的可靠动力。比如海南省教育厅的《转发〈高等学校学术委员会规程〉和关于学习宣传、贯彻落实〈高等学校学术委员会规程〉的通知》就要求"各高校高度重视,根据文件精神,结合实际情况,深入开展《规程》的学习宣传、贯彻落实工作,制定或修订本校的学术委员会章程,并于 2014 年 6 月 30 日前以学校公文形式报送学习宣传情况,12 月 19 日前报送学术委员会章程和学术委员会委员名单至我厅备案(须同时发送电子版)"。大学在上级行政部门的指导与督导下,制定了规范化的大学章程,并将之作为大学内部治理的大学宪章。当然,大学章程因为其法治要素的不足,还远不能成功扮演大

---

[17] 湛中乐、王春蕾:《大学治理中的学术委员会制度建设——兼评〈高等学校学术委员会规程〉》,载《北京大学学报》(哲学社会科学版)2016 年第 2 期。

[18] 海南省教育厅《转发〈高等学校学术委员会规程〉和关于学习宣传、贯彻落实〈高等学校学术委员会规程〉的通知》,载 http://xxgk.hainan.gov.cn/hi/HI0108/201403/t20140318_1173539.htm,最后访问日期:2018 年 4 月 3 日。

学宪章的角色。但是它在大学学术委员会建设方面又确实提供了一定的制度化空间,并就本大学之学术委员会的构成、地位、作用、功能等制度建设做了原则性的规章规范,从而也在法规层面直接支撑了大学的学术委员会建设。

## 二、学术权力的功能、地位及关系等的法制规范

随着现代大学制度在我国的逐步建立,大学中的学术权力在大学运行过程中的地位与作用等受到了充分关注,得到了一定重视,并普遍认为不仅要在大学中确立起学术权力的应有地位,而且还要确立学术权力运行的组织框架及机制体制等,以便充分发挥大学应有的学术功能,并使大学在行使大学多种社会功能的时候既更加名副其实,也更加卓有成效,使大学"真正实现从行政权力主导向学术权力主导的转变"。[19] 在单行的专门法律《大学法》对大学的组织体系及运行规范等做出全面规范之前,现代大学中的学术权力还是只能通过各级教育行政主管部门的有关规章确立其法律形式的组织形态及运行机制等,而在教育部颁布的《大学高等学校学术委员会规程》及各省市教育厅或局颁行大学章程执行细则之后,《规程》《细则》及各大学据此而制定的《学术委员会章程》,就成了专门规范大学中学术权力建构及运行的专门规章,扮演着重要的法律规范角色,发挥着支撑和规范学术权力的基础性法律作用。从目前可见的前述规章性文件来看,学术权力大体获得了一个比较完整的规范支持,不仅使学术权力在大学中的应有地位、当然职责等得到了规章的明确支持,支持了学术权力作为大学中行政权力之外的另一种比较独立的权力形态体系,从而发生了学术权力与行政权力彼此之间的权力关系及组织关系,而且学术权力自身如何产生、怎样运行及如何被监督等的环节也在规章中获得了详细的规定,从而使学术权力自身也成了一种规范化了的民主权力和

---

⑲ 彭秀丽:《普通高校学术权力行政化表现及去行政化的实践构想简》,载《黑龙江高教研究》2017年第9期。

法治权力。[20] 尽管这些规范仍然是一种行政规范,但在大学依然具有浓烈行政化色彩的情况下,上级行政部门的要求往往比立法机关制定的专门法律更具有规范的强制影响力。

大学中的学术权力是一种功能权力,它在制度上的出现,不仅使大学中的学术事务获得了一种相对独立的运行体系,并因而使其从行政系统对大学事务的大一统管理中分离出来,而且还使大学中的学术功能日益自觉地凸显起来,大学中的学术事务也因为有了学术权力的组织、运作及自我管理,而日益发达和先进起来了。从某种意义上说,大学中学术事务的自组织和自管理程度,往往也就是学术事务自觉程度及发达程度的显性标志。从这个意义上讲,中国现代大学制度的建立就不能不高度重视学术事务的自组织和自管理建设,就必须要着力于完善大学中的学术权力体系。现有的规程及章程等都在内容上首先明确了学术权力的必要性及其管辖的功能范围,不仅明确要求大学应设立学术权力的机构,而且明确了大学中的哪些事务属于学术事务,要接受学术权力的管辖。《高等学校学术委员会规程》第2条规定,"高等学校应当依法设立学术委员会,健全以学术委员会为核心的学术管理体系与组织架构;并以学术委员会作为校内最高学术机构,统筹行使学术事务的决策、审议、评定和咨询等职权",大学中学术事务的决策、审议、评定和咨询等学术权力不仅获得了独立的功能形态,而且拥有了学术委员会这个独立的组织载体。《高等学校学术委员会规程》第3条规定界定了学术事务的内容范围,明确规定了大学事务中的学科建设、学术评价、学术发展、学风建设和学术管理等属于学术事务,要接受学术权力的组织系统管辖。[21]《高等学校学术委员会规程》还就大学中学术权力的体系建设做出了制度安排,一方面要求学校层面的学术委员会可以根据需求设立分委员会,另一方面则要求各教学和科研的二级单位也要建立学术学术委员会,以确立学术权力的独立形态,保障学术事务能独立自主地展开。

---

⑳ 参见张师伟:《我国大学权力系统中的委员会建设》,载《宝鸡文理学院学报》(社会科学版)2005年第1期。

㉑ 刘泽华等:《专制权力与中国社会》,吉林文史出版社1988年版,引子1~2。

大学中的学术权力划归学术委员会掌握,而学校层面的学术委员会更被赋予了最高学术权力机构的特质,从而既确立了学术权力相对于大学行政权力的独立形态,也划定了大学行政权力不能侵犯的学术权力的范围,并因此保证了学术委员会在大学学术事务上的最高权力和完整权力。高等学校的学术委员会"作为校内最高学术机构,统筹行使学术事务的决策、审议、评定和咨询等职权"。[22] 最高权力是指学术委员会对学术事务的决策、审议、评定在大学内部具有最高性质,其他机构或个人只能,或者依照权利救济程序在学术委员会内部进行复议,复议的结果则具有终审性质,其他权力机构不能在学术委员会之上或之外,对学术委员会的决定予以变更或停止其效力。完整权力就是学术委员会在学术事务上享有的管辖权是一种整体性的权力,其他权力的管辖事务只要涉及了学术事务,就必须要经过学术委员会,即使是行政权力也只有在经过了学术委员会的工作程序之后,才能就涉及学术内容的行政事务做出有效决策。不仅高等学校事务中涉及要对学术水平做出评价的实施事项,应当由学术委员会或者其授权的学术组织进行评定,而且高等学校的"制订与学术事务相关的全局性及重大发展规划和发展战略、预算决算中教学与科研经费的安排和分配及使用、教学及科研重大项目的申报及资金的分配使用、开展中外合作办学及赴境外办学与对外开展重大项目合作"的重大决策,[23]也要提交学术委员会进行咨询。学术委员会在学术事务上的最高管辖权和完整管辖权,一方面保证了学术事务真正由学术权力机构进行管辖,非学术权力机构对学术事务的异己管辖基本被肃清,另一方面保证了学术事务能按照学术的逻辑展开,而不是按照行政权力的异化逻辑展开。为了确保学术委员会权力相对于行政权力的独立性及学术权力的学术性,《高等学校学术委员会规程》对学术委员会中担任行政职务的人员比例进行了限制,即"担任学校及职能部门党政领导职务的委员,不超过委

[22] 刘少雪:《我国近现代大学行政化管理模式的历史探索》,载《清华大学教育研究》2011年第1期。

[23] 张师伟:《我国大学权力系统中的委员会建设》,载《宝鸡文理学院学报》(社会科学版)2005年第1期。

员总人数的1/4”,这个比例实际否决了掌握行政权力的委员在有关事务表决中的同谋否决权,有效地防止了行政权力对学术权力的侵犯。

大学的核心事务是学术事务,但围绕着学术事务之运行又附带地滋生出了更多的非学术事务,两者的关系虽然在功能上很容易进行主次的划分,但行政权力及其行政事务在大学运行中却也扮演着极其重要的角色,现代大学体系已经很难单纯地依靠学术权力进行简单运作。大学体系中的学术权力必须要面对和处理与其他权力的关系,而如何面对和处理大学中学术权力与行政权力的关系,也就成了现代大学制度及现代大学治理体系建构的一个重要方面。《高等学校学术委员会规程》站在完善大学内部治理结构的角度,肯定了学术委员会在大学内部治理体系中的重要地位。这既肯定了学术委员会作为学术权力载体独立行使学术事务管辖权的作用与地位,也要求学术委员会作为学术权力之载体必须要妥善处理好与其他权力机构之间业务关系。所谓业务关系就是发生在学术委员会和有关职能部门之间在学术事务的决策与执行之间的分工关系,这既是因为学术事务的诸多决策需要落实在具体的职能部门,也是因为有关职能部门的决策在涉及学术事务时也不能不与学术委员会发生业务联系。学术委员会和各有关职能部门在业务上各司其职、关系顺畅、流程衔接,这是现代大学内部治理结构优化在学术事务管理方面的重要体现,而这种体现又是学术委员会作为学术权力妥善处理与其他部门之间业务关系的结果。学术委员会处理好了与其他职能部门的关系,就具有了行使最高学术权力的组织条件和完整能力,就可以在学术权力的当为处积极作为,从而履行好自己的职能,优化大学内部治理体系,提升大学的学术活力,促进大学的功能输出,增加大学的社会效益。

## 三、学术权力运行过程及监督制约中的法治保障

现代大学中的学术权力通常以委员会的组织形式来承载,这本身就体现了大学内部治理对民主与法治的根本要求。《高等学校学术委员会

规程》对大学内部学术权力载体的学术委员会设定了一个比较完整的民主与法治的框架,既比较完整地规范了学术委员会产生的程序正义,也比较完善地规范了学术委员会运行的机制体制及基本规则,还比较完善地规范了学术委员会权力运行中的必要监督与制约,甚至也比较完善地规范了学术委员会运行中的申诉、调查、仲裁及权利救济等环节。学术委员会是大学中的最高学术权力评议与决策机构,它的产生既要体现大学内部治理体系民主化的要求,也要体现大学内部治理法治化的要求,更要体现大学所要率先垂范给社会的程序正义等。为此,大学中学术委员会的产生及运行等就必须首先要体现民主、法治及正义的基本精神。从实质正义的角度来看,学术委员会的实质正义,首先是在结构上的平衡,既有学科结构的平衡,也有专业结构的平衡,还有年龄结构的平衡,大学的“学术委员会一般应当由学校不同学科、专业的教授及具有正高级以上专业技术职务的人员组成,并应当有一定比例的青年教师”;㉔其次,学术委员会的实质正义还体现在委员产生的民主路径上,“学术委员会委员的产生,应当经自下而上的民主推荐、公开公正的遴选等方式产生候选人,由民主选举等程序确定,充分反映基层学术组织和广大教师的意见”。㉕学术委员会的形式正义则主要表现为一套法治的程序,它的集中表现就是各个大学的《学术委员会章程》。《学术委员会章程》不仅在程序上基本满足了大学中学术权力运行对法治之有法可依、有法必依的要求,而且也在程序上提供了执法必严和违法必究的保障,并通过权利救济的程序,提供了法治运行中的纠错机制,从而比较完全地满足了大学学术权力法治的基本程序要求,有利于确立学术权力管理学术事务的现代大学体制。

各个大学的学术委员会章程虽然有一定的具体差异,但在教育部颁布《高等学校学术委员会规程》之后,不同大学的学术委员会章程在细节的具体规定上虽仍不免有差异,但实质的程序性环节及各个环节的主要

---

㉔ 缪劲翔:《大学内部治理问题与中国特色现代大学治理体系建设》,载《北京教育(高教)》2017年第3期。

㉕ 杨超、钟倩、赵涵悦:《高校学术委员会制度建设的现实困境及路径选择——基于云南省11所本科院校章程的文本分析》,载《学术探索》2017年第5期。

内容则基本是大同小异。不仅就学术委员会的产生程序和组织结构而言,《高等学校学术委员会规程》做出的诸多程序性规定已经基本能满足学术委员会产生及组织建设的需要,而且就学术委员会的职责内容及其与其他职能部门的关系而言,《高等学校学术委员会规程》的规定也非常详细明确,达到了职能与职责的法定要求,能够满足学术委员会履行职责对职权法定的法治要求。学术委员会的表决程序及原则、规则等也基本能够满足学术委员会进行审议、评定等事项的基本要求,从而保证了在程序及结果上能够较多且较好地实现学术事务中的正义。《高等学校学术委员会规程》作为一个普遍的指导性法律文件,它为各个大学提供了学术委员会章程制定的一些最重要内容,并以此实质性地推动大学中学术权力机构的普遍建立和教授治学机制的全面落实,以此解决大学中因教育行政化而普遍存在内部治理结构失衡问题。所谓大学内部治理结构失衡,或者表现为行政权力支配学术权力的学术权力弱化或虚化,或者表现为行政权力和学术权力之间的关系紧张。《高等学校学术委员会规程》的颁布在一定程度上直接支持了大学中学术权力的组织建设、制度建设和功能建设,提升了学术权力的地位,平衡了大学内部的治理结构,淡化了行政权力对学术事务的异化,㉖有力推进了中国现代大学制度的建立工作,加速了大学内部治理体系与治理能力现代化的进程。

虽然如此,《高等学校学术委员会规程》仍然给各个大学学术委员会的产生及运行等留下了太多的自主空间,留下了一些程序性的漏洞。这些程序性漏洞在治理能力及法治意识较强的大学可以通过自主的制度建构等进行弥补,从而充分地实现学术权力的民主、法治和正义及效率等,但在行政权力明显强势且法治意识不强的大学,则无疑提供了行政权力架空和驾驭学术权力的余地与空间,不仅致使行政权力继续强势,学术权力名不副实,而且使学术事务的决策、评定及决定等继续保持着行政权力主导的惯性。《高等学校学术委员会规程》在程序规范上尚有进一步充实完善的必要,否则学术权力就很难获得名副其实发挥作用所需要的充足

㉖ 参见彭秀丽:《普通高校学术权力行政化表现及去行政化的实践构想简》,载《黑龙江高教研究》2017 年第 9 期。

法治保障。这一方面是因为学术委员会通常只是负责学术事务的决策、评价等,而并不负责具体学术事务的执行,当具体职能部门的政策制定或执行涉及学术事务的评价、审议等内容时,具体职能部门通常都会因相关程序不健全而侵犯甚至是架空和剥夺了学术委员会的学术评价与审议权。我国"高校学术机构的组成,基本上是行政权力主导,高校学术机构的决策在很大程度上体现着行政意志,行政权力严重制约着学术权力的正常发挥"。[27] 另一方面则是因为大学中的绝大多数学术事务运行是由具体的职能部门提出动议,而职能部门也通常都会在学术事务管理的动议中提出完整的措施与建议,学术委员会在进行学术事务的评定和审议时,往往只能对职能部门的措施与建议进行同意与否的态度表达,而本应该在这个环节进行的学术评定和审议,则在具体职能部门进行措施与建议制定时就已经进行过了。[28] 就此而论,学术权力还必须要有对抗行政权力侵权的规范,无论是学校层面的行政权力,还是具体职能部门的行政权力,都必须要尊重和维护学术委员会的学术权力。学术委员会评定和审议其权限范围内的事项,不得未经学术委员会审议或评定而由行政权力直接决策,学术委员会应在程序上对职能部门提交学术委员会审议和评定等行为进行必要规范,以限制行政权力对学术权力的惯性侵权。

学术委员会作为大学的最高学术权力机构,其民主的精神及法治的程序在《高等学校学术委员会规程》已经有了明确的规定,这些规定为学术委员会在组织机制上的民主化和运行机制上的法治化提供了重要的法律保障。这些规定在校级行政领导不担任学术委员会委员的情况下,还比较能够体现学术委员会的学术权力性质,但在校级领导担任学术委员会委员的情况下,学术委员会在运行过程和议事规则等方面的程序缺位,就会将学术委员会的学术权力异化为行政权力。"在中国现实的官本位体制下,位于上端的行政权力极度膨胀,基层学术权力明显式微,大学学

[27] 张师伟:《我国大学权力系统中的委员会建设》,载《宝鸡文理学院学报》(社会科学版)2005年第1期。

[28] 参见谢凌凌:《大学学术权力行政化及其治理——基于权力要素的视角》,载《高等教育研究》2015年第3期。

术机构的设置以及学术活动都带有强烈的官僚主义烙印，使得学术权力‘行政化’的异化趋向日渐凸显。”㉙学术委员会运行的程序及规则等还需要进一步完善，以达到即使是校级主要领导担任了学术委员会委员乃至是担任了学术委员会的主任或副主任委员，学术委员会还是可以按照学术权力的逻辑与要求正常运行，而完全消除学术委员会之学术权力被行政权力异化的不良结果。从学术民主及教授治学的要求来看，学术委员会的委员构成以不包括学校行政领导为最佳。无论是校级行政领导，还是职能部门的行政领导，抑或是二级学院的行政领导，都担负有行政职责，他们不可避免地会将行政立场带入学术审议与评定中，特别是涉及学术事务较多的主要职能部门的行政领导担任学术委员会委员，在涉及本部门业务的审议和评定时，他们往往具有较强烈的话语欲望，并在结果上造成学术委员会为某部门背书的嫌疑。比如在高校的学术评审中，学术委员会的结论往往成了行政决策及行政评审结果合理化的程序妆点。这既有违学术审议与评定的公平原则，也不利于学术委员会运行过程的非行政化特征。从完善议事规则的角度来看，学术委员会的评议和审定的表决方式还需要有进一步完善的程序规范，既要规定不同重要程度事项的表决条件，如出席会议的委员人数、表决通过的票数比例要求等，也要明确表决的票决方式，不得以举手代替票决，还要规范评议环节的必要程序，如评议主持人不能率先作评议发言，评议内容涉及的部门行政领导不得进行评议发言等。

㉙ 张师伟：《评审的正义：大学竞争性学术评审的程序与结果拷问》，载《甘肃理论研究》2016 年第 6 期。

# The Legal Basis and Legal System of Academic Power and Its Procedure of the Rule of Law in Colleges and Universities

*Zhang Shiwei*

**Abstract**: The modern university system is a complex system in any country. It has both a full legal basis and certain legal system and rule-of-law procedure. As an important part of the modern university system, the academic power should play an important role in the universality of modern universities. It is necessary to obtain sufficient legal basis not only to establish the status, role and function of academic power in the modern university, but also to provide people a kind of recognition and respect of university academic power from the perspective of law. The academic power in universities should not only properly handle the relationship with other types of power, establish its reasonable position in the modern university system, but also must comply with the rules and norms in its practical operation. It requires academic power of modern universities must have a complete set of normative system and the corresponding forms, procedures and other elements of the rule of law.

**Key Words**: academic committee  academic power in colleges and universities  legal basis  legal system  rule of law

# 美国校园欺凌治理与预防的法律透视*

祁占勇　闵怡博**

**摘　要**:美国校园欺凌事件的频发及其带来的严重影响使美国各州开始关注校园欺凌事件并颁布反欺凌法来预防和治理校园欺凌。尽管各州的反欺凌法律具体内容不尽相同,但是其在治理与预防方面存在很大的共通性。从法律角度来看,美国校园欺凌治理与预防的内容主要包括精准界定校园欺凌的法律内涵、体现程序正义的法律治理精神、实施宽严相济的法治方式、保障校园欺凌预防经费的投入等方面。当前我国校园欺凌的法治之治还存在诸多问题,需要从规范和界定校园欺凌的概念、建立有效的报告与调查处理机制、制定明确的校园欺凌处罚制度、丰富校园欺凌干预与预防措施、完善校园欺凌的法律赔偿和救济制度等方面不断改进与健全,以期建构具有中国特色的纵横交错的校园欺

* 基金项目:本文系教育部人文社会科学研究青年基金项目"中小学校园欺凌治理的国际借鉴与本土探索"(项目批准号:17YJC880107)的阶段性研究成果。

** 祁占勇,陕西师范大学教育学院教授,博士生导师,研究方向:教育政策与法律的研究与教学;闵怡博,陕西师范大学教育学院教育经济与管理硕士研究生,研究方向:教育政策与法律研究。

凌法律体系。

**关键词**:美国　校园欺凌　治理　预防

在校园欺凌事件中,"欺凌"一词是指学生对心理或身体较弱的同伴进行有意和重复性的侵略行为。① 1999年美国哥伦比亚高中的枪击事件是许多暴力行为中的一起,欺凌作为这一事件的根本原因引发了州立法机构内部新立法行动的浪潮,目的是遏制校园欺凌行为的发生以及减轻校园欺凌带来的恶劣影响。② 美国教育部2011年的研究调查显示,约有28%的12~18岁学生在校园期间曾遭受不同程度和不同形式的欺凌。欺凌已经成为引发抑郁症、自杀以及情绪和心理疾病的主要隐患。从1999年开始,美国以州为主导出台了一系列新的立法,制定禁止欺凌行为的地区政策。截至2012年1月,美国共有48个州颁布了有关防范欺凌的法律。2015年年底,50个州和哥伦比亚特区均颁布了反欺凌法。③ 奥巴马政府时期曾在公立学校开展了一场高级别的反欺凌运动的白宫会议,创建了白宫反欺凌网站(stop bullying. gov),并发布新的监管指导意见。事实上,该运动的行政核心聚焦于2010年10月26日美国教育部民权办公室发布的新的联邦欺凌政策,新政策建立了有关骚扰的法律标准,将同性恋、双性恋和跨性别的学生视为受保护的少数群体以及禁止基于种族或民族出身的歧视等开创性政策并且开创性地制定了禁止基于种族或民族出身歧视的政策。④ 总体来看,美国校园欺凌治理与预防的内容主要包括丰富的校园欺凌内涵、严格的校园欺凌报告制度、公正的校园欺凌调查程序、适切的校园欺凌纪律惩戒、明确的校园欺

---

① See Izabela Zych et al. ," Scientific research on bullying and cyberbullying: Where have we been and where are we going", *Aggression and Violent Behavior* 24,2015,pp. 188 – 201.

② "U. S. Education Department Releases Analysis of State Bullying Laws and Policies", *Child Law Practice.* ,1,2012,pp. 11 – 19.

③ See Marizen Ramirez," Public Health Law Research: Making the Case for Laws that Improve Health,Knowledge Asset",( paper represented at the Anti-bullying Laws: A Blueprint for Prevention,2015) p. 7.

④ See Kenneth L. Marcus,"Bullying as a Civil Rights Violation: The U. S. Department of Education's Approach to Harassment", *Civil Rights*2,2011,pp. 178 – 188.

凌犯罪行为、多样的校园欺凌事后干预、积极的校园欺凌预防教育、必要的校园欺凌资金补偿等方面。

## 一、内涵精准:美国校园欺凌法律界定的要义

在美国,传统上将欺凌定义为:欺凌者有目的地对被欺凌者实施的一种重复性的、对被欺凌者身心造成伤害的攻击行为,其中涉及二者权力的不平衡。⑤ 近年来,美国的校园欺凌内涵不断丰富,具体来讲,主要体现在三个方面。

一是将欺凌看作一种"重复模式",美国卫生及公共服务部在其网站上采用了类似的欺凌定义,认为欺凌是"不必要的、侵略性的行为",涉及真实的或感知上的权力不平衡,是"已重复或随着时间的推移可能会重复的行为"。⑥ 简而言之,欺凌是一个孩子(或群体)施加于另一个孩子的侵害行为,包括多次的羞辱、恐吓或孤立孩子等形式。美国有 8 个州将欺凌看作一种重复的、系统的、持续产生的行为。⑦ 例如,阿拉巴马州将欺凌定义为"骚扰、故意行为的连续模式";马萨诸塞州将"欺凌"定义为以肢体行为和书面、口头或电子等言语行为对其他学生造成身心伤害的活动。在佛罗里达州,"欺凌"是指系统地、长期地对一名或多名学生造成身体伤害或心理困扰的行为。5 个州将欺凌看作严重、持久且普遍的行为。如加利福尼亚州和伊利诺伊州将"欺凌"定义为严重的和普遍的身体或言语攻击行为;堪萨斯州和路易斯安那州将"欺凌"定义为任何故意以书面、口头、电子或身体行为持续、普遍恐吓、威胁学生,严重阻碍学生健康成长,

---

⑤ See Victoria Stuart-Cassel et al. , Analysis of State Bullying Laws and Policies, ( paper represented at the U. S. Department of Education, 2011 ) p. 19.

⑥ See Stopbullying. gov, " What Is Bullying", http://www. stopbullying. gov/what-is-bullying/definition/index. html, January 23, 2018.

⑦ Daniel B. Weddle, " Bullying in Schools: The Disconnect Between Empirical Research and Constitutional", ( paper represented at the Statutory, and Tort Duties to Supervise, 2004 ) pp. 641 - 645.

污染教育环境。

二是将欺凌看作一种意图伤害的行为,强调了欺凌行为中侵害者的意图或者动机,其行为不属于正常的沟通交流,而是带有欺辱欺压性质的活动。其中16个州将欺凌定义为仅包含旨在侵害他人的行为。例如,阿拉斯加州将欺凌定义为"骚扰、恐吓",是指为了威胁、骚扰或恐吓学生而有意采取的书面、口头或身体行为;阿肯色州将欺凌定义为一名学生对另一名学生的故意骚扰、恐吓、欺辱、嘲笑、诽谤、威胁或暴力的行为;格鲁吉亚州将这种意图伤害的欺凌分成三种情况:(1)任何故意企图或者威胁从而造成对他人的伤害;(2)任何有意展示其武力的行为,并且受害者有理由担心或推断自身身体会受到直接伤害;(3)能够构成意图威胁、骚扰或恐吓的任何有意的书面、口头或身体上的行为。这种对欺凌的定义,着眼于欺凌行为的伤害意图及构成的伤害结果。7个州将欺凌定义为仅包含"理智的"人能够判断出自己的行为会对他人产生身心损害。⑧ 即在产生欺凌行为前,欺凌者了解自己的行为会对被欺凌者构成威胁和伤害,知道会对受害学生造成身心伤害或财产损失,使受害学生对自身生命和财产感到害怕和担忧,也就是说,欺凌者完全可以预想到欺凌的后果。例如,加利福尼亚州在欺凌的定义中明确指出,欺凌是指一名或多名学生已经或者可以合理地预测到该侵略行为会对他人造成不良影响。这些不良影响主要体现为受害者所遭受伤害的性质和程度,比如对学生人身或财产造成伤害;对身心健康造成严重的不利影响;对学习成绩造成实质性的干扰;干涉学生参与学校提供的服务活动等。

三是将"欺凌"看作欺凌者与受害者之间的权力不平衡。得克萨斯州在界定欺凌时强调欺凌行为与权力不平衡这一因素相关,将欺凌描述为一种恃强凌弱的行为,即欺凌者通过书面、口头表达或身体行为的方式,利用自身与被欺凌者之间的权力不平衡而产生的行为。这种定义,认识到权力的差异或不平衡在欺凌行为中所起的作用。特拉华州和新罕布什

---

⑧ See Dena T. Sacco et al. "An Overview of State Anti-Bullying Legislation and Other Related Laws"(paper represented at the The Kinder & Braver World Project: Research Series, 2, 2012).

尔州也认为欺凌来自于双方之间权力的差异或者不平衡。尽管马萨诸塞州没有在反欺凌法中对欺凌做出相关定义，但是却认识到承认权力的差异对预防欺凌行为有着很重要的作用。

除了对欺凌的概念界定，美国的38个州在各自的反欺凌法律中对网络欺凌也进行了相关定义，并提供了一系列的预防措施。其中6个州对网络欺凌进行了更具体的阐述。例如，爱达荷州将网络欺凌定义为通过使用无线电话或通过计算机、计算机系统、计算机网络数据或计算机软件实施的骚扰、恐吓或欺凌行为。[⑨]

## 二、程序正义：美国校园欺凌法律治理的精神

### （一）实行严格的校园欺凌报告制度

根据美国联邦教育部的规定，有关欺凌方面的立法特别强调对欺凌行为进行严格管制，具体内容涉及对欺凌事件的举报以及采取相应的纪律惩戒。美国17个州要求相关工作人员报告他们目睹或者了解的欺凌事件的经过和细节。其中阿拉斯加州、罗得岛州和南卡罗来纳州将学生也纳入报告主体中，认为学生有责任对其目睹和所了解的欺凌事件进行详细报告。报告的形式包括匿名举报和执法情况汇报。其中11个州在学校程序中明确鼓励和规定了匿名举报欺凌事件的具体流程。有9个州要求学校行政人员在欺凌行为恶劣构成犯罪时应向当地执法机关报告欺凌事件。[⑩]

康涅狄格州规定，学校的校长或者相关事件调查指定人员认定欺凌事件中的欺侮行为已经严重构成犯罪行为时，应当及时通知当地的执法机构。佛罗里达州要求学区政策中关于报告欺凌事件的程序应该包括允许匿名举报相关欺凌行为。阿拉斯加州规定，欺凌政策必须包含将校园

---

⑨ Stopbullying. gov, http: www. stopbullying. gov, January 23, 2018.

⑩ See Child Welfare Info. Gateway. U. S. Dep' top Health and Human Servs. "Mandatory Reporters of Child A Buse and Neglect: Summary of State Laws", http://www. childwelfare. gov/systemwide/laws_policies/, January 24, 2018.

恶劣欺凌事件及时报告给当地执法当局。肯塔基州规定,如果学校校长或指定人员认为欺凌事件的性质已经达到对肇事者进行刑事指控的标准时,应及时通知当地的执法机构,并且在48小时内向执法机构或美国肯塔基州县法官提交原始的书面报告。马萨诸塞州对向执法机关报告后的事后防御工作也做了相关规定,即应该在报告后及时通知受害学生和欺凌者的父母或者监护人,以防二次欺凌和报复行为的发生。

倘若地区的学校和教育委员会对学生遭受的欺凌行为漠不关心,受欺凌的学生可能会起诉他们的学区,因为这种行为会严重损害受害者获得学校提供的平等、有益的教育机会的权利。比如在戴维斯诉门罗县教育委员会案(1999年)中,一名叫戴维斯的学生起诉当地门罗县校董事会,原因是当地学校董事会未对校园欺凌事件做出及时回应。在整个学年,她忍受了一个同学不断的身体和语言的骚扰。戴维斯和她的母亲多次向学校的老师和校长抱怨,但学校没有采取任何行动来阻止骚扰,使骚扰一直没有结束,直到犯罪的同学被指控并承认其犯罪行为。⑪

**(二)公正的校园欺凌调查程序**

美国特勤局和美国教育部制定了六项校园欺凌事件处理的原则。具体包括在调查欺凌事件前,首先对事件进行评估,包括被指控的欺凌行为、欺凌事件的完整背景、欺凌发生时的详细经过、欺凌学生的意图和行为以及受欺凌学生的反应等。这些评估将有助于认定欺凌行为的性质。另外,调查欺凌事件的学校当局必须立即采取行动,收集可靠的证据,对有关事实进行及时验证。需要强调的是,整个过程必须保证公平公正,要依靠事实而不是陈述,并且要多方面收集信息,保证信息来源的多样性,结论也必须符合客观的事实和行为。⑫ 调查结果显示,共有32个州明确要求、3个州鼓励并规定各自的学区在其制定的欺凌政策中将调查程序

---

⑪ See Scott C. L. and Nabong M. Davis v. "Monroe County Board of Education", *J Am Acad Psychiatry Law*. 3, 2000, pp. 651 – 665.

⑫ "Threat Assessment in Schools: A Guide to Managing Threatening Situations and to Creating Safe School Climates", (paper represented at the United States Secret Service and United States Department of Education, 2002) p. 101.

纳入其中。[13]

亚利桑那州的反欺凌政策规定中,学区理事会应尽的职责包括制定并执行政策和程序、禁止学生骚扰、恐吓和欺凌其他学生。具体的程序包括学校职员对涉嫌骚扰、恐吓或欺凌事件进行调查的正式程序以及通知事件的受害者配合完成调查和处理调查的程序。阿肯色州政策规定,学校的校长或者指定人员接到可靠的欺凌报告或者投诉后,应及时调查投诉或者举报事件,并及时、客观、准确地记录调查过程和调查结果。康涅狄格州政策规定每个地区的教育委员会都应该制定并且实施学校整体安全计划,目的是解决学校存在的欺凌问题。该计划要求学校的安全专家对所有欺凌举报进行及时监督或调查,并保证调查的时效性和准确性。

最具代表性的是新泽西州,新泽西州反欺凌法中规定欺凌事件的调查程序包括以下几个方面,首先,学校校长或者助理自收到有关欺凌事件的报告之日起,需在反欺凌专家的领导下,组成调查小组,在 1 个工作日之内开始并在 10 个工作日内完成调查程序。调查小组除原有的反欺凌专家外,还可以根据需要增加其他非专家人员协助调查欺凌事件,这些人员由校长授权任命。在规定的时间内调查结束后,调查小组成员应立即将相关调查报告汇总,并且于 2 个工作日之内报送至督学。其次,督学在收到报告后,应根据该欺凌事件的实际情况决定干预的方式和途径,并且提供专业系统的配套项目来解决和预防欺凌事件的再次发生。督学还拥有权力采取或者建议学校采取适当的措施来加强纪律,或者提供相关咨询。最后,该事件相关调查报告需同督学采取或者建议采取的措施一起在学区教育委员会的例会召开之前提交至当地学区教育局。之后,学生的家长有权在 5 日内了解事件的真相、相关证据和具体细节等相关调查情况。家长有权要求学区委员会召开事件的听证会并提出相应申请,听证会召开的时间需在申请后的 10 日内进行。学区教育委员会的职责还包括对学校提交的报告和附带督学的建议进行研究,并最终做出书面决定,将是否同意、反对或者修改处理意见进行及时反馈。该反欺凌法的程

---

[13] “Bully Police USA”,http://bullypolice.org/.,January 24,2018.

序内涵上适用于任何触及和侵害学生在校利益或者对学校管理和教学秩序进行破坏的一切欺凌行为,空间上适用于包括校园在内的其他地点,例如发生在校车内,学校拥有和使用的交通工具内及互联网上的欺凌行为。[14]

## 三、宽严相济:美国校园欺凌法治方式的关键

### (一)恰当的校园欺凌纪律惩戒

对校园欺凌事件进行评估调查后,当地学区或者学校需要予以回应,根据欺凌事件性质的不同采取恰当的处理惩戒方式。第六巡回法院审理帕特森诉哈德森地区学校的判决中,原告声称他们的儿子DP从六年级到九年级,经历了三年的骚扰。在六年级时,许多同学每天都嘲笑他、推他,给他起了"酷儿""柴""猪"等名字。将这件事情告知给学校后,当事人却被告知这在中学是很正常的事情。随后的几年里,这些同学对DP的欺凌并没有停止,DP的父母多次向教师和校长报告骚扰事件,但最终DP被认为有情绪障碍而被迫进入特殊教育阶段。在九年级时,DP重新接受了普通教育,然而同学对他的欺凌并没有结束,反而开始变本加厉,骚扰也逐渐升级,从言语攻击、人格侮辱上升至行动方面的欺凌。尽管学区多年来一直针对DP的骚扰做出回应,但主要方式是对已知的肇事者进行口头谴责。这些谴责通常阻止了部分学生的骚扰,但并没有阻止其他学生的骚扰,没有真正起到对欺凌者的惩戒和威慑作用,难以真正解决欺凌问题。该案件通过多次的推翻审理后,帕特森法庭推断,即使学区采取了一些行动来应对已知的骚扰,但假若处理方式不当,骚扰可能会仍然存在,陪审团会认真考虑学区是否应当为故意冷漠行事的态度和方法而承担责任的问题。

一些州明确规定将纪律惩戒作为实施欺凌行为的后果,并将这些纪律后果在欺凌政策的相应条款中做了具体的规定。阿拉斯加州要求欺凌

[14] "New Jersey Anti-Bullying Bill of Rights Act", https://en.wikipedia.org/wiki/New_Jersey_Anti-Bullying_Bill_of_Rights_Act, January 26, 2018.

政策必须包括适当的惩罚，比如进行驱逐或者交由执法机构处理。科罗拉多州规定每个学区的惩戒都应包括对那些欺负其他学生以及对学生采取报复行动的学生，采取相应的惩罚措施，其后果应当符合所有适用的州和联邦法律。格鲁吉亚州规定学生在一个学年内进行三次欺凌犯罪后需强制转入另一所学校。爱达荷州规定，任何地区的负责人或者当地的校长有权对因欺凌、骚扰、暴力恐吓他人而破坏学校良好的教学秩序及教学效果的学生采取停课的纪律处分。

值得注意的是，在一些州的政策中，纪律惩戒往往根据学生年龄的不同而有所区别，即进行惩戒处罚的策略要适当。乔治亚州规定，纪律惩戒措施应考虑欺凌影响的年龄范围，包括最低限度和最高限度，在限制的范围内，在适当的情况下进行纪律处分。如果学生被发现实施了规定中涉及的暴力行为，则应受相应的惩罚。另外，“适当”的策略不仅仅只是惩罚措施的适当，还包括参与人员的适当。

在对待残疾学生问题上，阿拉巴马州、新泽西州、俄克拉荷马州、宾夕法尼亚州、得克萨斯州和弗吉尼亚州6个州特别认识到，参与欺凌事件的残疾学生的惩处必须符合适用的特殊教育法律。⑮

**（二）明确校园欺凌的犯罪行为**

结合历史的演进和各州的发展情况来看，美国青少年欺凌事件的治理管辖权大多数还是以学校为主体。但是，一些州的立法和政策也逐渐在强调和扩大执法部门和刑事司法系统在校园欺凌事件中的作用。在各州对校园欺凌事件进行立法时，越来越多的州将欺凌条款引入该州的犯罪和青少年司法规范体系中，即将最严重的校园欺凌行为视为犯罪行为，将该行为的处理交由刑事司法系统进行。越来越多的州已经将欺凌行为规定为刑事犯罪，即在刑法中引入对青少年欺凌行为实施刑事制裁的法令，并要求必须在教育法规或欺凌法案中被引用。⑯

---

⑮ Jonathan Young et al. , “ Nat ’ L Council on Disability, Bullying and Students with Disabilities. ” http://www. ncd. gov/publications/2011/March 9 2011. January 26,2018.

⑯ Victoria Stuart-Cassel, “ M. P. P. A. Ariana Bell J. Fred Springer. Analysis of State Bullying Laws and Policies”, (paper represented at the U. S. Department of Education, 2011) p. 19.

在肯塔基州,骚扰被定性为犯罪,认为骚扰是一种侵犯,并根据骚扰程度的不同对其进行了等级划分。[17] 肯塔基州的法律规定,故意和恶意地在一段时间内对某个人进行一系列的行为,包括严重警告或刺激的行为,导致一个理性人遭受了巨大的情感压力,其实施的威胁意图已经对受害者构成巨大精神痛苦或身体伤害,应当处罚在州立监狱监禁不超过 5 年或罚款不超过 1000 美元。在被定罪为跟踪罪后,犯罪者应被处以 2 年以上 10 年以下的的徒刑。肯塔基州还对被判处监禁、强制监禁人的缓刑假释资格做了具体规定,并且要求对违反规定的人所判处的刑罚,不得低于法律规定的强制性最低刑期。

阿拉斯加州的反欺凌政策规定每个学区都应采取一项政策来禁止对学生进行骚扰、恐吓或欺凌。明确要求要与刑事骚扰法规结合,制定适当的惩罚计划。刑事骚扰法规中规定"如果某人故意骚扰或欺凌另一个人,他将犯骚扰罪",具体行为包括进行淫秽电子通讯传播,威胁他人并造成他人身体伤害或者恶意性接触;出版或分发电子及印刷的照片、图片或电影以显示对方的生殖器或女性的乳房;未经他人许可恶意传播他人私生活视频等。这些行为都被认定为是 B 类轻罪。[18]

密苏里州对骚扰做了严格的定义,即故意威胁,使他人感到害怕、不安或引起情绪困扰;或与他人沟通时,故意用粗俗的语言冒犯;或通过匿名拨打电话或任何电子通讯的方式,故意惊吓、恐吓他人;或故意向他人重复不必要的沟通等都被定义为骚扰。骚扰被认定为是一种轻罪。同时该政策也对"行为过程"及"构成的威胁"做了定义和定性。

爱达荷州创建了学生骚扰、恐吓或欺凌构成的犯罪条款;路易斯安那州和北卡罗来纳州创建了网络欺凌相关的犯罪项;马萨诸塞州修改了包括跟踪、骚扰、恐吓证人、陪审员和提供资料的人在内的罪行;内华达州修改了可能导致学生人身伤害或死亡的欺凌犯罪条款。

---

⑰ "Criminal statute: Harassing communications", http://www.lrc.ky.gov/record/11rs/hb370.htm, January 25, 2018.

⑱ "Criminal harassment statute", http://www.touchngo.com/lglcntr/akstats/Statutes/Title11/Chapter61/Section120.htm, January 26, 2018.

当前,一些州在各自欺凌法中已正式将网络欺凌定义为犯罪行为,并制定了罚款甚至监禁等刑事制裁的处罚内容。还有一些州并没有通过制定法律来认定欺凌刑事犯罪,而是选择直接指控的方式,让学校来处理欺凌事件,这主要涉及学校对学生管理的权力和责任问题。⑲

## 四、注重过程:美国校园欺凌法治思维的根本

### (一)注重多样的校园欺凌事后干预

美国各州法律中要求并鼓励对受欺凌者提供和推荐咨询或其他支持服务,并把这一政策作为应对欺凌事件的一项措施。但各州在具体内容上存在差异。亚利桑那州仅为受欺凌者提供咨询服务;路易斯安那州、俄克拉荷马州和乔治亚州仅为欺凌者提供咨询服务;加利福尼亚、康涅狄格、佛罗里达、马萨诸塞、新罕布什尔、新泽西和罗德岛为欺凌者和受害者均提供咨询服务;马里兰州和得克萨斯州在此基础上增加了对涉及欺凌事件的所有目击者提供咨询服务;但是纽约州、田纳西州和宾夕法尼亚州对哪些学生应该提供咨询服务或支持服务持模棱两可的态度。通常来讲,对校园欺凌干预的方式包括提供心理咨询、支持和保护等措施。

第一,提供心理咨询。康涅狄格州和佛罗里达州要求每个地方和区域教育委员会应制定并实施一项安全的学校氛围计划以解决校园欺凌的问题。该计划包含对个案的干预措施以解决反复发生的针对个体的欺凌事件,或同一个人反复实施欺凌的事件。其干预措施主要是对欺凌者和受害者提供心理咨询服务。通过咨询服务来矫正欺凌者的行为并使其态度转变,这对了解欺凌行为发生的根本原因等方面都有积极影响,能够有效地预防欺凌事件的恶化和再次发生。提供心理咨询不仅能够对欺凌者进行积极的疏导和指引,还能够使受害者的心理创伤得到治疗,有利于其

---

⑲ Sameer Hinduja, " Justin W. Patchin. Cyber bullying Legislation and Case Law Implications for School Policy and Practice", ( paper represented at the Cyber bullying Research Center, 2015 ) p. 1.

心理重建。

马里兰州州委员会在与当地学校系统进行协商后制定了一项示范政策,以禁止在学校中进行欺凌、骚扰或恐吓行为的发生。该政策包括对校园欺凌事件中欺凌者、受害者以及参与该事件的所有旁观者提供支持服务,建立综合学校咨询服务和心理健康计划。得克萨斯州为受欺凌或欺凌他人的学生提供了各类可供选择的咨询选项,以满足个体心理差异、年龄差异、身体差异以及需求差异的需要,同时也鼓励提供除咨询服务以外的其他支持服务。

第二,提供支持和保护。支持和保护主要针对的是受害学生及其家庭,包括资金补偿、法律援助等。亚利桑那州明确指出,在每一学年开始时,学校官员应以书面文件方式向所有学生提供保护和支持服务。加利福尼亚州规定,学校管理人员应当每年在其互联网站上提供并更新全州每个学区组织资源的列表,包括社区组织、学校组织等,为遭受学校歧视、骚扰、恐吓或欺凌的青少年及其家庭提供支持。路易斯安那州的规定则更为具体详细,该州建立了家庭服务计划,目的是让家庭成员对受伤害的学生及时做出反应并且通过法庭干预学生家庭的生活,通过适当的支持服务来改变和纠正家庭提供给学生的功能障碍问题。为了确保法院干预的有效性,该州法律明确确认了参与家庭有责任获得所有公共机构的合作和协调,并有责任向法院提供信息。家庭服务计划对所有家庭成员和服务提供者均具有法定约束力,并通过判决和强制执行判决来保护家庭的完整性。

**(二)积极的校园欺凌预防教育**

第一,对学生开展教育。一些州已经开始试图以法律形式对学生开展教育和预防计划来治理欺凌。[20] 在内布拉斯加州,每个学区应开发并且对所有学生宣传预防欺凌和教育的政策。印第安纳州的学校管理机构实施的纪律规则中包括了有关欺凌教育、家长参与、报告、调查和干预的规定。堪萨斯州规定,每个学区教育委员会应当采取和实施一个计划来解

---

⑳ Victoria Stuart-Cassel, et al., "Analysis of State Bullying Laws and Policies", (paper represented at the U. S. Department of Education, EMT Associates, 2016) p. 95.

决学校中的欺凌事件,该计划包括对工作人员和学生的培训和教育。阿拉斯加州规定,预防政策和相关培训材料应该包括在地区政策中。培训材料可以通过各种方式传播,包括讲习班和其他工作人员的活动宣传或者通过互联网的网站。这些培训的资料必须包括模型政策和推荐的培训和教学材料。阿拉巴马州规定,各学校应制定和实施以证据为基础,以防止暴力、恐吓等暴力行为威胁的政策,并根据地方委员会制定的标准,对此类事件进行及时干预,并明确要求地方委员会将有关骚扰、恐吓、暴力和暴力威胁的规定纳入文明、公民和品格教育课程中去。除此之外,还有马里兰州、内华达州、俄亥俄州、北达科他州、佛蒙特州等州的法律也有相关规定。

第二,对家长开展教育。几乎每一个州的欺凌政策都包含通知家长这一措施。这些州法律鼓励和要求学校或学区提供有关欺凌者父母的教育和预防计划。和其他条款一样,这些规定的措辞各不相同。例如,新罕布什尔州侧重于对家长预防、识别、回应和报告欺凌或网络欺凌事件;马萨诸塞州则是通知家长和监护人参与校园欺凌预防课程,告知家长和监护人如何在家里加强课程学习以此来支持学区和学校的反欺凌计划。

第三,对教职工开展教育。一些州在法律上鼓励学校或学区提供员工培训和职业发展培训来预防校园欺凌。[21]通过建立欺凌预防培训中心,为教职工提供欺凌预防继续教育课程,让教职工学习如何预防欺凌并获得继续教育。培训的对象主要为教育工作者和校车司机,内容包括基础入门、欺凌预防培训模块、社区活动等。阿拉巴马州规定,在一定程度上,州议会或者任何地方的董事会应该拨款或者通过其他途径提供资金,以支持学校系统实施对学校负责辅导学生的人员提供校园欺凌预防培训。

康涅狄格州规定,教师的教学模块应包括课堂管理和参与关于预防欺凌识别和回应的培训。各地方或区域教育委员会应为其提供在职训练计划。教育部应在可获得的拨款范围内提供年度培训。法案所规定的参

---

[21] Olweus D. and Limber S. " Olweus Bullying Prevention Program", http://www.violencepreventionworks.org/public/olweus_bullying_prevention_program.page, January 28, 2018.

与培训者包括初级教育者、兼职教育者以及学校雇员,培训内容应当包含关于预防、识别和应对学校欺凌。

## 五、经费保障:美国校园欺凌预防保障的支撑

### (一)对受害者的资金补偿

在预防和治理校园欺凌事件的过程中,对校园欺凌受害者的事后补偿十分重要。在众多校园欺凌事件中,受害者遭受了身心方面的伤害,一些州当地法院判决欺凌案件时,将资金补偿纳入判决结果中。这些补救措施及索赔可能包括对身体伤害、创伤后压力、情绪困扰、痛苦和意外死亡等对家庭造成的损害的补偿性赔偿。受害者家庭可以充分合理地利用这些资金对受害学生进行事后的心理疏导、心理重建等治疗,以最大限度地减轻和补偿受害学生及其家庭遭受的伤害和损失。某州第二巡回法庭在安东尼·芝诺诉派恩普莱恩斯中央学区的校园骚扰案件中,提供了对校园同伴骚扰案件中损害赔偿的指导。安东尼·芝诺是一名双性恋高中生,被同龄人骚扰欺凌了三年半的时间。陪审团认定,学区对受害者遭受的骚扰行为持故意冷漠忽视的态度,违反了美国教育部民权办公室发布的联邦欺凌政策第六章的规定,[22]判决补偿安东尼125万美元。后地方法院撤销了该判决,将陪审团裁决的补偿资金减少到100万美元。为了确定是否有足够的证据支持陪审团认定的该学区违反了第六章的规定,第二巡回法庭对安东尼是否遭到骚扰进行了审查。经过审查,法院最终认为,安东尼遭受的骚扰是客观存在的、严重的并且具有冒犯性的,欺凌行为及学区的漠视态度剥夺了他的教育福利。法庭有足够的证据支持陪审团的认定,该学区对安东尼遭受的骚扰行为漠不关心,因此最终判决赔偿

---

[22] Russylnn Ali, "Assistant Secretary of Education for Civil Rights, Dear Colleague Letter", http://www2. ed. gov/about/ ofces/list/ocr/letters/colleague-201010. html, January 25,2018.

安东尼 100 万美元的赔偿金。[23]

**(二)设立预防欺凌项目资金**

美国 11 个州的法律明确规定为预防欺凌项目提供经费,其中 6 个州依靠州政府提供拨款,5 个州依靠私人捐款。2011 年由伊利诺伊州代表丹尼戴维斯在与 10 个共同发起的反欺凌和骚扰法案中提到,要求各州使用安全的学校资金来支持学校收集和报告有关欺凌事件和欺凌信息,并要求地方教育机构和学校使用次级补助金进行预防和应对措施。2011 年得克萨斯州众议院司法委员会众议员提出欺凌预防和干预法案,该法案允许通过使用少年问责制程序来对欺凌行为进行预防和干预,要求总检察长制定少年问责制拨款计划并进行财年拨款,该法案要求将获得的资金重点运用于青少年问责、为欺凌者和受害者提供咨询服务、解决欺凌行为、通知家长、教育学生以及成人和执法人员如何识别和处理欺凌事件中。[24] 印第安那州成立了"安全学校基金"并对该基金的用途做了明确的说明,基金款项将用于包括购买武器和其他武器的探测设备;使用经过训练的狗来检测火器、毒品、爆炸物和非法物品;购买用于提高学校安全的其他设备和材料;为学校安全港项目提供配套赠款;为学校安全及安全计划提供资助;为学校人员提供教育推广和培训等。新泽西州设立了一个特别基金,即"欺凌预防基金"。该特别基金建立了单独账户并由专员进行管理。特别基金的组成包括用途拨款、为预防欺凌项目而捐赠的所有款项以及基金所收到的利息和投资收益,主要用来向学校提供资助,以提供解决骚扰、恐吓和欺凌方面的培训,以减少欺凌事件的发生,创造积极的学校氛围。

---

㉓ See Adele Kimmel and Adrian Alvarez, " Litigating Bullying Cases: Holding School Districts and Officials Accountable", *Public Justice* 11, 2012, pp. 9 - 17.

㉔ Dena T. Sacco et al, " An Overview of State Anti-Bullying Legislation and Other Related Laws", 2012, p. 23.

## 六、美国校园欺凌治理与预防中的法律精神对我国的启示

近年来,我国校园欺凌事件时有发生且有不断上升的趋势,影响较为恶劣,性质较为严重,比如"榆林米脂三中恶性伤人事件""北京中关村二小校园欺凌事件""山东日照某中学校园欺凌事件",等等。诸多校园欺凌事件的发生不仅反映了受教育者的法治意识较为淡薄,也折射出了我国在校园欺凌治理与预防中存在概念不清晰、程序缺失、处罚规定模糊、干预与预防措施不完善、补偿和赔偿机制不到位等问题。"他山之石,可以攻玉",这就要求我国在校园欺凌治理与预防中通过对国外经验的借鉴,建立健全我国校园欺凌治理与预防的法律机制。

### (一)严格规范和界定校园欺凌

2016 年 4 月,"校园欺凌"首次在我国政府部门的正式文件中被明确使用,但是其对"校园欺凌"概念的界定还不够清晰。对此,学术界、立法部门、司法实务界认为,要准确界定校园欺凌及其与相关概念的区别,尤其是校园欺凌与校园暴力、校园欺凌和一般性社会欺凌的区别。比如,有学者认为,立法上可将"校园欺凌"定义为"在校园范围内,由一个学生或一群学生对另外个别学生或学生群体通过多种形式实施具有强制性的攻击性行为,它能够对欺凌对象产生身体与心理危害,并且这一行为涉及学生之间可观察或可感知到的权力不平衡,极有可能重复多次发生。"㉕其中,"校园"是指在学校区域范围内、校车上、来回学校的路上或学校组织活动的区域范围内;欺凌行为的表现形式包括但不限于辱骂、羞辱、殴打、使窒息、刺伤、烧伤、射击、勒索、暴力、骚扰、排斥、孤立、散布谣言等。㉖ 同时,根据法律保留原则和《立法法》第 8 条的规定,校园欺凌应当由全国人

㉕ 陈荣鹏、方海涛:《美国校园欺凌的法律规制及对我国的借鉴——以 2010 年〈新泽西州反欺凌法〉为研究视角》,载《公安学刊》(浙江警察学院学报)2015 年第 6 期。

㉖ 参见任海涛:《"校园欺凌"的概念界定及其法律责任》,载《华东师范大学学报》(教育科学版)2017 年第 2 期。

大或常委会制定法律加以规制，[27]在此基础上尽快制定我国《反校园欺凌法》，在法律中对“校园欺凌”做出明确概念规定和性质定性，使校园欺凌的治理能够真正做到有法可依。

### （二）建立有效的报告与调查处理机制

校园欺凌事件发生后，相关机构人员应立即启动调查，评估事件的危害程度，对相关人员进行及时的控制及对受害者采取适当的措施以确保其安全。通常来讲，处理机制的立法完善主要包括：一是建立处理校园欺凌事件的主管部门。主管部门可以由校长牵头，构成人员包括相关工作人员和专家，其职责是专门负责处理校园欺凌事件。二是明确校园欺凌事件的处置程序和期限。学校主管部门在收到有关欺凌的报告后必须在一定期限内并在反欺凌专家的领导下启动调查程序并展开调查，并将调查报告和处理意见在一定期限内予以公布。学校主管部门在收到欺凌事件报告后应及时通知欺凌行为实施人与受害人的家长或监护人。三是建立校园反欺凌的监督和上报机制。监督人员不仅仅局限于教育管理者和教师，还应该包括学生群体，从而形成有效的师生联动监督体系。四是设立畅通的投诉通道。例如，教育行政部门和地方主管教育行政机关设置专门的反欺凌举报投诉电话，各级学校设置投诉信箱，建立校园反欺凌网站并且设置专人管理，及时解决学生及家长的留言和投诉，在反欺凌网站上还可以对相关反欺凌政策的法令法规及信息进行宣传和通告。[28]

### （三）制定严格的校园欺凌处罚制度

首先，对校园欺凌当事人进行及时合理的处理，根据情节的严重性采取警告、通报批评、留校察看、记过、勒令退学等处理措施，并将处理结果及时对当事人、家长进行告知并将处理结果进行全校通报。其次，对于情节严重涉及刑事犯罪的恶劣事件，应及时与公安机关取得联系并积极配合调查。具体来讲，一是符合法学、生理学、心理学等多方面最新研究成

---

[27] 参见孟凡壮、俞伟：《我国校园欺凌法律规制体系的建构》，载《教育发展研究》2017年第20期。

[28] 参见张家智：《台湾校园霸凌现象的成因分析与对策建议》，载《重庆科技学院学报》（社会科学版）2011年第7期。

果，科学合理地降低现有的刑事责任年龄，在同样适用《刑法》的基础上对一些严重欺凌行为进行规制。二是判断欺凌者是否应当承担刑事责任不应只以物理伤害为依据，在判定时要加强对欺凌者主观恶性的考察，同时重视校园欺凌中"软暴力"带来的心理伤害，通过严厉的法律手段使其意识到欺凌行为的恶劣性和违法性。三是针对未成年人可以建立违法犯罪方面的特殊法律体系和司法体系。四是可以在法律上赋予学校和教师的教育惩戒权。反欺凌法应该对教育惩戒权的行使原则、具体内容及程序等做出明确规定，使教师、学校能够依法对欺凌学生或有欺凌倾向的学生做出必要的惩戒，以防微杜渐。㉙

**（四）丰富校园欺凌干预与预防措施**

首先，家长应该根据子女发展的特点有针对性地进行道德教育和心理健康教育，重视孩子的心理健康教育，加强家长与学生及学校之间的沟通与联系。其次，学校应重视对学生的道德教育，有目的、有计划、有组织地开发一系列道德教育课程。在设置学校课程时，不能只抓学科教育而忽视青少年的道德教育。应该充分了解和遵循青少年身心发展的规律，丰富品德课程类型，对学生进行系统的道德教育和相关训练。在落实《中小学法制教育指导纲要》《青少年法治教育大纲》等基础上，学校应将反校园欺凌教育纳入青少年法治教育体系中，集中开展预防学生欺凌和暴力的专题教育。同时，学校还可以积极为家长提供识别、预防和应对校园欺凌的教育培训。㉚ 最后，加强对教师群体关于预防和治理校园欺凌事件的系统化教育。在教师的教育与培训中，应设置校园欺凌预防方面的课程，课程不应简单局限于理论知识和书本知识，还应包括实践课程，比如欺凌事件模拟、角色扮演等，这样不仅能够提高教师处理欺凌案件的自我效能和技能，而且使教师能够学到预防和处理欺凌事件的准则和方式，以便更好地作为"参与者"了解学生的心理状态，并将所学到的知识技能运

---

㉙ 参见任海涛、闻志强：《日本中小学校园欺凌治理经验镜鉴》，载《复旦教育论坛》2016年第6期。

㉚ See Susan Hanley Duncan, "Restorative Justice and Bullying: A Missing Solution in the Anti-Bullying Laws", *New England Journal on Criminal & Civil Confinement* 37, 2011, pp. 701-732.

用于实际中。

**（五）完善校园欺凌的法律赔偿和救济制度**

首先，通过立法设立防治校园欺凌的专门机构和基金，鼓励教育部门和其他社会公共团体创设防治校园欺凌基金。资金来源可以包括政府拨付的反欺凌专项资金、社会捐赠资金以及基金所产生的利息和投资收益。基金可以被用于学校的反欺凌培训和构建更加完善的校园环境，同时也可以作为补偿资金用于对受害者家庭的补偿。其次，在法律救济方面，一是学校及其监管人员、施暴行为人及其监护人作为救济责任的主体，对校园欺凌事件的发生都负有直接或间接性责任，在法律上都对受害者负有救济义务。二是从救济程序上看，应制定校园欺凌的程序性法律规范，对申诉程序、申诉受理机构以及申诉时效等法律问题进行明确。三是从救济范围上看，对受害者的救济除了资金补偿和物质补偿外，应特别重视对受害者的心理干预，家庭、学校社会应密切联系，关注受害者群体的心理重建，给予其全面的关爱与保护。[31]

# The Legal Perspective of Bullying and Prevention on America Campuses

*Qi Zhanyong Min Yibo*

**Abstract**: The high incidences of school bullying in the United States and its serious impact have caused the United States to pay attention to school bullying and to enact anti-bullying laws in order to prevent and control school bullying. Although the specific anti-bullying laws vary from state to state, there is a great deal of commonality between governance and prevention.

---

[31] 参见李婧:《校园暴力的法律思考》,载《东北师大学报》(哲学社会科学版)2008 年第 2 期。

From a legal point of view, the content of bullying governance and prevention on campus in the United States mainly includes the legal connotation of bullying in campus, strict bullying reporting system on campus, fair school bullying investigation procedure, proper campus bullying disciplinary punishment, and explicit bullying crime on campus, A variety of campus bullying after intervention, positive bullying prevention and education on campus, the necessary funds for school bullying and other aspects of compensation. At present, there are still many problems in the rule of law on campus bullying in China. It is necessary to strictly regulate and define campus bullying, establish effective reporting and investigation mechanisms, formulate strict campus bullying and punishment systems, enrich school bullying intervention and preventive measures, and improve campus legal compensation and relief system for bullying. It is expected with a view to constructing a well-rounded school bullying legal system with Chinese characteristics.

**Key Words**: United States  school bullying  governance  preventive measures

# 日本教育基本法修改中的法理论*

包·乌力吉仓**

**摘　要**：日本在发展中经过坚持不懈的努力而构筑起来的民主的、文明国家的同时，力图为世界和平及人类福祉的提高而做贡献。为了实现这一理想，希望培养尊重个人尊严、追求真理和正义、尊重公共精神、具有丰富的人性和创造性。同时，为推进以继承传统和创造新文化为目标的教育，依照日本宪法的精神全面修改了教育基本法。本文从教育目标法修改中的法理论、事业扩大法修改中的法理论和教育行政法修改的法理论三个方面分析了日本教育基本法修改中体现的法理论。

**关键词**：日本　教育基本法　法理论

2006年12月15日，日本大规模修改了教育基本法。这次的修改使教育基本法的理念及目的有了很大的变化，是一种"完全修改"，从修改的程度和特征上可称为"新教育基本法"。比如，当中的法理念是把人格的完善（旧教育基本法）修改为培育具有与

---

* 国家留学基金委2015年西部项目"中日教育法和教育现状比较研究"，项目批号：201508155024。

** 包·乌力吉仓，内蒙古民族大学教育科学学院副教授，研究方向：少数民族教育，教育政策与法规。

美丽的国家相匹配的道德观念的日本人。还有,当中的法律功能从教育的条件整顿(旧教育基本法)深入到学校与家庭的自治、生活领域中,教育内容方法和制度变为由国家统治。

“新教育基本法”会为今后的“教育振兴基本计划”起到法律依据的作用,并将它视作此后日本公共教育的目标、构造以及制度等大量教育改革的统治法来使用。

基于已有的修改,有关学校教育法、教师许可法、地方教育行政组织和运营三法的修改已被认为教育“再生法”。义务教育目标的新设定与各学校的目的、目标的重新设立,教师资格更新制的导入以及有关私立学校教育行政管理的重新改革等工作正在进行中。对于今后的教育法变化的本质和趋向,理解教育法修改的内容以及解释已成为重要的课题。

本文从以上的意义及角度来讨论教育基本法的法理论。具体来讲,以旧教育基本法当中被修改的条文为中心探讨新教育基本法的法理论的特性。

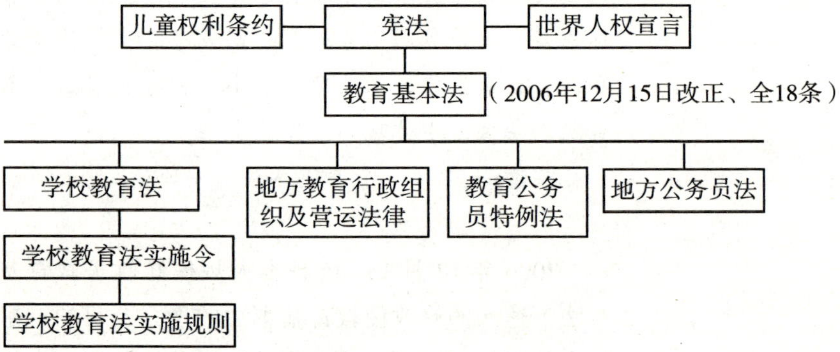


**图1　日本教育法体系**

## 一、教育目标法修改的法理论

**第2条(教育目标)** 所谓的教育是为了实现目的,尊重学术的自由并努力达成下一个目标而进行的行为。

一、掌握广泛的知识和教养。培养追求真理的态度。培养具有丰富的情操和道德情感的同时培育健康的身体。

二、尊重个人价值,发展自己的能力,培养创造力,以及培养自律和自主的精神,重视对职业和生活的关系,努力培养尊重劳动的态度。

三、尊重正义和责任感,男女平等、合作,尊重自己和他人的敬爱与团结,有公共精神的,培养积极参与社会建设并为其发展做出贡献的态度。

四、尊重生命,珍惜大自然,培养保护环境的态度。

五、尊重传统和文化,以及热爱培育传统文化的日本,尊重其他国家,培养为国际社会的和平与发展做贡献的态度。

(画线部分是新教育法的主要变更部分)

修改后的教育基本法的一个特点是,把教育的基本理念具体地目标化。在修改后的教育基本法中删除了旧教育基本法的"教育方针"(第2条),由"教育目标"取代。具备国家需求的公民资质("态度")由以下五个"项目"组成,分别是"情操和道德情感""尊重劳动的态度""公共精神""环境保护""爱祖国和爱家乡"。

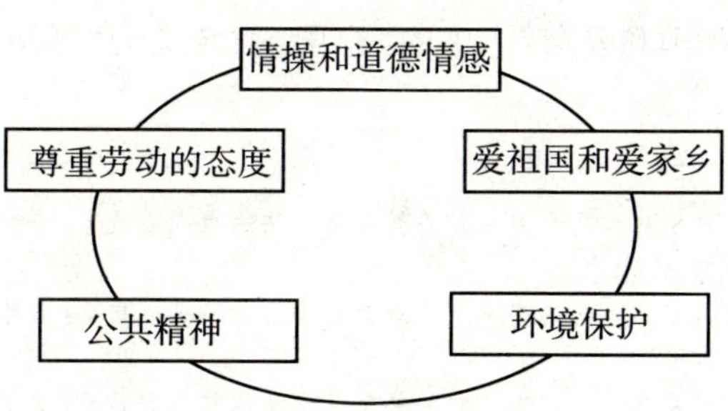


**图2　日本人的资质态度**

上述项目的规定,有以下几点意图。

首先,"情操和道德情感"是人格形成的最重要的一点,修改后的教育基本法当中明确了教育基本目标是培养“情操和道德情感”。在这种情况下,“所谓情操是当接触到美的、好的东西和完美的事情时候的感动心理。所谓道德心是善恶的评判标准,所以它能维护普遍存在的道德规范并使其遵循它的道德心”。①

其次,“尊重劳动的态度”规定的意图是,没有正式工作以打工维持生活的年轻人成了社会问题。每个人了解自己的个性,并以能主动地选择自身的发展能力和态度的培养的必要性为出发点。②“公共精神”,被解释为“为社会全体利益的奉献精神和把国家和社会的问题当成自己的问题来考虑并为之做出行动的精神”。③ 还有,所谓“保护环境”是“培育为与自然共生而努力的态度”。④ 这是与所说的培育“情操”有关系的。

其中,立法阶段,引起众人关注的是“爱祖国和爱家乡”。当前,在教育领域说到“爱祖国”时,人们还是有强烈的战前、战后的狭窄的爱国之心和军事主义的印象。而在国家思想教育的立场方面,入学仪式和毕业仪式中进行的升国旗、奏国歌,教员处分纷争方面仍存在很多问题。因此,“爱祖国和爱家乡”的规定不仅仅在众议院、参议院的本会议和两院的特别委员会议上审议,也通过报刊和电台做了很多宣传,为此媒体方面也引起了很大的争论。在政府方面引用“爱祖国和爱家乡”的意图是“作为日本人要切实认识到有关自己国家的历史和传统,要掌握日本传统、文化的知识”。⑤还有,“所说的战前爱国心不是说要回到人的尊严被摧毁的战前”,而是强调了战前的“爱国心”与现在指的“爱祖国和爱家乡”不同之处。进而,“爱祖国和爱家乡”中的“祖国”被定义为“随历史的过程而形

① 2006年6月8日 众议院·有关教育基本法的特别委员会(省略为众教特委)田中终身学习政策局长答辩。

② 2006年6月8日 众议院·有关教育基本法的特别委员会(省略为众教特委)田中终身学习政策局长答辩。

③ 2006年6月8日 众议院·有关教育基本法的特别委员会(省略为众教特委)田中终身学习政策局长答辩。

④ 2006年6月8日 众议院·有关教育基本法的特别委员会(省略为众教特委)田中终身学习政策局长答辩。

⑤ 2006年5月26日 众教特委 小坂文部科学省大臣答辩。

成的国民、国土、传统和文化等组成的历史性、文化性的共同体”,⑥而“没有包含必须要尊敬政府和内阁等统制机构等的内容”。⑦

综合以上的观点,“爱祖国和爱家乡”不是所谓的战前、战后的国家主义的教化,而是基于新的共同体主义的日本人的认同形成目标。

一个着重点是“爱祖国和爱家乡”的观点如何在学校被指导的问题。对这一问题,政府指出以下方面:“具体来讲,规定在社会科学和道德科上,现在的学习指导纲领中,要调查和更深地了解故乡的历史和传统的习俗活动或对国家和社会的发展做出了很大贡献的先人、伟人以及在国际社会上曾活跃过的日本人等的业绩”。⑧ 虽然现在的学习指导纲领中已经包含关于日本和乡土的历史、传统和文化指导内容,但要求对今后在小学有关简单的古文和汉字的音读“国语”以及有关日本的传统文化内容中要进一步地重视(社会)。还有,关于“爱祖国和爱家乡”的学习评价中基本观点不在于“心情”而应该评价“态度”,是对“有关日本的历史和传统学习内容的关心、意志和态度的综合评价”。⑨基于以上对教育基本法和教育目标的修改,为规定于学校教育目标和学校教育法的修改奠定了基础。例如,在学校教育法的修改中,把各小学和中学的教育目标作为义务教育统一,其中要能反映出修改教育法和教育目标的“项目”。

比如,在已修改的学校教育法第 21 条(一)中将修改后的教育基本法第 2 条第 3 项的“基于公共精神,培养主动参加社会建设,并为其发展做出贡献的态度。”等文言照抄在里面。还有,同法同条第(二)中修改后的教育基本法第 2 条第 4 项的“尊重生命珍惜大自然,培养为保护环境做贡献的态度”的主旨被引用。在同法同条(三)中修改后的教育基本法第 2 条第 5 项的“尊重传统文化,培育热爱国家和故乡的同时尊重他国,培养为国际社会的和谐发展做出贡献的态度”等文句被照抄在里面。

另外,在修改后的教育法当中关于教育目标的法修改是,不仅仅能在

---

⑥ 2006 年 11 月 17 日　第 16 届临时国会,参议院本会议 安倍首相的答辩。
⑦ 2006 年 5 月 26 日　众教特委 小坂文部科学省大臣答辩。
⑧ 2006 年 5 月 24 日　众教特委 小坂文部科学省大臣答辩。
⑨ 2006 年 5 月 31 日　众教特委 小坂文部科学省大臣答辩。

学校教育法中体现还要与具体化的实践教育目标相关联,也就是与各学校的教育课程编辑的理念和教科编辑基准的学习指导纲领的改定相关联。

## 二、公教育制度·事业扩大法修改的法理论

> **第7条(大学)**
> 大学作为学术的中心,是培养丰富的素养和高度专业化能力的场所,同时,它也应当促进真理的探究,创造新的智慧与理论。在此基础上大学应将自身的研究成果广泛应用于社会,促进社会的进步与发展。
> 说到大学,大学应当保持自主性和自律性,同时,应当尊重教育及研究成果。
> **第8条(私立学校)**
> 私立学校具有公共的属性,在学校教育中发挥着重要的作用,国家及地方公共团体必须尊重其自主性,采取一定的措施和方法努力振兴私立学校教育。
> **第10条(家庭教育)**
> 1.父母或其监护人对子女的教育负有第一位的责任,应当培养子女好的生活习惯,培养其自立性,努力促进其身心和谐发展。2.而国家及地方公共团体必须重视家庭教育的自主性,应为监护人提供学习的机会和各种信息,支持其对子女实行家庭教育。
> **第11条(幼儿教育)**
> 幼儿期的教育在人的整个生涯中对于人格的形成是极为关键的,是人格塑造的基础。国家及地方公共团体应当为幼儿的茁壮成长创造良好的环境,应努力振兴幼儿教育。
> **第13条(学校、家庭和社区的相互合作)**
> 学校、家庭及社区或其他相关人士应当认识到他们在教育上各自的作用和责任,努力促使三者相互合作。

修改后的教育基本法的第二个特征是扩大了教育机关和对象(领域)。具体来说,对没有旧教育基本法的“大学”(第7条)、“私立学校”(第8条)、“家庭教育”(第10条)、“幼儿教育”(第11条)、“学校,家庭和社区的相互合作”(第13条)等进行了重新追加。这些“追加”不仅仅是“追加”,而是意味着日本公共教育的扩大,国家及地方公共团体的公共

教育事业领域的扩大。以下,以各自的新条文的意图为中心试着观察立法思想。

第7条(大学)的新设,以重视在全球化、市场化等社会经济变化中知识社会化作为据点的大学作用为理由。"大学"今后期待着"通过与由世界最尖端的学术研究和新知识的创造和应用培养为日本社会和人类将来的发展作出贡献的人才"。⑩ 以前的大学有着从升学率(51.5%,2007年)向开放性构造的大众型前进趋势,不过今后作为"知识据点"有转向在世界性水平和杰出人物型的意向。

第8条(私立学校)的新设,私立学校在"日本学校教育中质和量两方面的提升和发展上起到了很大的作用",⑪这也是重视私立学校的作用和谋求私立教育振兴的理由之一。这与旧教育基本法相比有着明显的改善,明确了"私立学校有着公共的性质",基于"尊重自主性",是国家和地方公共团体的私立学校已经进入法制化的表现。在这个背景下,依据教育的私事化,能改变国家公立学校体制教育的市场化政策的潮流正在兴起。

第10条(家庭教育)的新设是修改后的教育基本法特征的条文之一。旧法(第7条),家庭教育表示"在家庭教育是劳动的地方及其他社会场合被进行的教育,必须被国家及地方公共团体被奖励",其很大一部分包含在"社会教育"的领域内。可是,在修改后的教育基本法中把"家庭教育"作为条文使之独立,并明确规定了教育的价值和本质及条件配备的必要性。在那里,首先表明了"监护人对孩子的教育责任"的原则,并且作为家庭教育的教育目标规定了"应当培养子女好的生活习惯,培养其自立性,努力促进其身心和谐发展"。并且,在该条第2项以下这样的义务都被规定的:国家及地方公共团体努力"必须采取支援家庭教育的必要对策"。

这一点,在以前的家庭教育中是"私事"领域,所说的是家庭"私"生活的立场。而现在它是很大程度上是"公共事",并且这个立场转移到其他条件配备的"奖励"向"支援"和加强有关公共权力的公共立场。

---

⑩ 2007年5月31日　众教特委 小坂文部科学省大臣答辩。

⑪ 2007年5月31日　众教特委 小坂文部科学省大臣答辩。

这样的家庭教育法制化的理由,与很多家庭的教育力降低有关。在少子化、核心家族化、城镇化等社会环境的急剧变化中产生了监护人世代的“育儿”力的降低。并且,这个“育儿”力的降低不仅存在于家庭内,而且存在于学校教育,并影响到教科指导和生活指导上的问题。第10条(家庭教育)的新设对应这样的紧急性国家及地方公共团体方面法制化了“百年都赶不上的现实补贴”的实施。⑫

第11条(幼儿教育),与前面的第10条(家庭教育)联动,作为“一生的人格形成基础”提高幼儿教育的重要性,并规定着基于“良好的环境配备及方法”的国家及地方公共团体的“振兴”的必要性。在这个情况下,意味着对有关幼儿教育的范围,“不但在幼儿园,保育所等进行教育,还在家庭和社区对学前幼儿进行广泛的教育”。⑬ 从而,在这里能看到对很多学前阶段的幼儿教育从家庭的“私事性”向国家的“公共性”转换的意图。

第13条(学校,家庭及社区的相互合作)是为学校、家庭及社区的“三者各自为孩子教育拥有责任的同时,对相互紧密地联合协作专心致力于实现教育目的”为新设的。⑭ 已经作为今后的学校经营方法,学校和学区(监护人、居民)的协作是重要的课题,学校教育法修改方案的学校评价(由监护人的当事者评价和由地域居民的外部评价)和学校教育信息的提供也是通过本条的新设而在推进。

通过以上的分析可以看出,修改后的教育基本法将规定教育的领域、机关、对象范围扩大了。这样的扩大也是今后的日本公共教育的扩大,担负这个国家及地方公共团体的事业扩大。从这一点可以说,日本的教育从“私事”为“公共事”的转变,产生新的公共教育体制的变化。

---

⑫ 2007年11月1日　众教特委　伊吹文部科学省大臣答辩。

⑬ 2007年6月8日　众教特委　驰文部科学省副大臣答辩。

⑭ 2007年6月5日　众教特委　小坂文部科学省大臣答辩。

## 三、教育行政法修改的法理论

**第三章　教育行政**

**第16条(教育行政)**　1.教育不服从不当的支配,教育活动应根据该法和其他相关法律的规定而进行。教育行政必须在国家和地方公共团体分担不同职责、相互合作之前提下公正而合理地实施。

2.为了保证全国范围内教育机会均等和教育水准的提高,国家必须制定综合性的政策和措施,保证落实。

3.地方公共团体,谋求地方教育振兴必须制定和实施符合地方实际情况的教育对策。

国家和地方公共团体,必须采取对教育的顺利并可持续进行而有必要的财政上的措施。

**第17条(教育振兴基本计划)**　1.政府,谋求有关教育振兴对策的综合性,计划性的推进,制定有关教育振兴对策的基本方针和措施及其他有必要的事项的基本计划并把它报告给国会的同时必须公开于公众。

2.地方公共团体,参照前项的计划,必须努力于制定符合当地实际情况的地方公共团体的有关教育振兴措施的基本计划。

**第四章　法令的制定**

**第18条**　为了实施本法律中规定的项目,必须制定必要的法令。

修改后的教育基本法的第三个特征是教育基本法本身有教育统治法的功能。它的依据是,第一,在第16条第1项中,在“不当的支配”的主题中消除了教育行政机关也能进行解释的内容。旧教育基本法(第10条第1项)中规定的“教育不服从于不当的支配而是对国民全体直接负责任的行为”,对于“不当的支配”主体中包含教育行政机关(包括国会和政府)也可解释的权利。也就是,可以说旧教育基本法是把对教育的有关公权力的制定作为法律理念看待的。实际上,旧教育基本法的立法意图和案例(1976年学历test判决)中也是被这样解释的。但是,修改后的教育基本法中保留了“不服从对于不当的支配”部分的同时追加规定“教育是不服从不当的支配,基于法律规定而进行的东西”。“对于国民全体直接负责任的行为”部分被替换为“基于法律的规定而进行的东西”。还有,在修改后的教育基本法中消除了旧教育基本法中的"教育行政……为教育目的的进行,把必要条件的确立为目标而必须进行的东西"。从以上的分析可以看出,第 16 条(教育行政)成为了积极承认基于国家和公共团体的有关教育政策的根据规定。

第二,根据第 17 条(教育振兴基本计划)的新规定,有明确地认可国家和公共团体在教育政策计划上的主体作用。基本法是《基本计划》的立案和具体化的依据法。对于《教育振兴基本计划》也是立案和具体化的依据法。例如,(中央)政府是,被这样规定的:"制定有关教育振兴对策的基本方针和措施及其他有必要的事项的基本计划"(同条第 1 项)。还有地方政府是被这样定义的:"参照前项计划,必须努力制定符合当地实际情况的地方公共团体的有关教育振兴措施的基本计划"(同条第 2 项)。上述规定明确了教育计划的主体即中央政府和地方政府之间的关系,同时意味着更深刻地法制化了中央政府对教育计划的主体作用。

第三,根据第 18 条的新规定,把本法体系作为教育关系法修改的依据。旧教育基本法中,第 11 条(补则)也有类似条文。即"为了实行这个法律上的诸多条文有必要的时候必须制定一些适当的法令"内容。可是,修改后的教育基本法的第 18 条是由单一的条文构成的一章("第 4 章 法律的制定"),并且消除了"有必要的时候"而明确规定"为了贯彻本法规定的诸多条款,必须制定各种具体的法令法规,以保证本法的实施"。根据以上内容,修改后的教育基本法和旧教育基本法相比,对教育有关法律法规的制定,修改具有基本依据的作用。

# Legal Theories in the Revision of the Basic Education Law in Japan

*Bao Wulijicang*

**Abstract**: As a democratic, civilized country, Japan has built through unremitting efforts in its development. Japan tries to contribute to the improvement of world peace and human well-being. In order to realize this ideal, Japan hopes to cultivate respect for personal dignity, the pursuit of truth and justice, respect for the public spirit, and rich humanity and creativity. At the same time, in order to promote education aimed at inheriting tradition and creating new culture, Japan has completely revised the Basic Law of Education in accordance with the spirit of the Constitution of Japan. The article analyzes the legal theories embodied in the revision of the Japan's Basic Law of Education from the three aspects: the legal theories in the revision of the educational goal law, the legal theories in the revision of the career expansion law, and the legal theories in the revision of the administrative law of education.

**Key Words**: Japan basic education law legal theory

# 法务反哺

# 论立法工作者的职业伦理*

汪全军**

**摘　要：**立法工作者的职业伦理是法律职业伦理体系中的重要内容。立法工作者的职业伦理是指立法工作者在立法过程中所应当遵循的伦理规范。基于立法工作者的工作特征，立法工作者的职业伦理可以从“立法工作者——立法者”、“立法工作者——公众”以及“立法工作者——法律文本”三组关系中提炼。具体而言，立法工作者的职业伦理包括忠实规范、中立规范、审慎规范以及谦抑规范。此外，还应当从培育、惩戒等方面建立立法工作者职业伦理的实施机制。

**关键词：**忠实规范　中立规范　审慎规范　谦抑规范

## 一、引言

随着法治建设进程的深入推进，法律人才的培养

---

* 本文系2017年湖南省社会科学成果评审委员会课题“设区的市立法程序研究”（课题编号：XSP17YBZC024）的阶段性成果。

** 汪全军，湖南大学法学院助理教授，法学博士，研究方向：立法学。

问题愈发引人关注。诚如民国时期法学教育家孙晓楼先生所言,法律人才应当具备法律学问、社会常识以及法律道德三个要件。“一定要有法律学问,才可以认识并且改善法律,一定要有社会的常识,才可以合于时宜地运用法律,一定要有法律的道德,才有资格来执行法律。”[①]法律学问、社会常识以及法律道德构成了法律人必备的三项基本素质,也成为法学教育的三个主要着力点。而这里所说的法律道德实际上就是指法律职业道德或者法律职业伦理。[②] 在当下的法律职业伦理教育中,法官、检察官、律师、公证员以及仲裁员的职业伦理得到了普遍的重视,而立法工作者的职业伦理却常常被忽视。[③] 实际上,立法工作者是法律职业共同体中不可或缺的一员,其职业伦理理应成为法律职业伦理教育体系中的重要一环。[④]

值得注意的是,立法工作者是一种特殊的法律职业。其特殊性体现在如下几个方面:一是辅助性。与法官、检察官、律师等在审判、检察、代理等活动中的主导地位不同,立法工作者在立法过程中完全处于辅助地位,其仅仅是立法者的辅助人员;二是中介性。在立法活动中,立法工作者必须全面、真实、准确地表达和传递立法者、民意代表以及公众的意见和建议,其没有自主表达意见的空间;三是技术性。在立法活动中,立法工作者需要运用一定的立法技术,确保法律文本的结构合理、体系融贯、

① 孙晓楼:《法律教育》,中国政法大学出版社1997年版,第13页。

② 严格地说,法律职业道德与法律职业伦理是有区别的。法律职业道德强调法律职业人员的内心确信,是一种自律;而法律职业伦理则强调法律职业共同体对法律职业人员的外部约束,是一种他律。不过,在惯常用法中,法律职业道德与法律职业伦理常常被视为同一概念。例如,有学者认为,“法律职业伦理与法律职业道德并不存在本质上的区别,只不过前者更重推演的理论性,后者偏重实践的操作性”。李本森主编:《法律职业伦理》(第3版),北京大学出版社2016年版,第10页。

③ 参见许身健主编:《法律职业伦理》,北京大学出版社2014年版,第92~253页;李本森主编:《法律职业伦理》(第3版),北京大学出版社2016年版,第93~243页;冷罗生主编:《法律职业伦理》,北京师范大学出版社2014年版,第92~253页。

④ 立法工作者是法律职业共同体的一员,这一点在官方文件中有所体现。例如,在中共十八届四中全会通过的《中共中央关于全面推进依法治国若干重大问题的决定》中,立法工作者与法官、检察官、律师等均被纳入法治工作队伍之中。参见《中共中央关于全面推进依法治国若干重大问题的决定》,载《人民日报》2014年10月29日,第1版。

逻辑自洽、语言规范。

由于立法工作者职业的特殊性,其职业伦理也与法官、检察官、律师等不尽相同。简言之,在"立法工作者——立法者"二元关系中,立法工作者职业伦理突出强调立法工作者的辅助性地位;在"立法工作者——公众"二元关系中,立法工作者职业伦理要求立法工作者承担沟通立法者与公众的中介作用;在"立法工作者——法律文本"二元关系中,立法工作者职业伦理督促立法工作者积极运用立法技术以确保法律文本达致良法标准。总而言之,立法工作者职业伦理是一种特殊的法律职业伦理,有必要对其进行专门研究。

## 二、立法工作者职业伦理的基本内涵

### (一)概念

一般而言,立法工作者职业伦理是指立法工作者在立法过程中所应当遵循的伦理规范。立法工作者职业伦理具有如下几个方面的特征。

首先,立法工作者职业伦理的约束对象为立法工作者。必须指出的是,立法工作者与立法者是两个完全不同的概念。立法者是指依法享有立法权的主体。从历史上看,立法者的形象是多样的,如神灵、君主、贤人等。而根据人民主权理论,在现代民主社会,"只有人民可以制定法律"。[5] 在间接民主制下,人民通过选举自己的代表组成立法机关,具体行使立法权。因此,通常所说的立法者是指立法机关,如西方的议会、我国的全国人大等。而立法工作者则是指在立法过程中从事立法辅助工作的人员,如西方议会中的议员助理、我国全国人大常委会工作机构中的工作人员等。立法工作者不是立法者,其并不享有立法权。因此,在"立法者—立法工作者"二元关系之中,立法工作者职业伦理主要通过约束立法工作者,促使其更好地辅助立法者行使立法权。

---

⑤ [法]孟德斯鸠:《论法的精神》(上册),张雁深译,商务印书馆1961年版,第12页。

其次,立法工作者职业伦理适用于立法过程之中。通常而言,一个完整的立法过程包括三个阶段:一是立法准备,即在提出法案之前所进行的立法准备活动,包括立法预测、立法规划、立法创议、立法决策以及法案起草等;二是由法案到法,即正式的立法程序,包括提出法案、审议法案、表决法案以及公布法等;三是立法完善,即在法律公布之后,为了使该法律更加科学合理而进行的一系列完善活动,如法的解释、法的修改、法的清理、法的编纂以及法的废止等。在上述三个阶段中,立法工作者都将参与其中,并发挥十分重要的作用。相应地,在上述三个阶段中,立法工作者职业伦理都将发挥约束立法工作者的作用。

最后,立法工作者职业伦理是一种职业共同体内部的伦理规范。从狭义上说,立法工作者仅指立法机关中的国家工作人员;从广义上说,立法工作者不仅包括立法机关中的国家工作人员,还包括从事立法论证、法案起草、立法后评估等立法工作的专家学者、社会组织工作人员等。无论是立法机关中的国家工作人员,还是从事立法工作的专家学者、社会组织工作人员等非国家工作人员,其均属于立法工作者职业共同体的一员。作为立法工作者,其不仅应当遵守国家法律法规,还应当遵守立法工作者职业共同体内部的伦理规范。这一伦理规范是基于立法工作者的职业特性,在长期的立法工作实践中逐步形成的。同时,该伦理规范在立法工作者职业共同体内部具有一定的强制约束力,而违背该伦理规范则将面临来自职业共同体内部的惩戒。

**(二)适用**

立法工作者职业伦理的具体适用情形是与立法工作者的具体工作内容密不可分的。作为"隐性立法者",立法工作者将全程参与立法准备、由法案到法、立法完善等立法活动。⑥ 相应地,立法工作者职业伦理也将适用于其中。以我国《立法法》对全国人大常委会工作机构的规定为例:在立法准备阶段,立法工作者职业伦理将适用于全国人大常委会工作机构参与的立法规划、立法调研、法案起草等立法活动之中;在由法案到法阶

⑥ 参见卢群星:《隐性立法者:中国立法工作者的作用及其正当性难题》,载《浙江大学学报》(人文社会科学版)2013年第2期。

段，立法工作者职业伦理将适用于全国人大常委会工作机构参与的听取和征求意见、收集整理意见、立法评估等立法活动之中；在立法完善阶段，立法工作者职业伦理将适用于全国人大常委会工作机构参与的拟订法律解释草案、立法后评估、答复法律询问、备案审查等立法活动之中。

同样地，在行政法规的制定过程中，立法工作者职业伦理将适用于国务院法制机构工作人员参与的拟定国务院年度立法计划、起草行政法规、听取意见、审查法律草案等立法活动之中。此外，在地方性法规、自治条例、单行条例、部门规章、地方政府规章等法律规范的制定过程中，立法工作者职业伦理也将适用于立法工作者参与的立法准备、由法案到法、立法完善等立法活动之中。

**（三）价值**

作为一种职业共同体内部的伦理规范，立法工作者职业伦理的价值主要体现在督促立法工作者更好地开展立法辅助工作，以制定出高质量的法律规范。具体来说，立法工作者职业伦理的价值体现在如下几个方面。

首先，立法工作者职业伦理是科学立法的基本前提。简单地说，科学立法就是指立法必须“符合客观实际、遵循客观规律”。⑦ 我国《立法法》第6条规定：“立法应当从实际出发，适应经济社会发展和全面深化改革的要求，科学合理地规定公民、法人和其他组织的权利与义务、国家机关的权力与责任。法律规范应当明确、具体，具有针对性和可执行性。”该条从实质内容与形式规范两个层面阐释了科学立法的具体要求。而这些要求的落实都需要立法工作者的协助。例如，在起草法案时，立法工作者在法案中如何划分权利与义务、如何具体表述相关内容，等等，都将会影响立法的科学性。而立法工作者职业伦理则有助于督促立法工作者按照科学立法的要求开展立法辅助工作。

其次，立法工作者职业伦理是民主立法的必然要求。所谓民主立法是指在立法过程中应当贯彻民主原则，如立法主体的广泛性、立法内容的

---

⑦ 宋方青：《立法质量的判断标准》，载《法制与社会发展》2013年第5期。

人民性以及立法程序的民主性,等等。[8] 我国《立法法》第5条规定:“立法应当体现人民的意志,发扬社会主义民主,坚持立法公开,保障人民通过多种途径参与立法活动。”简单地说,民主立法就是要让人民的意志更好地融入法律文本之中。而除了在表决法案时坚持少数服从多数原则之外,在立法过程的其他阶段也应当开展广泛的协商,鼓励人民通过多种途径参与立法活动。例如,通过座谈会、论证会、听证会等多种形式听取各方面的意见,等等。值得注意的是,这些公众参与立法的活动都是在立法工作者的组织下开展的。也就是说,立法工作者对于民主立法原则的落实发挥着十分重要的作用。而立法工作者职业伦理则有助于约束立法工作者,要求其严格按照民主立法的原则组织相关公众参与立法的活动。

最后,立法工作者职业伦理是依法立法的重要保障。依法立法是指立法活动必须严格按照相关法律规范的规定进行。我国《立法法》第4条规定:“立法应当依照法定的权限和程序,从国家整体利益出发,维护社会主义法制的统一和尊严。”在立法实践中,立法规划的编制、法案的起草、议程的具体设置、法的公布、法的解释、备案审查等活动通常都是由立法工作者具体组织实施的。相应地,这些活动的开展是否符合法律规范的规定也在很大程度上取决于立法工作者。而立法工作者职业伦理则可以通过要求立法工作者严格按照法律规范开展相关活动,从而保障依法立法原则的落实。

## 三、立法工作者职业伦理的规范内容

立法工作者职业伦理与立法工作者的工作内容密不可分。在立法活动中,立法工作者的工作内容主要是围绕“立法工作者—立法者”、“立法工作者—公众”以及“立法工作者—法律文本”三组关系展开的。相应地,立法工作者职业伦理也可以从上述三组关系中归纳进行总结。具体

---

⑧ 参见周旺生:《论中国立法原则的法律化、制度化》,载《法学论坛》2003年第3期。

来说，立法工作者职业伦理的内容如下。

**（一）忠实规范**

忠实规范是指在立法活动中，立法工作者应当忠实地表达立法者、民意代表以及社会公众等立法参与者的意见和建议。忠实规范是立法工作者职业伦理的首要内容，这是由立法工作者的辅助性地位所决定的。概言之，在“立法工作者—立法者”二元关系中，立法工作者应当忠实地履行职责，以辅助立法者制定一部良好的法律；在“立法工作者—公众”二元关系中，立法工作者应当发挥沟通立法者与公众的积极作用，忠实地传递各方面的意见和建议；在“立法工作者—法律文本”二元关系中，立法工作者应当运用一定的立法技术，在法律文本中忠实地表达立法者的意志。

我国立法工作者职业伦理中的忠实规范主要表现在下列情形中：首先，在立法准备阶段，忠实规范主要体现在立法规划、立法调研、法案起草之中。在立法规划中，忠实规范要求立法工作者按照立法者的意志确定具体的立法项目；在立法调研中，忠实规范要求立法工作者尽可能全面地掌握社会各方面的意见和建议，并将其准确地传达给立法者；在法案起草中，忠实规范要求是立法工作者在法律草案中全面、准确地呈现立法者的意志。其次，在由法案到法阶段，忠实规范主要体现在听取和征求意见、收集和整理意见、立法评估之中。在听取和征求意见时，忠实规范要求立法工作者全面、准确地记录社会各方面的意见，并将这些意见向立法者忠实地报告；在收集整理意见时，忠实规范要求立法工作者在不改变原意的前提下，收集整理各方面提出的意见；在立法评估时，忠实规范要求立法工作者对法律草案中主要制度规范的可行性、社会效果等内容进行实事求是的评估，并将评估结果如实地向常务委员会说明。最后，在立法完善阶段，忠实规范主要体现在拟订法律解释草案、立法后评估、答复法律询问、备案审查之中。在拟定法律解释草案时，忠实规范要求立法工作者在不违背立法者原意的前提下拟定法律解释草案；在立法后评估中，忠实规范要求立法工作者实事求是地评估有关法律规定的具体实施情况，并如实地向常务委员会报告；在答复法律询问时，忠实规范要求立法工作者按照立法者的原意准确地阐释相关法律规定；在备案审查中，忠实规范要求立法工作者以立法者的原意为标准判断下位法是否与上位法相抵触。

作为立法工作者的首要职业伦理,忠实规范具有十分重要的意义。首先,忠实规范有利于立法者有效地行使立法权。立法过程实际上就是立法者意志的产生、形成和表达的过程。而忠实规范要求立法工作者在立法过程中忠实地表达立法者、民意代表以及社会公众等立法参与者的意见和建议,这为立法者有效行使立法权提供了保障。其次,忠实规范有利于社会公众切实参与立法。卢梭认为,在代议制民主下,人民"只有在选举国会议员的期间,才是自由的;议员一旦选出之后,他们就是奴隶,他们就等于零了"。[⑨] 也许卢梭的观点过于悲观,但实践表明,代议制民主确有可能出现人民的代表脱离人民的情况。而忠实规范要求立法工作者在立法过程中全面、准确地征集、整理和表达社会公众的意见,实际上就是有力地保障了社会公众参与立法。最后,忠实规范有利于增强法律文本的正当性。立法者的意志是法律文本的正当性来源。忠实规范要求立法工作者通过运用各种立法技术,在法律文本中真实、准确地表达立法者的意志,从而确保了法律文本的正当性。

**(二)中立规范**

中立规范是指在立法活动中,立法工作者应当严格排除个人价值偏好的干扰,客观中立地处理相关立法事务。中立规范是立法工作者职业伦理中十分重要的内容,这是由立法工作者的中介性地位所决定的。概言之,在"立法工作者—立法者"二元关系中,立法工作者应当秉持客观中立的立场,为立法者收集和传递信息;在"立法工作者—公众"二元关系中,立法工作者应当成为沟通立法者与公众的桥梁,在二者之间客观中立地传递信息;在"立法工作者—法律文本"二元关系中,立法工作者应当将立法者的原意客观中立地呈现在法律文本之中。

我国立法工作者职业伦理中的中立规范主要表现在下列情形中:首先,在立法准备阶段,中立规范主要体现在立法规划、立法调研、法案起草之中。在立法规划时,中立规范要求立法工作者不以个人偏好确定具体

⑨ [法]卢梭:《社会契约论》,何兆武译,商务印书馆2003年版,第121页。

的立法项目；在立法调研时，中立规范要求立法工作者排除个人偏好对立法调研活动的不当干扰；在法案起草时，中立规范的要求立法工作者避免将自己的个人意志融入法律文本之中。其次，在由法案到法阶段，中立规范主要体现在听取和征求意见、收集和整理意见、立法评估之中。在听取和征求意见时，中立规范要求立法工作者在摒弃个人主观偏好的前提下，听取和征求其他立法参与者的意见和建议；在收集和整理意见时，中立规范要求立法工作者应当秉持中立立场，按照相对客观的标准进行归纳整理，并将这些意见原原本本地转达给立法者；在立法评估时，中立规范要求立法者在不预设结果的前提下，对法律草案中主要制度规范的可行性、社会效果等进行客观评估。最后，在立法完善阶段，中立规范主要体现在拟订法律解释草案、立法后评估、答复法律询问、备案审查之中。在拟定法律解释草案时，中立规范要求立法工作者摒弃个人主观偏好的影响，严格按照立法者的原意对相关法律条文进行解释；在立法后评估时，中立规范要求立法工作者采取科学的评估手段，客观中立地评估法律的实施效果；在答复法律询问时，中立规范要求立法工作者严格按照立法者的原意答复相关法律询问，而不应按照自身的主观理解进行答复；在备案审查中，中立规范要求立法工作者严格按照法律位阶体系和相关法律规范的涵义进行审查，而不应掺杂个人的情感因素。

作为立法工作者的重要职业伦理，中立规范的价值不可忽视。首先，中立规范有利于确保立法者意志的呈现。在立法过程中，中立规范要求立法工作者排除个人主观意愿的影响，并严格按照客观中立的标准处理相关立法事务，这样就在最大限度内避免了立法工作者主观意愿的干扰。其次，中立规范有利于保障社会公众的意见表达。一般而言，“普通公民自己无法充分完成利益的表达，需要凭借立法职业者的收集、整理和代表民意的活动和中介活动发挥利益聚合功能”。[⑩] 中立规范要求立法工作者摒弃个人主观偏好，将社会公众的意见准确地传达给立法者。最后，中立规范有利于维护法律文本的纯粹性。所谓法律文本的纯粹性是指法律

⑩ 秦前红、李元：《关于建立我国立法助理制度的探讨》，载《法学论坛》2004 年第 6 期。

文本仅仅只是立法者意志的载体。中立规范要求立法工作者克制自身的主观意愿,避免将其融入法律文本之中,这在一定程度上有利于维护法律文本的纯粹性。

**(三)审慎规范**

审慎规范是指在立法过程中,立法工作者应当谨慎评估立法工作的合法性、民主性以及科学性,并提前规避可能出现的立法风险。审慎规范是立法工作者职业伦理中不可或缺的重要内容,这是由立法工作者的辅助性和技术性地位所决定的。概言之,在“立法工作者—立法者”二元关系中,立法工作者应当从合法性、民主性以及科学性的角度为立法者提供参考意见,提醒其规避相关立法风险;在“立法工作者—公众”二元关系中,立法工作者应当对公众提出的意见和建议进行审慎评估,并指出其中可能违背依法立法、民主立法和科学立法原则的情况;在“立法工作者—法律文本”二元关系中,立法工作者应当特别注意法律文本的合法性与科学性问题,以维护法制体系的融贯性和法律文本的逻辑自洽。

我国立法工作者职业伦理中的审慎规范主要表现在下列情形中:首先,在立法准备阶段,审慎规范主要体现在立法规划、立法调研、法案起草之中。在立法规划中,审慎规范的要求立法工作者按照法定的立法权限,并结合经济社会发展的实际情况,合法、科学地编制立法规划;在立法调研中,审慎规范要求立法工作者科学合理地确定调研方案,使调研活动涵盖立法事项的方方面面;在法案起草中,审慎规范要求立法工作者审慎评估相关法律条文的合法性和科学性,并严格遵循相关的民主立法程序。其次,在由法案到法阶段,审慎规范主要体现在听取和征求意见、收集和整理意见、立法评估之中。在听取和征求意见、收集和整理意见时,审慎规范要求立法工作者严格把关,审慎评估相关立法参与者所提出的意见和建议;在立法评估时,审慎规范要求立法工作者从合法性、民主性以及科学性三个维度对法律草案的可行性、法律出台时机、可能的社会效果等问题进行评估。最后,在立法完善阶段,审慎规范主要体现在拟订法律解释草案、立法后评估、答复法律询问、备案审查之中。在拟定法律解释草案时,审慎规范要求立法工作者充分考虑到法律解释草案与被解释的法律之间的一致性，以及法律解释草案与其他法律规范的融贯性；在立法后评估时，审慎规范要求立法工作者从合法性、民主性、科学性三个维度评估法律实施的效果，充分发挥事后监督与纠偏的作用；在答复法律询问时，审慎规范也要求立法工作者严格按照依法立法、民主立法和科学立法等原则的要求，谨慎答复法律询问；在备案审查时，审慎规范要求立法工作者严格按照《立法法》第100条的要求，遵循法定程序处理“同宪法或者法律相抵触的”法律规范，以维护法制的统一。

作为立法工作者的重要职业伦理，审慎规范的价值不言而喻。首先，审慎规范有利于立法者规避立法风险。一般而言，立法工作者凭借其对立法专业知识的垄断而获得了一种“知识性权力”，进而对立法者产生重要影响。[⑪] 审慎规范要求立法工作者运用其专业知识审慎评估立法活动，以便有效发现和规避立法活动中的风险。其次，审慎规范有利于社会公众有序参与立法。公众有序参与立法的关键在于“有序性”。[⑫] 有序的参与能够使公众的意见和建议真正得到表达，而无序的参与则只能模糊公众的声音。审慎规范要求立法工作者对公众的意见和建议进行审慎评估，并剔除明显不符合依法立法、民主立法和科学立法原则的意见和建议，这样就确保了公众参与的有序性。最后，审慎规范有利于提高法律文本的质量。审慎规范要求立法工作者严格按照依法立法、民主立法和科学立法的要求处理立法活动中的相关事务，确保法律文本内容的科学合理、形式的逻辑连贯以及与法制体系的融贯一致，这也就提高了法律文本的质量。

**（四）谦抑规范**

谦抑规范是指在立法活动中，立法工作者应当充分认识到立法功能的有限性，并严格遵循立法的必要性原则，避免陷入立法万能主义的误区。谦抑规范是立法工作者职业伦理中一项容易被人们所忽视的内容。但就立法工作者在立法实践中所发挥的实际作用而言，谦抑规范不可或

---

⑪ 参见宋远升：《立法者论》，法律出版社2016年版，第100页。

⑫ 参见宋方青、宋尧玺：《论我国公民有序参与立法的模式与实现路径》，载《法制与社会发展》2012年第6期。

缺。概言之,在“立法工作者—立法者”二元关系中,立法工作者应当从谦抑性的角度为立法者提供意见和建议,当好立法者的立法参谋,避免立法者激情立法;在“立法工作者—公众”二元关系中,立法工作者应当理性地看待公众的立法意见和建议,避免受到公众情绪的影响;在“立法工作者—法律文本”二元关系中,立法工作者应当在法律文本中体现谦抑原则,避免出现过于激进的内容。

我国立法工作者职业伦理中的谦抑规范主要表现在下列情形中:首先,在立法准备阶段,谦抑规范主要体现在立法规划、立法调研、法案起草之中。在立法规划中,谦抑规范要求立法工作者谨慎评估立法项目的必要性和可行性,避免将一些不符合时代精神的立法项目列入规划之中;在立法调研中,谦抑规范要求立法工作者全面、深入、详尽地开展调研工作;在法案起草时,谦抑规范要求立法工作者注意语言表述的合理性,避免破坏法律体系的融贯性和法律草案内部的和谐性。其次,在由法案到法阶段,谦抑规范主要体现在听取和征求意见、收集和整理意见、立法评估之中。在听取和征求意见时,谦抑规范要求立法工作秉持谦虚谨慎的精神听取相关领域的人大代表、专家、基层和群体代表、人民团体、有关部门和组织以及社会公众的意见和建议;在收集和整理意见时,谦抑规范要求立法工作者谨慎对待社会各方面所提出的意见和建议;在立法评估时,谦抑规范要求立法工作者严格遵循评估规范,不应放松标准。最后,在立法完善阶段,谦抑规范主要体现在拟订法律解释草案、立法后评估、答复法律询问、备案审查之中。在拟定法律解释草案时,谦抑规范要求立法工作者谨慎看待立法的功能,准确把握立法解释与司法解释等其他行为之间的分际;在立法后评估中,谦抑规范要求立法工作者严格评估法律的实施效果,不应有任何的“放水”行为;在答复法律询问时,谦抑规范要求立法工作者自我克制,仅就自己确能回答的问题进行答复;在备案审查中,谦抑规范要求立法工作者与被审查对象的制定机关保持密切沟通,多听取对方的说明,而不应武断地作出审查结论。

谦抑规范的意义体现在如下几个方面:首先,谦抑规范有利于立法者良性行使立法权。立法者的理性是有限的。在实践中,立法者偶尔会制定出一些不符合时代要求的法律规范，进而形成“笨法”“劣法”。[13] 而谦抑规范要求立法工作者保持克制，主动提醒立法者注意可能出现的问题并提前规避，这在很大程度上有助于立法权的良性行使。其次，谦抑规范有利于避免公众情绪的干扰。社会公众的心理往往呈现出“易变”“冲动”“急躁”“缺乏理性”“没有判断力”“夸大感情”等特征。[14] 通常在一些社会热点事件的讨论中，往往会出现制定相应法律规范的声音。谦抑规范要求立法工作者保持冷静，实际上发挥了公众情绪“过滤器”的功能。最后，谦抑规范有利于维护法律文本的安定性。实际上，立法冒进是导致法律规范不得不经常修改的重要原因。谦抑规范要求立法工作者准确把握立法的必要性、可行性和合理性，亦即准确把握法律规范与社会现实之间的关系，从而有助于维护法律文本的稳定性。

## 四、立法工作者职业伦理的实施机制

### （一）培育机制

立法工作者职业伦理培育机制是指立法工作者行业协会、法学院等培育主体通过采取一定的培育方式引导立法工作者将职业伦理规范内化为个体道德准则的机制。

其一，立法工作者职业伦理的培育主体是立法工作者行业协会、法学院等对立法工作者具有管理、教育职责的组织。“行会制度是加强法律职业伦理塑造的有效途径。”[15]作为一种职业共同体内部的自治规范，立法工作者职业伦理是在立法工作者职业共同体内部自发形成的。相应地，作为立法工作者职业共同体的自律组织，立法工作者行业协会负有组织宣传和学习立法工作者职业伦理的义务。此外，作为法律职业从业人员

---

⑬ 参见周旺生：《论法之难行之源》，载《法制与社会发展》2003 年第 3 期。

⑭ ［法］古斯塔夫·勒庞：《乌合之众：大众心理研究》，冯克利译，中央编译出版社 2004 年版，第 21 页。

⑮ 余其营、吴云才：《法律伦理学研究》，西南交通大学出版社 2009 年版，第 200 页。

的主要培养组织,法学院应当在教学过程中融入法律职业伦理方面的课程,这其中就包括立法工作者职业伦理的内容。

其二,立法工作者职业伦理的培育对象是立法工作者和准立法工作者。首先,实际参与立法活动的立法工作者是立法工作者职业伦理培育的主要对象。在立法活动中,作为立法者的助手,立法工作者已经对立法活动产生了实际影响。因此,必须切实加强立法工作者的职业伦理教育。其次,即将参与立法活动的准立法工作者也应当是立法工作者职业伦理培育的重要对象。所谓准立法工作者是指正在法学院学习的法科生或者已经被立法机关录用但尚未参与立法工作的人员。准立法工作者是潜在的立法工作者,其有相当大的可能成为真正的立法工作者。因此,提前对其进行立法工作者职业伦理教育十分必要。

其三,立法工作者职业伦理的培育内容包括立法工作者职业理论的理论知识与实践经验。一方面,需要强调立法工作者职业伦理理论知识的教育。立法工作者职业伦理是一套逻辑融贯的理论体系,其与民主理论、立法理论等密不可分。只有掌握了立法工作者职业伦理的理论基础,才有可能深入理解立法工作者职业伦理的内涵。另一方面,需要重视立法工作者职业伦理实践经验的传授。立法工作者职业伦理是一种实践指向的伦理规范,其主要在立法实践中发挥作用。在实践中,立法工作者职业伦理的具体适用情形多种多样,而这些内容都需要采取经验传授的方法融入到立法工作者职业伦理的培育内容之中。

其四,立法工作者职业伦理的培育目标是将立法工作者职业伦理规范内化为立法工作者个体道德准则,即实现他律向自律的转变。具体而言,立法工作者职业伦理的培育目标包括:一是培养立法工作者的职业素养。通过立法工作者职业伦理的培育,不仅要让立法工作者深刻领会其工作的性质,还要让立法工作者切实掌握相应的工作方法和注意事项。二是培养立法工作者的职业责任感。通过立法工作者职业伦理培育,要让立法工作者充分认识到其对立法工作所产生的重大影响,并在此基础上理解其所肩负的重大责任。三是培育立法工作者的职业荣誉感。通过立法工作者职业伦理培育,要让立法工作者充分意识到辅助立法者制定法律规范的重大意义，并形成以立法工作者这一职业为荣的强烈情感。

其五，立法工作者职业伦理的培育方式包括学院式培育方式和行业式培育方式两类。学院式培育方式主要集中在法学院的教学过程之中，具体又可以分为课堂教学与实践教学。课堂教学主要通过在培养方案中设置立法工作者职业伦理方面的培养目标、开设立法工作者职业伦理相关课程、编写立法工作者职业伦理相关教材、配备立法工作者职业伦理相关师资等方式，增加立法工作者职业伦理的教学内容；实践教学主要通过诊所教学、课外实习等方式丰富立法工作者职业伦理教学的形式，使学生在实践中充分理解和掌握立法工作者职业伦理的相关知识。值得注意的是，目前法科生实习的主要去向是法院、检察院以及律师事务所，鲜有组织赴立法机关实习的情形，这对于立法工作者职业伦理教育是一个重大缺憾。[16] 行业式培育方式主要是指立法工作者行业协会组织的立法工作者职业伦理培训，主要包括如下几种情形：一是行业协会直接组织的立法工作者职业伦理教育，并将其作为立法工作者日常管理中的重要工作内容；二是行业协会通过在其组织的资格准入考试中加入立法工作者职业伦理的相关内容，引导准立法工作者主动开展立法工作者职业伦理的学习；三是行业协会通过制定立法工作者职业伦理规范的方式，要求立法工作者自觉学习和遵守。需要指出的是，我国尚未成立立法工作者行业协会，也未制定立法工作者职业伦理规范，且国家统一法律职业资格考试中也鲜见立法工作者职业伦理的内容，这不得不说是一个重大缺憾。

**（二）惩戒机制**

立法工作者职业伦理内部惩戒机制是指立法工作者行业协会按照特定的程序，采取特定的手段，惩罚违背职业伦理的立法工作者的机制。

其一，立法工作者职业伦理内部惩戒的主体是立法工作者行业协会。作为行业自律组织，立法工作者行业协会负有管理立法工作者的职责。而内部惩戒则是立法工作者行业协会管理立法工作者的重要手段。需要指出的是，立法工作者的行为可能违背职业伦理，也可能触犯法律、法规、

---

[16] 参见刘坤轮：《中国法律职业伦理教育考察》，中国政法大学出版社 2014 年版，第 156～159 页。

规章。在不同的情形下,处罚主体也不一样。对于触犯法律、法规、规章的情形,可能由立法机关、司法机关或行政机关予以处罚;而对于违背职业伦理的情形,则只能由立法工作者行业协会进行惩戒。当立法工作者的行为同时触犯职业伦理和法律、法规、规章时,则应当分别施以处罚。

其二,立法工作者职业伦理内部惩戒的对象是违背职业伦理的立法工作者。立法工作者职业伦理主要包括忠实规范、中立规范、审慎规范以及谦抑规范。而对其中任一职业伦理规范的违背均有可能招致立法工作者行业协会的惩戒。值得注意的是,立法工作者职业伦理约束的对象是立法工作者,而非立法者。相应地,立法工作者职业伦理内部惩戒的对象也是立法工作者,而非民意代表,更非立法者。至于民意代表或立法者的不当或不法行为,则应当按照《宪法》和《立法法》等相关法律规范的规定予以处理。一般而言,立法者的不当立法或不法立法可能通过司法审查或合宪性审查进行处理;而民意代表的不当或不法行为则要在尊重其豁免权的基础上进行处理,通常以承担政治责任为主。

其三,立法工作者职业伦理内部惩戒的程序包括立案调查、听证、决定、申诉。立案调查是指立法工作者行业协会对立法工作者可能违背职业伦理的行为开展调查。其中,立案调查的启动包括两种情形:一是他人向立法工作者行业协会投诉,要求立法工作者行业协会进行立案调查;二是立法工作者行业协会主动调查。而在立案调查阶段,立法工作者行业协会应当注意回避事项,避免程序上的瑕疵。立法工作者行业协会在开展调查的过程中应当注意收集和保存证据,并形成完整的调查报告。听证是指被调查的立法工作者有权要求立法工作者行业协会组织听证,并听取其陈述和申辩。听证的权利是基于正当程序原则而产生的一项程序性权利,在立法工作者职业伦理内部惩戒程序中应当予以尊重。在调查和听证的基础上,立法工作者行业协会应当作出惩戒决定,并送达当事人或其委托代理人。惩戒决定应当载明被惩戒对象的基本信息、调查的基本经过、经调查认定的被惩戒事由、被惩戒对象的申辩意见、作出惩戒决定的依据、被惩戒对象的程序性权利以及作出惩戒决定的立法工作者行业协会和时间等信息。被惩戒对象不服惩戒决定的,可以在规定的时间内向特定组织或机关进行申诉。申诉机关应当按照正当程序原则组织复查,并作出最终决定。

其四,立法工作者职业伦理内部惩戒的方式包括训诫、警告、通报批评、中止会员权利、取消会员资格以及向所在单位发出惩戒建议等。在过失违反职业伦理或情节显著轻微的情况下,可以对相关立法工作者进行口头训诫,提醒其避免再犯。而对于故意违反职业伦理,但情节较轻的情况,可以对其提出书面警告。对于故意违反职业伦理且情节比较严重的情况,以及经训诫或警告后再次违反同一职业伦理的情况,可以对其处以通报批评,即在立法工作者职业同行内部公开其违背职业伦理的情况。对于故意违反职业伦理且情节十分严重的,可以暂时中止其会员权利,而对于故意违反职业伦理且情节特别严重的,可以直接取消其会员资格。对于中止会员权利和取消会员资格两种惩戒方式,应当结合立法工作者从业资格的认定进行适用。也就是说,应当建立由立法工作者行业协会认定立法工作者从业资格的制度,并将取得立法工作者从业资格作为从事立法工作的前提条件。而是否具备会员资格以及是否享有会员权利将直接影响到立法工作者从业资格的认定。同时,对于立法工作者故意违反职业伦理且情节严重的,立法工作者行业协会还可以向立法工作者所在单位发出惩戒建议,建议立法工作者所在单位对其进行处罚。

# On Legislative Staff's Professional Ethics

*Wang Quanjun*

**Abstract**: The professional ethics of legislators is an important part of the legal professional ethics system. The professional ethics of legislators refers to the ethical norms that legislators should follow in the legislative process. Based on the work characteristics of legislators, the professional ethics of legislators can be refined from the relationship between "legislative staff and legislators", "legislative staff and the public" and "legislative staff and legal texts". Specifically, the professional ethics of legislators include loyal norms, neutral norms, prudent norms, and modest norms. In addition, the implementation mechanism of the professional ethics of legislative staff should be established from the aspects of cultivation and punishment.

**Key Words**: loyal norms  neutral norms  prudent norms  modest norms

# 学问人生

# 一路走来　乐观前行

## ——葛洪义教授对话录

葛洪义　林立成*

**摘　要：**葛洪义教授是我国当代著名的法理学专家。从教三十多年来，葛洪义教授在法律价值、法学方法论、地方法制等领域做出了开创性贡献，同时也大力推动司法考试制度的形成，助力整个法律职业共同体建设。围绕十余个问题，葛洪义教授回忆了自己当初高考后的志愿选择、少年时的求学经历，全面介绍了他的一些重要学术观点，并对正在从事的地方法制理论研究做了详尽解说。在与他这一代的学者作对比时，葛洪义教授赞誉青年学者普遍受过系统化的学术训练，他善意提醒青年学者能够更好地将理论知识与中国实践相结合，希望他们能够更多一点人文关怀。

**关键词：**葛洪义　法学理论　法学教育　地方法制　西北政法

林立成（以下简称林）：葛老师，您好，感谢您接受访谈。能否请您简要介绍一下您的学术历程？

---

* 葛洪义，浙江大学光华法学院特聘教授，博士生导师，研究方向：法律本体论、法律方法、地方法制等；林立成，浙江大学光华法学院博士研究生，研究方向：西方法理学、地方法制。

葛洪义(以下简称葛):我毕业后便一直在高校工作,现在已经从教三十多年了,一直没有脱离法学理论教学科研第一线。我从1987年硕士毕业便留在西北政法大学法理教研室,1992年晋升为副教授,1996年被破格聘为教授,在西北政法大学期间曾任法理学教研室副主任、法学研究所副所长、所长等职。2004年我离开西安,前往华南理工大学,任法学院院长、法学学科带头人,兼知识产权学院院长。2014年,我加盟浙江大学光华法学院,创办了浙江大学"中国地方治理与法治发展研究中心"并兼任主任。

除了专职工作外,我还有一些兼职,主要任中国法理学研究会副会长,中国政法大学法学理论专业博士生导师,厦门大学法学理论专业博士生导师,东莞理工学院兼职教授,教育部法学教学指导委员会委员,教育部卓越法律人才教育培养基地专家委员会委员等。我也曾任过广东省政协委员,广州市人大代表。

研究学术这么多年,我在期刊、报纸上共发表一百多篇文章,出版了十多部专著,主编过多部法理学教材,其中主编、副主编全国统编教材三部;主持四项国家哲学社会科学基金项目,第一个是1994年取得的,当时能够争取到国家项目非常不容易。其中还有国家哲学社会科学重大项目和重点项目各一项,获得教育部哲学社会科学研究重大课题攻关项目一项,还有教育部、科技部、司法部以及陕西省、广东省的好几个重点项目及若干一般课题。从教从研以来,我得到了诸多国家与地方课题研究方面的支持,著作和论文也获得过不少奖项,包括教育部的教材二等奖、司法部的科研成果一等奖,都是全国性的。

林:您曾在部队服役,到了义务期届满时,您当时很多的战友都选择继续待在部队里,为什么您会毅然选择复员参加高考?

葛:按照部队的规定,都是应该三年以后才能复员,我是三年一到就要求复员了,主要的原因还是在于"文化大革命"结束以后有了高考的机会。我是1976年当兵的,1977年中央宣布恢复高考,我是希望能够抓住高考这样的一次机会,而在部队基本不太可能有机会,如果想在部队参加高考,必须先经过从连队一直到团里各级的推荐,我是属于表现不那么好的，基本上不太可能被推荐，所以就复员去参加高考了。

林：您在填报志愿时为什么会选择法学专业？您在此之前曾接触过法律吗？

葛：我们那会毕业肯定是首先想着能上一个大学，其次我们那会所有参加高考的人可能都有想去学习中文的倾向，我的这个愿望没有实现。填志愿时我们既受考试成绩的影响，也要看投放的指标。当时西北政法在新疆招生人数比较多，要招70个人，又因为是文科，我们只能报文科，一来对理工科没有太大的兴趣，如果要比较的话，现在我还是会选择文科不会选理工科，二来因为我当了几年兵，数理化这些也都被耽误了，相对于其他人来说要弱一些，所以从个人兴趣与实际能力来说，都想报文科。在文科中间，可选择的余地也不是很大，于是我就选择了法律。当时也很机缘巧合，“文化大革命”结束了，很多原来不能播的电影又拿出来放，有一部印度电影叫《流浪者》，很多人都是看了这部电影选择学法律的。

林：能不能请您介绍一下您当年求学时的学习氛围与学习环境，学生时代的哪位老师对您产生了重要影响？

葛：在我们上学时，办学条件都不是太好，和今天没法比，比如，食堂没有椅子，大家吃饭都是蹲在外面或者是坐在地上吃，住房子都是八人间，所以生活条件要差一点。当时刚恢复高考不久，课时都很有限，学习条件也要差一点。

但不同的是，当时人的学习热情很高。我记得当时我是早上到学校报到的，火车到西安很早，到学校的时候还没有到吃早饭的时间，就看到很多高年级的同学在校园里学英语、背书什么的，给人的感觉非常好，整个学习氛围非常好。这背后也有原因，这些人在整个“文化大革命”期间，从中学开始，正规的教育就被打断了，更没有机会去读大学，当时的年轻人基本上都被疏散到农村，少量的到工厂和当兵，都走向了劳动生产的一线。对于年轻人来说，有机会学习，大家都是非常珍惜的，这种蓬勃向上的学习热情非常高涨。另外，“文化大革命”的结束，毕竟对中国来说是一次重大的历史转折，在这个时期，思想相对来说会非常活跃，那时各种思潮都涌进了校园，特别是经过长期封闭，中国青年人对外界的了解很少,当国门一打开,各种思潮涌入的时候,年轻人就觉得有很多新东西要学,在学习上也是如饥似渴的。由于面临时代的转折,大家都很积极地思考问题,经常举行辩论会,那会学术报告很少,但学生相互间的学术辩论很多。

从整个学习的情况来看,学生基本上还是以自学为主。从学校来说,老师们的人品都非常好,但客观地说,由于中国长期不搞法治,公检法都被砸烂了,过去学法律的人实际上也没有学到多少知识,又由于被调离分配到其他岗位工作,所以绝大部分老师也是和我们一样,重新捡起书本,边学边教。从今天的观点看,在学术研究方面,很多研究成果水平并不是那么高,但这也是和那个拨乱反正的时期相适应的,主要还是多从政治上讨论问题。所以要从学术研究上说对我影响比较大的老师,这种影响在我们那会还不是特别的明显。

很多老师都有优点,然后从这些老师身上去学习。比如严存生老师非常执著,每天像闹钟一般,你看他家的灯就知道大概要干什么事情了,他是十点左右休息,学校放电影在他家楼下,等他家灯一灭,这边电影就快要开始了。严老师每天早上六点多起床锻炼身体,在剩下的任何时间里去他宿舍都能找到他,他都在搞研究工作,这种热爱学习、热爱研究的态度对我影响很大。又如马朱炎教授,他在我读研究生时不断鼓励我们要有新的想法,要有新意。马老师有个特别突出的优点,对我们影响也很大,他善于概括总结,也就是说他讲话条理清晰,这就意味着讲话富有逻辑性,这对我们后来的学习帮助是非常大的。我们从很多老师身上学到了很多东西,但要说受某一位老师特别大的影响或由于老师的影响而导致我们偏向于某一个科目,这倒没有,因为我们学习法理主要还是和那个时代背景有关系,那个时代所有学科的老师几乎都讨论过法理问题,而年轻人辩论的大部分问题也是法理问题,如法律面前人人平等、法的继承性问题,等等。

林:为什么您在读研究生时会选择法学理论专业?在我的印象中,您在学校期间曾经花过很大工夫去研究黑格尔,您为什么会被黑格尔吸引?

葛:就像我刚刚说过的,我们这代人从读书的那天起就想思考中国的问题。中国正在经历大的历史转折,而这个转折的背景就在于从一个专制的社会向民主的社会转型,从一个人治社会向法治社会转型。当然,我们后来也知道有一个经济体制的转型,从计划经济转向市场经济,但当时没有那么明说,只提改革不合理的生产关系和经济体制,所以我们当时更多的是带有一种批判性的眼光去看待问题,希望过去一些被极"左"思想搞乱了的东西能够拨乱反正,试图寻找中国发展的新的思想和理论资源,于是我们一开始学习就偏向理论。当时本科是79级的刘作翔教授在我印象中工作被分配到了经济法教研室,但考研究生时,他坚决要求转到法理专业。清华大学的许章润,原来是教犯罪学的,后来他从澳大利亚回来,一定要搞法理,还和清华法学院的领导发生了冲突。我们这代人是有个法理情结的,喜欢钻研理论,思考一些抽象的法哲学问题,这是我们这代人在特定历史条件下形成的一种思想倾向。这不是我一个人的特点,是相当普遍的思潮,我只不过是身体力行了。

我在本科写学年论文与毕业论文的时候,都选的是黑格尔。至于为什么会选黑格尔,一方面是与马克思有关,从"文化大革命"到"文化大革命"后期再到拨乱反正时期,我们都期望做些正本清源的工作,认为极左思潮把马克思主义搞乱了,我们要去读马恩原著以搞清楚马克思主义的本来含义,完整准确地理解马克思主义,这是我们当时的一个想法,而马克思主义的一个重要思想来源就是黑格尔哲学,所以我们想去读黑格尔,通过读黑格尔以搞清马克思,这是一个原因。另外一个原因是在当时的学习资料中,黑格尔的东西是能够找得到的,包括叔本华及之后的萨特、弗洛伊德的著作都是后来出现的,早期是很难见到的。也就是说,其他国家的优秀学术作品,包括对马克思主义产生影响的学者的著作中,只有一部分在当时能够找得到,而其中黑格尔的资料是比较全的,有翻译得比较好的中译本。在这个背景下,我转到这方面的研究。

林:您在20世纪80年代初率先提出法律价值问题,提倡法学研究中的价值判断。您当时是怎么想到这个问题的?

葛:我的学术研究是以价值问题起步的,选择价值问题的原因也很简单,因为处在特定的历史转型时期,所以就面临着一个问题,即这个社会应该是怎么样的,是不是应该符合一种比较美好的事物的定义。我当时觉得在现状与未来之间应该有一个关系,未来应该要更美好,而现状有不尽如人意之处,如果能够通过价值问题进入到现状中间,就能够促使我们对现状进行一个很好的改革,使之服务于未来的理想目标。这种二元思考方式,我们后来在学习过程中才慢慢知道是一个实然与应然问题,但在当时还是很朦胧的,主要是考虑到在法治实践中有一种迁就现实的倾向,过于强调法学研究围绕法律文本的含义做研究,这就很难有一种突破性、建设性的发展,这不太符合一个正在剧烈变动的社会的需要,剧烈变动的社会需要理论推进,所以我们强调价值法学与实证法学要协调发展。这种思潮在全国思想界也很普遍,只不过我在法学界提出得比较早,现在很难说谁先把“价值”一词引入法学界。我大概是在1985年开始用这个词,而整个哲学界也就是在1983年、1984年开始兴起这样一种讨论,我觉得这对法学也是有意义的,于是转到这一领域,把价值概念引入到法学研究中。

转向价值研究这一领域后,我为什么要去研究权利呢?原因在于“权利”这个词包含我对法律价值的一个看法,所以这还是从价值角度选择的题,一直到现在做的研究,基本上都是按照同样的线索提出来的。

林:我们注意到您对学术的关注曾发生过转型,2000年前后,您较早开始进行法律方法的研究,您为什么会向这个领域转向?

葛:在1998年、1999年的时候,我开始去研究一个概念——理性,研究法律与理性的关系,这主要涉及法律本体论的问题,我在研究过程中发现“理性”一词的含义十分丰富,而运用到生活实践与法律实践中,却是一个很有局限性的词。当时对这个问题,我写过两本书,一本是回应后现代思潮的《法律与理性》,另一本是《法与实践理性》,强调实践理性就有偏向实践智慧的意思在里面,也就是说在生活实践中,人们如何运用法律去构建一个美好生活,包括怎么使一个案件在处理上显得更加合情合理、更加稳妥,既依法又合理。如何做到这一点呢?我希望对此进行探讨与研究。

所以说,法律方法与法律思维的研究是我对法律理性的进一步深化，或者说是延伸。在那之前我可能更偏向哲学化的思路，希望通过一些哲学概念、哲学方法、哲学思潮来观察法律现象、分析法律问题，而自从我研究法律与理性的关系问题后，我就注意到理性概念有局限性，这就意味着哲学方法有时会束缚我们对法律问题的思考，它不能解释所有的问题，法律实践有自己的特点。我们研究法律方法与法律思维正是为了把握法律实践的特点，在这之中又偏重法律工作者的思想方式，这不同于欧洲大陆国家包括拉伦茨他们所说的法学方法论，他们还是很哲学化，而我倾向于欧美国家，特别是美国所说的法律人如何思考问题。我想通过对法律人方法与技能的研究，可以从点滴之处去改造中国的生存环境与法律实践，而不是解决很抽象宏观的问题，更侧重于解决一个个具体问题，所以我转到了法律方法上。后来再转到地方法制，也是和这个问题有关，更希望从微观、细节处入手改造一个国家的实践，我觉得这样可能会来得更扎实，看问题也能够更准确。

林：请您简要谈谈您正在从事的“地方法制”理论研究。

葛：我们大概从 2007 年前后开始研究“地方法制”这个问题，研究这一问题的一个原因是当时我在华南理工大学工作，感受到广东作为改革开放的前沿地带，人们对法律的态度、法律实施的环境与我原来工作的陕西和我了解过的其他地方有所不同。最鲜明的特征是广东不管在生活场景还是工作场景，它的服务水平都比较高，这背后是平等理念在起作用，人与人之间是平等的，所以彼此就比较礼貌和尊重，这一切的形成与广东的改革开放是分不开的。恰好 2008 年又是改革开放三十周年，需要对广东法制发展情况做一个研究和总结，我当时的想法是把我自己在广东感受到的东西在理论上做一个梳理，看看广东究竟是为什么能够让人觉得它的法治环境要优于其他地方。另外也有一个原因，我当时是法学院院长，想设立一个能够将全院老师吸引进来共同参与的研究，并以这项研究为基础去申请一个广东省的人文社科重点研究基地，我们当时就想围绕“广东法制建设”这个主题。所以研究地方法制有两个方面原因：一方面是自己观察感受到的，广东在法治环境上要优于其他地方，需要去研究；另一方面是这一话题可以使学院里其他老师都能够参与进来,集中力量去申请一个广东省的重点研究基地。

我们在研究过程中发现地方法制的研究空间比我们原来想象的要大得多,地方法制研究在某种意义上代表着法学观察视角的重大转折。传统上我们对法律问题的研究多少要受到国家主义和整体主义思潮的影响,在理论上可能更偏黑格尔,离康德比较远,体现出来的就是以国家主义观念去构想法治建设,希望能够做到整体布局、整体推进,还有一个叫"法制统一"的理论概念去支撑它,认为国家统一了,法制也应该统一,对差异性重视不够。作为它的对立面,就是一种比较西方式的个人主义方法论指导下的研究,这种研究更侧重于观察个体权利自由的实践。这两种观念在中国的对立是非常严重的,这种对立是靠什么东西缓和的呢?实际上靠的是地方。国家的法律是统一的,但在各地的呈现并不完全一样,有的地方老百姓获得法律保障的条件比较好,有的地方就要差一点。为什么会差呢?这是因为不同地方有不同的法治环境和法治氛围,这是由地方性因素造成的,这包含了大量地方在实施宪法法律过程中形成的制度与规则,比如办事大厅的规章制度是否健全、交警罚款怎么做才能减少社会矛盾有利于交通法律的实施、法庭审判中如何缓和当事人的对立,不同地方在这些问题上的做法都不太一样。于是我觉得,或许我们在中国应该走第三条道路,也就是抓住"地方"这一环节,透视中国法律的实现方式与实现程度,这样也许会有改善它的可能。国家已经意识到要推进法治建设,也下了很大决心,经过几十年的改革开放,老百姓的法治愿望也很强烈,如果这个问题处理不好,这种对立形势会很严峻,因为法治根本上就是要让社会成员、法律关系主体都能够依法做出决定,而我们的国家体制是应该由党中央做决定、领导做决定,这二者间实际上是含有一定冲突的,如果处理得不好就会引发种种社会矛盾。所以,应该让党中央的主张、国家的主张能够更好地落地,使老百姓也能够在这一过程中发挥他们的主动性与积极性,于是"地方"这一层面就具有了特别的意义。我们关注地方是和这样一个背景分不开的。

林:除了学术研究外,您也没有忽视对实践领域的关心,参与推动司法考试制度的形成,推动整个法律职业共同体的建设。请您简要介绍下当时的情况，并谈谈对改革后的法律职业资格考试的看法。

葛：其实2001年就在酝酿司法考试，2001年6月对《法官法》《检察官法》进行修改，确立了国家司法考试制度。在此之前，由于司法部的同志了解到这一信息，就组织我们做了一些研究和讨论，从那时起，我就开始介入司法考试。当时也担心如果过早地把司法考试这项工作公开的话，一旦在社会上杂音太多，极有可能导致考试制度无法出台，所以我们当时都是私下进行研究，没有发表文章。我当时组织了十几个学者写文章，等到6月国家司法考试制度建立起来后，我们就把这些文章集中在《法学》《法律科学》《法制日报》这三个刊物上推出。当时我在西北政法大学的法学研究所任所长，我们就做了这样一些工作。

国家司法考试制度建立起来后，由司法部牵头开始制定司法考试实施办法，当时也邀请我作为起草小组成员，北京之外的地区只请了两个专家，我是其中之一。可以说我前前后后参与司法考试制度还是比较多的，包括考试制度建立后的调研、召集相关学术讨论、研究第一次司法考试出现的问题、思考如何完善相关工作，我在这些方面都做了一些工作，当时我也提了些建议，有的并没有被采纳。

我现在听说法律职业资格考试采取两次考试方式，第一次考客观题，第二次考主观题。当年我最早提出这样的想法，后来因为司法考试制度已经实行了，在2002年平稳地实行了第一年，2003年如果改的话怕出麻烦，于是就没有改，想着以后有机会再改。当时我主要考虑的是，客观试题并不能完全反映出法律职业对相关人员的素质要求，因为客观化试题的典型特征在于一个问题只能有一个答案，如果正确答案太多就没办法用机器改卷了，只有简单问题才会有一个答案，复杂问题会有许多答案。所以我就建议客观试题组织第一次考试，第二次考试在客观试题考完基础上筛选一部分人参加主观试题，这是考虑到主观试题要书写，机器无法阅读，如果考生太多就会要求更多的判卷者，可能会出现答案非常不统一的情况，导致考试不公平，如果能筛掉一部分人，比如当年第一次司法考试通过率只有7%，如果能够剩下30%的人再去参加主观考试，工作量就会大大减少，于是当时有这样一个建议。法律职业资格考试现在采用了两次考试制度和我当时的想法是一致的,我也很早就向司法部建议了,但是不是受我影响,我也不好说。不过从结果来看是和我当初的想法一致的,我很高兴看到这一点。

我觉得中国司法考试制度的建立无论怎么说都是中国法治建设当中的一件大事。第一,它使从事法律工作的人成为一个职业群体;第二,它明确了法律工作要按法律办事,我们国家长期以来政法工作队伍都不是按法律而是按政策办事,当年有人向彭真请示时,彭真说我们过去是按政策办事,今后要既按法律也按政策办事,最后过渡到依法律办事,要经历这样一个过程。司法考试制度的出台就标志着我们由依政策办事到既依政策也依法律办事向依法律办事的转变,所以说它非常重要。我很荣幸能够参与到这一活动中。

林:相较于您这代的学者,您觉得现在中青年学者的优势与劣势是什么?

葛:我觉得我们现在的法学研究总体上呈现出欣欣向荣的局面,一些中青年学者的学术水平也非常高,毕竟和我们不同,他们是有过良好教育背景的。当年有一个朋友告诉我,研究做得好的人有两类:一类是自己悟出来的,通过自己的领悟掌握了一些研究的东西;另一类是训练出来的。从长远来看,训练出来的人会更有发展前途,悟出来的人只是靠自身的努力和个别人的聪明。现在学术研究的队伍中,如果说我们这代人悟出来的多一点,正规训练出来的人少一点,那么在法学研究一线担当主力的年轻人,他们绝大部分都是经受过比较良好的学术训练,我觉得这一点是非常好的。

当然也有一个比较大的问题,现在的年轻人有相当一部分是在海外受到良好的学术训练,他们对中国的问题缺乏一些体察,实践问题可能是他们的一个短板。这和我们不一样,我们这代人很多在“文化大革命”期间都直接参与到生产实践中去了,每天都要搞阶级斗争、大批判,我们是这样过来的。现在的年轻人完全是书本训练出来的,很容易从书本到书本,如何很好地进入到中国社会,我觉得是一个比较重要的问题。第二点是由年轻人受到的学术训练导致的,有时我觉得在他们的研究中缺少一些人文关怀,特别是对中国人民生活苦难的体验要差一些,有些人缺乏同情心，有些人在政治上的大是大非面前缺乏敏感性，而且也不太愿意去关心这些事情，在我看来这也是一点不足。当然，这些问题应该都是可以在成长的过程中逐步得到解决的。

林：您最希望由您开拓的哪条学术路径能够被后学晚辈不断深化？

葛：我们一辈子所从事的研究，其实只有一个目的，就是希望能够推动中国社会由人治转向法治，而且我们相信法治是人类最优的制度安排，我们所做的所有研究都是为了能够实现这样一个目的。在这一过程中，我们也提出了一些观点，甚至是一些比较重要的观点，在一定的历史时期可能会有一定的影响。但从长远来看，我相信随着研究的不断深入，大家还会有更多的创造，所以我们自身的研究路径和学术观点在多大程度上被后人所汲取或发扬光大，这不是一个很重要的问题。重要的问题是在推进法治实现过程中，大家能够像我们一样的执著，如果在学术研究中，我们曾经做过的努力能够对大家有一点帮助或启发，我觉得就可以了。

## 附：葛洪义教授主要学术观点集萃

我从 1980 年开始学习法律，至今已 37 年有余，期间形成并公开发表了一些自己的观点。为了方便自己的学生了解我的想法和曾经的主张，并可以在我的基础上，有所批判、检讨和前行，也避免走弯路。2017 年 6、7 月，在西班牙访学，我开始做些自己观点的整理工作。初衷本来是供自己学生内部交流的。我的学生，现在西北政法大学任教的余涛副研究员建议我发表在《法学教育研究》上。

由于时间久远，整理未必准确和全面。有关观点主要是在各个法学期刊发表过的，也有少量是授课期间形成并被我在多个场合反复强调过的。有所遗漏或者不准确的，还请告知。

欢迎读者、同行批评指正！

葛洪义

2018 年 5 月 22 日

1. 法学研究中价值判断与实证分析需要协调推进(1987年);

2. 法律的核心是权利(1987年);

3. 权利与义务是统一的,对立面的统一即矛盾,其中权利才是矛盾的主要方面(1987年);

4. 法律规定中权利或义务数量的多少与何者更为重要无关(1988年);

5. 义务也是权利,义务隐含着权利,权利也隐含着义务(1988年);

6. 商品经济与法治精神是一致的(1988年);

7. 法律概念研究被束缚在了规范主义、概念主义、国家主义的思想框架之中,把法律与法律规则、法律概念、国家权力紧密联系,包含着巨大危险(1989年);

8. 法学家与其抱怨外部环境,不如努力提高自己(1990年);

9. 权利本位的提出意味着新时期法学视角的转换(1991年);

10. 法学作为一个独立的学科,需要形成自己的行业概念和职业语言(1991年);

11. 法律价值研究的前提是实有与应有的关联问题(1992年);

12. 提升法学家的文化品位需要立足于法律现象研究(而非局限在法律的本质、性质)(1994年);

13. 公法与私法的划分,具有重要的现代意义(1994年);

14. 现代法制的基础是理性与价值两个概念(1994年);

15. 法律哲学研究可以也需要立足于法律现象(1995年);

16. 法理学是一个思想体系而非知识体系(1996年);

17. 法律人的思想能力比知识能力更重要(1996年);

18. 法学研究的对象不可重复、不可复制、不可再现,所以,法学并非严格意义上的科学(1996年);

19. 法理学是一门运用哲学方法研究法律的基本问题的学术门类(1996年);

20. 法学研究需要反思常识(1996年);

21. 人能学习什么,取决于你拥有什么(1996年);

22. 严格规则主义会陷入一定困境(1997年);

23. 理性是法学研究的一个关键概念(1997年);

24. 规则模式的法治,具有明显的理性指向(1997年);

25. 追求法律的普遍性、确定性、合理性,是当代立法与法理学的重要使命(1997年);

26. 法理学教材需要进行"一分为二"的改革(1999年);

27. 孟德斯鸠、涂尔干、韦伯、托克维尔、马克思的社会理论与现代法律理论的发展存在密切联系(2000年);

28. 法律解释不同于法律解释学(2001年);

29. 法律家作为知识分子,不仅要有知识,更要有良知(2001年);

30. 法理学就是法哲学(2001年);

31. 法学研究可以分为"关于法律的思考"与"根据法律的思考"(2001年);

32. 法学研究需要一次认识论的"转向",要对人的法律认识能力进行批判性检验和考察(2001年);

33. 未经反思与检验的认识,同样不能作为法学思考的前提(2001年);

34. 法律职业的"门槛"要提高(2001年);

35. 法律方法与法律思维是法律工作者独特的技能和"看家绝活"(2001年);

36. 法律工作也是一种职业(2001年);

37. 国家司法考试制度的建立,是我国司法改革最具有实质意义的一步(2001年);

38. 中国法治处于"现代"与"后现代"并存的精神紧张状况中(2001年);

39. 把法律推理与三段论推理相等同,是极权主义思维方式的体现(2002年);

40. 法律方法基于法律的不确定性而存在(2002年);

41. 法律方法是获得法律的"正确"答案的方法(2002年);

42. 行为正当与否、结论正确与否,取决于人们相互之间的关系,不是单一主体的认知可以决定的(2002 年);

43. 法律实践中,决定人的行为的,往往不是关于法律的知识,而是人们之间的利益权衡和情感偏好(2002 年);

44. 民主立法中的“民主”一词意味着,立法不是建立在知识的基础上,而是取决于人们的可接受程度(2002 年);

45. 法律乃实践理性。实践理性既是法律的品性,又是一种主体对自身行为正当与否的判断能力(2002 年);

46. 法治就是形成法律的话语霸权(2002 年);

47. 法律是一种语言的艺术(2002 年);

48. 法律的根本特征是说理,不是单纯的暴力,强制是为了保证说理而存在的(2002 年);

49. 告状的,大都是打不过别人的,法治是典型的君子之治(2002 年);

50. 法治的形成与中国职业足球联赛秩序的形成类似(2002 年);

51. 法律原则也可以成为法律推理的前提,但是,原则不是书写出来的,而是来自法律实践中的提炼(2002 年);

52. 法律是生成的而不是创制出来的(2003 年);

53. 大学的“法治”,要着眼于内部管理体制改革(2003 年);

54. 在中国的政治体制下,法官的权力非常小,法律体制内,权力又非常大(2003 年);

55. 舆论干预司法在中国很可能是个伪问题,舆论对法官的影响绝大多数情况下,都是通过法官的领导对作为党的喉舌的舆论的恐惧实现的。所以,不是法官怕媒体,而是法官的领导怕媒体。媒体干预不了司法,干预司法的是司法制度自身(2003 年);

56. 法律论证是法律说理的重要形式(2003 年);

57. 法官、检察官不可纳入公务员体制管理(2003 年);

58. 法理学问题的形成与演变,要从理性概念的变化过程去了解(2004 年);

59. 司法考试制度遭遇的困难来自于严重滞后的司法人事制度(2004年);

60. 没有法治,就没有社会和谐。社会和谐不是脱离法治的和谐,而是依赖法治的和谐(2005年);

61. 法律的正当化,是法律制度价值基础的建构问题,是通过语言完成的,是说者的观点和理由取得了听者认同的结果(2007年);

62. 法学知识体系需要从主体认识客体这个思想模式中解放出来(2007年);

63. 中国法学整体性理论的难题,就是理性当前面临的难题(2007年);

64. 司法权的"中国"问题,是公共权力的理性化与民主化的问题(2008年);

65. 对中国法治发展的理解,需要深入到改革开放的背景下去把握(2008年);

66. 法治是一项世俗的事业(2009年);

67. 法律的目的是和平,实现和平的手段是斗争(2009年);

68. 伟大的制度都是斗争的结果(2009年);

69. 制度是博弈的结果(2009年);

70. 制度是具体的,是规则及其实践的结果,有效的制度都具有鲜明的地方性(2009年);

71. 法治是法律及其实施的统一,后者比前者更为重要(2009年);

72. 地方法制是地方层面实施宪法法律过程中形成的规则与制度的总和(2009年);

73. 中央与地方之间的纵向分权,其对法治发展的意义远远超过人们的想象(2009年);

74. 原告与被告是基于相互冲突的利益到法院来的,不是为了一个共同的革命目标,所以,诉讼的结果不可能"胜败皆服"(2010年);

75. 从计划经济到市场经济,与从人治到法治,本质上是一个问题的两个方面(2011年);

76. 法治不仅要有法律,还必须依照法律的方式实现法律(2013年);

77. 法律面前人人平等,意味着法官在法律面前并无高下之分(2013年);

78. 裁决纠纷的权力不能被国家垄断(2014年);

79. 简政放权是体制改革的重要方面,司法权何以例外?(2014年);

80. 法治的重点与重心都在地方(2014年);

81. 在一个官员都不知道自己有什么明确的岗位职责的国家,法治显然还是一个很遥远的事情(2015年);

82. 法治是自下而上一系列行为选择的结果(2015年);

83. 司法改革,既需要顶层设计,也需要"摸着石头过河"(2015年);

84. 基层干部是我国法治发展的最大受益者(2015年);

85. 基层独立且自发的制度创新,永远都是以问题为导向的略显智慧的进取,所以,才具有法治的意蕴;顶层设计在解决实际问题方面先天不足,不得不依赖空泛的道德教条和苍白的勇气(2015年);

86. 以离婚诉讼为代表的一大批日常生活纠纷案件,可以申诉到最高人民法院,是一种权力的病态(2015年);

87. 提议设立一套与普通法院并行的地方法院,即双层法院体制(2015年);

88. 以文件贯彻文件、以文件实施法律,都是法治的反讽(2016年);

89. 法治来自于我们所经历到的人类恶行(2016年);

90. 没有是非或者是非标准混乱的国家,没有法治(2016年);

91. 地方法制不仅是本体意义上的,也是方法论意义上的(2016年);

92. 中国法治的所有真正的进步,都与改革不可分;它所面临的问题,同样也是由改革的困境所决定的(2016年);

93. 我们面临的,主要不是法官如何正确理解、适用法律的问题,而是法官是否需要以及如何可能依照法律办案的问题。前一个话题,对中国法官来说过于奢侈了(2016年);

94. 区域之间的差异是中国法治发展的重要推动力(2016年);

95. 法律是以差异为基础的,法治统一不是要取消差异,而是在差异

的基础上保持和谐(2016年);

96. 法治本身就是去中心的结果(2016年);

97. 法治是以自治为前提和基础的秩序(2016年);

98. 所有的制度意义上的进步,都来自地方的创造(2016年);

99. 法治的首要评价标准,就是看群众是否有条件自主、方便、低成本地实现自己的法定权利(2016年);

100. 不以权利及其实现为核心建立的法治考核体系,都是依附权力系统的牟利行为,不必当真(2016年);

101. 法律好像是道路上的指示牌,官员是负责制作和悬挂牌子的,法治秩序的主角是行走在街道上的路人,而不是挂指示牌的(2017年);

102. 把权力关进制度的笼子里当然是必要的,问题在于,国家如何把笼子编织出来(2017年);

103. 由各个国家机关自己起草自己的权力清单,是对国家法治状况的绝妙说明(2017年);

104. 法治国家就是普通人不用求人,凭借自己的有限知识,就能办成事情的国家,而人治国家则是,人们必须求人、依靠别人才能办成事情的国家(2017年);

105. 权利是一种自由,更是一种责任;法治就是人们都必须为自己负责的体制,而人治则是缺乏责任感和责任追究能力的体制(2017年);

106. 没领导的地方,就不会有上访。困扰我国的上访问题,根源就是领导体制(2017年);

107. 地方有相对独立的事权、立法权,就应该有相对独立的司法权(2017年);

108. 现代司法具有天然的政治性,它是与主权国家同时出现的(2017年);

109. 法学研究要重视"次级规则与制度"(2018年)。

# Interview with Prof. Ge Hongyi

*Ge Hongyi   Lin Licheng*

**Abstract**: Professor Ge Hongyi is a famous contemporary jurisprudence expert in China. Since his teaching for more than 30 years, Professor Ge has made pioneering contributions in the fields of legal value, legal methodology, and local methods. At the same time, he also vigorously promoted the formation of the judicial examination system and promoted the construction of the legal profession community. Discussed more than ten questions with the author, Prof. Ge recalled his volunteer choice after the college entrance examination and his childhood experience. He introduced his important academic views comprehensively and gave a detailed explanation of the theoretical research on the local methodologies. In contrast to his generation of scholars, Prof. Ge praised young scholars for their systematic and academic training. He kindly reminded young scholars to better combine theoretical knowledge with Chinese practice and hope that they can have more humanistic care.

**Key Words**: Ge Hongyi   jurisprudence   legal education   local laws and regulations   Northwest University of Political Science and Law

# 《法学教育研究》稿约

《法学教育研究》创办于2009年,是国内较早系统关注法学教育研究的专门性学术出版物,由西北政法大学主办、法律出版社定期出版。2017年起本书每年出版4卷,现已入选CSSCI收录集刊(2017～2018年)目录。

宗旨:本书恪守科学性、实践性、创新性、开放性原则,集中出版法学教育教学研究成果,探索法学教育教学规律,促进法学教育事业的发展。

主要栏目有:理论探讨、教学研究、比较研究、教材体系、管理经纬、学问人生、教育法制、法务反哺、法学资讯等栏目。

《法学教育研究》致力于搭建高水平的学术探讨平台,所有来稿均以学术价值为遴选标准。敬请作者来稿时提供:(1)中英文题目及作者姓名,标题尽量确切、简洁;(2)中英文摘要(不超过200字);(3)中英文关键词(3～5个);(4)作者简介(含姓名、工作单位、职称、学历学位、研究方向、通信地址、邮政编码、联系电话、电子邮箱),如果来稿系作者承担的省级以上科研基金项目,请注明项目名称和编号;(5)正文;(6)注释。

注释:是对文内某一特定内容的进一步解释或补充说明。用①、②、③……数字标注序号,采用当页脚注整篇连续编号形式。著作类包括序号,著者:《书名》,出版社出版年,起止页码。论文类包括序号,作者:《题目》,载《报刊名》出版日期或期号。

《法学教育研究》已许可中国学术期刊(光盘版)电子杂志社在中国知网及其系列数据库产品中以数字化方式复制、汇编、发行、信息网络传播《法学教育研究》全文;《法学教育研究》已许可北大法宝法学期刊数据库以电子形式对本书进行制作、以不脱离于数据库的形式进行传播和销售。如无特别说明,作者提交文章发表的行为即视为同意上述声明。

本书的微信公众号为 fxjyyj-xfd,定期发布相关信息,敬请关注,官方网站为 http://ler. nwupl. edu. cn/。本书的网络采编系统现已开通,网址为:http://fxjy. cbpt. cnki. net,请您通过网络采编系统投稿。

**联系方式:**

E-mail: fxjyyj@126. com

电话:029-88182796,029-88182794

地址:西安市长安区西长安街558号

西北政法大学长安校区80号信箱

邮编:710122

**图书在版编目(CIP)数据**

法学教育研究．第二十二卷／王瀚主编．-- 北京：法律出版社，2018

ISBN 978－7－5197－2867－0

Ⅰ．①法… Ⅱ．①王… Ⅲ．①法学教育－研究－中国 Ⅳ．①D92－4

中国版本图书馆 CIP 数据核字(2018)第 248571 号

**法学教育研究(第 22 卷)**
**FAXUE JIAOYU YANJIU(DI-22 JUAN)**

王　瀚 主编

责任编辑 黄琳佳
装帧设计 李　瞻

**出版** 法律出版社
**总发行** 中国法律图书有限公司
**经销** 新华书店
**印刷** 天津嘉恒印务有限公司
**责任校对** 马　丽
**责任印制** 陶　松

**编辑统筹** 学术·对外出版分社
**开本** 720 毫米×960 毫米　1/16
**印张** 26.25
**字数** 350 千
**版本** 2018 年 7 月第 1 版
**印次** 2018 年 7 月第 1 次印刷

法律出版社／北京市丰台区莲花池西里 7 号(100073)
网址／www.lawpress.com.cn
投稿邮箱／info@lawpress.com.cn
举报维权邮箱／jbwq@lawpress.com.cn
销售热线／010－83938336
咨询电话／010－63939796

中国法律图书有限公司／北京市丰台区莲花池西里 7 号(100073)
全国各地中法图分、子公司销售电话：
统一销售客服／400－660－6393
第一法律书店／010－83938334/8335　西安分公司／029－85330678　重庆分公司／023－67453036
上海分公司／021－62071639/1636　深圳分公司／0755－83072995

**书号**：ISBN 978－7－5197－2867－0　**定价**：78.00 元